教育科学分支学科丛书

中国教育学会教育学分会　组编

《教育科学分支学科丛书》(平装修订版)

策划 / 郭　戈　刘立德　韩华球

| 教育科学分支学科丛书 |

教育心理学

JIAOYU XINLIXUE

吴庆麟 / 著

人民教育出版社
PEOPLE'S EDUCATION PRESS

· 北京 ·

图书在版编目(CIP)数据

教育心理学 / 吴庆麟著. — 北京：人民教育出版社，2019. 12
（教育科学分支学科丛书）
ISBN 978-7-107-33588-4

Ⅰ. ①教… Ⅱ. ①吴… Ⅲ. ①教育心理学 Ⅳ. ①G44

中国版本图书馆 CIP 数据核字（2019）第 211746 号

教育科学分支学科丛书 教育心理学

出版发行 人民教育出版社
（北京市海淀区中关村南大街 17 号院 1 号楼 邮编：100081）
网　　址 http://www.pep.com.cn
经　　销 全国新华书店
印　　刷 北京新华印刷有限公司
版　　次 2019 年 12 月第 1 版
印　　次 2019 年 12 月第 1 次印刷
开　　本 890 毫米×1 240 毫米 1/32
印　　张 14. 5
字　　数 364 千字
印　　数 0 001～1 500 册
定　　价 46. 00元

《教育科学分支学科丛书》出版说明

本丛书是新中国第一套尝试以系统结构编写的教育科学分支学科研究丛书，由中国教育学会教育学分会在人民教育出版社(课程教材研究所)支持下组编，瞿葆奎、吕达分别任正、副主编，各卷作者均为教育学相关分支学科专家。从教育科学分支学科的角度，试图全面反映教育科学发展的历史与现状，勾勒教育科学的概貌，并体现新的学术见解，力求做到历史与逻辑相结合、材料与观点相结合、叙述与评析相结合，是这套丛书的宗旨。

本丛书以其鲜明的学术性、时代性和实践性，受到海内外学者的广泛关注，并多次再版重印，荣获全国教育图书奖一等奖等各种奖项。其中不少分卷被评为全国高等学校优秀教材、普通高等教育国家级规划教材、普通高等教育精品教材。海外一些出版机构已经购买部分分卷版权。

为进一步满足广大读者的需要，我们特组织有关专家对本丛书加以修订完善，集中推出 20 卷本平装修订版。本次修订主要做了以下几项工作：进一步核实和规范了全书的注释、引文等；更新了各卷部分资料和观点；个别分卷的内容几近重写。其目的是反映教育科学界最新研究成果和教育改革发展的最新趋势。欢迎专家、学者和广大师生继续对本丛书编辑出版工作提出宝贵意见和建议，以使本丛书更臻完善。

人民教育出版社

2019 年 3 月

《教育科学分支学科丛书》前言

为了进一步促进我国社会主义教育科学的发展，中国教育学会教育学分会组织编写《教育科学分支学科丛书》(以下简称《丛书》)，由人民教育出版社出版发行。

《丛书》从教育科学分类学的观点出发，比较系统地从教育科学分支学科的角度反映教育科学发展的历史与现状，试图勾勒教育科学的概貌。

《丛书》以历史唯物主义和“面向现代化，面向世界，面向未来”的战略思想为指导。同时力求做到“三个结合”：历史与逻辑相结合，材料与观点相结合，叙述与评析相结合。

《丛书》属于学术性著作。作者在广泛占有资料的基础上，力图从纵向上论述学科发生、发展与趋势，从横向上比较和分析不同流派的观点。“知人者智，自知者明”，通过对国内外有关研究成果的梳理辨析，努力反映学科前沿，亦体现作者自身的见解。

为提高书稿质量，我们分别聘请知名学者为各卷特约审稿人。特约审稿人对书稿的审阅是全方位的，他们与作者相互进行平等的学术切磋。特约审稿人和丛书正、副主编以及出版社编审人员，尊重作者言之成理、持之有故的不同的学术观点。

教育科学的分化已经有了一个世纪甚至一个多世纪的历史，现在已形成众多的分支学科。可是，相对而言，有的比较成熟，有的则甚稚嫩。这就使各分支学科的作者并不是站在同一条起跑线上。然而，在新的历史条件下，比较成熟者要求有新的发展，比较稚嫩者则要求迅速成长。随着教育实践与理论的发展，随着相关领域实践和理论的发展，教育科学的分化还在继续。这套丛书所展示的，只是当前教育科学分支学科大致的面貌。至于那些或因分支学科尚在孕育之中难以催生，或因没有物色到合适的作者难以落实等缘故而未能列入本《丛书》的，只好抱憾地暂付阙如。

《丛书》由时任中国教育学会副会长兼教育学分会第四届理事会理事长叶立群任顾问。《丛书》设编委会，编委(以姓氏笔画为序)是：王汉澜(河南大学教授)，王道俊(华中师范大学教授)，吕达(时任人民教育出版社副总编辑，中国教育学会教育学分会第五届理事会理事长)，孙喜亭(北京师范大学教授)，张人杰(广州大学教授)，胡寅生(中国教育学会教育学分会第四届理事会秘书长、第五届理事会副理事长)，瞿葆奎(时任中国教育学会副会长兼教育学分会第四届理事会副理事长)。瞿葆奎为主编，吕达为副主编。《丛书》的编辑出版工作得到了人民教育出版社的高度重视与大力支持。

在《丛书》编写出版过程中和出版后，叶立群先生、王汉澜先生、瞿葆奎先生、王道俊先生和孙喜亭先生先后去世。在此，我们谨对他们表示深切的怀念和敬意。

以系统的结构编写《教育科学分支学科丛书》是一种尝试，其中缺点、错误敬希读者指正。

中国教育学会教育学分会

2019 年 3 月

教育科学分类：问题与框架

——《教育科学分支学科丛书》代序

瞿葆奎　唐　莹

对教育科学进行分类，人们已做了一些尝试。它是从分类学的角度对教育科学本身进行的一种反思。这一方面意味着理智上的本能：从混沌逐渐走向有序；另一方面又反映出教育科学自身发展的逻辑：从幼稚逐渐走向成熟。但是，“我们也并非不知道，关于教育科学的分类至今还不够完善，甚至具有随意性”①。这是个不过分的估计。

一

就论题本身来看，我们要达到的直接目标是提供一个较合理的分类框架。由此自然会想到：构建一个分类框架，需要的是什么？在现实生活中，人们经常进行着分类，因为这是纷纭复杂的世界要求人们作出的选择。比如性别之分，籍贯之别，等等，这仅是分类的最简单的形式而已。同时，分类也是科学研究中的一项重要工作，一些学科本身就是分类学。但无论哪一种分类，当我们用“奥卡姆剃刀”② 刮掉关于分类的种种内容与现象时，可得到分类的内核便在于某种尺度，或者说一定标准，这标准将保证分类的顺利进

① [法] 加斯东·米亚拉雷、让·维亚尔主编，张人杰等译：《世界教育史(1945 年至今)》，上海译文出版社 1991 年版，第 500 页。

② 奥卡姆（William of Occam），中世纪英国经院哲学家。宣称“若无必要，不应增加实在东西的数目”。此说后被称为“奥卡姆剃刀”。

行，并达到条理化、清晰化的目的。因此，教育科学分类首先要回答的是：依据怎样的标准进行分类？但是，接下来我们又要追问：标准从何而来？它是任意给定的吗？如果对一个事物可以从多种角度给出多种分类标准，这是不是主观随意性的表现？

要对分类及其标准问题透视得清楚一些，解剖分类典型也许是一个权宜之计。科学分类①是人们已长期探索的论题之一。教育科学分类与科学分类是特殊与一般的关系。对科学分类的一定分析，或许能为教育科学分类在思考方向上拨开一些迷雾。

严格地说，科学分类是科学发展、繁荣和分化以后的产物，即近代科学发展的产物。人们已对先辈为科学分类作出的贡献理出了一些清单。在这里，我们仅作一些综合而简约的分析。培根是以人类的理性能力作为分类标准的。② 圣西门否定这种主观的标准，提出了以研究对象为依据的分类，这是以客观标准分类的雏形，但同时显示出的是停留在表面现象上的机械对象观。③ 黑格尔把这种机械观作为靶子，以辩证发展的思想来看待分类，但学科之间的转化被说成是绝对精神自我发展的结果。④ 恩格斯则站在历史总结的地

① 由于“科学”这一概念有其历史的发展过程，人们在对它的理解上和运用上出现了不少分歧，在“科学分类”问题上也是如此。有的仅是对自然科学进行分类，有的则将人文、社会科学包括在内，更有人把哲学也考虑进去，但这并不妨碍我们对这一问题的分析。其实，这都是对学科进行分类。严格来说，用“学科分类”替代“科学分类”也许更恰当一些。

② 培根认为人类具有三种理性能力：记忆、想象和判断；相应地便有三类学科：记忆学科（包括历史学、语言学）、想象学科（包括文学、艺术）和理智学科（包括哲学和自然科学）。

③ 圣西门把科学研究的对象分为天文现象、物理现象、化学现象和生理现象，相应地便有天文学、物理学、化学和生物学这几类学科。

④ 黑格尔的科学分类思想体现在他的“自然哲学”里。他认为绝对精神既是自然发展的原因，又是自然发展的结果。自然的发展分为三个阶段：“机械性”阶段、“物理性”阶段和“有机性”阶段。相应于三个阶段的三类学科为：数学、力学；物理学、化学；地质学、植物学、动物学。

平线上，对圣西门和黑格尔的思想进行了分析，提出了科学分类的客观性和发展性原则，按物质的运动形式进行分类。① 与此同时，还有另一种取向，即由于科学方法的突飞猛进，由于价值问题的无法回避，因而有的学者提出以科学研究方法作为科学分类的一种标准。这从德国学者温德尔班（Windelband，W.）开始，② 逐渐普遍开来。这也可以说是对培根分类标准的发展，因为研究方法是人类理性能力的有力表现。总的说来，以研究对象为分类标准一直是科学分类的主流，由此在大体上形成了框架。从最大或基本部类来说，一般而言，英、法传统把科学分为自然科学、人文科学、社会科学，德国传统把科学分为自然科学与精神科学。两者有异曲同工之处。还有一种框架是把科学的涉及面扩大了，如苏联学者凯德洛夫（Кедров，Б. М.）在 1954 年对科学的分类，坚持了恩格斯的客观性与发展性原则，把科学的基本部类分为哲学、自然科学、社会科学，进而再寻找这三大部类之间的二级、三级联系。③

随着现代科学的迅速发展，人们不得不再次面对科学发展的特点，对科学分类作出新的思考。有几种趋势：从分类标准来说，分类标准多样化（这与分类目的有关）；从交叉学科形成的途径来分

---

① 恩格斯把物质运动形式分为五类：机械运动、物理运动、化学运动、生物运动和社会运动。对应于这五类运动形式有五类学科：力学、物理学、化学、生物学和社会科学。

② 温德尔班认为，由于科学认识目的的不同，存在着两种不同的研究方法，即“规范化”的方法与“表意化”的方法。根据这两种方法的区分，可以将科学分为自然科学与历史科学。其继承人李克特（Rickert，H.）虽然认为科学分类既可遵循“质料的分类原则”（从研究对象的角度），也可遵循“形式的分类原则”（从研究方法角度），但他更倾向于后者。他把研究方法分为“普遍化的方法”与“历史的方法”，从而将科学分为自然科学与文化科学。

③［苏］凯德洛夫著，裘辉译，冯申校：《论科学的分类》；［苏］凯德洛夫著，刘伸摘译：《论现代科学的分类》，载瞿葆奎主编，陆亚松、李一平选编：《教育学文集·课程与教材》上册，人民教育出版社 1988 年版，第 368—408 页。

类；并且由于20世纪以来，人们对方法的崇尚，不少学科本身就是一种方法，因而以方法为标准似乎与以对象为标准各执一端，分庭抗礼。从形成的框架来说，科学的基本部类由三个推向多个。而凯德洛夫在科学新发展的挑战面前作出的判断——分类标准正从功能走向基质①，实际上进一步强调了科学分类所需的基本点：反归科学研究的事物本身。

迄今为止，科学分类是否已很合理暂且不论，但其探索历程中的成功与困惑，却为教育科学的分类提供了思考方向。科学分类的标准把科学所指向的客观事物作为思考的基本点，但如何处理好这一基本点与其他标准，诸如：方法的关系？如何才能做到主观与客观、历史与逻辑、形式逻辑与辩证逻辑的统一？同时，科学分类还告诉我们：作为理性的科学分类框架要能反映学科发展的历史与现状，具备较大的学科涵盖量，体现学科之间的内在联系，具有一定的预测性，从而间接地发挥着指导实践的功能，比如它将对今后学科的发展、研究的重点、课程的设置等提供理论基础。然而，教育科学分类并非科学分类简单的演绎，它具有自身的特性。也就是说，接下来的问题是：我们是在对怎样的事物进行分类？

二

从人类诞生之日起，教育这一实践活动就承担起了沉重而光荣的历史使命，它使人类世界的进化有了内在的承续性。也正因为如此，关于教育的知识成了人类理智探索的永恒论题。教育科学有自

---

① 这里，“基质”指的是科学研究的某一客体。科学分类的基质水平是更为复杂的、高级的水平，它与以研究对象为标准（客观性原则）的区别在于，它反对对象与科学是一一对应的，强调对某一客体（基质）的多方面研究，同一基质可以成为多门学科的对象。

己的骄傲：无论在西方古希腊哲人的，还是在东方古文明圣贤的著述中，它都可以找到自己最初的踪迹。从哲学母胎中出来，且逐渐地有了“学”的名分，标志着它的逐步走向独立；对教育现象进行科学的研究，且不断发展、丰富，标志着它逐步走向成熟。教育科学也有自己的悲哀：茫茫科学大地上，哪儿是它的位置？我们可以从奥利韦拉（Olivera，C. E.）列举的人文和社会科学的一些知名的分类中感受到这一点。比如迪韦尔热（Duverger，1961）的社会科学门类概览，维耶（Viet，1965）受结构主义影响的学科目录表，克劳斯纳（Klausner，1966）的对构成“整体社会”的研讨的考察，皮亚杰（Piaget，J. P.，1970）专为联合国起草的对学科类型的全面分析，这些分类都忽略了教育科学。[①] 教育科学在性质、范围甚至名称上一直成为人们争议的话题。

考察一下教育科学发展的历史，可以发现：有关教育知识的学科经历了由一门“教育学”到多门教育学科的发展过程。从用词上说，“教育科学”这一概念也经历了由单数到复数的变化。单数“教育科学”（educational science）主要指的是按经验科学的模式而形成的教育学，以区别于赫尔巴特的思辨教育学。这种提法是与自然科学研究方法向教育研究领域的渗透联系在一起的。19 世纪末 20 世纪初，实证主义思潮的兴起，使自然科学的规范和方法成了权威，社会科学领域纷纷效仿，“实验教育学”便是当时这种现象在教育研究领域里的表现。[②] 它力图使自己像自然科学一样，用种种自然科学方法研究客观的教育事实，它要放弃理想，放弃价值

① Olivera，C. E.，Comparative Education：Towards a Basic Theory，in *Prospects*，Vol. XVIII，No. 2，1988，p. 177.

② De Landsheere，G.，History of Educational Research，in Husen，T. & Postlethwaite，T. N.（eds.），*The International Encyclopedia of Education*，Vol. 3，1985，pp. 1589-1596.

与目的，成为经验科学，摆脱教育学的思辨面貌。于是便有了用“教育科学”（单数）一词来指称这种教育学。① 虽然教育学由此在某些方面获得了进展，然而至今这种理想还只是理想。

教育学自身在现实中的发展更具有生命力。复数“教育科学”（educational sciences）的产生也是对这个问题的有力回答。它的产生源于人们对教育学的理论基础的思考。早在赫尔巴特时，他就明确地把伦理学与心理学作为他的教育学的理论基石；在实证思潮的背景下，人们又陆续意识到生物学、生理学、社会学、统计学等对教育学的贡献；二战后，经济学、政治学及技术学等也跨入了教育学研究的行列。教育学似乎与很多的学科结下了不解之缘。在这种现象出现之初，敏锐的学者就以简洁的概念形式作出了概括。1921年，心理学家克拉帕雷德（Claparede，E.）在日内瓦指导一个教育心理学研讨班时，提出关于“教育科学”的新概念，明确地把“科学”一词用成复数形式，当时只涉及心理学、社会学、历史学和哲学。②

正如任何新生事物一样，复数教育科学概念被广泛接受经历了不短的时间，并且在不同语种的国家，作出的反应也不尽相同。有三种明显的倾向。第一种是几乎已完全承认“教育科学”的复数形式这一概念，它逐渐取代了“教育学”（pédagogie）一词，主要表现于法语国家。比如在法国，这一概念已明确确定了

---

① 使用“教育科学”一词的第一位学者很可能是法国的马克-安托万·朱利安（Jullien，M.-A.）。见［法］加斯东·米亚拉雷、让·维亚尔主编，张人杰等译：《世界教育史（1945年至今）》，上海译文出版社1991年版，第496页。有研究者认为，德国的里特（Ritter，K.）于1798年就提出了“教育科学”（erziehungswissenschaft）这一概念了。

②［法］加斯东·米亚拉雷著，雷若平译：《法国的教育科学》，载《国际教育科学杂志》（中文版）1985年第3卷第2期。

"约二十年之久"①。第二种取向是教育科学复数形式与教育学（pedagogy）共存。比如在德语国家，尽管"pädagogik"一词比较"顽固"，但强调复数教育科学的人们对它发起了强烈的攻势。②在我国，无两军对峙的局面，以"教育学"为名称的大量著作的出版发行，标志着它的存在并未受到威胁。不过，另一方面，人们对大"教育学"背上了沉重的翅膀难以起飞的局面也焦虑不安③，加上现代科学发展的分化、综合趋势，促使人们要面对现实，教育科学的复数形式也得到了正式的权威性的认可④。第三种取向是较少采用教育科学复数形式一词，但有自己的表达方式。比如，在英语国家中，经常使用教育理论及其基础学科（educational theory and its foundation discipline）这一术语，其含义与教育科学复数形式相近。此外，还有一种倾向值得注意：在俄语国家，一般把教育科学与教育学作为同义词，"现代教育学既是一门统一的学科，又是多分支的许多教育学学科的总和"⑤。对教育科学复数形式的态度，尽管有一些差异，但复数教育科学已成为不可否认的事实，并且有着大致相同的含义和范围。它是所有有关教育的知识体系的总称，由若干学科构成，这些学科从不同的研究角度或不同的层面来认识和改进教育活动。也正是因为教育科学以复数形式出现，才使教育科学分类成为必然。

教育科学在形式上由单数到复数的变化，并不是一种文字上的嬉戏，这当中蕴含着观念上的差异。单数"教育科学"中蕴含的观

---

① ②［法］米歇尔·德博韦著，马肇元译：《关于教育科学性质的国际范围大辩论：一种比较研究的方法》，载《教育展望》（中文版）第23期，1990年5月。

③ 例如，陈桂生：《教育学的迷惘与迷惘的教育学》，载《华东师范大学学报（教育科学版）》1989年第3期。

④《中国大百科全书·教育》，中国大百科全书出版社1985年版。

⑤［苏］П. Р. 阿图托夫等主编，赵维贤等译：《教育科学发展的方法论问题》，教育科学出版社1990年版，第17页。

念是：力图把教育学变为经验科学。单数“教育科学”的“科学”含义是从严格意义上说的。复数“教育科学”中蕴含的观念是：教育科学是大量社会学科，还包括某些自然学科应用于教育领域而形成的，它们绝大多数以教育现象为对象；在方法上博采众家，其发展以这些学科的发展为前提。复数“教育科学”的“科学”含义比较宽泛，在形式上成了所有有关教育的学科的总称。

这种观念上的差异，可归结到对教育理论性质在认识上的区别。因此，对教育科学的认识需进一步追问：教育理论是以怎样的理论形态而存在——经验科学理论？抑或实用理论？这个问题已引起了许多论争①，我们将在这种论争的基础上，作进一步的思考。

科学理论是对经验世界的解释，其目的在于认识和探索事物本身，其价值在于揭示事物内在的规律，甚至在于为这种规律探索的沉思。因此，（经验）科学理论又常常意味着一种所谓“为知识而知识”的理性精神。它的结构一般可表述为：在大量事实基础上提出假设，按客观事物的实际联系和相互转化关系，把相应的概念、判断、推理组成一个严格而自为的逻辑体系。当然，从绝对意义上说，没有一种科学理论是能与实践相分离的。实用理论则把视线直接投向实践，它探讨有关如何把认识的规律运用于实践的问题，并

---

① 尤以英国学者奥康纳（O′Conner，D. J.）与赫斯特（Hirst，P. H.）之间的论争为代表。见 O′Conner，D. J.，An Introduction to the Philosophy of Education，1969；O′Conner，D. J.，The Nature of Educational Theory；Hirst，P. H.，The Nature of Educational Theory，Reply to D. J. O′Conner，in Peters，R. S. et al.（eds.），*Proceeding of the Philosophy of Education Society of Great Britain*，Vol. 6，1972. Hirst，P. H.，Educational Theory，in Tibble，J. W.（ed.），*The Study of Education*，1966. Hirst，P. H.，Educational Theory，in Hirst，P. H.（ed.），*Educational Theory and Its Foundation Discipline*，1983. Evers，C. W.，Epistemology and the Structure of Educational Theory：Some Reflection on the O′Conner-Hirst Debate，*Journal of Philosophy of Education*，Vol. 21，No. 1，1987。

且要为解决实践问题提供种种规范与建议，带有极强的价值与目的色彩，因此，具有实用理论形态的学科常被称为规范性学科。实用理论的结构可以大致这样来概括：提出某种希望达到的目的，对各种指向目的的备择手段予以论证，得出在既定的环境中某种合适的手段，然后建议如何用这一合适手段去兑现目的。①

从上述两种理论的特征来看，分析一下教育理论的对象（实践性活动）、目标（提出有效的建议），几乎可以肯定地说，教育理论不可能成为纯粹意义上的经验科学理论。它是一种实用理论。但教育理论中存在着“解释”部分，比如，它有对“人”的解释，这一事实成为人们把教育理论看成是既有（经验）科学理论又有实用理论成分的论据。这种观点值得推敲。首先，它似乎存在着把完整的理论肢解开来的危险；其次，我们要问：教育理论中的“解释”与（经验）科学理论中的“解释”，其性质是否一样？此外，它还隐含了对实用理论的偏见。的确，如果我们把实用理论仅仅与实际操作性原理联系在一起，仅仅把它与即时地解决问题联系在一起的话，那么，教育理论并不完全如此。实用理论是关于“实践”的理论，但它有关实践问题的论述，并不等于直接规范人们今天干什么，明天怎样干。作为一种理论，它有抽象性，有自己表达假设、进行论证的形式；它不同于直接的处方，而是处方的主要依据；它在思考如何运用规律时已蕴含了对规律本身的思考。因此，实用理论并不排斥“解释”，只是它解释的方式具有自己的特性。

就教育理论来说，由于它涉及对人的活动的解释，从而需要运用许多有关“人”的学科的概念与解释。而离开了这些学科的解释，教育理论只能对现象作事实的描述，却达不到解释的层面。但

---

①［英］丹尼斯·劳顿等著，张渭城等译，郑仪等校：《课程研究的理论与实践》，人民教育出版社1985年版，第9页。

其他学科与教育理论两者间的关系又不是直接的演绎关系，教育理论中的命题可以追溯到哲学命题、心理学命题、社会学命题等，但它已不是这些命题本身，并且这些命题的正确性并不能保证教育理论命题的正确性。教育理论中解释方式的特性在于：它是“运用解释的解释”。比如说，它是在对心理学、社会学、人类学等学科有关人的解释的运用中来解释培养人这一活动的。这样，可以说，教育理论里具有科学探究的成分，也正由此而区分出其内部相对的基础部分。

此外，从研究角度来说，教育理论的形成，实际上在运用这些学科的解释的同时，也运用这些学科的方法，而对统计学等这样的学科，则主要是运用了它的方法。尤其是随着人类知识的不断增长，不少新兴方法性学科、工具性学科的涌现，如计算机科学进入教育领域，为教育理论的科学化以及新的教育学科的形成作出了贡献。

教育理论的这种特性，使它大可不必为自己不能成为纯粹意义上的（经验）科学理论而感到沮丧，恰恰应以此而自豪：它要站在“众人”的肩膀上——把许多学科集于一身，去综合成自身的体系。从某种意义上说，它比这些学科更复杂，也更富于挑战性。然而，我们也不得不正视现实，教育理论的现状，也许落在不少学科之后。不过，当我们正视现实，“眼中形势胸中策”，既把自己列在为难的境地，又不失信心地厉兵秣马，情况就会一天天更好起来。

这种对教育理论的性质的认识，不仅为复数教育科学的产生作了恰当的脚注，而且还反映了教育科学分支学科形成的总特征，即它们是在运用其他学科的理论和方法的过程中形成的。比如，当我们追溯教育社会学的形成轨迹时，必然会回到社会学家涂尔干（Durkheim，É.）那儿，他正是运用社会学的理论和方法来研究教育的。

事实上，从教育科学分支学科的形成史中，可以归纳为这样几个大致的规律性特征。第一，分支学科的形成与其他学科的发展和成熟度密切相关，它对其他学科发展的意识由迟钝到逐渐敏感起来，从而加速自身的形成和发展。当然在这种欣欣向荣的背后也有着“假冒伪劣”，这指的是：有些所谓的新教育学科，用了不少其他学科的新名词，但实际上并没有新的内容，或者说没有表现出具有从新的角度去解决教育科学其他分支学科未能解决的问题的能力。第二，对其他学科的运用由注意理论运用开始，逐渐也重视对方法、技术的运用，这样在重“解释”的教育科学分支学科不断形成的同时，偏“操作”的技术性的分支学科也得到了发展。第三，教育科学分支学科的形成由“分析”（即从某一其他学科出发来研究教育）开始，逐渐出现“综合”（即以多学科同时研究教育）。

教育科学发展至今，已形成了不少学科。教育科学分类最终要面对的就是已形成了的那些学科，对它们进行归纳性分析。因此，在回答“是在对怎样的事物进行分类”这一问题时，除了上述对教育科学概念及教育理论性质的理解之外，还须明确教育科学内部有哪些学科可成为我们考察的对象。这便涉及对“学科”的理解，怎样才算是一门学科？学科的要旨是什么？

对这个问题，一些学科的研究者已进行了比较深入的研究。例如，有的研究者以经验分析方法分析经验学科，得出确认学科本质特征的七项标准：（1）学科的材料域，即一组研究对象；（2）学科的“题材”，即从某一角度来考察材料域所得的范围；（3）学科的“理论”一体化水平；（4）学科的独特方法；（5）学科的“分析工具”；（6）学科在实验领域中的应用；（7）学科的“历史偶然性”。①也有的研究者以结构分析法透视学科的本质，得出了三个标准：

① 刘仲林主编：《跨学科导论》，浙江教育出版社1990年版，第34—38页。

（1）可观察或已形式化的客体，受方法、程序的制约；（2）现象与客体相互作用的具体化；（3）按照一组原理表达或阐述的定律。① 我国也有研究者通过对社会科学学科的分析，提出了一门独立的学科所具有的特征：（1）内容的专门性；（2）对象的成熟性；（3）研究方法的科学性；（4）从理论形态上把握认识。② 借助这些研究者的研究，可以发现：不管人们是在对哪一门类的学科进行认识，也不管人们从各自角度提出了多少标准，只要是一门学科，其最根本的特征主要体现在两个方面：对象与方法。如果说有第三个方面，则是在此基础上形成的理论体系。学科的命名也概略地出现这样的分布：或以对象命名，或以方法命名。

关于学科，还有三点似乎值得注意。第一，根据学科的基本特征，可以说，在应用中形成的学科并不妨碍其成为真正的学科，它有对象、有方法，也可自成体系。第二，方法有“专利”，但并非专用。没有独特的方法也并不妨碍一门学科成为真正的学科。第三，评判一门学科的实践指标也很重要。舒尔茨（Shultz，D.）在谈到心理学成为一门独立学科的标志时，认为几乎都与实践有关，如第一个心理实验室、第一个心理学教授职称、第一个心理学学术组织、第一份心理学期刊等。③

归纳起来，评判一门教育科学的分支学科是否成熟，其指标可从两方面看：一是属于“理论”方面的——对象、方法（及理论体系）；一是属于“实践”方面的——是否有代表人物、著作、学术组织、学术刊物等。这就是说，成熟意味着：是否满足了所有这些

---

① 刘仲林主编：《跨学科导论》，浙江教育出版社 1990 年版，第 42 页。

② 陈波等著：《社会科学方法论》，中国人民大学出版社 1989 年版，第 36—37 页。

③［美］杜·舒尔茨著，沈德灿等译：《现代心理学史》，人民教育出版社 1981 年版，第 2 页。

方面？满足的程度又如何？

三

教育科学的分类是对其内部的学科进行分类，因而学科的特征量——对象与方法——便成了我们注意的焦点。是以对象为标准，还是以方法为标准？从科学分类中可以看到这一对矛盾，教育科学分类也同样碰到了这个问题。

以对象为标准，往往成了坚持客观性原则的标志。这个原则是恩格斯确立的。他把学科所要分析的对象，都归结到事物存在的运动形式上，因而“科学分类就是这些运动形式本身依其内在序列所进行的分类、排列”①。因此，以对象为标准，首先便要弄清所有学科所要分析的那些事物是什么，这些事物之间的内在区别与联系是怎样的。在教育科学的分类中，也有这种分类取向：如有的研究者认为，教育科学各个分支所表现出来的多层次性、多序列性与多量度性，正是由教育本身的、现实的系统特征所决定的。由此提出了教育系统的五个特征，相应列了五类教育科学分支学科。② 也有些研究者以教育现象（情境）的分析为基础，根据影响教育情境的因素的分类来对教育科学进行分类。③ 还有研究者按教育活动开展的阶段划分而区分了几类学科。④ 从这些探讨中，我们看到，对象

---

① 恩格斯：《自然辩证法》，载《马克思恩格斯全集》第 26 卷，人民出版社 2014 年版，第 579 页。

② 毛祖桓著：《教育学的系统观与教育系统工程》，四川教育出版社 1988 年版，第 102—105 页。

③ Mialaret, G., *Introduction to the Educational Sciences*, 1985. 见马骥雄著：《外国教育史略》，人民教育出版社 1991 年版，第 398 页。

④［德］赫尔马·格·弗兰克著，安文铸译：《未来教育科学入门》，中国世界语出版社 1986 年版。

是科学分类中一个不可忽略的重要方面。

但是，我们也要看到：对教育科学分类有着明显的认识论特征，认识论要通过追问“我们是怎样认识事物的”来达到对事物是什么的认识。“对象”本身就是一个认识论层次上的概念，它与客观存在并不完全一致。对象总是映射了一个主题，主体所面对的是整个客观存在，但最终所研究的则是主体从某一角度所看到的客体。而主体对对象的认识在很大程度上归功于认识的方法。仅以对象为标准，实际上预先为自己设立了一个前提，即对象与学科、对象与方法总是一一对应的。现代科学的发展已使这种严格的分界变得模糊起来。因为很多学科、方法有可能同时指向同一个对象。因此，仅以对象为依据，在很多情况下已难以分类。在教育科学的分类中，以对象为依据顶多只能区分这样两大类：一是以教育活动为研究对象的学科，二是以教育理论为研究对象的学科。从历史发展的眼光看，第二类学科是在第一类学科发展的基础上产生的，是第一类学科发展“自我意识”产生的标志。仅以方法为标准，也同样存在难以克服的局限，常常使一门学科分解开来。例如，日本学者根据研究问题的四种方法，把教育研究分为理论研究、实证研究、实验研究和历史研究，相应地把教育科学分为四类①，以及有些学者从研究方法的角度，把教育科学分为分析、规范、经验三类学科②，都存在着这样的问题。因此，分类标准的制定需同时考虑到对象与方法。在这里要注意的一点是：据前文所述，教育科

---

①［日］大河内一男等著，曲程等译：《教育学的理论问题》，教育科学出版社1984年版，第193—196页。

② Christensen，J. E. & Fisher，J. E.，Educology as an Organizational Concept for School of Teacher Education，Colleges of Education，and Faculties of Education，in Christensen，J. E.（ed.），*Perspectives on Education as Educology*，1981，pp. 275-287.

学内部的各门学科是在对其他学科的运用中产生的，教育科学所运用的方法也正是来自这些学科，这样，考虑对象与方法的关系问题就转变成了考虑对象与学科的关系问题。

有一点是十分明确的：除了以教育理论为研究对象的学科以外，所有分支学科都要以教育现象为汇集点，围绕教育本身来组织有关教育的知识。关键的问题是还需回答：在具体的层次上，这些学科各自与所研究的教育现象的结合点在哪里？也就是说，这些学科是怎样以不同的方式来透视教育的？

考察现已存在的教育科学的各门分支学科，大致有这样几种方式。

第一种方式是：像教育哲学①、教育经济学、教育心理学这些学科的形成，主要是把所运用的学科——哲学或经济学或心理学——作为一种理论分析框架，它们所研究的对象就是通过这些框架所观察到的那部分教育现象；其论述方式是各自运用这些学科的解释，研究达到目的的种种条件，从某一角度在教育领域中创造性地提供一种好的方法或好的活动结构，把这些学科所作出的一般承诺转化为对教育活动作出的特殊承诺。

在这类教育科学分支学科中，由于通过框架所观察到的那部分教育现象在性质上的异同，它们又可分为一些子群：(1）运用框架所分析的是教育领域中的形而上问题，是对教育活动的形而上思考；(2）运用框架偏重探讨教育中的社会现象；(3）运用框架偏重

① 作为一门学科被命名为教育哲学，是在 19 世纪末。德国学者罗森克兰茨（Rosenkranz，K.）发表了《作为系统的教育学》（*Die Pädagogik als System*）（1848）一书，后来由美国学者布雷克特（Brackett，A. C.）把它译成英文，名为《教育哲学》（*The Philosophy of Education*）（1894）。把教育学作为一种系统是教育哲学的第一种含义；教育哲学的第二种含义是用哲学观点探讨教育问题，如杜威的《民主主义与教育》；还有一种含义是指教育理论、原理，如法国学者埃德诺·拉埃里的《教育哲学——一般教育原理》。见金哲等主编：《世界新学科总览》，重庆出版社 1986 年版，第 245—246 页。

探讨教育领域中的个体——“人”的问题。

第二种结合方式是：所运用的学科是以一种具体的方法为特征，例如比较教育学①；或具有工具性，例如教育统计学。这些学科与教育的结合点在于：教育领域在哪些方面可以运用这些方法进行研究？如何运用？由此而形成的教育学科，其对象是这种方法所能达到的地方。根据这类教育学科在对象上的不同特点，又可将其分为两小群。（1）运用学科的方法，直接分析教育活动。分析的角度因方法而异。（2）另一小群学科主要针对的是如何将方法运用到教育领域中来。也就是说它直接以方法的运用为对象，探讨在教育研究中运用这些方法的种种原则与规范。

教育学科形成的第三种方式是：综合运用多门学科的解释（或成果）来解决教育的某一相对具体的实际问题。这类学科带有较强的可操作性。在这类教育学科中，又有两种不同的情况：一种情况是学科所研究的对象是属于教育领域内部的活动，是教育活动独有的问题，这群学科有课程论、教学论等；另一种情况是学科所研究的对象并非教育领域独有的问题，如管理、技术、规划等问题，这些问题是行政学、技术学、规划学的研究对象。但这三门学科在研究这些问题时本身就综合运用了多门学科的研究成果。因此教育行

---

① 人们对“比较教育学”有不同的理解。第一种是把它等同于国际教育，用比较方法来研究不同国家、地方的教育（例如张渭城：《比较教育》，载张渭城编：《国外教育学科发展概述》，教育科学出版社 1982 年版，第 60 页）。第二种是把它看成为有关教育过程中两个或两个以上实体比较的知识［如 Christensen，J. E.(ed.)，*Perspectives on Education as Educology*，1981，pp. 149，279］。第三种则认为，如果比较作为方法是普遍的，一门“比较”学科只有当它把比较推到一个更高的抽象作用水平，比如说“诸如比较之比较”时，才堪称这一名称，比较教育学实际上表示更高的认识论水平（如 Olivera，C. E.，Comparative Education: Towards a Basic Theory，in *Prospects*，Vol. XVIII，No. 2，1988）。从比较教育学这门学科的历史来看，第一种理解更为符合学科现实的特点。见朱勃著：《比较教育史略》，广东高等教育出版社 1988 年版。

政（管理）学、教育技术学、教育规划学，看上去是一门学科（行政学或技术学或规划学）运用于教育领域的结果，而实际上是综合运用了许多学科而形成的。如教育技术学，它以教育技术为对象，但它不试图解释技术，对于一台教学机器，教育技术学对它的物理学原理兴趣不大，它感兴趣的是这台机器（在考虑到种种影响因素的情况下）如何提高教学效率乃至整个教育效果。当技术转化为教育技术时，这本身就隐含了对教育活动规律的思考，而对这些教育活动规律的解释又都是建立在许多学科理论的基础上的。在这里，所谓的“教育技术”是指人类在教育活动中所采用的一切技术手段的总和，其目的是达到优化的教育效果。为了不让人对“技术”产生误解，即仅理解为教学机器之类的“硬件”，克里斯坦森曾提出了以“教育实践学”（praxiology）一词来取代“教育技术学”一词。①

上述由三种形式而形成的教育科学分支学科，都是以教育活动这一实践形态为对象的，最终以理论形态表现出来。随着这些学科在理论上的不断发展和逐步成熟，教育科学也同许多其他学科一样，产生了自我反思的需要，也就是要对教育理论本身进行研究和分析，由此一些新的学科正在形成，并跻身于教育科学的行列，如元教育学②、教育学史。元教育学重在研究教育理论的结构与功

---

① Christensen, J. E., *Educology and Some Related Concepts*: *A Dialogue*, in Christensen, J. E. (ed.), op. cit., p. 138. 克里斯坦森以“教育实践学”来代替“教育技术学”，界定了其为有关教育过程中有效实践的知识。但由此看来，前者比后者含义更为宽泛。

②“元”，英文为“meta”，本义为“在……之后”、“超越”，后引申为一种更高的逻辑形式。把“meta”放在某学科（discipline）前面所构成的名词，意味着一门新的但与原学科有关的学科，它将对原学科的性质、结构等进行分析。见 Gove, P. B. (ed.), *Webster's Third New International Dictionary*, 1981, p. 1418。我国台湾一些学者译“meta”为“后设”。“元教育学”的名称也是可以商榷的。

能、教育理论研究的方法论问题、教育理论与实践的关系等，教育学史重在研究教育学形成和发展的历史、教育学的逻辑演进序列、教育学的发展机制等。元教育学、教育学史的形成是建立在上述分析的各门教育学科理论发展的基础上的，它在研究对象上与上述各门学科区分开来，从而构成了教育科学分类体系中的一类。

到这里，教育科学的分类已成雏形。我们试图做的是：沿着教育科学各门学科形成和发展的历史足迹，分析学科形成的内在机制及学科的构成，较有根据地提出分类标准，并尝试提出一个分类标准的体系。

第一，以研究对象为标准，区分出教育科学的两大类：以教育活动为对象的学科与以教育理论为对象的学科。这是第一个层次。

第二，对以教育活动为对象的学科进一步分类。这是在第一层次分类标准的基础上，以学科的形成机制为标准。由于教育理论的性质决定了这一大类教育学科形成的总特征：在运用其他学科的过程中形成的，所以形成机制又反映在这种运用的不同方式上。由此区分出三类教育学科。这是第二个层次。

第三，对上述三类教育学科又进一步分类（小群）。这是在第二个层次分类标准的基础上，同时以研究对象的性质为标准，由此区分出类中的群。这是第三个层次。

这样，教育科学分类的框架已略见端倪。

四

根据上述分析提出的分类标准，可以为教育科学体系初步绘制一个类型学的框架表。

教育科学分类框架表

<table>
<tr><td rowspan="7">以教育活动为研究对象；
以不同方式运用其他学科</td><td rowspan="3">把被运用学科作为理论分析框架</td><td>分析教育中的形而上问题</td><td>教育哲学　教育逻辑学
教育伦理学　教育美学</td></tr>
<tr><td>分析教育中的社会现象</td><td>教育社会学　教育经济学
教育政治学　教育法学
教育人类学　教育人口学
教育生态学　教育文化学</td></tr>
<tr><td>分析教育中的个体的“人”</td><td>教育生物学　教育生理学
教育心理学</td></tr>
<tr><td rowspan="2">采用被运用学科的方法</td><td>运用方法直接分析教育活动</td><td>教育史学　比较教育学
教育未来学</td></tr>
<tr><td>研究如何运用方法来分析教育活动</td><td>教育统计学　教育测量学
教育评价学　教育实验学
教育信息学</td></tr>
<tr><td rowspan="2">综合运用各门学科，解决教育的实际行动问题</td><td>分析与其他领域共有的实际问题</td><td>教育卫生学　教育行政（管理）学
教育规划学　教育技术学</td></tr>
<tr><td>分析教育领域独有的实际问题</td><td>课程论　教学论</td></tr>
<tr><td colspan="3">以教育理论为研究对象</td><td>元教育学　教育学史</td></tr>
</table>

框架力图大致描绘目前教育科学的概貌。从上至下，学科由偏重认识问题，走向偏重解决问题；从侧重一个角度分析教育到综合地分析教育。上表反映出教育科学的研究在对象认识上具有了一定的深度（实践层面—理论层面）和一定的广度（从众多的角度看教育），这也同时反映出教育科学在研究方法上的多样性，反映出各门学科的形成方式及在教育科学总表中的位置。透过这张表，也可看到教育活动的丰富性，它的涉及面如此之广，几乎有点目不暇接了。

关于这个分类框架，还有几个问题需作进一步的说明。

分类使教育科学的各门分支学科明确地分离开来，那么这些学科的内在联系表现在哪里？这是我们要说明的第一个问题，即教育科学的统一性问题。

复数教育科学的脱颖而出，使教育科学的发展生机勃勃，但会不会各门分支学科“壁垒森严”，因而人们在欣喜的同时也有忧虑：如果各门学科间缺乏交流，缺乏相互合作，教育科学也就缺乏凝聚力。实际上，学科的统一性问题不只存在于教育科学之中。现代科学的发展，使人们越来越意识到学科之间的界限已不是泾渭分明了。于是便有了以“结构”观点、发生学观点来透视学科的方法，因为，当用“结构”观点透视学科时，就可以忽略不同学科研究对象的差异和定理表达方式的不同，找到学科结构的共同点和转换机制；发生学的意义则在于：它不承认有任何绝对起点，这意味着许多学科之间存在着内在联系。① 于是也有了以“基质”取代“功能”的提法，这表明考虑到了对象的综合性，希望把所有的学科都统一在世界物质的统一性这一前提之下。因此，教育科学统一性问题的提出，也正反映了这种大趋势。关键也许是在于把握住两个方面。一方面，教育科学在这种分化的表象背后有着深厚的统一基础，即除了以教育理论为研究对象的学科以外，所有学科都聚焦于“教育”（这在框架中也反映了出来），而一门分支学科只能触及教育活动的一个方面。教育活动的丰富性使这种单支的探索缺乏力度，

① 皮亚杰把这两种方法作为他探讨学科问题的指导思想。见刘仲林主编：《跨学科导论》，浙江教育出版社 1990 年版，第 98 页。皮亚杰在其《跨学科认识论》（*L'épistémologie des relations interdieiplinaires*）中说，跨学科研究应该是达到这一阶段的研究：“一门科学与邻近学科或邻近领域之间的合作，导致彼此有一些真正的相互作用，即在交流中导致某种互利，诸如互相使对方在总体上有所丰富。”这种跨学科研究还应该继续得到发展，以达到一个“高级阶段……即综合研究阶段，而是要使各有关学科融为一个总的体系，在其内部建立有这种系统”。见［法］加斯东・米亚拉雷、让・维亚尔主编，张人杰等译：《世界教育史（1945 年至今）》，上海译文出版社 1991 年版，第 502 页。

它要综合所有的学科，创造性地利用这些分支学科。教育科学的统一性，既统一在一系列协调一致的实践原则中，又统一在分支学科的广泛的理论结合中。另一方面，分化是教育科学发展的必经阶段，新的统一是建立在成熟的分化之上的。学科分化中表现出的“危机”给人们提出了新的课题：跨学科的研究。它是走向统一的希望所在！

在思考教育科学的统一性问题时，我们不由得会想到教育科学的原本统一形式，即教育学。在现今的教育科学体系中，教育学的位置在哪里？本框架中似乎把它“遗忘”了。是一种疏忽吗？这是我们要说明的又一个问题。现今人们对教育学的理解似乎走向了“两极”。其一，认为教育学是教育科学中的哲学。正如现代科学体系中的哲学一样，当一门门学科逐渐分离出去时，它也变得“轻松”起来，内涵更为明确，更具指导作用。教育学是这样吗？随着一门门分支学科的形成，出现了复数教育科学，它以怎样的方式在复数教育科学体系中成为各门分支学科的“哲学”？它讨论的议题是什么？其二，认为教育学主要涉及教学论。因为那些被运用的学科各自与教育的结合，主要体现在对教育进行所谓“解释”的基础研究层面，因此当这些学科涉足教育领域，形成分支学科，纷纷从教育学分离出去时，剩下的就是教学论一类的应用研究了。这种理解，表明对教育学的理解又回到了最初用“pedagogy”一词所表达的那种意义上了。这个词来自希腊语“paidagōgia”，按其词源来说，意为引导儿童学习的学问。① 因此在现代的一些英语词典上，这个词的主要意思是“教学法（教学论）”。后来，英语的“pedagogy”一

① 希腊语“paidagōgia”由“pais”和“agein”两部分构成。“pais”意为孩子，“agein”意为引导。见 Gove，P. B.（ed.），*Webster's Third New International Dictionary*，1981，pp. 1663，1619。

词在“教育学”意义上往往为“education”一词所代替。①

可以换个视角来看“教育学”。首先，“教育学”的历史和师范院校的历史关系密切。师范院校为培养教师而开设教育学课程。当“教育学”作为一门师资培训的必修教学科目时，具有“概论”的性质，就像“普通物理学”、“普通心理学”② 那样。它更多地以教材体系表现其内容，是一门教学科目（subject），很难说是科学体系中的一门学科（discipline）。其次，我们常常笼统地说教育学研究，实际上它已分得很细。当说某人在进行教育学研究时，往往指的是研究一两门专业分支。但我们仍需要一个一般的术语，来指称有关教育包罗的学问，有人便提出了“educology”一词。③ 它相对于“教育”（education）这一研究对象，就如“社会学”（sociology）之于“社会”（society）。这样看来，“教育学”即为现代意义上的“教育科学”。如果将教育学放在框架上的话，那么，它也许是涵盖以教育活动为研究对象的全部分支学科了。正因为对“教育

---

① 有关“education”取代“pedagogy”的过程，见 Monroe，P.（ed.），*A Cyclopedia of Education*，1913，pp. 621-622；［美］亨德森著，沈剑平、崔允漷译：《教育学》，瞿葆奎主编，瞿葆奎、沈剑平选编：《教育学文集·教育与教育学》，人民教育出版社 1993 年版，第 295—298 页。

② 在习惯上称的“普通物理学”、“普通心理学”等，严格说来，是“一般物理学”“一般心理学”等。

③ 此词由哈丁（Harding，L.）、斯坦纳（Steiner，E.）、比格斯（Biggs，J.）和埃尔德（Elder，R.）等人所创。1964 年，在一次教育哲学家的国际性会议上，斯坦纳提出了“educatology”一词。当时在与会学者格伦（Gruen，W.）的建议下，简化为“educology”。见 Christensen，J. E.（ed.），*Perspectives on Education as Educology*，1981，pp. v-viii，107-108。马骥雄教授为了答复瞿葆奎的请教，于 1987 年写了一张便条：“‘educology’一词，本当译作‘教育学’。唯在我国‘教育学’已经是‘pedagogics’的译语，如仍译为‘教育学’会造成术语的雷同和混乱，踟蹰良久，想不出一个恰当的译名。转思我国的学科名称有伦理学、物理学、心理学、生理学、病理学、法理学等等。因此，姑暂译作‘教理学’，供商榷，以便定出恰当的译名。”云云。

学”的理解还有着分歧，姑暂“悬置”，有待共析。

还有一个要说明的问题是：本框架的形成，是根据对现有可称为学科的教育科学分支学科进行考察归纳的。这些学科有的已较成熟，有的正在发展中，甚至正在形成中，那么，框架的预测性表现在哪里？有些研究者为科学分类能像门捷列夫化学元素周期表那样作出准确预言曾不甘雌伏。如果说凯德洛夫的科学分类框架，以在各学科门类及学科之间可进行二级、三级，乃至四级交叉来预测学科还有粗浅之嫌的话，那么有的研究者提出的学科自身结构的“自生殖”力量与实践需要之间平衡的观点①，也还没有把预测兑现在科学分类的框架上。因为科学分类中的学科与元素周期表中的元素不一样，前者是要在实践中所产生的，而后者是为人们在实践中所发现的。因此，教育科学分类框架的预测，只能就一些趋势作可能性判断。由于教育科学的特性，对其分类框架的预测似可作如下判断：在从某一角度分析教育的某一方面或某一组成部分的层面上，有多少涉及“人”的学科；在教育研究的层面上，有多少可用于研究“人”的问题的方法，便有可能产生多少分支学科；在把教育作为一个整体，从多种角度同时进行综合研究的层面上，教育领域内有多少种具有现实作用和影响的实际问题，就有可能产生多少分支学科。而这些学科要成为现实，必然与教育的实践需要，以及学科研究所具备的各种条件有关。如此说来，本框架为未来的教育科学分支学科留下了位置，等待着人们去填写。

最后要说明的一点：任何分类总免不了带有人为的色彩，但主观的随意性却是为所有追求真理之研究所抛弃的。教育科学分类本是学科本身的特点与人们认识的结晶。本框架在认识有关教育科学的问题的基础上进行分类，力求主客观的统一。另一方面，本框架

---

① 赵红洲著：《大科学观》，人民出版社 1988 年版，第 156—157 页。

试图把通过分析教育理论性质而演绎出来的逻辑结构，与通过分析教育学科的发展与现状而归纳出来的逻辑结构结合起来，这也许在一定程度上反映了历史与逻辑相统一的方法论思想。此外，对分类标准的思考，也企图超越单纯形式逻辑的思维方式。当然，由于教育科学内部学科的多样性与复杂性，使分类半青半黄，相对出现了多种分类标准和框架；并且，历史发展的无限性与人们认识的有限性之间的矛盾，也决定了分类的暂时性与相对性。但这也正是人类思维进步的内在动力。以“有涯”追“无涯”，不亦悦乎？人的理智与情感的需要，教育科学自身发展的需要，将引导人们为此而继续深思。嘤其鸣兮，求其友声，亦寻其异音耳。

目　录

下编　认知研究的进展赋予教学的新意

导论：
教育心理学的历史回顾与本书的构想

人们通常称教育心理学是一门中间学科，因为它把心理科学与教育的艺术联结了起来。因此，从这一意义上来说，教育心理学的发展史就是教育与心理学日益紧密结合的历史。在导论中，我试图对它的发展作一历史的回顾，这既同编写本丛书的宗旨相符，也为本书随后要具体述及的内容作一铺垫和注解。

一、教育心理学的史前背景

（一）孕育教育心理学的欧洲背景

早在18世纪和19世纪初，还没有一门与教育和心理学的理论相区分的教育心理学。引导当时教育改革的一些领袖人物在提出他们的教育主张时，也流露出他们一些朴素的心理学思想和道德观念。在讨论这一时期的教育改革中，经常出现的人物是法国的卢梭（Rousseau，J. J.，1712—1778）、瑞士的裴斯泰洛齐（Pestalozzi，J. H.，1746—1827）、德国的赫尔巴特（Herbart，J. F.，1776—1841）和福禄培尔（Froebel，F. W. A.，1782—1852）。

卢梭在他的著作《爱弥儿》（*Emile*，1762）中提出了自己的一系列教育主张，其基本要旨反映了他对儿童发展的看法，认为儿童的发展有其自然的根基，强调儿童自己会有所发现，教师不应该替代儿童的思考，否则儿童将不会思考。

同卢梭一样，裴斯泰洛齐也反对背诵课文，反对以机械的记忆来回答提问，或用惩罚错误来引发动机等这些教育中的陈规旧律。裴斯泰洛齐的许多主张使人感到很现代化，甚至跟现时更贴近。他非常注重活动的价值，强调书本知识的学习要与动手训练结合起来。教育不应当只是获取知识，而应当更看重发展。学校应充满爱、友善、理解的气氛，而不应该使学生感到害怕。心理学应当作为指导教学的方法，以便通过适当的教育使所有的学生能够得到进步。

在所有这些教育改革家中，赫尔巴特是第一位给自己的教育理论提出心理学依据的人，因此在教育和心理学的历史上，他比其他几位更突出。赫尔巴特曾是一位杰出的哲学家，1809年曾应邀接替了康德（Kant，I.）在柯尼斯堡大学的教席。赫尔巴特强调统觉

(apperception)，认为人所有的知晓（perception）均依赖于在记忆中业已具备的“观念统觉团”（apperceptive mass of ideas），并以此作为自己的理论在教育实践中应用的心理学基础。这种观点似与兴趣作用相关，因为用熟悉的特征来引发学习的准备状态，会使人对某一事物更感兴趣。学生贮存了大量的早先经验，才可能引发他们在学习时的多方兴趣。赫尔巴特在此基础上提出了“五段教学法”，把教学过程分为五个阶段，即：(1) 准备（preparation）；(2) 呈现（presentation）；(3) 联系和比较（association and comparison）；(4) 概括或抽取（generation or abstraction）；(5) 实际应用（practical application）。至今我们仍可在现时的教学中见到这种教学法的痕迹。

福禄培尔作为“幼儿园运动”的倡导者而赢得国际上的拥护和支持。尽管他的思想有些浪漫的色彩，对自己提出的游戏的意义作出了过头的解释，认为它们并不只限于儿童，但他主要还是强调活动是所有教育的根本，认为活动具有建设性和创造性的作用，因而在早期的培训工作中就应当考虑这种联系实际的活动。

作为一种对理想的教育实践的思考，卢梭、裴斯泰洛齐、赫尔巴特以及福禄培尔的思想于 19 世纪从欧洲大陆传到美国，对美国的教育改革产生了重要的影响。例如，赫尔巴特的五段教学法曾作为一种“科学的”教学方法，受到当时美国许多教师的欢迎。1892 年，全美教育协会（National Education Association，简称 NEA）在萨加托加会议上成立了赫尔巴特俱乐部①，从此赫尔巴特的思想在全美盛行起来。

英国对教育心理学的影响主要来自两个方面。第一个方面是洛

---

① Hilgard, E. R., History of Educational Psychology. In Berliner, D. C. & Calfee, R. C. (eds.), *Handbook of Educational Psychology*, p. 991, 1996.

克（Locke，J.，1632—1704）关于观念联想的思想。不过由于观念联想的思想很容易同赫尔巴特的心理学思想相结合，因此在出现体现这些原理的教育改革时，人们更多地把它们看作赫尔巴特的原理而非洛克的原理。第二个方面的影响主要来自苏格兰的一些哲学家所提出的官能心理学（faculty psychology）。这种思想在教育理论中的体现则表现为一种“形式训练说”（doctrine of formal discipline）的观点。因为根据官能心理学的观点，人的心智（mind）由各种官能构成，而每一种官能都可以通过练习来培养，就像肌肉通过练习来增强它的力量一样。于是，从这一观点派生出的形式训练说，十分注重寻找最具训练某种官能价值的学科，而不关心这一学科本身的内容是什么，形式训练说由此而得名。官能心理学还以颅相学为自己提供“科学的”依据，而形式训练说也一度在美国相当流行，只是在桑代克（Thorndike，E. L.）提出了共同要素说之后才被取代了。

（二）美国教育心理学的先驱

教育理论和师资培训在大学里占有重要地位之前，改革教育以适应社会要求的大部分工作往往由公立学校和师范学校的管理人员承担，因此在考察教育心理学的发展史时，不应忽视这些尽管不是心理学家，但他们的工作却使心理学赢得人们信赖的改革家。

哈里斯（Harris，W. T.，1835—1909）是19世纪末期美国一位著名的教育家，他从耶鲁大学毕业后，曾任密苏里州圣路易斯学校的教师和督学，后出任美国的教育专员。哈里斯曾是一名哲学家，是黑格尔（Hegel，G. W. F.）的得意门生，不过他也欣然接受了裴斯泰洛齐、赫尔巴特和福禄培尔的思想，并最早将福禄培尔的“幼儿园运动”纳入当地公立学校的体制中。他特别欣赏赫尔巴特，认为赫氏的观点胜过裴斯泰洛齐。在谈到教育的理论将遵循曲折的进程前进时，他提出了一种可能现在的人也会同意的观点：

> 曾几何时，学校几乎完全倾向于对文化的记忆，而根本不注重原始的观察与研究，这就是所谓的旧教育的传统。如果我们承认这种批评，那么应当说，这种情况在现时是一种普遍的体制。
>
> 但裴斯泰洛齐推翻了这种体制依据的理论，提出了另一种理论。他强调感知觉、证明和原始的研究。我们现在的实践可能与这一理论不相吻合，不过所有的作者无疑都会支持裴斯泰洛齐的有这种课程目标的教学学说。
>
> 不过，当这种改进走到了它的极端时，近年来出现了另一倾向，它指望在我们曲折的进程中培养一种新的起点，这就是赫尔巴特的学说。这一学说认为，在教育中不应该更多地强调感知觉，而应强调统觉，在教育中不应当强调多看、多听或更多地操纵事物，而应强调认识这些事物，理解这些事物。①

从哈里斯的这一论述中，人们似乎可感受到，当今有关接受学习与发现学习的争论在一个世纪前就已埋下了种子。

哈里斯对教育理论的另一贡献是撰写了第一本有关教育心理学的教本：《教育的心理学基础》(*Psychological Foundations of Education*，1898)。作为一名教育行政管理人员，他对美国的学校教育产生了更深刻的影响。在南北战争之后不久，他便出任圣路易斯学校的专员，当时新兴工业正对美国的各大城市产生巨大的影响。由于圣路易斯位于密西西比河畔，也是一个铁路中心，因而吸引了许多工厂及移民的涌入。人员的扩充使学校的建设、管理、师资培训等问题显得尤为突出。当时哈里斯极力为普通教育提供有效的基础，他采用分年级的方法，详细记录学生入学、离校的年龄、成

---

① Harris，W. T.，Herbart and Pestalozzi Compared. *Educational Review*，5，pp. 417-423，1893.

绩，以便根据学生入学的情况来安排课程。为了适应程度不同的个体差异，他允许可按学期升级。他的这一方法还表明，在某些学科落伍的人，如果成功了，可以不必再将每一门课程重学几个月。尽管哈里斯在上述这些理论和实践方面作出了许多贡献，但他在理论上还是沿袭了旧的赫尔巴特的传统，不信奉当时正在兴起的实验心理学。他恪守黑格尔的绝对，他的教育理论还是属于保守主义者或传统主义者的思想。

在当时的教育改革中，与哈里斯齐名的人物是帕克（Parker，F. W.，1837—1902）。1872 年，帕克赴德国学习赫尔巴特等人倡导的教育方法，1875 年回国任马萨诸塞州昆西的督学，曾提出昆西计划（Quincy Plan），对昆西的学校进行改革。这一计划旨在摒弃传统的课程及刻板的教学方法，主张由教师围绕一个中心来安排相互联系的学习科目，强调社会活动及创造性的自我表现。课程设置包括郊游、艺术、音乐、手工、科学和体育。1880 年后，帕克赴芝加哥科克县创办私立师资培训学校，这所学校后成为芝加哥大学教育学院的一部分。此外，帕克还创办了一所以自己的名字命名的私立中学（芝加哥帕克中学），一直延续至今。但哈里斯作为一名传统主义者，极力反对帕克在科克师范学校从事的改革。

除了上述这些实际的教育改革家所作出的贡献之外，我们自然还想了解这一时期的心理学理论家为下一世纪教育心理学的正式创建奠定了哪些基础，这里我们要提及两位著名的心理学家：霍尔（Hall，G. S.，1844—1924）和詹姆斯（James，W.，1842—1910）。

霍尔作为一名推动和指导美国心理学发展的先行者，曾创下了许多个“第一”：1878—1880 年留学德国，是冯特（Wundt，W.）的第一位美籍学生，返美后，1882 年任约翰·霍普金斯大学心理学讲师，1884 年任心理学及教育学教授，1883 年创立美国第一个心理学实验室。由于他最初的兴趣表现在对儿童和青少年的研究上，包括对儿童的成长、想象、游戏等问题的研究，诱发了其他学者的兴趣，因而被人称为“儿童研究运动之父”。而后，他出于对教育学的职业兴趣，于 1891 年创办了美国第一份儿童和教育心理学刊物《教育学研究》（*Pedagogical Seminary*）。他还于 1892 年创立美国心理学会，任第一任会长。在对儿童与教育的心理学研究中，霍尔还对问卷法产生了兴趣，编制了近二百种问卷。尽管问卷法的研究深度有限，但它至今仍不失为仔细考查学生的一种研究手段。

作为机能心理学的奠基人，詹姆斯尤其强调心理学与教育的结合，试图将心理学的实验研究与课堂教学融为一体。他特别强调教师通过观察、提问、与学生交换意见在教师公开讲学中的重要性，相信通过教师的观察而获得的学生的情感、观念、兴趣、价值观等方面的认识，将能大大改善教与学的质量。他的这些观点，对心理学的原理转化为教学原理起到了重要的推动作用。在他为教师传授自己心理学观点的著作《同教师的谈话》（*Talks to Teacher*，1899）一书中，他特别强调活动、活动的生物学基础、对意识的适应性所作的进化解释，以及他在联想过程、习惯、记忆这些主题上的基本学术观点。他在书中告诉教师，心理学是一门科学，而教学则是一门艺术，教学必须与心理学所提及的原理相一致，但与心理学的原理相一致的教学方式可以多种多样，因为科学本身并不能产生艺术。1976 年，当时新墨西哥大学的麦基奇（McKeachie，W. J.），这位美国心理学会主席在会议上作主席发言时称赞了詹姆斯。他认为，直至现在，有关的学习规律基本上是在詹姆斯的观点上的扩充。

二、20 世纪初的心理学与教育

在促成 20 世纪初教育心理学诞生的众多心理学家中，三位人物的名字显得尤为醒目，他们是杜威（Dewey，J.）、桑代克和贾德（Judd，C. H.）。杜威是一名哲学心理学家。桑代克则是一位典型的教育心理学家，由于他在创建教育心理学中的突出贡献，人们时常赋予他“教育心理学之父”的桂冠。在这三个人中，唯有贾德获得冯特名下的博士的殊荣，但作为一名杰出的心理学家和高层次的教育家，贾德的名字似乎并没有像杜威、桑代克那样广为人知。在桑代克的《教育心理学》（1903）出版的同时，贾德的《献给教师的发生心理学》（*Genetic Psychology for Teacher*，1903）也出版了，因此两人的起步实际上相同，只是桑代克的书名后来成了界定这一新领域的称谓。

（一）三位塑造教育心理学的杰出心理学家

1. 杜威

在哲学和心理学还处在不可分的时代，杜威是一位哲学心理学家。1884年，年仅25岁的杜威便撰写了他早期的论文《新心理学》（The New Psychology），与此同时他还发表了《康德与哲学的方法》（Kant and Philosophic Method）。杜威的兴趣转向教育始于1896年，当时他在芝加哥大学创办了“实验学校”（laboratory school）。作为一名“进步教育”（progressive education）的倡导者，他批判旧教育消极地对待儿童，主张学校应与社会生活联系，教育的重点应从课本、教师转移到儿童，因为在杜威看来，经验只能通过与别人或自己所创设的环境的交流才能获得，以经验为基础的课程将有利于儿童实现更有效的学习和获得更强的生活能力。杜威的这些思想显然继承了早先我们所提到的那些欧洲人的传统。卢梭对成长的强调无疑给杜威留下了深刻的印象，杜威也曾高度评价裴斯泰洛齐，因为裴氏强调积极参与社会活动才能获得社会性发展；杜威也称赞福禄培尔，因为福氏强调活动是所有教育的根基；杜威显然也受赫尔巴特的影响，因为赫氏特别强调兴趣和统觉在其中的作用，而杜威则强调兴趣和努力既影响儿童的动机，也影响儿童解决问题的能力。杜威强调用智慧来解决问题，即主张每一个儿童应通过选择适当的材料和方法，通过学会改变这些材料和方法，以达到解决自己所遇到的问题。这种给儿童以探讨现有材料的自由，当时的评论家们称之为“做中学”（learning by doing），而从今天的观念来看，杜威这种对问题解决中反思作用的看重，似与当今认知心理的观点更趋一致。

因受哥伦比亚大学卡特尔（Cattell，J. M.）的赏识，1905 年杜威离开芝加哥大学前往哥伦比亚大学师范学院担任教育哲学教授。在这之前，他因撰写了《学校与社会》（*The School and Society*，1899），以及创办实验学校（1896—1903 年）而成为一名知名的教育哲学家。到哥伦比亚大学之后，他又连续撰写了好几部影响当时教育实践的著作，如《教育中的兴趣与努力》（*Interest and Effort in Education*，1913）、《明日之学校》（*Schools of Tomorrow*，1915）以及《民主主义与教育》（*Democracy and Education*，1916），使他的影响和号召力与日俱增。不过，在杜威影响进步教育运动的同时，另一位受卡特尔赏识的弟子桑代克，完成了《动物的智慧：动物联想过程的实验研究》博士论文，并于 1899 年开始也受聘于哥伦比亚大学师范学院，而桑代克所走的影响教育的道路则与杜威有所不同，这便是后来称之为教育中的“科学运动”（scientific movement）之路。

2. 桑代克

桑代克作为一名实验主义者，早在撰写自己的有关动物智慧的博士论文时，便已提出了自己的学习理论与一些学习法则，如准备律、效果律、练习律，而使他具有教育心理学家职业地位的有影响的论文，则是他与伍德沃斯（Woodworth，R. S.）合作的实验研究“一种心理机能对另一些心理机能之功效的影响”（The Influence of One Mental Function upon the Efficiency of Other Functions, 1901)。这项研究表明，仅仅通过形式训练说所期望的、脱离学科内容的"训练头脑"的方法，并不能获得形式训练说所说的那种普遍能力的提高。他们的实验资料证明，在经过一种学习之后，之所以能影响后继的另一种学习，关键在于在这两种学习中含有共同要素（identical elements）或极相似的过程。桑代克从 1899 年开始在哥伦比亚大学师范学院就职之后，他撰写了一系列的著作以阐述自己的教学宗旨，其中包括首次以《教育心理学》命名的著作和《心理与社会测量的理论导论》（*Introduction to the Theory of Mental and Social Measurements*, 1904），以及他最有影响的教育心理学三大卷：《教育心理学：第一卷，人的本性》（*Educational Psychology*: *Vol.* 1, *The Original Nature of Man*, 1913），《教育心理学：第二卷，学习心理学》（*Educational Psychology*: *Vol.* 2, *The Psychology of Learning*, 1913），《教育心理学：第 3 卷，心智运作、疲劳、个体差异及其原因》（*Educational Psychology*: *Vol.* 3, *Mental Work and Fatigue, and Individual Differences and Their Causes*, 1914）。

桑代克对教育的实证贡献主要表现在两个方面：第一，旨在用自己的学习理论来改进当时的教学；第二，开发了一系列有助于测量学生及学习结果的量表。桑代克的前一贡献主要表现在他对语文、算术这些学科的关注。例如，桑代克对语文的研究主要不是关心阅读技能本身，如阅读中的眼动研究，而更关心的是阅读的内容。因为在他看来，语言由词构成，如果儿童还不能理解语词，那么像阅读过程中涉及的思维过程是不可能实现的。因此他在这方面的研究试图确定各类教本中的常用词汇。桑代克的《教师词汇手册》（*The Teacher's Word Book*, 1921），无论是这一万字本，还是后来 1944 年的三万字本，曾给当时的阅读教学产生了巨大的影响。桑代克的后一贡献，主要表现在他开发了众多的量表，如阅读量表、书写量表、作文量表、拼写量表、绘画量表。在他看来，凡是存在之物，均以一定的量而存在。

对于桑代克的联结主义，并由此而提倡的教育研究中的科学运动，与杜威的机能主义，以及由此而倡导的教育中的进步运动，后人曾作过不少评价和分析，但主要不外乎集中在两个方面。第一，在关于人的行为的本质上，两人所持的观点完全不同。① 桑代克将人的行为——无论是低级的行为还是高级的行为——都统统归结为联系的形成，并导致他全神贯注地对这种联系何以会产生，作出极为精细的科学分析，而杜威则“反对对行为进行人为分析和加以简化……认为不应把行为看作一种人为的科学结构，而应通过它在机体适应环境中的意义来进行研究。心理学研究的真正对象，乃是在环境中发生作用的整个有机体”②。第二，两人对心理学与其应用的关系的看法也迥然有异。“在桑代克的研究工作中体现的科学运动，不仅意味着使用经验科学的方法，即使用含有测量的研究，并使推行的各种做法建立在可靠的证据基础之上，而且还意味着这样一种乐观，即在经过研究之后，教育目标可以通过业已确信有效和不变的方法来达到。”③ 但在杜威看来，“科学向实践转化是一个长时期的工作。有关人的行为的一些基本的原理（指桑代克在实验中得出的学习理论及学习规则——吴庆麟注）仅得到了极为一般的确认，它们是否能在实验学校里得以贯彻则是最为重要的。在杜威看

① 有进一步研究兴趣的读者可参见［美］鲍尔（Bower，G. H.）、［美］希尔加德（Hilgard，E. R.）著，邵瑞珍等译：《学习论——学习活动的规律探索》，上海教育出版社 1987 年版，第 78—81 页。

② 教育大辞典编纂委员会编：《教育大辞典：教育心理学》，上海教育出版社 1990 年版，第 135 页。

③ Hilgard，E. R.，History of Educational Psychology. In Berliner，D. C. & Calfee，R. C.（eds.），*Handbook of Educational Psychology*，p. 995，1996.

来，种种科学的发现最终有可能使自己在实践中生效，但是在现在开设的学校（指杜威的实验学校——吴庆麟注）需要根据一些更加直觉的原理来处理”①。分析与综合、个别与整体、理论与实践本身是一对相辅相成的矛盾，它们需要在相互作用中分别予以考虑。在建立一门心理学及其在实际应用中的学科时，“似乎需要将桑代克的实验与理论风格同杜威的这种进步的思想框架结合起来，而他们各自仅说到了这件工作的一半”②。

3. 贾德

贾德在教育心理学初创期的贡献显然被人为地冲淡或忽视了，包括我国的心理学工作者，仅知道他在迁移理论中占有一个席位，殊不知他在他那个年代里已提出了对人的更高级的心理过程加以关注的呼吁。事实上，贾德比桑代克还要早一年毕业于康涅狄格州卫斯理大学，此后桑代克投奔哈佛大学及哥伦比亚大学，而贾德则来到德国的莱比锡师从冯特。学成归国后，他在耶鲁大学所做的有关迁移的实验（1908）赢得了实验心理学界的认可，并于1909年被选为美国心理学会主席，同年还出任芝加哥大学教育学系主任。

贾德在耶鲁大学的实验，实际上是被后人引用最多的研究。在这一实验里，他用自己的实验结果批驳了桑代克与伍德沃斯的著名的共同要素说的观点。贾德为自己选定的实验课题是击中水下的靶子。这一任务要求被试克服因光的折射而引起水中靶子的视觉位移。一旦被试对某一深度的击靶问题熟练掌握后，提出的迁移问题是，这一技能是否还能在不同的深度上坚持下去。贾德的实验处置是，如果被试得知光的衍射原理，那么深度的变化几乎不存在干扰，如果被试不了解这一知识，那么击中处于新的深度上的靶子，还需要大量的尝试与错误。实验结果表明，尽管在这种任务中，在

---

①②Glaser，R.，*Advances in Instructional Psychology*，Vol. 1，p. 6，1978.

不同处理的情形中，客观的共同因素是存在的，但迁移却并不会自动地发生。据此，贾德认为，迁移的发生不仅以任务具有共同的要素为中介，它还需要人们能够对同时适用两种情况的原理形成概括，并由此提出，在迁移中应当求助于更高级的心理过程。

虽说这位杰出的教育心理学家呼吁人们要对更高级的心理过程加以关注，但当时的回应者寥寥无几。“在心理学的早期，当贾德还处在成长时，美国人跑到欧洲以求得到新的思想，但冯特的生理心理学和实验心理学仅得到建立实验室这股热情的回报。当冯特对语言及社会心理学的研究已初露端倪时（在贾德看来，这是冯特著作中最为重要的部分），詹姆斯统治了美国人的思想，而后是行为主义成为美国人的一种革新，他们对德国的祖根已不再感兴趣，因而贾德带有异国心理学色彩的思想实际上也就被冷落了。”① 看来，闭关自守、狭隘的民族自尊心并非一国的特产。如果当时能容忍多种学术思想的存在，并由此引发对人的高级心理过程的更热情的探讨，或许教育心理学的历史会重写。

（二）初创期另一些新的心理学观点的引进

当桑代克的联结主义与杜威的机能主义这两种冲突的行为主义心理学观点还不足以解决教育理论工作中的冲突时，曾有人指望从当时兴起的格式塔心理学（Gestalt psychology）中去寻找新的出路。与此同时，心理分析（psychoanalysis）似乎也给那些强调教育应适应儿童需要的人带来了一丝启示。但所有这些希望或启示在付诸实施后，似乎并没有给当时的教育心理学的进展带来新的出路。

在教育心理学中引进格式塔的学习理论一度引起一些心理学家

① Hilgard. E. R.，History of Educational Psychology. In Berliner，D. C. & Calfee，R. C.（eds.），*Handbook of Educational Psychology*，p. 996，1996.

的兴奋，因为格式塔心理学强调对事物知觉的整体特征，而不是将事物分解为它的部分。这一理论在美国教育界的传播虽然有其积极的一面，但在早期却走了样。1924年，康奈尔大学的奥格登（Ogden，R. M.）曾将格式塔运动的第一本著作，考夫卡（Koffka，K.）的《心智的成长》（*Growth of the Mind*）译成英文。虽说考夫卡的著作不是美国学者所熟悉的儿童心理学，但它是对桑代克的联结主义的一种批驳。奥格登本人也曾以它为基础撰写了自己的教育心理学读本。

行为主义的狭窄性以及桑代克对理性的看轻，曾使人们对格式塔心理学强调整体以及对部分的组织产生热情，于是像“顿悟”“理解”这些术语又回到了心理学工作者的话题之中，而早先桑代克仅把它们解释为习惯的形成，而贾德也曾力图予以纠正。但是，当这种热情过了头之后，反倒引起了人们对它的不信任。其中突出的是惠勒（Wheeler，R. H.）和他的弟子帕金斯（Perkins，F. T.）合著的《心理发展的原理》（*Principles of Mental Development*，1932）。这一著作提出了一种一般的整体心理学（organismic psychology）观点。根据这种观点，所有的学习都必然遵循几条为数不多的原理，并把成熟置于突出的位置。于是，人们无须再进行实验，因为如果法则确实存在，那么它们总是显而易见和毋庸置疑的。1942年，哥伦比亚大学师范学院的哈特曼（Hartmann，G. W.）也曾根据格式塔主义的观点写成了自己的教育心理学教科书。虽说他没有像惠勒和帕金斯那样走极端，但却不遗余力地用虚构的而非实验的事例来阐述格式塔心理学的观点。在他看来，凡事都可以用顿悟来解释：一个小女孩老是学不会游泳，突然一天领悟了，能游出50米。这种做法显然使别的心理学家反感，以至教育心理学在20世纪30—40年代的消沉竟没有得到格式塔心理学的帮助，但作为一种重振教育心理学的观点，格式塔心理学的核心观点并没有被就此埋没，只不过这是70年代的事情了。希尔加德在提及这一点时说道：

> 格式塔心理学对学习和记忆的研究起到了鼓励和有益的影响。但是，它关于人类的学习的观点，在70年代初才逐渐得到赞赏和发掘。同样，格式塔关于思维和问题解决的研究，特别是邓克（Duncker，K.，1945）和韦特海默（Wertheimer，M.，1945，1959）的工作，再次受到用计算机模拟人类问题解决的科学家，如纽厄尔（Newell，A.）和西蒙（Simon，H. A.）的赞赏。因此，一小批德国格式塔心理学家的影响，在他们逝世以后还长期存在。实际上，他们是当今许多所谓的认知心理学的先驱，而认知心理学现在则是美国实验心理学中占优势的观点。①

在寻找新的理论观点来解决教育中的问题时，也有人提出，教育心理学是否还应当兼容心理分析提出的新知识，因为20世纪30年代心理分析正在流行。尽管心理分析的观点对儿童发展的解释有重要意义，但后人发现，在这一时期的儿童心理学和教育心理学教科书中，引入心理分析观点的还是占少数。例如，在萨佩斯和沃伦（Suppes，P. & Warren，H.，1978）的调查中发现：在查阅30年代的儿童研究及儿童发展的著作中，明确提到心理分析的平均不到1页，由此引申出来的话题比其多4页；在查阅的44本教育心理学教本中，明确提到心理分析的平均2页，引申出来的内容比其多4页。只有在心理卫生的教科书中，心理分析才有更为明显的引用。20—30年代，心理分析的内容在其中平均占到20页，引申的材料又比其多6页。看来心理分析的观点并不像我们早先预计的那

① [美] 鲍尔、希尔加德著，邵瑞珍等译：《学习论——学习活动的规律探索》，上海教育出版社1987年版，第518页。

样有较大的影响。

三、 20世纪20年代末至50年代末的教育心理学

诚如前一标题中所谈到的，在20世纪初，许多关心科学心理学发展的杰出的心理学家曾设想：在心理科学和它在教育实践与社会实践中的应用之间应有一种积极的沟通。像霍尔、詹姆斯、杜威、桑代克、贾德都曾以这样或那样的方式建议，寻求对学习、认知以及人的发展的认识，从某种根本的意义上来说，应当同建立一门有助于教育情境设计的这样一种学术基础联系起来。在这一时期许多占据心理学思潮统帅地位的观念中，唯独桑代克的联想主义理论和杜威的机能心理学观点最受人关注，其原因就在于它们对实践的关注，因为这些理论就其本质而言，均允诺：环境的改变将影响人的成长的条件，从而导致儿童的发展、心理健康及教育等这些领域的改观。

尽管美国早期的心理学已具有这种重实践的倾向，但是，在将科学的认识转化为教育实践，以及通过这种实践活动再次萌发检验科学理论的进程中，却也表现出一段飘忽不定的历史。在受桑代克及杜威的大力提倡和推动之后，心理科学与教育实践休戚与共的风气仅维持了短暂的时间，此后心理学与教育因各自具有优先要考虑的事业似乎分道扬镳了。大致从杜威和桑代克强调两者间应有直接的沟通起，至第二次世界大战期间，当时的心理学正迫切希望成为一门自然科学，以便使自己跻身“硬科学”之林。为此，心理学家们纷纷走进实验室，贯彻的技术路线主要出于理论建树的考虑，而教育心理学家们则更多地面临师资培训、教学方法与课程的改革、为学校提供各类测验等这些来自实际需要的挑战。此时，教育心理学家仅从当时现有的学习理论或发展理论中抽取出一些一般的原

理，在经过适当的课堂实验及个案研究之后，便作为普遍指导的原理提供给教师，以期以此来影响他们的教学实践，但却很少去关心培植自身的科学根基。当心理学与教育心理学确立了这些紧迫而又不同的任务后，心理学家和心理学系在各个大学的文理学院中安营扎寨，而绝大多数的教育心理学家则加盟于教育学院的各个系科，于是，两种事业、两种学术风气使实验心理学与教育心理学两大分支表现出各自不同的特点。

考察 20 世纪 20 年代至 50 年代教育心理学家为教师或未来的教师编写的教育心理学读本，最能使人感受到这一时期教育心理学的消沉情况。我们选取 1926 年沃森（Watson，G.）对当时广泛流行的三本教材所作的分类概括作为起点，以 1956 年盖茨（Gates，A. I.）所作的分类概括为终点，来透视其间的基本状况（见表 0-1）。

表 0-1 教育心理学读本的内容

主　　题	所占页码的百分比/%
1. 测验与测量	14
2. 学科心理学（尤指阅读、写作、算术）	14
3. 学习规律及一般的教学方法问题	13
4. 有关感官、大脑及神经系统的生理学	12
5. 天性、本能及遗传	8
6. 心理学的一般方面及其他	39*

引自　Watson，G.，What Should Be Taught in Educational Psychology. *Journal of Educational Psychology*，Vol. 17，pp. 577-599，1926.

* 沃森对此项尚未作出明确划定。

从表 0-1 中可以看到，当时教育心理学更关注一些特定的学科及教学方法问题，以及对学习的神经生理学基础的关注。30 年后，盖茨等人再对其间的83本教育心理学读本作了分类概括。他和他的同事按5个标题来分别讨论这一时期的流行倾向。这些标题是：心理学的一般理论，学习心理学，发展心理学，心理健康与人格，学科心理学。从对这些教科书的分析中得到的量化资料表明：对脑、神经系统及感官生理学的关注呈下降趋势，取而代之的是人格、心理健康、无意识动机、咨询及心理治疗；对学习与学习理论及对测验与测量的兴趣依旧不变，对发展心理学日益看重，但对学科心理学的关注则呈下降趋势。例如，他们在对学科心理学这一主题进行讨论时，发现自1938年以来，在《教育研究评论》（*Review of Educational Research*）上，始终没有出现与这一主题有关的讨论。作者们发现，其中最大的变化是：背离了桑代克在1913至1914年对教育心理学的研究问题所作的归类，即人的本性、学习及个别差异，没有对有关传授学科知识的问题做大量的实验，寻求的着眼点主要来自学与教以外的那些研究领域。也有迹象表明，一些稿件主要对心理过程作更深入的描述。尽管一些心理过程应得到更好的理解，但教育心理学最终应找到自己的位置，它最终应该使自己对教育的改进作出前所未有的贡献，而这一点当时仍不清楚。

四、20世纪60年代后教学心理学的兴起

自20世纪60年代起，在美国的心理学界悄然兴起一场所谓的“认知革命”（cognitive revolution）的运动。早先的行为主义心理学家，因不满内省心理学家将人对自己的意识内容报告出来的各不相同的体验作为心理学的研究对象，提出心理学应当以可直接观察到的刺激与反应何以会发生联系作为自身的研究对象，才有可能使心理学成为一门真正的科学。但行为主义这种仅停留在对人的行为

水平上的分析，并不是以解释人所特有的那些更高级的认识作业与认知过程，于是现在轮到该对它进行革命了。促使心理学更加关心人的认知过程的另一重要影响则来自社会。在苏联 1957 年发射人造地球卫星之后，美国担心自己会丧失在科学技术方面的领先优势，于是支持对当时学校的传统课程进行改革，从而加速了认知心理学与教学的结合。

（一）新技术的影响

影响这场教育改革的前奏可追溯到教学技术的应用，它的副产品则是引发了对课堂情境中获得知识的详尽过程的关注。新的教学技术包括视听辅助手段、教学机器，直到以后发展起来的计算机辅助教学（computer-assisted instruction，简称 CAI）。

用于投放图片的幻灯机早在 19 世纪末就已问世，由于昂贵和笨重，一直到 35 毫米的幻灯机及电影胶片的出现，它们才在课堂上被广泛采用。与此同时，16 毫米及 8 毫米的电影放映机也进入课堂。爱迪生最早发明的留声机仅用于播放音乐，而不能录音，但随着有声电影、电磁式录音的问世，起先是钢丝录音机，随后是磁带录音机，以及无线电收音机、电视机、录像磁带的出现，使视听手段变得越发便利。在第二次世界大战期间，许多心理学家纷纷参与对军事人员的培训工作，将这些新技术广泛地用于教学，从而促进了教学手段的迅速更新。

视听辅助手段的重要性，使全美教育研究学会（National Society for the Study of Education，简称 NSSE）于 1949 年专门出版了一本年鉴来讨论教学中的视听材料，随后则做了大量的研究，例如怎样使电影既能传递指导又能引起学生的反应，而不仅是一种被动的接受经验的手段。语音实验室则成为另一发展的重头，因听觉设施既能使学生听到正确的发音，又能使自己的发音同标准语音进行对照，而教师则可通过监控系统给许多不同水平的学生提供帮助，于是中学里的语音实验室也得到迅速发展。但在更仔细的评价中，这些辅助手段的优点并未始终得到赞同。1960年，霍本（Hoban，C. F.）在对400部教学电影进行调查后指出，虽说学生可以通过电影来学习，但同其他各种教学相比，不能断然肯定它们与成功有关。1963年，卡罗尔（Carrol，J. R.）对外语教学的研究也表明，语音实验室在外语教学中的成功具有多样性。

（二）程序教学：教学机器与计算机辅助教学

继斯金纳（Skinner，B. F.）1954年在《哈佛教育评论》（*Harvard Educational Review*）上发表了《学习的科学与教学的艺术》（The Science of Learning and the Art of Teaching）一文，1958年又在《科学》（*Science*）杂志上发表了《教学机器》（Teaching Machines）之后，程序教学赢得了人们的空前信赖。早在1927年，俄亥俄州立大学的普雷西（Pressey，L.）就曾用过简单的教学机器，只是普雷西提出的教学机器只涉及简单的操练学习，故斯金纳的主张更有影响力。在斯金纳构想的教学机器中，依据他早先提出的学习原理，以强化学生的反应来塑造他们的习得行为，这样机器便成了一位个别指导的教师。由于设置在机器中的教学安排，是通过一些小步子的程序来获取特定的学习目标，于是这种方法便被称为程序学习或程序教学。有关这一理论及其应用的细节曾在各种著作中得以介绍，由拉姆斯戴恩和格拉泽（Lumsdain，A. A. & Glaser，R.）合著的《教学机器与程序学习》（*Teaching Machines and Programmed Learning*，1960）便是其中很好的代表作。在当时全美教育研究学会的倡导下，斯金纳的原著以及随后的发展很快引起了教育界众多人士的注目。

程序教学以后的发展，包括用程序课本来代替教学机器，以分支式程序来替代直线性程序，以及计算机辅助教学的引进，又给原先设计的各种简单的教学机器或这种程序学习，增加了许多尚未考虑到的新的维度。对于这一运动，希尔加德在 1996 年的历史回顾中曾指出："程序教学和计算机辅助教学的新技术，至少给教育心理学带来了三方面的成果：第一，这类新技术为个别化教学、诊断性教学及获得学生进步情况的精确记录开启了各种可能；第二，这类技术的有用之处是直接的，因为这类研究在实际的学校情境中进行，研究中使用的材料是学校里传授的教材，而不是实验室里人为的材料；第三，一些技术上的问题既相当难处理又相当吸引人的兴趣，以至新一代的训练有素的心理学家无须被说服，就对教学中的这些问题乐此不疲……。弗里曼（Freeman，F. N.）曾表示出这样一种信念，科学只能在改进教育的旁边徘徊，但随着训练有素的科学家以及他们更有力的手段的介入，局面已出现了转机。"①

（三）适应个别差异的教学改革

诚如前述，早在 20 世纪初，分年级的学校已成规范。在学校里尚未引进智力测验和成就测验前，教师处理学生个别差异的做法是：留级，升级，甚至跳级。这种做法对学习成功的学生来说完全适用，但对于那些已经到了离校的年龄，甚至该走上工作岗位的差生而言，复读却丝毫没有益处。为了纠正这些做法，一些对学生的社会处境表现出敏感的学者提出了"社会性促进"（social promotion）的观点，意指应让同龄伙伴相处在一起，这样将有助于这些在身体上或发展水平上相似的学生通过相互作用得到自然的发展。一旦在同一个年级里允许接收差生，也就意味着学校要改变相应的教学方式。由于智力测验有可能对处在同一年级的学生按其能力来分组，因而 30 年代曾冒出了许多有关能力分组或同质分组（homogeneous grouping）的学术论文。但随即有人批评道，这种做法带

① Hilgard，E. R.，History of Educational Psychology. In Berliner，D. C. & Calfee，R. C.（eds.），*Handbook of Educational Psychology*，p. 1000，1996.

来许多弊端和不民主的副作用。虽然对能力分组这种做法的兴趣在以后的年代有所下降，但在1957年苏联人造地球卫星上天之后，希望改进教育质量的呼声又使能力分组死灰复燃。1962年，在全美教育研究学会所做的一项调查中发现，52%的校长指出，在过去的5年里，能力分组的倾向有所抬头，而它的负面效应在60年代则相当明显。罗森塔尔和雅各布森（Rosenthal，R. & Jacobson，L.，1968）曾以自己的实验批评了智力测验分数将造成教师对学生的期望持偏见的这种做法。在他们的实验里，当教师接收到自己学生的一个虚假的好的智力测验分数后，往往会处处无意地流露出鼓励自己学生的心智作业向好的方面变化的姿态，到了学期末，学生的成绩与他对学生的聪明程度的评定大致相当。看来能力分组并不是人们期盼改变学校以适应个别差异的良方，而教师的期待、热情和责任心可能是一些更佳的改革选择。

1968年，斯金纳的好友和追随者凯勒（Keller，F. S.）在大学教育中引进了一项“个别化教育体制”（personalized system of instruction）的改革方案。在凯勒的计划中，他要求教师转变自己的角色，给每一个学生以更多的责任心。在实施这一计划时，他让学生按照自己的学习速度来掌握规定的单元，在完成每一单元后，对学生进行测验，倘若尚未达到标准，学生必须再次学习这一单元，直到获得成功才允许他们进入下一单元的学习。这种方法实际上就是现在众所周知的，但又并不只限于“个别化教育体制”中的掌握学习法（mastery learning）。凯勒计划以及布卢姆（Bloom，B. S.）提出的这种掌握学习法的共同特点是，在学生接受这类教学时，允许学生从他们已有的水平来开始学习，而一般能力测验不再充当重要的角色。

（四）教学心理学（instructional psychology）的诞生

尽管这一时期的教育心理学在其实际的应用方面已经有所收

获，但此时的心理学依然还没有令人满意地把握它对教育所负职责的核心。人们怀疑，在斯金纳的程序学习或教学机器中，虽然教学的目标已经得到如此详细的分解，但这难道就是教育最终要达到的目的的全部含义？布卢姆的教育目标分类学的提出促使人们认识到，与这些目标相吻合的，应有各种不同层次的知识，即使在一些基础学科中，也要对课程内容的学习条件作出刻意的安排，以便使不同类型的学习与不同的认识上的需求相匹配。

这一时期认知革命的悄然兴起给心理学与教育的关系带来了前所未有的巨大变化。从 20 世纪 70 年代起，越来越多的早先曾接受行为主义训练的实验心理学家，不仅接受了当时这种新的理论观点，而且纷纷走出实验室，将自己事业的兴趣转向有助于了解教学过程的分析与研究。这种兴趣的涌现自然有许多原因。例如，对与社会密切有关的问题的研究、对实际的学科问题的研究正日益受到人们的重视，而当时的心理学理论已能够使人研究更为复杂的认知行为，同时心理学家们也深信，以实验室任务为出发点的研究，同以学科为出发点的研究间的相互作用，无论对社会的发展还是对心理科学的发展都是有益的。认知心理学家安德森（Anderson, J. R.）曾对此作了令人信服的阐述。他说道：

> 对于捍卫一些理论的正确设想，我已不再有多大的兴趣，而更感兴趣的是发展某种能够对一些重要的经验现象予以阐明的理论。我所说的“对一些重要的经验现象予以阐明的理论”，是指这种理论不仅要能够回答实验室里的现象，而且还能够回答现实世界中的一些有争议的问题。这些现实中的争议问题，可能包括怎样改进人的学习和运用语言的能力。这反映了我的这样一种信念：对于认知理论的最终裁决，应当是它在实际应用中的效用。因此我建议，应当更改我们对理解人的智慧实质的这一说法。我曾认为，这一说法意指对构成认知行为的结构

和过程作出独特的鉴定，由于这是不可能的，因此我提议，应当把“了解人的智慧”看成是获得一种能够使我们改进人的智慧的理论。①

对于像安德森这样一些认知心理学家所持的态度，科林斯和拉夫特斯（Collins，A. & Loftus，E.）似概括得更加简练：“理论应强到足以产生它旨在解释的行为，这一点相当重要。”② 当心理学家将自己的事业目标确定为试图理解和改进教学中的实际做法，同时又试图在此基础上提出自己的理论时，一个认知心理学与教学中的实际问题相结合的舞台——教学心理学，也就应运而生。1969年，加涅（Gagné，R.）在《心理学年度评论》（*Annual Review of Psychology*）上，首次以“教学心理学”这一名称对当时这方面的研究工作作了述评。1977 年，威特洛克（Wittrock，M. C.）和拉姆斯戴恩又在这一专栏评述中作了如此反省：“认知的观点表明，对教学所作的行为分析往往不适合解释教学对学习的影响。”③ 到了 1981 年，认知心理学已明显盛行起来，“此时的教学心理学同其他绝大多数对人的学习与人的发展研究一样，已基本上持认知的观点，它涉及人的学习的内部心理过程，涉及它们是怎样通过教学而得以提高的”④。这一情形表明，心理学与教育似乎又恢复了 20 世纪初由杜威和桑代克建立的友好关系，但今非昔比，现在的理论与实践是在对人的更高级的认识活动及其产物的研究水平上得到了新的统一，而且同桑代克与杜威各执一端的做法有着明显的区别，现

---

① Anderson，J. R.，*Language*，*Memory*，*and Thought*，pp. 15-16，1976.

② Collins，A. & Loftus，E.，A Spreading-Activation Theory of Semantic Processing. *Psychological Review*，82，pp. 407-428，1975.

③ Wittrock，M. C. & Lumsdain，A. A.，Instructional Psychology. *Annual Review of Psychology*，28，pp. 417-459，1977.

④ Resnick，L. B.，Instructional Psychology. *Annual Review of Psychology*，32，pp. 659-704，1981.

在的理论要研究的问题取自于教学实践，而解决这些实际问题的同时，又试图检验或修正自己的理论。

从 20 世纪 70 年代末至 80 年代末积累的资料来看，有两个领域最能揭示当时教学心理学的进展。第一个领域的进展是对学生在不同学科领域中获得的各种胜任力（compentence）所作的分析；第二个领域的进展是从这些理论出发，对学与教的干预条件及干预活动所作的种种探索。随着认知心理学家对特定学科领域里的学习的看重，他们对人的胜任能力的性质所作的分析也趋于深化。一些试图为人的复杂行为建立理论的心理学家始终在探寻：学生所学的知识究竟是怎样被组织起来的；学生在各门学科领域中到底是怎样会变得擅长解决新颖的问题的；随着他们在不同学科里积累了更多的知识，又是怎样形成理论化的知识体系从而促使他们会有进一步的发现；还有对早先的皮亚杰的智慧发展理论所做的拓展性研究，以便了解儿童认知发展的机理问题。对于这些问题，认知心理学家一般采用对在某一学科领域中，表现出各种不同胜任能力的专家所显示出来的效力、判断力及解决问题的能力应具备的知识结构与认知过程的研究来予以回答。现在我们已经可以看到许多用来描述人的复杂行为的一些至关重要的概念，如知识结构与知识的可提取性，对问题的表征在问题解决中的作用，人的局部技能的自动化，以及这种自动化技能与受意识控制技能（认知策略）之间的关系，心理模型（mental modle）的特征对人的复杂作业的影响，元认知与自我调控的技能在人的复杂作业中的重要性。正如格拉泽所说："心理科学的历史表明，20 世纪 80 年代是这样的十年：当时与教育、与人的培养这些争议问题相关的研究，一直在寻求与人的认知这门正在发展中的科学的相互作用。我们已看到，其中大部分的努力均得益于对人的问题解决，对人的高级认知过程这样一些基本的研究，得益于对人的发展模式及发展机理的研究。尽管现在致力于学习论的研究，致力于促进人获得知识与认知技能的教学干预研究似乎明显地少了些，但在 80 年代中期，对这些问题的关注与日俱增。”①

五、本书的构想及致谢

在一个较为有限的空间里，为一门已经诞生多年的教育科学分支学科——教育心理学，撰写它的发生、发展与趋势，并努力反映该学科的前沿，自然促使我更要考虑如何来谋篇布局。对于它的发生我已简要地追溯到它的史前背景，对于它的发展我已扼要地纵观了近百年，而对于它新近的发展趋势及前沿问题，则考虑在随后的章节里详尽展开。

为本书选定的第一个展开的切入口，是想谈及从 20 世纪 60 年代中期开始，由罗伯特·加涅开创，并在随后的年代里（直至 1992 年）逐步得以完善的对造就学生获得各类学习结果的种种内外条件的揭示，以及由此引出的在教学设计中应当贯彻的各条原则或原理。正如读者从本书的上编中可以看到的，加涅对我们通常提及的要让学生获得的各类学习结果，如知识（加涅称之为“言语信息”）、能力（加涅称之为“智慧技能”）、技能（加涅称之为“动作技能”）、创造性（加涅称之为“问题解决”）、学会如何学习（加涅称之为“认知策略”）以及态度与品德的学习条件，均一一作了深入的剖析。一位心理学家能够对集中在个体身上的各种能力及倾向性进行如此广泛的探索，相对于他的前辈可谓是首次。当然，加涅进行如此广泛的探索，并非全由他独自一人完成，他的学术研究特点恰好体现了一位著名学者博采众长来建构自己的学说体系。在解

① Glaser, R., *Advances in Instructional Psychology*, Vol. 3, p. vii, 1987.

释学生是怎样获得知识时，他更多地吸收和采纳了奥苏伯尔（Ausubel，D. P.）的有意义言语学习论。在解释学生是怎样获得各种智慧技能（辨别、具体概念、定义性概念及规则、问题的解决、高级规则的获得）时，他独创性地将它们排列成一个有着先后制约次序的学习层级，并且把这一层级中最低级的辨别学习能力同行为主义心理学家提出的操作条件反射的形成建立起内在的联系。这种观点如同达尔文（Darwin，C.）提出的生物进化的理论那样，把人的各种更高一级的学习可能性，隐含在比自身更低一级的学习结果之中，于是，人之所以会随成长变成一个如此聪慧且能掌握如此尖端复杂的技能的现象，似乎不再具有任何神秘的色彩了。如果说，在加涅的早期著作中，他对问题解决、认知策略这些涉及人类高级认知过程的主题认识尚浅或尚未触及，那么，在他后期的著作中，则引进了当时认知心理学家在这方面业已积累的大量资料，并从中归纳出令人兴奋的前景。

鉴于近几十年认知心理学与教育紧密结合，因此为本书选定的第二个切入口，是想谈及这方面的相关内容。正如读者在随后的下编中可以看到的，我主要是通过安德森的工作，来引出认知心理学对知识的分类、知识的表征及知识的获得这些主题的，而对认知心理学与各门学科的具体结合的情况还未触及。

如果把加涅所做的工作，同像安德森这些认知心理学家所做的工作作一对照，我们可以发现，前者更倾向从一般学科中均会遇到的概念、规则、原理来论述它们的学习条件，并且加涅的早期工作，更多地只涉及一些个别的概念或规则（原理）是怎样为学生所掌握，而后者与他早期的工作似有一个明显的反差。打个比方，如果说加涅的早期工作着重在探讨学生是怎样学会弹奏某些单个的音符的话，那么像安德森这些认知心理学家则想揭示：这些音符是怎样被学生连贯起来演奏出一曲动听的乐章的。

本书原本想切入的第三个主题是想谈及20世纪80年代中期以来，由凯斯（Case，R.）所做的研究工作，因为凯斯的思想是当今认知（智慧）发展心理学研究中的一个比较典型的代表，经典的皮亚杰的智慧发展理论经过他的修正之后，有可能使我们在教学中根据儿童认知发展的不同复杂程度，来设计相应的教学情境，从而使发展心理学家所关心的教学应适应并促进儿童的智慧发展水平，在技术上更能得以实现。限于本书的篇幅，这一评述工作在最后定稿时删去了。不过对它有兴趣的读者，仍可阅览我翻译的凯斯代表作《智慧的发展——一种新皮亚杰主义理论》（上海教育出版社1994年版）。

最后需要提请读者注意的是，即使您已全面了解了上述这些有关学习、认识及认知发展的核心问题之后，仍不能以为这已囊括了当今教育与心理学相结合的产物，即教育心理学的全貌了。告诫这一点，是不想自欺或欺人地说，本书已对这一领域的全部新进展作了全面的反映。例如，本书尚未涉及认知心理学家将自己的思想运用到对学校各科（如阅读、写作、数学、自然科学）的分析之中，也未涉及认知心理学家对人的智力、能力所作的重新界定，以及他们在有关专家教师的特征、学生的个别差异、教学中的测评等问题上所取得的新进展与突破。这些主题目前我正着手整理，相信不久可以与读者见面。我过去及现在所做的无非是期盼，在结束了我国与国际学术思想隔绝了那么多年的交流之后，应尽快地缩短由此而造成的理论与观念上的滞后。在我看来，缩小这种差距的工作绝非空喊“创建中国特色的教育心理学体系”，或回到两千多年前，从我国古代的一些哲学家、思想家的观点中，引申出我们早就有自己的教育心理学，或将别人的思想、观点稍作改头换面，便称自己提出了某种新理论所能取代或奏效的。严格地说，中国的教育心理学工作者真正摆脱过去的种种束缚，走上健康成长与发展的时间还不长，对于国际上这一领域里的新进展，我们还了解得不算多，甚至在这些不算多的中间还了解得不够全面，唯有更全面地学习与借鉴别人已积累的丰富的学术成果，我们才有可能站在一个较高的起点上洞察和深化一些急切需要研究的课题。

本书能与读者见面，首先当感谢瞿葆奎教授对我的信任，是他给我提供了这样一个机会。还要感谢我的导师邵瑞珍教授，她一丝不苟地审读了我的初稿，并给我提出了许多重要的修改意见。国际友人日本名古屋大学教育学部荫山英顺教授给我提供的许多有价值的参阅资料，也是我能顺利完成书稿的重要保证，在此对于他的帮助也深表谢意。最后，应当感谢人民教育出版社的同志们，因为是他们的辛勤工作给我与读者的交流与沟通提供了桥梁。

上编
学习论与教学论结合的一个经典范型

第一章
绪　论

自20世纪60年代以来，在重新恢复教育与心理学结合的舞台上，罗伯特·加涅是一位极有影响的主角。他对人的学习见解的代表作《学习的条件》(*The Conditions of Learning*)，从1965年至1985年连续四次修订再版，而代表着在这一学习观的基础上提出的《教学设计的原理》(*Principles of Instructional Design*)，从1979年至1992年也连续四次修订再版。20世纪80年代初，同行们已公认他是"学习分类的权威和促进学习手段方面的权威"①。美国心理学会鉴于他在这一领域作出的贡献，于1982年授予他"应用心理学杰出科学奖"，学会在对他的嘉奖通报中指出："嘉奖加涅在人类学习领域中所作出的杰出的和有影响的工作。他的独特才华在于能如鱼得水地活跃在研究和开发两个领域，并对这两个领域都作出了贡献。他对复杂技能训练所做的研究工作，使我们对训练迁移、问题解决、任务分析及各种教学方式都有了更为深入的理解。他研究知识的获得并由此提出的学习层级理论，促使人们去研究学科内容和课程设计。他所著的《学习的条件》一书，清楚地、颇有见地地阐明了人类各种学习和教学方法的联系，从而激起了人们对心理学运用于教学的新的兴趣。"② 因此，在论及近几十年来的教育心理学即教学心理学的发展及建树时，加涅是一位需要充分肯定和全面认识的人物。

① Rowntree, D., *A Dictionary of Education*, 1981.

② *American Psychologist*, Vol. 38, No. 1, January, p. 24, 1983.

一、加涅的学习观：源于前辈而又高于前辈

人类是怎样学习的，人类是在怎样的条件下产生学习的，曾是几代学习心理学家一直关注的问题。在遗传和学习这两大影响个体发展的因素中，美国的心理学家更偏爱研究学习这一因素，这从某种程度上反映了美国人的这一哲学传统：经验是影响人的发展的决定因素。因为在他们看来，影响人的成长的遗传因素一旦确立，对个体的发展仅起到一种自然的既定作用，而人的生活环境则可能有很大的差异和多变。“我们被告知，经验是最好的老师。这表明，在发展中的人的生活中，在家庭、在特定的地理环境、在学校以及在其他各种社会环境中所经历的事件，将决定他会习得什么，因而在很大的程度上将决定他将成为一个什么样的人。”①

在经过几代学习心理学家的努力之后，20 世纪 50 年代之前业已积累了这样一些学习的原型或模式：联想（association）、尝试—错误学习（trial-and-error learning）、操作学习（operant learning）、条件反射学习（conditioned response）以及顿悟（insight）。但是，在第二次世界大战中及 50 年代，当社会要求心理学家们去研究教学问题时，他们自身也发现，自己的科学根基还相当薄弱。1960 年，梅尔顿（Melton，A. W.）这位曾指导美国空军人员培训中心工作的心理学家，在中心缺乏持续的支持，经过 9 年后不得不关闭时，曾如是说：“军队方面的失误正如他们（心理学家）所告诫的，得到当代心理科学支持的技术还是原始的（仅刚起步），若要使技术可靠而且有效，那么基础心理学中某些关键领域的实质性

① Gagné，R.，*The Conditions of Learning and Theory of Instruction*，p. 1，1985.

支持，当同开始实施这些技术齐头并进……然而我们现在看到的，只是某种技术在巧妙地使用……而其科学根基则相当薄弱。现在的情形是对心理学中的一些技术充满着热情，而对它的科学基础则相当冷漠，这种情况比比皆是。这不由使人想起心理测验、循序渐进式的教育与指导，以及形象化教育。我希望今后的10年里将不再重演这段历史。”①

加涅同梅尔顿的经历有点相同。1958年，他从历任8年之久的空军实验室主任的岗位上退下来，回到普林斯顿大学任教。当时正值美国课程改革时期，许多心理学家因不满当时的教育现状而更加关注教育问题，受这一趋势的影响，他的兴趣也转向有关教材学习的研究。他与马里兰大学合作，进行了教学设计的各项研究，并参加了由全美科学发展协会发起的小学理科课程的开发工作。也正是在这一时期（1962—1970年），他提出了学习层级的思想。对于加涅在这一时期的工作，以及它在整个教育与心理学再度结合中的地位，匹兹堡大学的格拉泽教授曾有中肯的评价：

> 50年代后期，由一批自然学科和数学学科的领头人发起了一场主要旨在课程设计的工作。由布鲁纳（Bruner，J. S.）撰写的《教育过程》（*The Process of Education*）这一广为发行的著作，是召集了一批不同领域、不同理论观点的教材专家、专业教育工作者和心理学家共同与会的一个产物。布鲁纳曾谈道：“这似乎有点奇怪，心理学家第一次同领头的科学家们合作，共同来讨论在他们所传授的这些不同学科中的问题。”60年代的课程改革曾对许多观点展开广泛的讨论与辩论，从教学心理学的观点来看，这些改革虽有助于课程的设计，但从中引出的关于教材处理的问题，并不完全是心理学的问题，将

① Glaser，R.，*Advances in Instructional Psychology*，Vol. 1，p. 8，1978.

教材的教学与心理学的理论作出有影响的整合工作的，是加涅提出的有关学习的层级思想，这一思想曾被用于开发全美科学发展协会供小学使用的理科课程。①

在我看来，加涅的学习层级思想实际上是对前人业已得出的那些学习原型的继承和发展。对于前辈们业已积累的这些原型，他并不因它们不能解释人类的高级学习形式，将“婴儿连同给婴儿洗澡的脏水一起泼掉”，而是在看到它们不适宜解释人的更多的高级学习形式时，却又看到它们同人的高级学习形式的连贯性。这种思想似乎同达尔文的生物进化的思想一脉相承，尽管高级的生命体同低级的生命体迥然有异，但它们却是由低级至高级逐渐演化而来的。

早在 1965 年，加涅在其《学习的条件》第一版中，实际上已和盘托出他的学习层级思想，列出了当时业已研究到的有关人类的八种学习类型②，并将它们排列成如图 1-1 所示的这一由低级的学习类型中产生更高一级的学习类型的层级。

类型 1：信号学习。指个体学会对某一信号作出某种一般的、弥漫的反应，即巴甫洛夫（Pavlov，I. P.）所研究的经典条件反射。

类型 2：刺激—反应学习。个体学会对某一认出的刺激作出某种精确的反应，这里获得的是一种联结（如桑代克所说），或是一种有区别的操作（如斯金纳所说），或有时又称之为工具性反应〔如金布尔（Kimble，G. A.）所说〕。

类型 3：连锁。指个体学会由两个以上的刺激—反应所形成的某种联结。

类型 4：言语连锁。指个体学会以言语作为单位的连锁，其学

① Glaser，R.，*Advances in Instructional Psychology*，Vol. 1，p. 9，1978.

② Gagné，R.，*The Conditions of Learning*，p. 60，1965.

习条件与其他（如运动性）连锁相似，但只是在人的语言出现之后才可能从事这类学习，因言语连锁的内在联结需选自人先前获得的言语库。

类型 5：多重辨别。指个体学会对在物理特征上有或多或少的相似性的不同刺激作出若干不同的可以鉴别的反应。尽管学习其中每一个刺激—反应的联结只是第二种学习类型的情况，但各联结往往会因各自的特征而产生干扰。

类型 6：概念学习。指学习者学会能对一类在物理特征上广为不同的刺激作出相同的反应，他能作出这种反应在于能够鉴别一类完整的客体或事件。

类型 7：原理学习。简单地说，原理由两个以上的概念所组成，它的作用是控制行为。对规则的言语表述形式通常是“若有A，便有 B”，这里 A 和 B 均为概念。但规则的学习同学习这种言语表述要谨慎区分开，纯粹学习它的言语表述，仅是第 4 种学习类型。

类型 8：问题解决。指一种要求进行内部思维的学习，它需要对早先获得的两个以上的原理作出某种组合，从而获得一种新的所谓的高级规则（high-order rule）。

关于加涅的这一学习层级的思想，尤其是从多重辨别这一层次到问题解决这一最高层次，将是我们随后在智慧技能与问题解决这两章中要详尽介绍的，因为这一段学习层级正是构成加涅对人获得智慧技能的主要构想。不过，在这里我还是想对加涅的整个学习层级的思想作一大概的介绍。

从图 1-1 中我们可以看到，尽管加涅列出了八种学习类型，但在排列学习的层级时，他仅列出了其中七类，也就是说，在他的学习层级中，实际上仅有七类是互为前提的。关于这一点，他在《学习的条件》第一版中曾指出：“同意莫勒（Mowere，O. H.，1960）

将信号学习（类型 1）作为刺激—反应学习（类型 2）的前提当然很诱人，这一设想也许行得通，但就现在得到的证据而言，还不能令人信服地得出这一结论，这依然是今后的实验需要进一步阐明的一个命题。”①

问题解决（类型 8）

|

（要求以原理作为前提）

|

原理学习（类型 7）

|

（要求以概念作为前提）

|

概念学习（类型 6）

|

（要求以多重辨别作为前提）

|

多重辨别（类型 5）

|

（要求以言语连锁和其他连锁作为前提）

|

言语连锁（类型 4）或其他连锁（类型 3）

|

（要求以刺激—反应作为前提）

|

刺激—反应学习（类型 2）

图 1-1　学习类型及互为前提

在加涅的学习层级中，他将刺激—反应学习作为人的最原始、最基本的学习形式。凡是对学习理论略有了解的读者可能已经知道，这种学习原型是桑代克和斯金纳从各自对动物学习的实验中总结得出的，尽管两位学者对这种学习类型的称呼各不相同，如桑代克称之为尝试—错误学习，斯金纳称之为操作学习，但对这类学习何以发生的基本看法却是一致的：当动物对某一特定的刺激作出的

---

① Gagné，R.，*The Conditions of Learning*，p. 60，1965.

反应因伴随着出现某种满意的事件（或奖励）后，这一特定的刺激与这一特定的反应间的联结强度将会增强。这种学习类型不仅可以在动物身上出现，也可以在人的身上出现。加涅曾举例，当母亲用奶瓶喂养婴儿时，最初母亲以正确的角度拿着瓶子喂养，但是当婴儿手部的力量发展到足以能把握瓶子，而母亲逐渐放松奶瓶以试着让婴儿自己来正确地托起奶瓶以吃到乳汁时，实际上便发生了婴儿将手同将瓶子抬到一定的位置的正确反应联结在一起了。随着个体学会将某个刺激与某个反应联结起来的积累，为他进一步有可能将这些单个的刺激—反应的联结联系起来，形成由多个刺激—反应的单元组成的某一行为链创设了条件，加涅将这种在前一基础上产生的学习称作行为连锁（behavior chain）。如果我们对婴幼儿后天获得的一系列行为，如吃饭、穿衣、系鞋带等作还原分析，那么不难发现，人的行为更多的是由一些单个的刺激—反应所组成的行为连锁，单一的刺激—反应的联结已很少见。对于像拿到钥匙打开房间这类行为连锁作一分解，我们可以发现它至少包含这样一些刺激—反应单元：（1）拿到钥匙（刺激）——使其处于竖直的位置（反应）；（2）钥匙处于竖直的位置（刺激）——将其全部插进锁头内（反应）；（3）钥匙全部插进锁头内（刺激）——将其按顺时针方向转到底（反应）；（4）钥匙已按顺时针方向转到底（刺激）——推开房门（反应）。当然，婴幼儿不可能一下子就来学习这种复杂的行为连锁，我们这里的实例分解仅想说明加涅的这一思想：行为的连锁这类稍复杂一点的学习，总是要以先前已经获得的某些更为简单的刺激—反应的联结学习作为自己的基础。

人除了能学会用自己的感官或肢体对相继出现的一连串刺激作出适宜的行为连锁外，还能学会用自己发出的声音即语词来代表外部世界中的不同客体，加涅将这种言语活动中的最简单的“命名”活动，看作至少也是由两个刺激—反应的联结所形成的一个连锁。

若儿童要学习称某一三维客体为“四面体”，那么在这一学习中，他要建立的第一个刺激—反应联结是对这一刺激客体（$S_{客体}$）作观察反应（$R_{观察}$），而要建立的第二个刺激—反应的联结是对观察到的内部表征（$S_{四面体}$）作说出“四面体”的反应（$R_{四面体}$）。整个连锁为：

$$S_{客体} \longrightarrow R_{观察} \sim S_{四面体} \longrightarrow R_{四面体}$$

为了同前一类行为连锁有所区分，他称这类连锁为言语连锁（verb chain）。与行为连锁可以包含两个以上的刺激—反应的联结一样，言语连锁也可以由多于两个刺激—反应的联结所形成。例如，当我们要连续背出 π（圆周率）小数点之后的 10 个数字，或逐字逐句背出一首长诗时，此时需要建立的言语连锁显然含有更多的刺激—反应联结，但不管连锁有多长，不管构成连锁的各个环节是肢体动作还是言语活动，连锁的基本单元是刺激与反应的联结。正是在这一意义上，加涅称已获得的刺激—反应联结是构成连锁学习的前提。

在加涅看来，当人对某一刺激客体作出某种刺激—反应的行为连锁，而对另一（或另些）刺激客体作出另一种（或另一些）刺激—反应的行为连锁或言语连锁时，人便是在形成一种辨别（或多重辨别）的能力。例如，当人把某一把钥匙的物理特征同开启前门的一系列反应联系起来，而将另一些在物理特征上与它相似，但又有细微差别的钥匙同开启后门、开启抽屉或开启车门的一系列反应联系起来时，人便是在形成对一组刺激物的多重辨别能力；而当人对字母 g 发出“gee”的言语连锁反应，而对与此相似但又有细微差别的字母，如 p、q、y 作出另一些言语连锁反应，那么人便是在形成对一组字母的多重辨别的能力。由于对两个或两个以上的刺激客体（包括文字、符号）作出辨别或多重辨别，“本质上是建立许多不同的连锁"①，因而加涅认为连锁的形成为学习辨别事物提供了前提。一旦人能够对各种事物作出区分，则又为人能够获得一类事物的共同特征，即获得一类具体概念创设了前提，因为建立概念或概括出一类具体事物的共同的关键特征，需要对同类与邻近的非同类的各种正反实例作出辨别，又需要对同类中的多种变式作出辨别。而人一旦获得了一类具体事物的概念之后，那么早先称呼这类事物中的某些特例的"称谓"或"名称"便成了"概念词"，每当人读到或者听到这些"概念词"，便能引发人对这类事物的共同的关键特征的意识内容。这样人可以通过直接学习由若干个已知的具体概念组织起来的陈述（定义），来掌握一个新的定义性概念的含义。随着人获得的这些具体的或者抽象的定义性概念的积累，又为人有可能来学习通过这些概念来表述的原理、规则或法则创设了条件，而规则、原理、法则的掌握，又为人有可能来解决有关的问题创设了条件。于是，通过低级的学习类型获得的学习结果成为逐次获得更高一级的学习能力的层级，便被加涅这样描述出来。

对于各种学习类型作出区分，在加涅之前并不是没有人尝试过。例如，心理学家们早就对经典条件反射（类型 1）和操作条件反射（即这里的类型 2）作出过区分，而且斯金纳等人也曾将连锁（即这里的类型 3）分解为一些可以辨别出来的刺激—反应单元。对于学习到底含有多少类型，在加涅之前也并不是没有人考虑过。例如，托尔曼（Tolman，E. C.，1949）曾描述过六类，伍德沃斯（1958）曾描述过五类。对于各学习类型间的关系，在加涅之前也不是没有人探讨过，例如，莫勒（1960）曾讨论了多重辨别（这里的类型 5）和概念学习（这里的类型 6）的关系，而哈罗（Harlow，

① Gagné，R.，*The Conditions of Learning and Theory of Instruction*，pp. 90-92，1985.

H. F.，1959）也曾对猴子获得辨别与获得概念进行比较研究。但是，对于当时业已研究到的几乎所有的学习类型作出上述如此全面的描述，当归功于加涅。加涅提出的学习层级，体现了一种学习具有连续性的思想，通过最低级的学习所获得的能力为逐次获得比自己更高一级的能力奠定基础或创设前提，揭示了在日常学习中经常发生但从未得到过圆满解释的现象：当个体能够从事现在的有创造性的问题解决时，那么必定在早先时候他已掌握了解决问题所需要的有关原理和规则；当个体能够从事现在的原理或规则的学习时，那么必定在早先时候他已掌握了原理和规则中所提及的那些抽象概念；当个体能够从事现在某一抽象概念的学习时，那么必定在早先时候他已经获得了定义中所涉及的另一些抽象的概念或具体概念。由于抽象的概念不可能总以循环的定义方式来获得，因此人在获得某些抽象的概念时，必然要借助对具体事物的辨别经验，而当人要建立这种辨别的经验时，又可一直追溯到需要他早先通过最简单的刺激—反应的联结所建立起来的一系列行为连锁和言语连锁。经过加涅的这一番解释，人的高级学习类型的产生及高级学习能力的获得变得不再是一种只能意会而不可言明的进程了。

在我所能够看到的加涅的《学习的条件》第三版和第四版中，原先在第一版中以阐述八类学习为全书主线的框架有了新的变动。八类学习中的前四类归并在“学习的基本类型”这一章中分别予以阐述，当然依然强调在这些学习类型之间所具有的相互依赖性和互为前提性。八类学习中的后四类，即辨别、概念（包括具体概念和定义性概念）、规则、问题解决仅属于他在新版中提出的五类学习结果，即智慧技能、认知策略、言语信息、动作技能及态度中智慧技能这一范畴。当然，属于智慧技能亚类的四种学习类型之间的互为依赖的关系依旧强调不变。但是，从原先强调以八类学习为主线来探讨学习发生的前提转向讨论五类学习结果，表明加涅的学习观的视野在扩展和延伸。因为如果顺着八类学习发生的前后阶梯，研究者最终抵达的顶峰仅只探讨了各种智慧技能获得的前提，但尚未触及人是怎样获得其余四种能力的。加涅在随后版本中出现的这种转变，恰恰反映了他试图对若要获得其余各种能力必须具备哪些前提的回答。

本书第二章至第八章将对加涅论及的获得五类学习结果作一较为全面的评介。对每一类学习结果的介绍将遵循着这三个层次来展开：第一，加涅对该类学习结果在作业上的界定；第二，加涅对获得该类学习结果的前提证明；第三，加涅对获得该类学习结果的内外条件的总结。这样，读者首先可以发现，在智慧技能的获得及问题解决这两章里，从获得智慧技能的最低级的能力辨别起，到人通过问题解决获得高级规则止，遵循着前已提及的严格的学习层级，而在其余四类学习结果的获得中，尽管没有这种严格的学习层级，但加涅的观点仍旨在证明：若人要获得其中某项能力，须以先前已经获得的其他一些前提能力为基础。例如，若要获得某种认知策略，须以先前已经获得了一定的智慧技能和言语信息的能力为前提；若要获得某种言语信息，须以先前已经获得了一定的有组织的言语信息、语言技能和认知策略为前提；若要获得某种态度，须以先前已经获得了一定的智慧技能和言语信息为前提；若要获得某种动作技能，须以先前已经获得了部分的技能及智慧技能为前提。由于证明获得其余四类学习结果中的前提能力，不像智慧技能那样完全可以直接从属于自身这一范畴的下位技能中去寻找，而需要综合来自其他领域中的各项前提能力，因而读者可以获得的第二个发现是，加涅在阐述其余各类学习结果时，除了谈及它们本身的获得所需依赖的学习类型之外，还有来自其他各个领域的支持前提。例如，像获得动作技能这一范畴的能力，它们的获得的主要形式是通过练习和反馈来形成一连串的刺激—反应连锁，但它同时还需要来自先前已经获得的有关规则和概念的支持。再如像获得言语信息这一范畴的能力，它本身获得的主要机制是通过有意义言语学习的同化机制或命题网络的形成，但它同时还需要来自早先已经获得的有关的认知策略。因此，同探讨智慧技能学习时按直线性方式来寻找它的前提能力似乎有所不同，在探讨其余各类能力的获得时，对它们的前提能力的寻找似乎是交叉于其余各个能力领域。

读者可以获得的第三个发现是，加涅原先提出的八种学习类型已不足以解释人的五类学习结果的获得。例如，解释言语信息获得的机制超出了原先对言语联想学习（第 4 类）的研究，对于它的获得，加涅借助于奥苏伯尔的同化论和认知心理学家提出的命题网络观与图式观。对于态度获得机制的探讨也超出了经典条件反射和操作条件反射所能解释的范围，对于它的获得，加涅还借助于班杜拉（Bandura，A.）的社会学习理论来解释。因此，如果我们早先曾一度认为加涅的八种学习类型几乎囊括了人类所有的学习发生的机理的话，那么现在看来可能要超出八种。

二、教学设计：一项系统的工程

可以这么认为，加涅对人的学习的研究仅是他的事业的一半，或者说是他研究工作的起点，而他的事业的另一半，或者说他的研究工作的终点，是企图将自己在学习领域里的研究成果运用到人的教育或教学设计的工作中去。这一倾向在他 1965 年所著的《学习的条件》第一版中已初露端倪。在这一版中，他已经提到教学的顺序、教学事件、教学的媒介等项与教学设计有关的问题。而到了 1985 年，这一著作经第三次修订后，他索性将整本著作的标题改为《学习的条件与教学论》(*The Conditions of Learning and Theory of Instruction*)，这无疑反映了他希望将自己对学习的研究更好地同教学问题密切联系起来的强烈愿望。不过有关他的整个教学设计的思想，更主要地反映在他于 1974 年开始撰写，到 1992 年已连续修订三次的《教学设计的原理》之中。全书整个体系的编排除论及各类学习的基本过程之外，重点放在“设计教学”“教学的传播体系”这两大部分共计十章的这一广泛的、需在教学设计中涉及的方方面面的问题。总之，在加涅看来，教学设计实际上是一项系统的工程，为了对这里所说的系统工程作一简要的交代，我们不妨先来看看为当今教学设计工作者所认可的一般的教学设计模式所含的各个阶段以及它们各自起到的作用。

迄今为止，为人们广为认可的教学设计模式是迪克和凯里（Dick，W. & Carey，L.，1990）所提出的（见图 1-2）。从图中可以看到，一个完整的教学设计模式当含有从“确定教学目标”起，至“设计和从事总结性评定”止，这样九个连续的阶段性任务。所有这些阶段起到的作用大致可分为三类：（1）确定教学目的；（2）开发教学；（3）评定教学效果。以下我们对九个阶段大致要做的工作分别作一简单的描述。

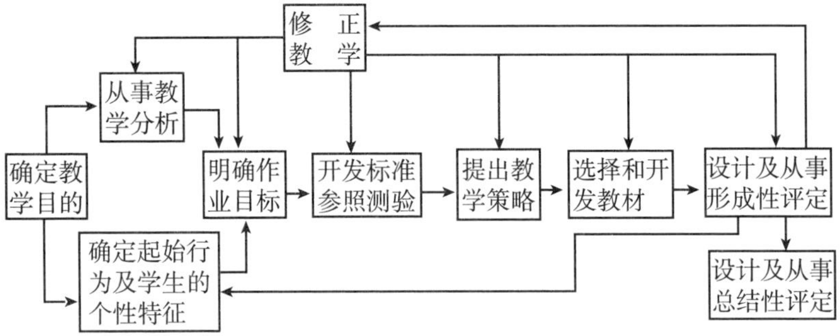

图 1-2　设计教学的一种系统的处理模式

（引自 Dick，W. & Carey，L.，1990）

阶段 1：确定教学目的。

一般地说，目的是对事情的理想状态的规定，而教学目的则是对通过教学能够获得的理想状态的规定。在这一阶段，教学设计者的首要任务是，明确代表着事情的理想状态是什么，以及这些目的是否可通过教学来达到。例如，如果理想的状态是每一个成人至少具有 6 年级的阅读理解水平，那么这一目的可称得上是教学目的。如果理想的状况是每一个成人都享有适当的医疗保健，那么这种目的便不能认为是教学目的，因为它不是可以通过教学来实现的。在明确了教学目的之后，设计者需要从事的另一任务是，作出“需要分析”（needs analysis）。教学模式的设计者一般将需要界定为事情的理想状态与现实状态之间的差距。在学校里，事情的理想状态通常依据传统的一致标准而定，如某年级的学生应当学习什么，以及应当掌握到何种程度，而在工业或者商业中的培训需要，则常出自于对工作的分析或对某一部门的生产效率的需求。前者的差距通常表现为传统的标准与学生现有的作业水平之间的距离，后者的差距则表现为员工应具备的理想作业水平与现有作业水平之间的距离。需要分析的结果通常为作出课程规划的决策及其中当含有的个别课程的决策提供了依据。

阶段 2：从事教学分析。

教学设计人员从事的教学分析旨在确定，为达到某一课程规定的总体目的，学生当具备哪些从属的技能或子技能。在这一方面，他们经常采纳的有以下三种分析手段：任务归类（task classification）、信息加工分析（information-processing analysis）、学习任务分析（learning-task analysis）。任务归类旨在对预期的学习结果作出当归属于加涅所说的五类学习结果中的哪一个领域，或属于哪一个领域的哪一子类的判断。这种分析的作用在于从一开始就提请人们注意，应当为这类学习结果提供最适宜的学习条件。信息加工分析旨在揭露业已掌握某一复杂技能的人，在运用这一技能时将会采取哪些心理运作。这种分析可使设计人员对该技能涉及的内在心理过程作出推论。在经过与阶段3学生业已掌握的起始技能的对照后，可使人们对其中含有的必教技能作出判断。学习任务分析则旨在对业已确定的必教技能再作出其从属技能的分解，这种分析技术有可能使设计人员形成教学课程图。在教学设计中，设计人员有时需要使用上述所有的分析手段，有时则仅需要使用其中的某些分析手段。在本书的第七章，我们将展现加涅在这方面的观点，以及执行这些技术的细节。

阶段3：确定起始行为及学生的特征。

了解学生在从事新的学习之前已经具备的起始行为或起始能力，目的在于确定教学的起点。由于学生的起始行为可能会有一定的差异，因而此项工作的另一个意义是，在确定了适合大部分学生的起点之后，对另外一些学生可能还要进行补救教学。了解学生起始行为的做法，一可以面谈，二可以进行测验，目的均在于对学生有充分的了解后设计适当的教学。

除对学生的智慧技能应当了解之外，教学设计人员还希望对学生的那些不易受学习影响的言语理解能力、空间定位能力，以及像焦虑这类人格特征有所了解，以便对于在教学中究竟采用何种合适的传播媒体及教学进度作出决策。

阶段4：确定作业目标。

在为某一课程或课程的某一单元设计教学时，人们一般是从预期要达到的目的开始的，但当今的一些教学模式设计者认为，应将课程或课程单元的目的转化为能足以具体和详尽地揭示学生是否已经达到这些目的的作业标准，也就是说，教学设计人员并不满足于仅提出“学生将学习什么”，而是将自己关注的焦点放到了“在学习之后学生将能够做些什么”的上面。实现这种由一般的目的向更加具体的作业目标的转换主要有三方面的理由。第一，它便于向不同的人作不同的交流。一些人（如家长）更关心的是课程的目的，而不是它的细节，但另一些人（如教师和学生）则更需要详尽的和客观的作业目标，因为教师可以从中了解和决定应当教会学生做什么，而学生可以从中了解自己需要学会做什么。第二，将教师的教学内容及活动转化为学生的学习结果或获得的能力指标，将有助于教学人员为不同行为能力设计有效的教学条件。第三，能够对既定的目标是否已达到作出客观的评价和测定。

阶段 5：开发标准参照测验。

标准参照测验的基本含义是指根据上一阶段确定的作业目标制订测量手段或工具，其目的在于对经过教学之后设计者预期的作业能力是否已在学生身上发生作出评价。几乎所有的教学设计模式都将这一阶段的工作紧随于确定作业目标之后，而置于提出教学策略之前，尽管这类测验的实施实际上要等到某一学习过程结束之后。其理由是，希望在制订这类测验时能集中反映既定的作业目标，因为教学设计的新手若在完成课的规划之后再从事这类测验，往往会更易偏离原先的目标，而这类测验的早期确定，也将更有助于教学设计人员和教师把自己的注意力放在如何促进学生的学习，以便达到预定的目标上。

测验可以为多种目的服务。例如，用于诊断学生起始能力的诊断测验，可用于了解每一个学生在从事学习新技能之前是否已经掌握了必备的前提技能，这种测验可以使教师确定每一个学生的需要，以便使自己的教学针对学生所缺乏的那些技能而避免重复教学。测验的另一个用途是可以对学生在某一课内的学习结果作出检验，这类测验可以确诊学生产生的误解，以便在进行随后的学习之前就给他们进行补救教学。测验的更重要的功能在于对业已设计的教学，无论是一堂课还是一个教学单元，甚至是整个课程的设计作出评定。当这种评定旨在为改进教学提供有关的信息时，便称之为形成性评定（formative evaluations）。当已有的课程设计在经过一定规模的现场试验后，不再准备对它作进一步的更改，而希望对其最终形式的成败、得失作出权衡时，便要依靠这类测验进行总结性评定（summative evaluations）。

阶段6：提出教学策略。

教学模式设计者将提出教学策略作为这一阶段的主题，其含义是指，教师或设计人员应在这一阶段着重规划，怎样为帮助学生达到各种预定的作业目标提供适当的外部条件，以支持学习的内部加工过程，因此教学策略的规划自然也就成为教学设计过程中的重要一环。根据学习的信息加工模型，教学模式的设计者们已提出一系列广为认可的、支持学生内部加工的教学事件，如引导注意，告知学生作业目标，呈现刺激材料，以及提供反馈等。这些事件既可以由教师来提供，也可以通过教材或教学媒体来呈现。这些教学事件对所有的学习结果领域都将适用，但其具体实施的内容、细节，将根据不同的学习结果而有所不同。

阶段7：选择和开发教材。

这里所说的教材既指传递教学内容的书面文字材料，也包括其他教学媒体。在绝大多数传统的教学系统中，教师是无须设计或开发自己的教材的，他们只需将提供给自己的教材体现在课的规划中就可以了。但是，现在的教学模式设计则强调，选择和开发教材是教学设计工作中的一个重要组成部分，其理由是，现有的教材并不是根据为不同的学习结果提供适宜的教学事件来开发的，因此对已有的教材尽可能地加以选择、改编、补充，甚至开发，自然也就成为教学设计中的一个重要任务了。

阶段8：设计及从事形成性评定。

如前所述，形成性评定的目的在于为改进业已设定的教学提供有关的资料，以便使教学能够在最多数的学生身上产生最佳的效果。现有的教学设计工作者已经对这类评定工作提出了三种不同水平的详尽步骤。如迪克和凯里认为，最初设计的教材可以在个别的有代表性的学生身上试用，以便发现教材在个别学生身上可能会引出的结构及逻辑上的问题。据称，这类个别试用的情况反馈，可以使教材的有效性取得将近百分之五十的改进。第二水平的评定工作是在六至八名学生的小规模范围内试用，由此得到的信息可以使设计的课更趋完善，因为此时获得的学生平均分比前一水平更具代表性，而最终才是将通过前两个水平修改后的教学推广至整个班级的现场试验。

阶段 9：设计及从事总结性评定。

总结性评定一般在设计的课程或体系已通过形成性评定之后进行，此时设定的课程或体系已无须再作局部的修改，且已推及现场的试用，或已有多年的试用经历，其目的是对整个设计的体系效果作出评定。如果设计人员还试图将这一设计的体系推广至全国的范围，那么此时的总结性评定还需对各地相等条件下的效果作出评价。

就上面所提及的迪克和凯里的一般教学设计模型而言，也仅限于在课程或课的水平上需要考虑到的一系列阶段性任务。如果将教学设计放到一个更为广泛的水平上考虑，可能还要涉及其他一些影响教育的环境因素和社会因素。例如，在表 1-1 中我们可以看到，整个教育体系的设计工作包括 14 个阶段。同上述 9 个阶段相比，在规划整个教育体系的设计中，以及在更广泛的课程设计的工作中，必然会涉及像分析资源、限制条件，考虑到另一些传播体系、教师的准备、新开发的教学所需的设备，以及推广等这些问题。本书不准备谈及如此庞大的体系工作，我们只想站在课程或课的水平上来谈论加涅提出的若干观点及具体操作。因此，从本书的第七章始，我们将分别介绍如何制订作业目标、如何进行学习任务的分析、如何设计教学次序、如何规划教学事件、如何选择和使用媒体，以及最终如何将上述这些技术用于设计单个课的工作中去。不过，仅就这些要做的工作而言，也可称得上是一项“系统工程”了。

表 1-1 设计教学体系的各个阶段

系统水平
1. 分析需要、目的及重点
2. 分析资源、限制条件及其他传播体系
3. 确定课程的范围、系列及传播体系的设计
课程水平
4. 决定课程的结构及次序
5. 分析课程目标
课的水平
6. 明确作业目标
7. 准备课的计划（或模块）
8. 开发或选择教材及媒体
9. 评定学生的作业
系统水平
10. 教师的准备
11. 形成性评定
12. 现场测验、修改
13. 总结性评定
14. 设备及推广

（引自 Gagné，R.，1992）

第二章
智慧技能的学习

加涅所说的智慧技能是指“使个体通过符号或观念的使用同自身的环境发生相互作用”①，通常包括可以从学生的作业中推论出来的四种不同的能力：辨别、具体概念、定义性概念和规则、高级规则。在图 2-1 中，加涅又将这四种能力按其相互依赖的程度排列成由低至高的层级，代表了加涅对人的智慧技能在精细的结构上的关注。正如我们将在本章和第五章要介绍的：当我们要求学生将两个新的、有着各自特征的客体或对象区分开来时，这只是一种最简单的、要求作出辨别的智慧技能，它的获得可以用形成一系列刺激—反应的联结来解释（比这里列出的更简单的学习形式）；当我们要求学生掌握某一具体概念时，这是一种比辨别稍为复杂的能力，因为它的获得须以辨别为基础，抽取出这类对象的共同特征；当我们要求学生获得某一定义性概念或某一规则时，由于定义性概念或规则通常以若干个概念来界定，或表示若干个概念之间的关系，因此它们是一种比具体概念稍为复杂的能力，它们的获得须以学生已经获得定义中的各个部分概念为前提；当我们要求学生解决第一次遇到的新问题时，学生必须回忆并使用过去业已获得的有关规则，才能着手解决问题，而问题一旦解决，学生将获得某一高级规则（即对原先这些规则作出综合运用的产物）。因此，作为问题解决的产物——高级规则，代表了智慧技能的最高成就。

---

① Gagné，R.，Briggs，L.，Wager，W.，*Principles of Instructional Design*，p. 43，1992.

本章我们将按照加涅这一前后的排序，逐一介绍他对这些智慧技能的界定，他对获得这些智慧技能的过程描述，以及对获得这些技能的必要的内外条件的概括。当然，其中必然会涉及它们之间的相互依赖的关系。

问题解决
|
（涉及形成高级规则）
|
高级规则
|
（以规则作为前提）
|
定义性概念和规则
|
（以具体概念作为前提）
|
具体概念
|
（以辨别作为前提）
|
辨别

图 2-1　智慧技能中的复杂性水平（引自 Gagné，R.，1992）

一、辨别学习

在尚未具体谈及辨别学习和具体概念的学习之前，我们首先举一日常生活中的例子作为我们随后将要展开的基础。

假定我们现在给一个人一长串钥匙，而事先不告诉他哪把钥匙可以开启哪把锁，那么这个人一开始可能要颇为费劲地根据这些钥匙的外部特征，如大小、长短、槽的深浅等来一一区分哪把钥匙可以开启哪把锁。假定我们提供给他的这串钥匙既有可开启挂锁的钥匙，又有可开启门锁的钥匙，那么我们可以相信，经过一段时间，他还可能会对这串钥匙作出这种分类。因此，可以认为，当个体面对一组刺激客体时，他可能要获得两种不同的能力，前者是对一组刺激客体作出一一区分，这是本部分要谈及的辨别学习的含义，而后一种能力是在对客体作出一一区分的基础上，再根据其中一些成员的共同特征，对它们作出归类而忽视其余次要的差异，这就是本章第二部分将要谈及的具体概念的话题。

就上述这一实例，我们还想对两种能力获得的前提稍作一引申。当个体知觉到某把钥匙具有“长的，有两个槽，两个高齿一个低齿”的特征，并把这把钥匙同开启某一房门的反应联系起来，而将知觉到“短的，有一个槽，两个低齿”的钥匙同开启某一抽屉的反应联系起来，那么从他的行为中我们可以推论，他确实具备了区分它们的能力。这种能力显然要综合对某一客体各个方面（维度）建立起的一系列刺激—反应的联结才能获得，因此在加涅看来，由一系列刺激—反应的联结形成的刺激—反应连锁是辨别学习的前提。当个体将凡是大的、长的钥匙，不论其有多少个槽及多少个高低齿都归为开启房门的钥匙，而将小的、短的，不论其有多少个槽及多少个高低齿都归为开启抽屉的钥匙，那么从他的反应中我们可以推论，他已获得了一类客体的概念。尽管抽取出一类客体的共同特征是获得概念的关键，但事先若不对客体的方方面面作出辨别，就不可能得出哪些是它们的共同特征，哪些是可以忽略的次要特征。因此，在加涅看来，辨别能力本身又是获得具体概念的前提。

现在我们将话题正式切入对辨别学习的介绍。从图 2-1 中我们已看到，加涅从智慧技能中分出的第一个亚类是辨别，他称这种能力是"对刺激物在某一物理维度或某些物理维度上的相互差别能够作出不同反应的一种能力"①。在上述实例中，当个体最终能够做到一把钥匙开启一把锁时，我们便可称他已获得了辨别这些钥匙的能力。由于辨别更多地涉及对两个以上的刺激物（如我们给个体提供了一串钥匙）的区分，因此加涅有时又称这种能力为多重辨别（multiple discrimination）。

尽管获得辨别的能力在每个人的生活中，甚至在学校的学习中起着重要的作用，例如我们在很小的时候就需要对周围世界的方方面面，如颜色、形状、大小、质地、长短、声音的高低、街道和房屋的位置作出区分，而在以后的学校学习中又需要对文字、符号、语音作出区分，但学会辨别总给人留下简单的印象，或被人看轻和忽略。造成这种看法的原因可能是，我们大多数人在早期的生活中无意间就学会了好些辨别的能力。但是，当我们在学习中遇到了一些新的刺激时，例如学习外语的学生可能需要学习过去从未听到的发音，学习生物的学生在第一次使用显微镜时可能会遇到需要考察的新的视野，学习音乐的学生可能会遇到过去从未注意的音调之间的差异，学习化学的学生可能要学会辨认各种气体、液体……对辨

① Gagné，R.，Briggs，L.，Wager，W. W.，*Principles of Instructional Design*，p. 56，1992.

别学习的需要及其重要性还是很明显的。不过，正如我们一开始就已提到的，除了人们终身需要不断地学会辨别新的客体、新的面孔、新的符号这些事实之外，辨别的重要性更在于它为其他一些更复杂的学习奠定了基础。

在谈到辨别学习发生的过程时，加涅认为，辨别学习以刺激—反应联结的学习为基础，但又不同于刺激—反应联结的学习。他举例说，假定学生学习对字母 g 发出“gee”的反应，那么这种学习仅是一种刺激—反应式的学习，这种习得的反应联结不具备辨别学习的特定含义。在他看来，辨别学习的关键在于个体学习只对字母 g 作出这种反应，而对与它相似的字母 p 或者 q 则不作出这种反应。正如我们在前面已提及的，要将两个刺激客体，甚至更多的刺激客体一一区分开来，需对它们在某一物理维度上的特征或多个物理维度上的特征，分别建立起由一系列的刺激—反应的联结形成的连锁之后才能获得。现在的问题是，如何建立这种有区别的反应连锁。加涅认为，在学习过程中通常采用对比练习（contrast practice）的呈现方式和分化强化（differential reinforcement）的措施。对比练习既可以是一对一的对比，也可以是多重对比。以上述字母辨别学习为例，一对一的对比是将字母 g 与一个非 g 字母配对呈现，多重对比则是每次以不同的排列顺序呈现 g 和一些非 g 字母，每当学生对其中的 g 字母发出“gee”的反应便给予强化，而对其他字母作出这种反应则不给予强化。此外，在教学措施上也可作出一些有意的安排：（1）在学习的初期尽可能扩大需要辨别的刺激物之间的差异；（2）尽可能给学生提供这些刺激物在触觉与动觉上的差异线索。

由于辨别学习更多地会涉及多重辨别，因此“在学习多重辨别时，对刺激物相互辨别的任务会因其中刺激的增加而表现出难度的递增”①，“多重辨别与单一辨别的重要区别是，在前一种学习中存在着更多的潜在的干扰，刺激物之间的相似性往往会使混淆的错误更易发生，从而增加了学习的困难”②。据此，加涅认为，解决此类困难的一个可能有效的方法是，首先进行一对一的单一辨别，然后再另作打乱顺序的一对一的辨别。与达到此目的相似的有效方法是“部分累进式”的学习，即在复习旧的辨别的同时引进新的辨别。另一种方法是，首先扩大刺激物之间的差异，而在随后的练习中，逐步将这些差异恢复到正常的差异状态。在许多情况下，多重辨别的最有效的方法可能需要将上述两种方法结合使用。

在对辨别及随后其他各类智慧技能的学习作出描述后，加涅均对影响这些学习的内外条件作出总结。这里我们首先来考察他对辨别学习作出了何种概括。

内部条件　“在个体的内部必须具备的一个条件是，能够回忆和恢复为表现这种辨别而必须具有的不同的刺激—反应连锁……在学习对多重刺激作出辨别时，学生必须能够表现出与这些刺激差异同样多的不同的刺激—反应连锁。”③

外部条件　“辨别学习的一些外部条件表现为某些最基本的学习原理的应用。第一，接近的原则必须具备，即在刺激呈现后必须紧接对它作出反应。第二，强化的原则在辨别学习中起特别重要的作用，应当使强化随正确与错误的反应而有区别地出现……当强化以这种方式出现时，辨别很快就可获得。第三，重复也起着重要的作用。辨别的情境可能需要重复多次，以便选出正确的刺激差异，对于学习多重辨别来说，必然需要更多的重复。”④

---

①② Gagné, R., *The Conditions of Learning and Theory of Instruction*, p. 93, 1985.

③④ Gagné, R., Briggs, L., Wager, W. W., *Principles of Instructional Design*, p. 57, 1992.

二、具体概念的学习

如前所述，人学会对一组刺激作出的一种反应方式是将它们区分开来，但人对一组刺激作出的另一种更重要的反应方式是对它们作出归类，是对这类刺激的任一实例作出是这类刺激的一个成员的反应。加涅将后一种能力称为个体获得了概念，即“个体能够将某一刺激鉴定为一类具有共同特征的事物中的一个成员，尽管这类刺激在其他方面相互间有着许多明显的不同”①，或更确切地说个体获得了具体概念，“因为它们要求人的作业是对具体客体的辨别”②。

从表面上看，具体概念的学习似乎同辨别学习恰好相反，因为前者是对刺激作出归并，而后者是对刺激作出区分。不过在加涅看来，“在具体概念的学习中包含着辨别，并以辨别作为自己的前提”③。对于辨别学习和具体概念的学习的这种关系，可以参照图2-2 所描绘的这些阶段来说明。加涅设想，具体概念的学习是从学生掌握了阶段 1 所示的辨别开始的，即学生只对一条直线作出肯定的反应，而对一条曲线作出否定的反应，这就是所谓的辨别阶段。阶段 2 仍采用原先的直线，但配备的曲线在一些无关的特征方面发生了变异，如曲率、朝向。此时仍要求学生进行对比练习，直到他们确实能够对这些直线和曲线作出区分。从学生的行为中，我们似可推论，他们已对最初的辨别学习作出了某种程度的推广。阶段 3 让学生再次进行各种对比练习，此时不仅曲线的无关特征仍有变化（如朝向、粗细），而且直线的无关特征也起了变化。一旦这一学习

---

① ② Gagné, R., Briggs, L., Wager, W. W., *Principles of Instructional Design*, p. 57, 1992.

③ Gagné, R., *The Conditions of Learning and Theory of Instruction*, p. 97, 1985.

阶段结束，我们有理由相信，学生已抽取出相应的客体特征，获得了直线笔直这一概念。对我们这一设想作出最终的检验，可以给学生呈现在原学习期间尚未使用过的实例供其选择，如果学生仍能作出鉴别，我们确实可以相信他已获得了这一概念。

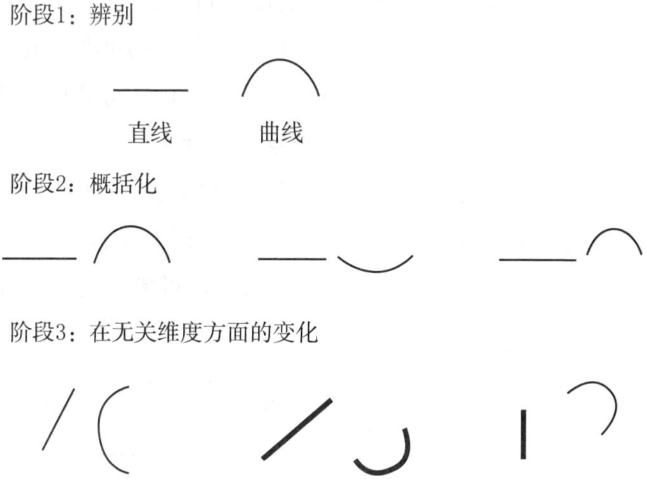

图 2-2　从辨别开始至概念学习的阶段

尽管具体概念可以使用在无关特征方面变化的正反例，通过对比练习来获得，但在加涅看来，这种对概念学习的描述尚不完整，“这种程序并不一定代表了可以用语言来指导学生学习概念时所具有的典型性”①。对于那些已经掌握了语言这一前提的学生来讲，语词的作用在于“它给概念的学习提供了重要的捷径。如果没有语词的参与，人可能不得不进行更多的尝试，才能保证对某一概念的正例或反例的反应达到准确的程度。但是，在了解了某一初学概念的称谓后，可以用它来提示对刺激正确反应的回忆，从而使设计这种学习所需的情境变得相对容易”②。

① ② Gagné，R.，*The Conditions of Learning and Theory of Instruction*，pp. 99-100，1985.

加涅的这一思想体现在图 2-3，即他为教授“三角形”这一具体概念的设计之中。从图中我们可以看到，他首先通过一些具体的三角形的正例，来明确这一概念的特征，然后依据这些特征，来设计向学生呈现的这类客体的正反例证的系统变化。从上述观点和依据这一观点派生的教学设计中，我们似可得到这样一些理解：第一，在自发学习的环境中，一类事物的正反例证的可遇性既有限又偶然，因此在没有经过充分比较的情况下，我们获得的日常概念往往具有片面性或局限性，但是在上述这一设计中，从若干个规定的特征出发，有针对性地来设计它的正反例证则避免了这些缺陷；第二，图中的语言指导和括号中的提示，对于已经掌握“边”“角”“三”“封闭”“单一”这些概念的学生来讲，可借助它们来理解新

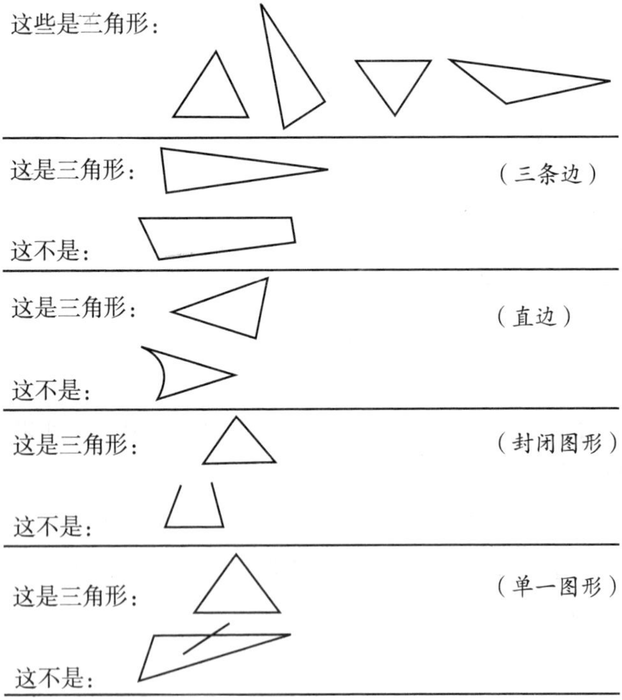

图 2-3　使用一些语言指导的具体概念的教学一例

概念的有关特征，并提醒他们作出正确的反应。

不过加涅同时也告诫我们，利用语言指导和提示同逐字逐句向学生介绍定义完全是两码事。如果我们完全用这种字面的形式，向学生介绍“由三条线段组成的一个单一的封闭图形叫三角形”，很难想象这样做会产生什么样的有效结果。“学生学习概念必须从能够与一般的语言发生联系的具体情境开始。”①

加涅甚至以成人为例，说如果成人学习某一新概念也会出现与此极为相似的情况。假定学习生理学的成人要学习“横纹肌”这一概念，我们可以设想他已学过定义了，但是现在他必须将这些词同他已经观察过的这类肌肉组织（无论是实际的还是图解）联系起来。如果他不去对横纹肌作出考察，如果他不去对横纹肌与心肌、平滑肌作出多重辨别，是不可能进一步贯彻概念学习的条件的，当我们接二连三地向他呈现各种横纹肌的正反例证时，他很难作出正确的归类。

总之，一方面，加涅强调利用语言的教学可以促进具体概念的学习进程，另一方面，他也清醒地告诉我们，要使概念真正成为思考和处理现实世界的精确工具，必须参照实际的刺激情境来学习，这样才有可能给概念提供以其他的方式所不能提供的“操作”意义，即概念若脱离了具体经验的支持可能是不精确的，也就很难为随后含有这些概念的更加复杂的学习（如规则的学习）服务。

在对加涅有关具体概念的学习观点作出上述这些介绍之后，现在来了解一下他对影响这一智慧技能亚类学习的内外条件所作的概括。

内部条件 概念学习的前提是先前已经建立起来的辨别能力。

① Gagné, R., *The Conditions of Learning and Theory of Instruction*, p. 101, 1985.

学生若要从事概念学习，必须能够回忆起这些能力。在使用语言指导时，提及的言语称谓必须先前已经同代表概念的刺激特征建立了联系。概念学习通常需经历对基本辨别加以概括这一中间阶段，其间主要是对刺激的有关特征和无关特征作出区分。

外部条件 对于人类学习者来说，学习概念的情境条件主要包括一系列的语言提示，而动物学习概念通常比人更加缓慢需要更加复杂的程序，才能取得像人在语言指导下所产生的相同效果。

将作为概念正例的特定刺激客体与作为概念反例的另一刺激客体同时呈现，要求学生鉴别，学生的反应在于证明辨别是否已经发生。

在概括化阶段，教师再次同时呈现概念的正例及一系列的反例，再次要求对已辨别的特征作出鉴别。

构成概念的刺激特征本身要不断变化（即我们通常所说的变式），并与反例同时呈现。若要证明在上述阶段的这种新的概括是否已获得，可以让学生对这类客体的另一些若干正例作出鉴别，即再次呈现在早先的学习中尚未采用的一些刺激客体。如果学生能对这些实例作出成功的鉴别，便可断定新的概念已经获得。

在概念学习的情境中应出现强化这一条件。为了有利于获得某一概念，须对学生作出的正确反应加以肯定。连续性似乎也是概念学习中的重要一环，即应当接连地呈现一系列正反实例要求学生作出辨别，不具备连续性很可能就是导致以尝试—错误的方式从事概念学习缓慢进展的主要原因。当建立概念依赖的所有这些条件同时活跃在记忆之中时，概念的获得极为迅速。当上述条件得以充分满足时，重复对概念学习似乎并不一定需要。①

---

① Gagné，R.，*The Conditions of Learning and Theory of Instruction*，pp. 104-105，1985.

三、定义性概念的学习

在人所学习的概念中，有些概念可以通过与环境的直接的相互作用而获得，但事实上并非所有的概念都能以这种方式获得，许多概念往往只能通过语言对其作出界定，学生则需通过学习这些语言的界定，即通过对概念的定义才能获得其含义。加涅称这类概念为定义性概念（defined concepts）或抽象概念（abstract concepts），以示与前所提及的、可以通过直接观察这类客体的外部特征而获得的各种具体概念有所区别。如数学中的“质数”“合数”，物理学中的“质量”“能量”，人际辈分关系中的“叔叔”“婶婶”，甚至人文学科中的一些抽象概念，如“家庭”“运输工具”“正义”等，在加涅看来，都属于定义性概念，因为“它们都不具备能凭借其外貌（appearance）来鉴别的具体的对等物（concrete counterparts）”①。以物理学中“做功”为例，对它的界定，“物体受到的力与在力的方向上发生的位移之乘积”，因此判断一物体是否做了功，显然不能凭借观察作出，需要对上述两个因素按照定义中所说的作出乘的转换才能得出。同样，像人际辈分关系中的“叔叔”这一概念，也是不能凭借对人的外貌的观察来获得的概念，鉴别某人是否是另一个人的叔叔，需根据定义中所说的特定的人际辈分关系才能作出。

鉴于许多概念不能凭借直接观察其外部特征，而需通过对它的言语定义来获得其含义，那么概念的定义本身又是怎么回事呢？在对定义性概念的定义所作的考察中，加涅发现，就最简单的定义而言，至少含一个以上的客体（他称之为“事物概念”）和一种关系

① Gagné，R.，*The Conditions of Learning and Theory of Instruction*，p. 113，1985.

(他称之为“关系概念”)。例如，在“用以托着（关系概念）茶杯（事物概念）的碟子（事物概念)”这一“茶托”的定义中，我们可以明显地看到上述三种基本的成分。不过，绝大多数的概念定义更加复杂，它们常需对其中的事物概念的特征增加另外一些描述。如“瓶子”的定义，最简单的可以是“存放（关系概念）液体（事物概念）的容器（事物概念)”，若要增加这一定义的适当性，还需在定义中增加另一些修饰词，于是成了“存放液体的、有圆窄的颈但无把手的坚硬容器”。据此，加涅提出，在对事物加以界定的定义中，常包含以下四种基本成分：

（1）属于上位概念的事物概念（如“碟子”是“茶托”的上位概念)；

（2）上位概念的一系列特征或特性（如“坚硬的”“圆而窄的”)；

（3）告知这一客体可以派何用场或能做什么的关系概念（如“托着”)；

（4）作为动词作用对象的另一事物概念（如“茶杯”“液体”)。①

一些心理学家将上述四种基本成分称为概念的有关特征，加涅则把它们分为“特征”（前两种）与“功能”（后两种)。

在考察界定关系概念的定义中，加涅发现情况略有不同。对于某个要表达的关系概念，我们通常采用一个相近的同义词，即用一个比较简单或比较熟悉的关系概念来转达其义。例如，在对“均质分布”这一关系概念作界定时，我们常用“散开”“分散”，然后再配以某些副词或介词短语对这个动作加以修饰，于是“均质分布”这一关系概念被定义为：液体的粒子（事物概念）被分散（为学生熟悉的一个关系概念）为一种均匀的状态（介词短语修饰“分散”

① Gagné，R.，*The Conditions of Learning and Theory of Instruction*，p.114，1985.

这一动词）。据此，加涅认为，关系概念一般含以下三种基本成分：

（1）为学生熟悉的一个关系概念，即一个相似的同义词；

（2）关系概念作用的对象这一事物概念；

（3）副词或介词短语这些修饰词，起到对关系的特征作出某种描绘和刻画作用。①

不管定义性概念是对事物作出界定，还是对关系作出界定，在它们的定义中都包含了若干个其他的概念，因此在加涅看来，若要学习定义性概念，定义中所含的这些子概念必须首先为学生所熟悉，即已为学生先前获得。由于定义不可能处于一种永远的循环之中，这样，定义中的某些概念最初必然是在没有定义的情况下获得的，即它们是作为具体概念而习得的。正是从这一意义上来说，加涅认为掌握具体概念是学习定义性概念的前提。

那么，当我们要求学生掌握由若干个其他概念来界定某一客体的属性或界定某一关系的定义性概念时，究竟意味着什么呢？“所谓定义性概念实际上是一条用于对客体、事件或关系作出分类的规则”②，即当学生掌握这种概念，实际是掌握了此类对象的分类标准，他可凭借这一标准对某一客体或某种关系作出实际的归类，而并非仅仅只是能够陈述这一概念的定义，“获得定义性概念的证据，当来自学生能够运用定义对实际事例作分类的这种证明”③。

定义性概念本身的这些特点，决定了学习这类概念同学习具体概念相比有所不同。学习这类概念，一般不像学习具体概念那样可通过呈现能直接观察它们特征的正反例证来获得。定义性概念往往需要通过呈现这类概念的定义来学习。“代表定义性概念的言语陈述（定义）可以用语言向学生交代，这意味着提示学生回忆起构成

---

① ② ③ Gagné，R.，*The Conditions of Learning and Theory of Instruction*，p. 114，p. 115，p. 113，1985.

新概念的那些事物概念和关系概念，使他们能及时‘把握’新概念的含义。”① 不过加涅也提请人们注意，这种言语交流只对已经获得定义中这些子概念的学生来说，是一种合适的方法。如果定义中有任一有关的子概念的意义还未被学生了解，学生仍不能通过这种言语指导获得概念的含义。

细心的读者可能会注意到，在上面我们引用的加涅的这段话中，他给“把握”两个字打上了引号，这一引号实际上引出了加涅对这类学习的另一个重要的观点。在他看来，尽管定义性概念不能通过直接观察它们的正反例证（instance）来获得，但仅向学生介绍这类概念的定义，而不同时引进这类概念的正反事例（example），学生依然不能充分理解这类概念。加涅证实自己这一观点的实证资料是：第一，R. C. 安德森等人 1972 年的实验表明，在告知大学生一些不熟悉的概念（如“隔代遗传”“表皮脱落”）的定义后，他们对大多数案例的正确选择率仅达 90%；第二，1974 年，马克尔和蒂曼（Markle，S. M. & Tiemann，P. W.，1974）对大学生学习“词素”这类概念的研究表明，除介绍定义之外，给学生提供这类概念的正反事例，是改进这种概念向新事例推广的条件。第三，当加涅对坦尼森和帕克在 1980 年（Tennyson，R. D. & Park，D.，1980）对这一领域里的研究所作的回顾作了考察后，他发表了自己的总结性评论：“许多研究均已证明传授定义性概念时引进事例的重要性，也就是说，言语定义的介绍可以教给学生许多，这一点很明显，但是选用精心挑选的正反事例似乎是充分理解定义性概念的一个必要条件。为了取得最佳效果，这些事例应尽可能充分地包含

① Gagné，R.，*The Conditions of Learning and Theory of Instruction*，p. 116，1985.

各种本质特征和非本质特征的变化。”①

在对定义性概念的特征及其获得作出通盘考察后，加涅还对影响这类概念学习的内外条件作出了如下概括。②

内部条件　由于定义性概念主要通过定义向学生作出言语陈述，因此，在所学概念的定义中出现的各子概念必须首先出现在学生的工作记忆之中。这些子概念是基本的必备前提。随着定义性概念变得更复杂，在定义中出现的形容词和副词这些修饰词的意义，也必须同时了解。影响这类学习的第二个内部因素是，学生必须具备一定的句法规则，以便能对这类定义的言语陈述作出反应，即学生必须能对主词（执行者）和动词（关系概念）作出区分，对主词和宾词作出区分。当然，这些基本的语言技能一般在很小的时候已经学会。

外部条件　影响学习这类概念的第一个外部条件通常是指给学生呈现的口头或书面的定义。这种言语命题的作用，一方面是促使学生回忆理解语言的句法技能，以维持各子概念的适当次序，另一方面是提示学生使这些子概念进入自己的工作记忆，从而有助于学生获得尚未学过的概念。影响这类学习的第二个外部条件是，在呈现定义的同时，还须呈现这类概念的广泛的正反事例，正像坦尼森和帕克等人的大量研究已经证明，在学习这类概念时，呈现这类概念的正反事例应尽量多变，在呈现与正面事例极相似但又有关键差异的反面事例时，学习效果将会最佳。在加涅看来，这种重要的外部条件使学生在随后遇到概念的事例时，能够回忆起区分它们的特征。

---

①② Gagné，R.，*The Conditions of Learning and Theory of Instruction*，pp. 117-118，1985.

四、规则的学习

如上所说，加涅称定义性概念是一种特殊的规则，一种用于对事物分类的规则。对于一类不能凭借外部特征来抽取出它们共同特征的事物，我们只能通过下定义来揭示它们的共同特征。下定义必然要涉及使用若干个概念来揭示新概念的特征，因此新概念的特征实际上是通过这些概念之间的关系来体现的，如“做功”是力与距离相乘，π 是周长与直径相除，叔叔是父亲的弟弟。如果我们从定义性概念（一种分类的规则）揭示了某种关系这一视角来考察规则，那么规则实际上也是在阐明客观事物间存在着某种确定的关系。当我们说“正方形周长为其边长的四倍”，或者说 $F=ma$，不正是阐述这些概念间存在的关系吗？不过，通过定义性概念揭示的关系，在于使人能在面对着一类事物的某个事例时能对它作出分类，而通过规则揭示的关系，则在于使人在面对同一类情境时，都使用此条规则确定的关系去办事。因此，加涅有时又称规则是办事的法则或原则。

不管规则是涉及对事物分类的标准还是涉及办事时应遵循的法则，加涅都对它们作了一个很好的总括：“规则是支配人的行为并使人能够证明某种关系的内在状态。规则不只是表述某一规则的言语陈述，比如像‘正方形的周长是其边长的四倍’这样一种命题，规则必然涉及人在面对特殊刺激实际上有无数变化时，他的行为始终表现出有规律性的原因。因此，规则是使人能够对一类刺激情境作出与一类操作相适的举动而推论出来的能力，据此我们预测，这种操作同一类特定的关系刺激发生了联系。”①

对规则是一种什么样的能力，加涅已阐述得十分清楚，而读者对于掌握规则意味着提高了人的办事能力这一点也不陌生，因此，在这里不想就这一问题作赘述。这里要提请读者注意的是，加涅强调对规则这种作为一种推论出来的能力与规则本身表现为一种言语陈述或命题所作的基本区分。确实，为了交流规则，为了描述这些要人学习的能力，人自然要使用语言或其他符号来表示规则，但加涅认为“规则”这一术语与表征它的言语命题不能相提并论。“当学生能够阐述代表规则的命题时，人们通常不会认为这一规则实际上已经获得。要确认是获得了规则还仅是获得了规则的言语表述，人们必须去了解：（1）学生是否能鉴别其中包含的各个概念；（2）学生是否能揭示构成这些概念之间的关系。作出这种了解的方法有各种各样，但归根到底是看学生是否能证明这种关系的举动。”②

加涅的这一表述，再次表明了他对智慧技能与言语信息这两类能力的根本区别的看法。如同知道概念的定义不能作为掌握定义性概念的标准一样，知道规则的言语表述也同样不能作为掌握规则的标准。掌握前者的客观标准是学生的实际的分类行为，掌握后者的客观标准当是学生对关系作出证明的行为。即使在加涅看来，说和做是两码事，但他并未否认言语陈述（即陈述性知识）对学习定义与规则（即程序性知识）所起到的促进作用。“一旦儿童已经学会使用语言，那么学习的进程可以因使用言语陈述作为提示学习新的定义性概念及规则而受到极大的促进。在许多领域里，成人的学习主要根据教科书或其他书面材料中的言语陈述来进行。当学生第一

①② Gagné, R., *The Conditions of Learning and Theory of Instruction*, p. 118, p. 120, 1985.

次读到‘基因是传递遗传特征种质的成分’时，他能从这一言语陈述中了解到许多东西，尤其是其中一些子概念（如种质、传递等）早先已经习得。尽管学生能够逐字逐句地回忆起规则还不是已经获得规则的适当证据，但言语陈述的交流功能及其在学习中的作用无疑是应当肯定的。”① 在接受了当代认知心理学家的思想后，他也认为，规则最初可能是作为言语信息而获得的。

在对有关规则是什么，以及掌握或获得规则又究竟意味着什么有所了解后，我们现在可以来进一步谈及加涅在规则获得方面的观点了。在这一方面，加涅既对儿童学习非常简单的规则情况作了考察，又对成人可能要学习更为复杂的规则情况作了考察，以期说明它们蕴含着相同的学习原理。

在谈及儿童学习规则时，他设定，假如我们要儿童学习“圆的东西会滚”这一原理。从对这一命题的分析中，我们可以看到它含有两个不同的概念：（1）圆的东西；（2）滚（动）。那么我们应当在什么样的条件下才能保证这个儿童学会这条规则呢？显然儿童必须已经知道这两个概念，如果组成规则的概念还未掌握，儿童只能获得一个有限意义上的规则。例如，如果儿童只认定球是圆的，而不认为各种各样的盘状物、各种各样的柱体也是圆的，那么他可能只会认为球会滚，而分币、茶托不会滚。同样，对于“滚动”这一概念也必须事先已经掌握，这意味着儿童能将“滚动”“滑动”“翻动”区分开来。由于围绕一轴心作滚动的运动形式很难与其他的运动形式相区分，因此这一概念要比圆的东西更难把握。如果儿童尚未对这些运动形式作出区分，尚未获得“滚动”这一概念，那么学习这一规则仍具有片面性。下面我们来看看他是如何为教授这一原

---

① Gagné, R., *The Conditions of Learning and Theory of Instruction*, p. 120, 1985.

理设计教学步骤的。（教学场景：制作一个斜面，找来一些木块，其中有圆的，也有非圆的。）①

老师："我想请同学们解决这样一个问题，什么东西会滚?"……（学生反应）

老师："你们是否还记得'滚'是什么意思?"（教师用一块圆的木块演示）……（学生反应）

老师："这里有一些木块是圆的，你们能把它们挑出来吗?"……（学生反应）

老师："是不是所有圆的东西都会滚?"（学生反应"是"）

老师："做给我看看!"……（学生用好些圆的物体演示）

老师："很好！……那么什么东西会滚?"（学生反应"圆的东西会滚"）

老师："对。"

加涅认为，在完成上述这些步骤后，我们可能有理由认为规则学会了，但为了对此作出检验，教师还必须给学生呈现另一组新的木块，然后要求学生判断其中哪些木块会滚。

读者也许会感到，加涅在处理这样一条简单的规则教学上太细腻、太烦琐了，我们为什么不可以直接告诉学生"圆的东西会滚"?对此加涅自有其道理。理由之一在前面已经提及，即规则是由若干个概念组合起来的，若对这些部分概念的含义理解有局限，则不可能获得完整意义上的规则。因此，从加涅设计的教学步骤中我们可以看到，他花了更多的时间和精力，来保证这些部分概念在学生头脑中的正确回忆与鉴别。理由之二在于为保证不让儿童将这条规则作为一种言语连锁来学习。"由于这一规则陈述很短，让学生学会

---

① Gagné，R.，*The Conditions of Learning and Theory of Instruction*，p. 123，1985.

说出来也并不是件难事，但我们的教学目标是要学会这一规则，而不是学会规则的叙说。我们要求学生的反应，唯有在他们把圆和滚这些概念组合起来时才有可能表现出来。理解规则意味着能够证明圆的东西会滚，而不是说说而已。”①

对于年长的学生甚至成人来说，学习这条规则是否也需要加涅这样的精心设计？显然不必，但成人有成人的学习任务，成人学习的规则要远比这一规则长，而且在结构上更复杂。在这些规则中，成人可能会遇到一些常见的、熟悉的概念，但也可能会遇到一些不熟悉的概念，在这种情况下，在儿童身上发生的将规则当作言语陈述来学习的危险，也同样会在成人身上出现。加涅曾以学习生物学的学生可能会遇到学习“变态发生在昆虫的幼虫变成蛹时”这一定义性概念，来说明这种潜在的危险。“很明显，要学习这一原理，成人不仅必须已经学会‘昆虫’、‘变成’这些相对熟悉的概念，而且还必须学习‘幼虫’和‘蛹’这些不熟悉的概念。我们也许会认为，成人只要有学习的意向，就完全可以从这一言语陈述中来学习这条规则。但如果成人真要妥帖地学习这一原理的话，也许要回忆昆虫的幼虫变成蛹时发生变态的一两个实际的事例。需要指出的是，如果成人在实验室或在博物馆，在郊游时或在电影里曾见到过变态发生的情况的话，那么这一新的原理可能会掌握得更好。我们不可能保证，遇到这一命题的成人实际上就能把它作为一条规则来掌握，尽管这是我们指定的作业，正像儿童可能会把某一规则当作言语命题来掌握，成人也同样会这样。”②

鉴于新的规则中可能会含有一些不熟悉的概念而影响人们对它的全面理解，加涅甚至叮嘱人们注意这一点：“通常这类规则最好

---

①② Gagné，R.，*The Conditions of Learning and Theory of Instruction*，p. 124，1985.

是在教学结束时而不要在教学之初就用言语呈现。学习这些规则一般要求把它们分解为一些更简单的部分，而最后才是把它们整合为一条完整的规则。”① 从谈及具体概念始，加涅就一再强调，具体概念的学习依赖于对无关特征多变的正反例证的辨别；定义性概念的学习依赖于对精心挑选的正反事例的鉴别；而现在谈及规则时，加涅又再次强调对其组成的子概念的确切理解将影响整体规则的掌握。从中我们似乎可以得出这一概括：单个抽象的观念（概念），或用文字、符号来表述的它们的组合（定义性概念和规则），当人缺乏对它或它们中的某一部分的具体经验的支撑时，对它或它们的总体把握可能是肤浅的。出现这种情况时，人可能要部分或全部回到实际经验的再体验中去。“纸上得来总觉浅”，这是前人的总体性感受，但是当加涅提出在智慧技能的学习中当有这样一个层级，规则（定义性概念）的学习依赖于具体概念的学习，具体概念的学习依赖于辨别的学习时，是否正在为我们找到诊断和补救这种欠缺的良方呢？

规则学习的内部条件　从前面的介绍中我们已非常清楚地了解到加涅的这一观点：影响规则学习的内部条件是对构成规则的这些子概念的理解，这种理解意味着学生能够鉴别一类客体、一类事件或一类关系的各个成员。如果这些前提概念尚未把握，那么规则是不能被适当地掌握的；如果部分概念仅是作为一种言语信息而获得的话，那么同样规则本身的含义也不可能被充分掌握。

规则学习的外部条件　在加涅看来，影响规则学习的一些主要的外部条件表现在教师的言语指导中。他结合前面提及的传授“圆的物体会滚”这一规则的教学顺序，将这些条件罗列如下。

---

① Gagné，R.，*The Conditions of Learning and Theory of Instruction*，p.125，1985.

第一，影响规则学习的言语指导，一开始往往应当陈述在学习完成之后教师期望在学生身上能够表现出来的行为操作。例如，在前一例中，教师首先提出要求学生解决的问题：“我想请你们解答这样一个问题，什么东西会滚?”教师为什么不直接呈现要学的规则本身而提出这种问题，在加涅看来自有道理。其一，前已提及，为了避免学生将它们当作纯粹的言语命题来学习。其二，“将提出的要解决的问题记在脑子里，每当学生达到了这一学习结果后，便为学生获得及时强化提供了手段。当学生以解决这一问题为追求的目标时，他们会知道自己什么时候已完成了学业，自己在哪种情况下已掌握了正确的规则。”①

第二，言语指导继而应让学生回忆起在要学的规则中将会出现的那些子概念，如前例中提出的“你们是否晓得什么东西才称得上是圆的东西……怎样才称得上是滚……”。“在许多情况下完全可以用语词来促使这些子概念的回忆，但有时候也可以呈现代表这些子概念的一些实例，让学生通过鉴别来回忆圆的概念或指出滚的条件，当然可以为此使用图片。”②

第三，随后呈现整个规则的语言提示，如前例中最后提出“圆的东西会滚”。不过在加涅看来，这种对规则本身的语言陈述不必与认可的定义完全一样，只需起到能够引起回忆这些规则的作用就可以了。

第四，要求学生证明规则中所含的那种关系的言语指导，如前面提到的拿出几块木块，说：“演示给我看哪些东西会滚。”加涅认为，提出证明关系的做法可以多种多样，最终目的都是要求学生能在充分的意义上来证明规则中阐述的这一关系。要求学生说出规则

---

① ② Gagné，R.，*The Conditions of Learning and Theory of Instruction*，pp. 126-127，1985.

本身的言语描述未尝不可，这便于以后谈论交流，但这种言语陈述不是规则学习的实质所在。

第五，注意在规则学习中使用强化的原理，当学生对规则作出充分的证明之后，教师应表扬、称赞。“在这类学习中，单纯的重复并不是一个重要的条件，有间隔的复习似对保持有明显的作用。”①

① Gagné，R.，*The Conditions of Learning and Theory of Instruction*，pp. 126-127，1985.

第三章
认知策略的学习

一、认知策略的界定与研究起源

在第一章论及的种种智慧技能是学生获得的能力中极有价值的一部分，这些技能构成了学校学习的基本内容，而且我们还将看到，这些技能将影响对问题的解决。但另一方面，我们还要看到，在个体学习和贮存智慧技能及其他能力的同时，他们还逐渐表现出种种能够改进自己对与学习同时发生的那些内部过程的自我调控方式，即他们还同时在学习怎样去学习，怎样去记忆，怎样对自己的思维作出反省和分析，以求达到更有效的学习。显然，在学生不断的学习中，他们的自学能力与日俱增，甚至到了一定的阶段，他们能够独立地学习。加涅称之为“因学生逐渐获得了调节自己内部过程的有效策略，这种控制内部认知过程的新功能，同早先讨论的那些智慧技能的功能完全不同”①，前者是“个体学会使用符号与环境发生作用”②，而后者是“对内组织的技能，它们的功能是调节和监控概念与规则的使用”③。正是鉴于这一意义，加涅有时又称“认知策略是‘使用个人才智’的方式”④。

认知策略这一术语，通常被认为最早见于 1956 年布鲁纳等人对人工概念的研究当中。在布鲁纳等人的实验中，给被试提供一组卡片（见图 3-1），卡片上所画的图形在形状、颜色、数目及边框的数目这四个维度上均有所不同。被试的任务是猜出主试心目中业已设定的某个概念（如两个黄色的矩形）。布鲁纳等人发现，在猜出主试设定的具体概念中，被试使用了两种主要的策略。第一种策

① ④ Gagné，R.，*The Conditions of Learning and Theory of Instruction*，p. 138，p. 139，1985.

② ③ Gagné，R.，Briggs，L.，Wager，W.，*Principles of Instructional Design*，p. 47，p. 139，1992.

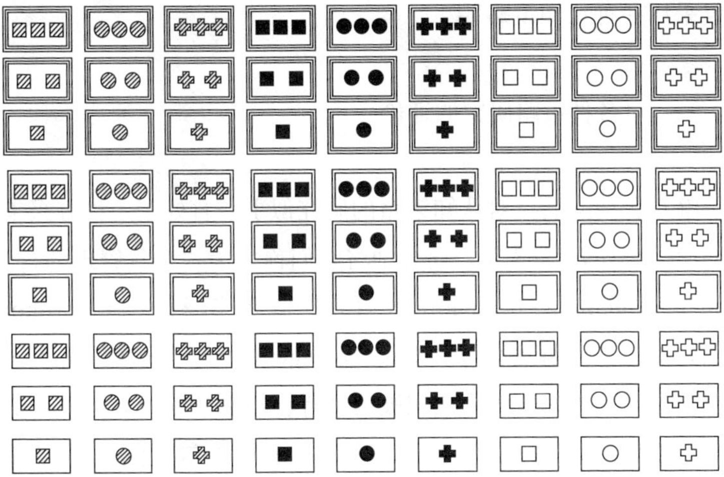

图 3-1　布鲁纳等研究人工概念所用的几何图形

（引自 Bruner，J. S.，et al.，1956）

略，他们称之为“聚焦”（focusing）策略，即被试将第一次猜到主试肯定的卡片的全部特征，设想这便是主试设定的概念正例（如第一次猜到边框数目为三且含两个黄色的矩阵时，主试告知“对”），然后将随后猜测的卡片与这一假设相比较，以发现其中哪些是应保留的共同特征，哪些是可以忽略的特征。第二种策略，他们称之为“扫描”（scanning）策略，即一次只选卡片上的一个特征（如颜色）作为所要寻找的概念，这样每当遇到主试的否定回答时，就须改变原先的假设而另选其他特征，而在遇到主试的肯定回答时，则必须记住卡片上的其他一些特征，以形成新的假设。布鲁纳的研究发现，在被试处于有限时间的条件下，聚焦策略显然比扫描策略更易获得成功。1985 年，当加涅尝试对前一段时间研究者们业已确定的一些认知策略加以归类时指出，这实际上是“在实验条件下研究概念学习中的编码策略问题……这一研究证明了这一观点，即在发现概念中，人会使用各种不同的策略，不同的人往往倾向使用自己喜欢的策略。研究还表明，在这些条件下，概念学习并非仅采用一种认知策略”①。

二、对各种策略研究的评价

继布鲁纳之后，对认知策略的研究似乎一直处于一种方兴未艾的局面。例如，1968 年，斯金纳将它们称之为“自我管理的行为”（self-management behaviors），1971 年罗斯科夫（Rothkopf, E. Z.）提出了“萌发学习”（mathemagenic learning）的概念，意指在学习活动中学生将采取积极的试背、超额学习，以及采用记忆术等手段来帮助学习的发生。1979 年，弗拉维尔（Flavell，J. H.）首次提出了“元认知”（metacognition）这一概念，意指人们对如何使用自己已有的认知策略，也存在着一种自我意识与自我控制问题。鉴于这一研究领域的蓬勃发展及已经取得的成果，1985 年，加涅在自己的《学习的条件与教学论》第四版中，新增了“认知策略”一章，对当时已为众多同行所确认的、与学生的整个认知过程的各个环节有关的各种认知策略作了归类描述，它们是注意策略、编码策略、提取策略、解决问题的策略（或称思维策略）。1992 年，在他的《教学设计的原理》第四版中，又增加了对“元认知”研究进展的介绍。当然，他的目标依然是企图在对这类特殊的、对学生的学习特别重要的认知技能的认识中，抽取出影响它们获得的内外部条件，以便为获得这类能力设计良好的教学条件。

注意策略　20 世纪 70 年代初，罗斯科夫、弗雷斯（Frase，L. T.）等人曾对用于注意或有选择性地察觉书面材料中的某些特定部分的认知策略进行实证探讨。实验材料从卡森（Carson，R.）

① Gagné，R.，*The Conditions of Learning and Theory of Instruction*，pp. 140-141，1985.

所著的《我们周围的大海》中选出 36 页，被试为高中生。实验方式为每三页内容之后设置两类提问，一组学生看到的提问是要对文中提及的数量或专有名称作出回答，另一组学生看到的问题问及常用词汇或技术性术语。读完材料之后，对所有学生在这两类提问上的信息保持进行测验。结果发现：早先回答过数量或专有名称问题的学生，在这些信息的保持上有所提高；早先回答过常用词汇或技术性术语问题的学生，则在这些信息的保持上有所提高。对此，加涅作了如下评论："这些插入提问的实验起到了激活注意一类特定事实的注意策略。这些研究似乎证明，学生能够利用现有的或先前已经习得的认知策略来控制自己对阅读材料的注意。也就是说，学生正在使用某种执行控制过程来引导自己的注意，并有选择地去察觉他们所读的内容。"① 7 年之后，当加涅再次回顾这方面的研究成果时，他同意温斯坦和梅耶（Weinstein，C. E. & Mayer，R. E.，1986）对策略的重新分类，即把学生调动和维持注意、控制焦虑，以及有效地安排时间的这些手段都归类为情感策略（affective strategies），并指出，在丹塞里奥（Dansereau，D. F.，1985）和麦库姆斯（McCombs，B. L.，1982）的研究中业已发现，让学生了解自己所采用的策略，并给他们提供练习这些策略的机会，可以教会这些策略。②

编码策略　继布鲁纳之后，早期对编码策略的研究仅局限于配对联想学习这类言语学习任务。例如，在罗沃（Rohwer，W. D.，1975）等人的研究中，给被试呈现一系列配对词（如：牛—球，石头—瓶子），鼓励其中一些被试在无任何帮助的情况下，采取将这

① Gagné，R.，*The Conditions of Learning and Theory of Instruction*，p. 139，1985.

② Gagné，R.，Briggs，L.，Wager，W.，*Principles of Instructional Design*，p. 67，1992.

些配对的词构成句子的精致技术，如“牛追逐跳动的球”或“石头打破了瓶子”，而对另一组仅只提供“要记住”的简单提示。研究结果显示，采纳这些明确提示的儿童与成人，在这类任务上的成绩均有很大的提高，同仅提示要记住的那些学生形成了鲜明的对照。对于此类学习任务采用的另一种编码策略是，对这些配对词形成某种视觉形象。① 这类实验也同样表明，各年龄段的儿童及成人的学习均有所提高，不过也同时发现，若学生使用自己设想的提示，那么其效果要远优于他人有意给他们提供的有关学习与记忆的帮助，而这种情况在高年级学生和成人身上尤为显著。

由于早期对编码策略的研究仅局限于配对联想这类任务，因此这类研究的教育意义充其量只适用于外语的词汇学习。例如，在阿特金森（Atkinson，R. C.，1975）和莱文（Levin，J. R.，1981）的实验中曾揭示，将某个外语单词的发音与某个英语单词的心理表象联系起来，可以形成与该词正确意义的一种“听觉联系”。但近来的研究则越来越多地涉及对书面文字材料的一些精致策略的探讨，成为人们研究课题的一些精致活动，包括释义（paraphrasing）、写出概要（summaring）、做笔记（note taking），以及对答案的质疑。在谈到这些策略的功能时，加涅指出：“我们知道，信息若不加以复述，那么它们很快就会从短时记忆中丧失。我们也知道，短时记忆的容量有限，大致能容纳七个分隔的单元。因此，采用形象和释义这类策略可能会起到复述的作用。写概要既起到有选择地去知觉的功能，又起到复述的功能。而采用组块（chunking）的策略，则由于将一些分隔的单元组成一些更一般的范畴，因而可以减

① 参见邵瑞珍主编：《学与教的心理学》，华东师范大学出版社 1990 年版，第108—109 页。

少在短时记忆中所要保持的单元数目。”①

近期对编码策略的研究更关注语义编码（semantic encoding），有时又称组织策略（organizing strategy），包括形成概念图（concept map）、使用分类（taxomomy）、运用类推（analogy）、形成规则或产生式、构成图式（schema）。对于这些研究，加涅曾作如此评论：“语义编码涉及信息从短时记忆进入长时记忆的过程，这一过程是通过将新的信息与先前已经获得的信息结构（或图式）建立联系，从而获得信息的意义。这种联系似可通过使用概念图来予以促进，因为概念图可以使学生了解所学材料的结构。概念图尤其在现有的结构较弱或不存在时最有帮助。另一方面，由于类比也是将新的信息与已有的结构联系起来，因此也能起到类似的作用。有助于编码的另一种形式是故事情节图式，它给要学的新信息提供了一种巧妙的前后关系。”②

提取策略 使人能够从自己的记忆中提取人名、日期及无关联的一些事件的策略早已为人所了解，我们常称之为记忆术。早在两千多年前，古希腊和古罗马的演说家就采用“地点事件法”，将自己熟悉的记忆结构（地点），如一熟悉房间的各个部分同欲记忆的项目（事件）结合起来，以作为提取自己演说一系列观点的线索。除“地点事件法”之外，将要记忆的项目组成有韵律的诗句，或利用谐音、首字母法也是一些流行的记忆术。总之，当采用记忆术时，人通常是将人脑中的各种观念连成一个“人为的整体”，使其中各部分能相互启发，以至能再现一个较生疏的观念，特别是一些在意义上互不相干的观念。

20 世纪 70 年代中期，萨拉特斯（Salatas，H.）和弗拉维尔曾

---

①② Gagné，R.，Briggs，L.，Wager，W.，*Principles of Instructional Design*，p. 68，pp. 68-69，1992.

对儿童和大学生的提取策略作过比较。学习材料为一组可以分类的词（如玩具、衣物、工具）。学完后要求每个学生在三种不同的条件下回忆这些词。一种条件是在不提及类目名称的情况下回忆（称自发回忆组），另一种条件则明确要求按类目来回忆（称明确指导组），还有一种条件要求从一类目中回忆一词，然后再从另一类目中回忆一词（称自由回忆组）。研究结果表明：幼儿不会自发地以类目作为提取的线索，尽管在要求他们这样做时，大多数人会这样回忆；许多大学生不会自发地使用分类策略，但在明确告知后都能作出如此回忆；自由控制策略为参加实验的一半幼儿所采纳，但大多数三年级学生和全体大学生都能采纳此种策略。实验者最后的结论是，分类策略似乎是许多学生作为提取词串所采用的策略，也许它们在很小的儿童身上已作为一种策略而习得了。

也许是遵从了布鲁纳的观点，即记忆的关键不在于提取而在于贮存，因此在 1992 年，当加涅再次论及认知策略这一主题时，没有单独列出“提取策略”这一标题，而仅只提及可以利用记忆术和表象来支持提取过程，因此提取的策略似已归并到编码的策略当中。

解决问题的策略　在学生练习解决新问题时，不仅可以学到适用于这些问题的规则，而且还可能学会处理解决问题的一般方法，也就是说他们有可能学会对自己的思维过程作出某种控制的一些方法。例如，学生可能学会怎样去发现与问题有关的特征，怎样将先前尝试的行动保持在头脑里，怎样对自己假设的可行性作出权衡。加涅将这种自我调控的能力称为“思维的认知策略”。

但是，研究人的解决问题的策略的那些研究工作者，面对着两大主要的困难。第一个主要的困难是，尽管我们对人在解决问题的过程中会对自己的内部思维过程实行某种控制这一点容易理解，但到目前为止，研究者们对于在解决问题过程中究竟是有许多特定的认知策略参与，还是只有一些少量的一般认知策略参与还有争议。

也就是说，研究者们还不能做到对问题情境予以充分控制，以了解学生会使用哪些策略。这同先前对智慧技能的确认工作似形成了一种明显的差别，因为在那里适用于语言和数学这些特殊领域里的问题解决的概念和规则，特别容易界定和确认。第二个主要的困难是，证明学完这些策略之后是否具有可推广性或可迁移性。也就是说，在解决问题的过程中，若学生学习了某种认知策略，我们总希望学生表现出能够向其他问题情境的迁移，但现在还不能充分证明这种学习能使后继的问题解决有所改进。

格林诺（Greeno，J. G.）对平面几何中的问题解决的研究工作，似支持用于解决问题的策略是一些特殊策略的观点。① 格林诺曾鉴别出一些可编入计算机程序同时也可以为学习几何课程的学生所使用的认知策略。其中一个典型的问题是求证几何图形中某个角的角度问题。格林诺采用的问题如图 3-2 所示，已知$\angle p=40^{\circ}$，现求$\angle q$ 的度数。在学生尝试解决这一问题时，已掌握了一些几何定理（规则），例如垂角相等，已知角和它的补角一起可构成一平角（180°）等等，但在何时以何种顺序使用这些规则，则需要使用认知策略。格林诺为计算机程序配置的策略，同时也是通过观察学生的作业得以证实的策略，如表 3-1 所示。

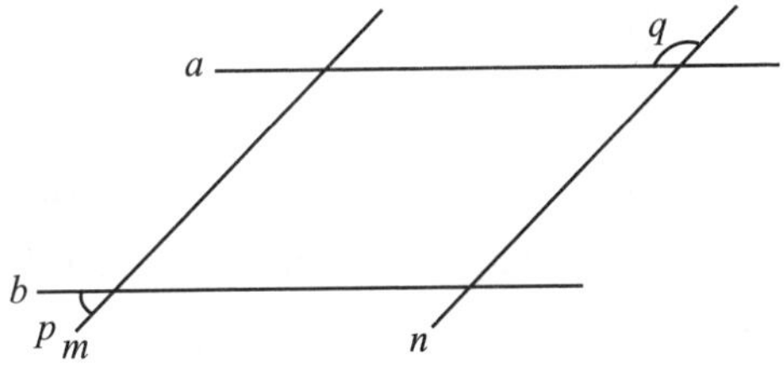

已知：$a // b$，$m // n$

$\angle p=40^{\circ}$

求证：$\angle q=?$

图 3-2　格林诺几何问题之一

① Greeno，J. G.，A Study of Problem Solving. In Glaser，R.（ed.），*Advance in Instructional Psychology*，Vol. 1，1978.

表 3-1　在格林诺几何问题中可使用的认知策略

1. 如现在的目标是求一个角的度数，如果通过某种数量关系可知道同这一未知角有关的另一角的度数，那么目标便可达到。否则，制订对这一未知角与某个可知其度数的角的数量关系作出推论的目标。 2. 如现在的目标是推论两个角的数量关系，如果已知这两个角的几何关系，或如果这两个角在数量上都与第三个角有关，那么目标可以达到。否则，制订推论这两个角的几何关系的目标。 3. 如现在的目标是推论两个角的几何关系，那么制订模式识别法以分析这些角的特征的目标。 4. 如现在的目标是推论两个角的数量关系，且已证明未知角与任一能够知其度数的角之间无几何关系，那么制订的目标是：找到一个在空间上介于这两个角之间且与其中某个角全等的角。在这一目标实现后，尝试把这一角与原目标中的未知角联系起来，以形成一系列的数量关系。

（引自 Greeno，J. G.，1978）

尽管策略 1 是一有用的策略，但在这里不能用，因为对于角 p 和角 q 的数量关系不能作出直接推论。于是问题解决者可能会试用策略 2，但发现仍不适合，也就是说，尽管可以发现已知角与某些角的几何关系，但它们均未能涉及角 q。随后使用策略 3，对角的特征加以分析，使用垂角相等及互补角这些规则，但这样做依然不能发现角 p 与角 q 的关系。最后使用策略 4，寻找角 p 与某个角在空间上的关系，以及这个角与角 q 的空间关系，通过形成一连串的数量关系之后，在角 p 与角 q 间建立起一种逻辑关系，从而使问题得以解决。加涅指出：“从这一对平面几何问题的研究中，可以得出以下三点：（1）除了影响问题解决的一些涉及定理性的规则之外，还要使用好些不同的策略而非仅使用一条策略；（2）能被容易鉴定出的认知策略是一些较为特殊的策略而非一般的策略，这些策略涉及边和角，因此应把它们称为‘任务策略’（task strategy）；

(3) 成功解决问题的学生能根据需要，以适当的次序选择和使用这些任务策略，这是否意味着还需要某种‘执行控制的策略’（executive strategy)?”①

但是，在威克尔格伦（Wickelgren，W. A.，1974）对成人解决文字陈述问题的研究中，则发现了以下这样一些一般的策略：(1) 从已知中能推论出其转换的观念；(2) 对行动的顺序能作出分门别类的安排而非随机选择；(3) 选择同问题的特定阶段相适宜的行动，以逐步逼近目标（即所谓的“登山”策略）；(4) 能鉴别证明目标不能从已知条件来获得的种种矛盾；(5) 将问题分解为各个部分；(6) 从目标陈述向后逐步倒退。同样，在怀特（White，R.）和威特洛克的研究（1982）中也发现了能适用许多问题类型的一般的策略。他们提出：第一种而且是最为重要的策略是寻找深层意义的策略，即在各种问题的情境中，问题的表面意义常会对人起误导作用，或至少不能使人有效地得出成功的解答，而使用原理的学生比拘泥于事实的学生更能获得成功；第二种一般的策略是兼容部分目标，即成功的问题解决者并不总是仅采用一个大的步骤，而是采取步步为营的“登山”方法；第三种一般的策略是探索方法的灵活性，即成功的问题解决者总是力图避免陷于一种思维模式，例如，在解决数学问题时，他们能够将问题的言语陈述转换成某种图解或使用某种类比；第四种业已鉴别出的一般的策略是综合部分的策略，即问题解决者能够对事物作出通盘的考虑。

当研究者对解决问题的策略究竟是一些特殊的任务策略，还是一些更为一般的策略争论不休时，在这一研究领域中出现的另一条研究路线是，探讨专家和新手在解决问题时，在他们的思维步骤及

---

① Gagné，R.，*The Conditions of Learning and Theory of Instruction*，p. 145，1985.

采用的策略方面究竟有何明显的差异。这类研究一般是给出某一物理或数学问题，让专家和新手去解答。实验中让被试“出声思维”，即要求他们大声说出自己的解题过程，而主试则从这种记录中来分析被试的思维步骤并对其中采取的策略作出分析。1978 年，西蒙等人选用以代数就可解决的物理运动学问题，来考察两类被试在这方面的差异。①

> 子弹离开枪口时的速度为 400 米/秒，枪管的长度为 0.5 米。假定弹丸作匀加速运动，那么它在枪管内的平均速度为多少？

在对出声思维的记录作出分析之后，西蒙等人得出的第一个明显的差别是，专家仅需 14 步就可解决问题，而新手用了 29 步依然得出错误的答案，并认为这个题目在某个地方有错。从分析中得到的另一类差别是，两类被试采用了一些不同的策略。有经验的学生往往将问题的文字叙述转化为某种形象（如作出图形或形成表象），然后再将这种表象转化为数学方程，但缺乏经验的学生往往是直接将问题的叙述转化为方程，而这时他们往往要花很长的时间，并且很难作出正确的选择。在拉金（Larkin，J. H.）等人 1980 年的类似研究中，进一步明确指出两类被试在与问题有关的知识结构上存在着明显的差别。②

从 20 世纪 60 年代后期至 80 年代中期，对专家和新手的比较研究除涉足上述物理学领域之外，还涉及其他一些更为广泛的领域，如国际象棋，以及建筑设计、电子设备维修、读 X 光片。虽然解决问题的情境各不相同，但得到的结果颇为一致。例如，德格

---

① Simon，D. P. & Simon，H. A.，Individual Differences in Solving Physics Problems. In Siegler，R. S.（ed.），*Children's Thinking*：*What Develops*？1978.

② 参见邵瑞珍主编：《学与教的心理学》，华东师范大学出版社 1990 年版，第 115 页。

鲁特（de Groot，A.，1966）在对一些国际象棋世界冠军及优秀职业棋手的一些棋局中的最佳步子所作的分析中惊奇地发现，在象棋大师和新手之间并无策略上的差异，当他们试图对每一步棋进行评价时，都能前瞻到同样的步数，而且使用了同样的策略来指导这种搜寻，但大师很快就认准了最佳的走步并给予优先考虑，对其余的走步考虑只是作为自己复核的一种方式。埃尔斯坦等（Elstein，A. S.，et al.，1978）发现，医学诊断专家和新手都使用了同样的提出假设与检验假设的一般启发式策略，但专家一开始就能提出更加确切的假设。在电子学方面，伊根等（Egan，D. E.，et al.，1979）发现，老练的维修人员在回忆电路图时，是按电路中的放大器、检波器、滤波器这些功能单元来重新构想的，而新手仅是按电子元件在空间上的接近对它们作出组合。艾金（Akin，O.，1980）让建筑设计师们凭记忆重新构想建筑物的设计时，他们提出了多水平的图案，首先是回忆起墙和门这些局部的图案，随后是房间及其他部位，最后是房间或各区域的组合。

20 世纪 80 年代后期，加涅与格拉泽在对早先这些研究成果作出回顾之后，不无感叹地指出："这些研究成果迫使我们从认知结构与加工能力的相互作用来考虑这些高水平的胜任能力。这些资料阐明了在某一特定的知识与技能领域中表现出能力高与低的个体间的关键差别，即技能熟练的个体能够很快接近已经组织得很好的概念知识与程序性知识的体系，并能对之有效地利用……这方面的研究成果表明，基本知识的结构与问题解决间的联系是以对问题的表征性质为中介的，问题解决者依据相关领域里的知识及这种知识的组织来建立对问题的表征，这种知识的组织性质决定了对问题内部表征的品质、完整性及内在的连贯性，并由此决定了随后思考的有效性。对问题的表征实际上既涉及对问题的解释或理解，又在很大的程度上涉及解决问题的难易程度。”①

对于人在解决问题时究竟是使用了某些一般的认知策略，还是使用了某些特殊领域里的认知策略，在经过对好些特殊的问题解决领域中的专家与新手的对照之后，似揭示了这样一种给人以启示的现象：早期对问题解决的信息加工研究，由于接受了先前实验心理学的研究传统，将自己的精力主要集中于研究解决那些无需大量知识的任务之上，对于这类任务的研究，确实揭示了人在缺乏各种特定的知识或技能的情境中，他们在表现出种种智慧行为时将会使用到那些一般的启发式思维策略，如手段—目的之分析，提出假设与检验假设，以及子目标的分解，但这类实验并未揭露当人在解决需要大量的特殊领域中的知识或技能时，他们的思维或决策行为将受何种因素的影响。但是，自 20 世纪 70 年代初之后，当越来越多的认知心理学家将自己的注意中心，转向研究人需要成百上千个小时的学习与体验，才能在那些特定的学习领域中表现出决策的行为时（这种转移，自然反映了认知心理学家更希望将自己的研究成果同人的学习和训练，尤其是同学校里的学习与教育结合起来），他们则发现，在这些特殊领域中的特定的决策行为，与该领域中的有组织的知识与技能有关。有关解决问题的一般策略与特殊策略之争似可偃旗息鼓，因为双方的研究结论并非出自于同一研究的起点之上。

尽管对有关解决问题的一般策略与特殊策略之争似可画上一个句号，但对特殊领域中的结构化知识何以会促进问题的解决似还需要进一步阐明。在前面我们引用的西蒙和拉金的实证资料已表明，对问题的最初表征是决定问题解决难易的一个极为重要的因素，专家用图示或表象来转换问题的表述，是运用这些领域中的知识来形

---

① Gagné，R. & Glaser，R.，Foundations in Learning Research. In Gagné，R.(ed.)，*Instructional Technology*：*Foundation*，pp. 68-69，1987.

成对问题的正确表征。由于新手未能形成对问题的这类表征，因而只能尝试—错误式地一个接一个地套用公式。因此，问题解决者在某一领域中的知识将决定着他对问题的表征，而一旦问题的性质明了，且被试（学生）也知道适用于问题解决的程序性知识，那么他必然会从记忆中提取出来加以使用。因此，问题解决者对问题形成的表征又将指导他对适当的解决问题的程序性知识的提取。

对于上述这一解释，我们可以用认知心理学家的图式观来作进一步详尽的阐述。在认知心理学家看来，图式代表了贮存在我们记忆中的一种可以修正的有关类概念的知识结构（详见本书下编），或者说图式代表了我们经常体验到的对一类客体、一类事件或一类事件的顺序所具有的特征的一种典型的看法。这种典型的看法可用来解释新的情境或新的观察，因为在许多场合中为作出解释所必需的信息可能并不齐全，因此图式理论设想，对于那些重复发生的情境的记忆结构的主要功能，将有助于人对新的情境作出解释或推论。

认知心理学家设想，图式这一心理结构含有好些体现一类客体或事件的特征变量或槽（slots），当代表某一类客体或事件的图式有足够多的槽为输入的信息填充之后，它便处于激活状态，而激活的图式还将指导着搜寻能够填充其余一些槽的信息。如果在环境中尚无更多的信息，那么图式便会根据熟悉情境的典型信息来填充这些槽。根据这一观点我们很容易来考虑问题的表征是怎样形成的，即人对问题的表征也是由人已有的图式及图式拥有的这些槽所决定的。如果某个问题非常熟悉，那么它便会激活一个适宜的问题图式，反之则可能会激活某种极为一般的图式。不管出现上述哪种情况，在认知心理学家看来，图式中的这些槽将控制着问题中的哪些特征将浮现在我们对它的表征中，与图式的某个槽不符的特征将被人忽略掉。一旦某个图式被激活，而这一图式又与正确的程序性知识相连，那么问题的解决将会容易和流畅地进行下去。如果激活的是某种一般的图式，且它仅同某种一般的处置程序相连，那么问题的解决就显得困难得多；如果没有找到适当的程序性知识，就不可能获得问题的解决；如果激活了不适宜的图式，那么问题的解决就不可能有任何进展。至此，关于以图式的形式组织起来的知识结构在解决问题过程中的重要性已相当明确。在认知心理学家看来，由图式提供的知识的组织和结构可以使人在记忆中找到相应的知识。尽管缺乏知识往往不能使问题得以解决，但因不适当的知识组织而使人不能提取到有关的知识，也是造成问题不能解决的一个重要原因。

当加涅和格拉泽在谈到解决问题的策略在这一方面的进展时，他们均持肯定态度，并指出："新手在解决问题时的困难可能要更多地归咎于他们的基础知识的性质，而不能更多地认为是因为他们加工的能力有限，如新手不会使用解决问题的一般的启发式方法或一些一般的策略。实际上，新手也会表现出有效地使用启发式方法，而他们的思维局限性在于不能从问题情境所提供的信息中推论出另外一些知识，而这种推论唯有在专家获得的那种知识结构的背景中才会必然产生。总之，对那些涉及特定领域大量知识的问题解决的研究已清楚地表明，同成功解决问题密不可分的一个方面，是能够提取一个很大的且已具有完全结构化的知识体系。由此得出对当前教学研究的一个重要的方向是，应探讨怎样使大量的知识得到有组织的表征，唯此才能使成功地解决问题所需的知识能容易地提取到。"①

当一些认知心理学家在调查人在解决特殊领域里的问题上所表

① Gagné，R. & Glaser，R.，Foundations in Learning Research. In Gagné，R.(ed.)，*Instructional Technology*：*Foundation*，p. 71，1987.

现出来的决策行为，更多地与他在该领域中的结构化知识相关的同时，另一些认知心理学家则在研究，在学习与执行任务时，人发展起来的从问题的类型引发出人的相应对策的这种所谓“心理模型”（mental models）的表征形式。在这些认知心理学家看来，人的心理模型并不一定是一些完全精确的理解，但它们却是对任务的各个方面或概念间的相互作用的一种有用的表征。例如，人对自己操纵的计算器、电脑、数码式手表这类装置或自己维护的设备的理解，是随着他们的技能水平或工作的需要而表现出各种不同程度的理解和把握。随着个体的学习和不断地执行某一任务，他们会表现出一种由自己的经验和应当做些什么来决定的有效且灵活的心理模型。约翰逊-莱尔德（Johnson-Laird，P. N.，1983）曾对此作如下描述：

> 您对电视机所建立的模型可能仅形成了这样一个思想，它是一个能播放图像并有伴音的匣子。此外，您也可能想到它有一个能向屏幕发射电子的阴极管，在屏幕上扫描的光束是不断变化的电磁场所控制的光栅，等等。您可能把电子设想为无非就是一种带负电的粒子，它的运行轨道受磁场影响。对您来说，不需要有什么更深入的理解，因为您能领会电视机工作的原理，但不必把每一件事都搞个水落石出。一个修理电视机的人比只会操纵它的人对电视机可能要有一种更深刻的模型，而电路设计师可能会有更加充实的模型。即使是设计师可能也未必对量子电动力学的所有细节都有理解，因为还没有一个人能对它们有完备的理解，仅此而已也就足够了。①

加涅和格拉泽在此基础上对这一术语作了进一步的注释：“我们可以把心理模型看作建立在图式基础之上的知识结构，不过它既

---

① Johnson-Laird，P. N.，*Mental Models：Toward a Cognitive Science of Language，Inference，and Consciousness*，p. 4，1983.

涉及对任务要求的了解，又涉及对从事这一任务的操作的了解。在建立某个特定问题的模型中，可能要提取好些图式。模型是一种可由师生建立和修正的结构。在学习过程中，以及获得熟练性的过程中，可以建立模型，使用模型，甚至可以改变模型。”①

在一些认知心理学家看来，使用心理模型是人能够作出推论的一个重要方面，而推论则产生明显的学习。他们设想，如果儿童缺乏流畅的抽象推理能力，那么通过培养儿童使用心理模型是否可促进他们表现出更流畅的作业呢？例如，法尔马根（Falmagne，R. J.，1980）就曾对儿童在假言命题推理（如果 p 为真，则 q 为真；若 q 为假，则 p 亦为假）上的能力进行研究。他用为儿童熟悉的、相对具体的推理来训练二至五年级的学生，如：如果是星期二，玛丽有体育课，现在没有体育课，因此不是星期二。由于学生熟悉这些信息，因此他们不仅能够回答这些问题，而且还能建立起解决这类问题的模型，以至最终能够达到理解抽象的逻辑论点，能够解决提出的抽象推理任务。

在另一些认知心理学家看来，人在一特定领域里的知识会影响他们在理解时所建立的心理模型类型。例如，沃斯等（Voss，J. F.，et al.，1980）曾考察了棒球知识多与寡的被试对一篇描述棒球比赛文章的处理能力和回忆能力。结果发现：知识多的被试回忆出来的信息与比赛本身相关，而对无关的信息几乎不作回忆；知识多的被试能将文中新的信息（如比分、球队、出局数）整合进自己已有的对这一领域的理解中，对无关的信息（如球员的服装颜色）不作处理；知识多的被试的回忆更全面、完整和有序，而知识少的被试仅回忆出一些孤立的命题，且回忆的次序也不与该项活动的典

---

① Gagné，R. & Glaser，R.，Foundations in Learning Research. In Gagné，R.(ed.)，*Instructional Technology*：*Foundation*，p. 72，1987.

型次序相关。

还有一些认知心理学家证明，人在某一特殊领域中建立起来的模型将影响他们的问题解决。例如，金特纳（Gentner，D. & Gentner，D. R.，1983）发现，将电流设想为流动的水，要比将电流设想为一群移动的物体更有助于正确地解决某类问题。但反过来，后一种心理模型更有利于解决其他问题类型。

对于心理模型能促进解决问题的决策行为，加涅和格拉泽曾作如此评价："总之，心理模型的研究支持了当前这一理论观点，即应把获得知识和技能的大部分学习过程放在介绍和发展有组织的知识上面。对于某个领域来说，一个人拥有的知识越多，就越能作出推论和建立心理模型，越能对新的信息作出精深的加工，从而促进学习。因此，获得和操练完备的知识结构，包括使知识易于提取，对于教学而言是一个至关重要的目标。"①

元认知 元认知又叫反审认知，或自我调节（self-regulation）的机制，通常指富有经验的人对学习任务的要求、学习材料的性质、自身的能力及完成这一任务所需执行的行动能够表现出诸多的关注。此外，这些人还能意识到上述这些因素的相互作用，并能根据这种认识以灵活的、有目的的方式控制自己的行为。加涅将这种能力称为处理问题、监控自身行为的一般性技能。"我们之所以称它们为元认知技能，是因为这种技能并不是在解决某个特定的问题或执行某一特定的程序时所涉及的一些具体操作或策略。相反，它们是指能够使个体对自身的操作作出有益的反省和考察的那一类认知。"②

如前所述，元认知这一术语最早见于弗拉维尔 1976 年的研究

---

①② Gagné，R. & Glaser，R.，Foundations in Learning Research. In Gagné，R.（ed.），*Instructional Technology*：*Foundation*，p. 74，p. 75，1987.

工作。弗拉维尔指出："元认知是指个体对自身的认知过程及其产物的了解……例如，假定我注意到，我在学习A时遇到了比学习B时更多的麻烦；假定我发现，在认定C是一事实前，我应当对它作出复检；假定我想到，在多重选择型的任务情境中，在决定哪一选择为最佳前，我最好应当对每一个选项作仔细的检查；假定我感到，我最好把D记录下来，因为我可能会把它忘掉……那么此时我便在从事元认知活动。除此以外，元认知还涉及为达到某个具体的目的或目标时，对上述这些过程的监控及随后的调节与组合。"①

综上所述，在成熟的学生身上表现出来的元认知能力，就是认知信息加工模型中提及的执行控制加工器所具有的特征。在学习过程中，或者在解决问题的过程中，代表着这种调控的操作包括：人对自己的处境已经知晓了哪些和尚未知晓的又有哪些的认识；对自己行动结果及其正确性的估计；事先规划及有效地配置自身认知资源与时间；对自己的解答结果或学习努力作出的检验与监视。正如布朗（Brown，A. L.）所说："这些形形色色的决策或许是有效的问题解决的关键，因为适时适地地使用适当的知识和程序以获取知识恰是智力的本质所在。"②

也许正是这种元认知观比20世纪早先流行的另一些能力观与智力观（如皮亚杰对思维运算水平的界定）更适合当前流行的信息加工理论，因而成了当前理论与经验研究中的一个普遍关注的主题。"在70年代之前，还未见到这一术语的使用，但到了80年代，

① Flavell，J. H.，Metacognitive Aspects of Problem Solving. In Resnik，L. B.（ed.），*The Nature of Intelligence*，p. 232，1976.

② Brown，A. L.，Knowing When，Where，and How to Remember：A Problem of Metacognition. In Glaser，R.（ed.），*Advances in Instructional Psychology*，Vol. 1，p. 82，1978.

元认知已成为教育资源信息中心（ERIC）中的主字码。”① “实际教育工作者转向元认知而偏离智力观与阶段论的正面理由是，在这些观点中，能力具有颇为凝固的特征，但在元认知观中则持有这种承诺：能够训练处于任何年龄的人以提高他们以后的学习质量，而人将变得更有能力。人们自然会发现，这种承诺是令人兴奋的，因为它提出了有可能进行的有益的教育改革。”②

自 20 世纪 70 年代后期至 80 年代中期，对元认知的研究基本上按先后两条路线展开。前一领先的路线是对各种元认知过程本身的理论与实验研究，这些实验所确认的好学生与后进生在元认知方面的差异，包括在对测验准备的认识上、在对课文组织的敏感性上、在对学习时间的分配上、在对口头和书面文字介绍中的自相矛盾或不适之处的觉察能力上的差异。在解决问题时，后进生常常表现出缺乏解题所需的知识，缺乏明显的自我调控技能；他们不能像好学生那样灵活地适应难题，只能在任务所需的条件全部满足后才会继续自己的解题过程。在对这些自我调控能力缺乏的程度作出考证之后，旨在通过训练进行补救这些缺失的研究自然也就成为后继引出的第二条研究路线。

20 世纪 80 年代初，提出传授明确的自我调控技能的课程计划一度成为当时追求的风尚，这些课程计划主要侧重传授启发法和一般的认知策略，能够用于推理、问题解决的一些规则，以及促进学习的记忆活动。课程中使用的内容基本上是一些抽象的难题，而回避典型教材中含有的那类复杂问题。这些课程更关注的是发展与熟练掌握复杂的知识、技能相分离的思维过程教学，它的诱人之处是试图训练在直觉上令人向往的一般性策略，而且也依照这些一般的

①② Husen，T. & Postlethwalte，T. N.，*The International Encyclopedia of Education：Research and Studies*，supplementary Vol. 1，pp. 503-508，1989.

过程来解释个体的差异。在这些人看来，因为后进生明显缺乏自我调控的能力，所以导致他们能力差。虽然这些课程计划报道了某些成功，不过在加涅看来，其中大部分成功尚需作进一步的评价。

1982年，布朗等人提出另一旨在改进阅读理解和监控技能的课程计划。这一计划便是所谓的“互惠教学法”（reciprocal teaching method），即让师生互换角色，让学生学习教师承担的调节教学的角色，在鼓励学生对教学的参与和控制中，教给他们怎样去作总括，对自己的理解提出质疑，澄清各种误解，预期今后可能会发生的事件，以及其余种种自我调控的技能。据说结果是成功的，传授的这些一般技能可保持一段时间，并推广至其他学业之中。

尽管在培训一般的元认知策略方面已有成功的报道，但加涅依然强调知识结构、具体的调控实践与一般的调节原理间的相互蕴含和相互作用的观点。“我们最好还是应当强调知识结构、心理模型和调控过程的相互作用。这要求我们从知识结构与调控过程的相互作用来考虑教学理论，而不应把获得具体的知识同在这一基础上获得的调节过程分割开来。……也许当个体在好些知识领域中均无调控认知活动的迹象时，传授一般策略的方法还是可取的，但仅训练一般方法并不能使新手成为专家。尽管后进生可以学习调控自己的行为并使自身有所改进，但这种改进很难达到熟练个体的最初水平，对此我们解释为熟练个体不仅具有精致的知识结构，而且还具有与此相关的、经过充分练习的一些具体的调控程式。”① 据此他提议：“要成为一名专家，需要某一领域里的大量知识和大量的练习，正如我们早已说过的，这意味着要促进知识的发展，使其形成一些有益的图式和心理模型，以便能有效地提取以指导行动。事实

① Gagné，R. & Glaser，R.，Foundations in Learning Research. In Gagné，R.（ed.），*Instructional Technology：Foundation*，p. 77，1987.

上，自我调控的技能的获得总是同学习特定领域里的知识密不可分的。随着个体在种种知识领域里的经验积累，他有可能对一些特定的调控做法作出概括，从而使这种特定的做法成为更具有广泛适用性的一般调控原理。”①

三、认知策略与教学对策

通过本章的介绍，读者就认知策略是对学习及思维活动中涉及的内部过程作出选择、予以指导的这样一种认知技能，应当说已有一定的了解。我们已经看到，这种技能所指向的对象使其同别的智慧技能区分开来，像概念或规则所指向的对象是句子、图形或数学方程这类环境中的客体和事件，但认知策略所指向的对象则是学习者本身的认知过程。显然，个体具有的认知策略对他的信息加工过程起着极其重要的作用，因为这些策略决定着他是否能轻而易举地学习，是否能很好地回忆和使用自己已经获得的技能，以及是否能进行流畅的思维活动。

在当今对教育目标的陈述中，除提及传授知识、培养技能之外，还将教会学生如何学习、如何思维放到了优先考虑的地位。但是，对于如何实现这一教育目标，且不论一般的人，甚至包括像加涅这样的专家也并非是一下子就表现出有非常清醒或深刻的认识的。1977 年，加涅在他的《学习的条件》第三版中就已列出“问题解决：认知策略”这一章，也就是说，在这一时期，他将问题解决与认知策略这两个密切相关的问题放在一起讨论，而并不像随后的第四版中分别单列章节予以讨论。在这一章里，他最终是以“一

---

① Gagné，R. & Glaser，R.，Foundations in Learning Research. In Gagné，R. (ed.)，*Instructional Technology*：*Foundation*，p. 77，1987.

些具有挑战性的问题”为题来结束全章的讨论的，这里我们不妨引用他的总结性发言，来看看他是如何体验到当时这些挑战，而他又是如何设想来应付这些挑战的：

> 已有一些证据表明，应用于思维和问题解决的一些认知策略能够学会，且学会之后它们将表现出向新的问题情境的迁移。当然，如果认知策略当真学会，应设想迁移的效果当发生。但与此同时，现在还很难说已有大量的研究为思维的认知策略，或如我们所期望的它们能表现出更为广泛的推广性提供了坚实的证据。尽管证明一些人解决问题比另一些人更加容易，这很容易做到，但要揭露一些刻意传授认知策略的尝试必然会导致这类学习及迁移的实质性进展，这显然并非易事。尽管几乎所有的人都赞同教育的目标当“教会学生思维”，但证明这一目标在经过刻意的尝试后能够成功地达到的证据，在现时实际上还相当匮乏。①

鉴于当时在如何鉴定解决问题的认知策略上、在习得的认知策略是否有广泛的可迁移上，以及策略教学到底是通过短期训练还是长期训练才可奏效等问题上所遇到的多种挑战，加涅不得不提出在策略的教学对策上需要采取的谨慎态度：

> 在教会学生“如何学习”及“如何思维”的这些目标上的热情，在考虑到它们的可行性之后须予以降温。为什么需要降温？因为我们必须意识到的第一个谨慎是，至今我们对认知策略及其获得还了解甚少，甚至还无把握。我们至今还不了解如何来鉴定它们，即对如何对它们作出可靠的观察和测量还知之不多。因此，一般来说，最好的行动计划是保证学生有充分独

① Gagné, R., *The Conditions of Learning*, p. 176, 1977.

立学习的机会，并经常鞭策他们去解决新的问题。①

在对情况尚不明了的情况下避免盲动，固然是一个不错的对策，但是让学生从自己更多的独自行动中去体验和把握这种能力，似乎又是一种无所作为的教学对策。紧接着上面的话题，加涅又继续谈了他的第二个谨慎，或者说是告诫吧：

> 对于读者来说，第二个告诫也将是很明白的，即除了认知策略之外，还有好多东西可以学，这也是事实。言语信息、智慧技能、态度以及动作技能对个体而言都是重要的，且其中许多能力对于个体在我们社会中的生存都是基本的。此外，这些其他的能力也参与学习新知识、新技能和解决新的问题，没有这些能力的存在，人的思维活动不可能进行。如果人没有占有大量的知识，以及在自己的工作记忆中不能提取这些技能，那么要“才华横溢”也是不可能的。因此，我们不可能仅将教育目标关注于改进认知策略这一目标上，教育课程的计划应强调在所有各类学习结果方面取得平衡。②

当教育能对认知策略的学习产生何种直接影响还不明了的情况下，退而以求在其他各方面的能力的提高来迂回前进，这不失是一个新思路，但其他能力在策略学习中将起何种作用当时并不明确，因此当时这种迂回的思路不免有些架空。

时隔八年之后，当加涅重新修订《学习的条件》时，他将认知策略单独列出一章予以讨论。同第三版相比，第四版在问题解决的策略中，增加了我们在前面提及的格林诺在几何证明这一特定的领域中所发现的学生使用的一些特定的策略，增加了西蒙等人于1978年对解决物理学问题的专家与新手的对比描述，以及拉金等人于1980年所进行的类似的对比研究。他承认，在这些特殊的领

---

①② Gagné，R.，*The Conditions of Learning*，p. 178，p. 179，1977.

域中，专家使用了新手尚未获得的策略，但对这种差异的根源当时尚未进一步深究，而对解决问题时人还将使用某些一般的认知策略的介绍，依然沿用第三版中提及的威克尔格伦等人的资料，但对人何时会使用这些一般的策略，以及一般的策略何以会形成也未作进一步的分析和探讨。

又隔了三年，当加涅在1988年修订的《教学设计的原理》第三版再次谈及认知策略时，他把这种能力的难以传授性归为如下两大因素：

> 我们首先应该认识到，不受教育影响的遗传因素可能在决定创造性思维中起着重要的作用，换言之，它们制约着人群中巨大的智能差异，这种差异是绝不可能为教育这种外部环境的影响所完全克服的。其次，认知策略所具有的对内组织的这种性质，也意味着外部的教学条件对策略的获得和改进只能起到间接的影响。也就是说，同其他各类智慧技能的学习一样，我们可以通过规划学习事件的顺序，来增强某些内部事件发生的可能性，转而再影响认知策略的学习。因此，有关认知策略的教学设计应当旨在为它创设“有利的学习条件”。总的来说，这些有利的条件就是给使用和发展认知策略提供机会。换言之，要“学会思维”，必须给学生提供思维的机会。①

为了给自己上述这种“多练出智慧”的观点提供证据，加涅援引了德里和墨菲（Derry，S. J. & Murphy，D. A.，1986）所描述的学习策略训练体制的研究成果。在这种体制中，首先直接教给学生阅读理解监控的策略、问题解决及控制情感的策略，随后将同样的策略在各种学习情境中经历长期的练习，并运用独到的提示以提

① Gagné，R.，Briggs，L. J.，Wager，W. W.，*Principles of Instructional Design*，p. 69，1992.

醒学生使用适当的策略。加涅认为："这种方法中融进了间隔且多变的思想，可以认为，这一思想对学习这些更高层级的认知策略是理想的。"①

20世纪80年代中期，在有关认知策略这一研究领域中实际上并存着三种思想模式。波尔森（Polson，P. G.，1985）等人曾指出，当时并存着三种互不相容的思想模式：模式一认为，解决问题的一般性策略可以直接教授，而且可以表现出向其他情境的推广；模式二认为，一般的解决问题策略可以教，但不是直接传授，相反，一般的解决问题的策略很可能是对一些具体的任务策略的概括而间接发展起来的；模式三认为，一般的解决问题的策略的直接教学只能有效地建立一些"弱的策略"，即尽管这些策略具有广泛的可推广性，但它们对解决问题的帮助甚微，也就是说，在模式三看来，一般策略可以教，但这些策略对解决问题并不完全管用。

对照上述三种思想模式，以及联系我们在前面提到加涅和格拉泽于1987年提倡的"知识结构与调控技能的相互作用"的观点，我们似可断言，加涅最终在策略教学对策上的观点更与模式二相吻合，即依托特殊领域中的知识结构来发展特殊的处置问题的决策行为，而在这一基础上逐渐概括出一些一般的对策行为。从1977年至1987年历时十年之久得出的这一领悟，也许代表了这一领域的突破口，如果事实果真如此，那么决策行为不再是悬浮于空中可望而不可即的目标，它也许当深深地扎根于人在学习过程中本身业已积累的良好的知识体系的这片沃土之中。

---

① Gagné，R.，Briggs，L. J.，Wager，W. W.，*Principles of Instructional Design*，p. 69，1992.

第四章
言语信息的学习

加涅所说的言语信息（verbal information）有时又称言语知识（verbal knowledge），而当代认知心理学家则称之为陈述性知识（declarative knowledge），实际上都旨在表明在人所获得的能力中一种最为熟悉的能力，即人用语言来表述信息的能力。我们从孩提时就通过各种非正规的教育途径（从父母等成人那里），通过各种媒介（无线电广播或电视）获得了大量的信息，例如各种客体的名称或称谓，各种各样的事实，入学之后则更是系统地学习大量的有组织的思想或观念体系。加涅曾一再提请人们注意，这种能力在行为上的表现是，人能够以命题的形式说出或阐述某一事实或某一观念。“当学生能告诉我们某项信息时，当他能以含有主词和谓词的命题形式向我们谈论某项信息时，我们便知道他已获得并贮存了这一信息。当学生只是背诵这些词语时，我们不能说他已获得了言语信息，而只能说他仅获得了言语连接（连锁）。”① 当代认知心理学家用“陈述性”来修饰这类知识，也是旨在强调与这种学得的能力相匹配的在操作或作业上的标准。

学习言语信息的价值似乎经常为人们所看轻，或许是这类学习无须通过特定的教学手段就可大量地获得，或许是学会说出某一客体的称谓和了解某一事实的意义相当容易，而更可能是一部分人倾向于用背诵来对付这类学习事件，而背诵文字的连接显然与当今强

---

① Gagné，R.，*The Conditions of Learning and Theory of Instruction*，p. 154，1985.

调要培养学生的创造性思维这一高层次的目标相去甚远。不过在加涅看来，当我们考虑到这类人类能力的积极作用后，也许会加固我们给予信息或知识以优先考虑的地位。在加涅看来，有些信息将为人们终身使用，几乎所有的人都需要知道文字、数字、一般客体的名称、自身及周围环境中的大量事实，唯此才能进行交流。随着人的成长和选择的专门职业，可能还要继续学习许多另外的信息。例如，学木工的人要了解用于建筑的各种木材及工具的名称和有关的事实，想当植物学家的人必须学习许多植物的名称以及有关植物的其他信息。言语信息的第二个作用在于它们构成了使用各种特定的智慧技能（概念、规则）的“内容”，并同学习这些能力密不可分。例如，学习某一原理的学生必然要使用许多涉及这一原理的特定情境的言语信息。同样，像认知策略和态度这类能力也需要在特定的信息内容中让学生有所表现。因此，除非在极低级的学习水平，一般来说，学习总是依赖一定的言语信息背景并在这一背景中发生的。当然，在必要时，人可以从某些信息源中去寻找这些所需的信息，但完全依赖这种方式对学习并不十分有利，在头脑中装着许多信息是其他学习的必要前提。言语信息最为重要的作用，在加涅看来，在于它是思维的载体。我们不应忽略这一事实，我们所敬佩的思想家恰恰是一些贮存了大量知识的人。思想的联系功能、深思熟虑必须以人的记忆中贮存的大量有组织的言语信息为基础。

一、各种言语信息的学习

根据言语信息本身所具有的不同复杂程度，加涅区分出如下三类不同的言语信息形式，它们是：（1）名称或称谓；（2）单个命题或事实；（3）在意义上组织起来的命题组合。

名称或称谓的学习 在加涅看来，学习某一称谓，实际上意味着获得对某一客体或对某一类客体作出始终一致的称其为何名的言语能力。前一种学习通过短的言语连锁（short verbal chain）得以产生，后一种学习发生在获得概念的同时。例如，像学习称呼某一客体为“四面体”的活动，至少包含由两个环节组成的一个言语连锁。第一个环节为观察反应，即个体对这一客体作出观察其特征的反应，第二个环节是个体对通过观察后获得的这一客体的内在表征说出“四面体”这一称谓的反应。这种简单的命名可以用下面这一图解来表示：

$$S_{客体} \rightarrow R_{观察} \sim s_{四面体} \rightarrow R_{“四面体”}$$

图中的 s 表示通过观察获得的这一客体的内部表征。尽管加涅对代表一类客体的称谓，即概念词的学习并未展开，但根据奥苏伯尔的观点，我们可以说，当儿童在成人的帮助下，对四面体的各种变式都称其为“四面体”，而对其反例都不作出此种反应时，儿童已获得了这一类客体的关键特征的内部表征，此时所说的词指代一类事物的表象，因而成了概念的称谓。尽管指代单一客体的称谓可以在概念获得之前就已习得，但指代一类客体的概念称谓的学习则必然发生在概念获得的同时。这种咬文嚼字式的分析在常人看来似乎多余，但却隐含着心理学家的这一思想：人们不能单凭儿童能够说出某一词来判断他已掌握了某一概念，能够说出或陈述某一词仅代表了一种言语信息的能力。由于词既可指代单一对象，也可指代一类对象，因而对后一种能力的鉴别是看儿童能否对属于这一类的正例和不属于这一类的反例作出分类，而不仅仅是说出某一词而已。

在加涅看来，如果一次仅学习用一个称谓来指代某一特定的客体，似乎并不是个困难的学习任务，但是，如果一次要同时学习许多称谓，那么学习的难度便会陡然剧增。这种情形就像一个人在一次陌生人的聚会上，要一下子说出所有人的姓名并非易事。

外语词汇学习中的词义匹配，即对呈现的外语单词能够说出它在母语中的对应含义，也是一种言语称谓学习。在心理学实验室中采用的配对联想学习，即在呈现前一个无意义音节后能够说出与之匹配的第二个无意义音节，就建立前后项约定的关系而言也是一种特殊的称谓学习，或者说是一种研究称谓学习的实验原型。早先的研究曾认为，要学习的无意义音节配对对个体来说都是无意义的和不熟悉的，但后来的一些研究则表明，这种学习明显地受早先或随后所学的配对联想与当前所学的配对联想，在前项（刺激项）与后项（反应项）之间的相似程度或干扰程度的影响。[①] 例如，早先学习对 A 刺激作出 a 反应，后继学习对 B 刺激作出 b 反应，对 C 刺激作出 c 反应，如此等等。如果其中 A 刺激与 B 刺激完全相同，a 反应与 b 反应也完全相同，那么这种重复一遍的学习效果等于复习。如果 A 刺激与 B 刺激很相似，但 a 反应与 b 反应却完全不同，那么人在学完这两组配对后若再次遇到 A（或 B）时会产生这样的困惑：现在究竟应对它作出是 a（或 b）反应还是 b（或 a）反应？

在时间上紧挨着获得的一系列称谓间可能会出现各种不同程度的干扰，鉴于这一点是抵制快速学习的因素，人们自然会提出如何克服的问题。根据信息加工过程的模型，加涅指出：“按照这一模

---

① 参见邵瑞珍等主编：《教育心理学》，上海教育出版社 1988 年版，第 249—251 页。

型的说法，学习某一称谓要将短时记忆中贮存的这个词的记忆（可能是对一个词所作的声音编码），转换为它在长时记忆中应具有的形式。这一转换过程涉及要改变早先的编码形式，最有可能是作出语义上的编码。当一称谓在短时记忆中所具有的这种暂时形式，在长时记忆中被编码为另一种形式后，那么在学生希望回忆它时就能容易地获得它。”①

那么，对于要学习的称谓应当怎样作出编码，以便使它们保持在人的长时记忆之中呢？根据当今对这类记忆所提出的种种理论，加涅列举了好些具体的方法：第一，我们应当将称谓看作具有某些独特的刺激特征的词来贮存；第二，更为重要的是，对称谓作出编码，根据鲍尔（1975）的观点，意味着在称谓和与称谓有关的其他一些词之间建立许多联系；第三，根据佩维奥（Paivio，A.，1971）的观点，可以利用表象对称谓作出编码。在加涅看来，所有这些做法实际上都是赋予称谓以一定的意义，或者说来贮存称谓的“意义”。

在学习外语单词的词义时采用“关键词法”，可以说是试图建立上述这种意义编码的一个适例。在一些同属拼音文字的语言中，人们在学习某些外语单词时，常常通过某个中介词来建立外语生词与母语单词意义间的联系。例如，学习法语单词 donner（与英语单词 give 同义），选择的母语中介词为 donate（赠送），这里的编码形式为 donner→donate→give。可以看到，所选的中介词既与外语单词具有某些相似性，又同对应的母语单词已经建立了某种联系。在我国小学汉语拼音字母的教学中，利用表象来建立字母的音和形之间的联系，也是这种意义编码的一个很好的例子。②

---

① Gagné，R.，*The Conditions of Learning and Theory of Instruction*，p. 158，1985.

② 参见邵瑞珍主编：《学与教的心理学》，华东师范大学出版社 1990 年版，第 110 页。

事实的学习 学习客体、事件及概念的称谓是获得它们叫什么的一种认识活动，获得这种言语称谓或信息显然有助于人们的交往和思考，因为每当人说出某一称谓时，既让自己想起也引发了别人的与此相应的意识内容。不过在加涅看来，在人获得和贮存的言语信息中，常见的形式是事实。“我们总是很容易地获得了许多事实。例如，我们知道一个星期有七天，氯气是一种有毒的气体，卡尔文·柯兰芝拒绝竞选下一轮总统，等等。在我们获得的大量事实中，有些事实相当具体明确，如‘自由女神像手握火炬’，而另一些事实则是抽象的，如‘需要是发明之母’。”① 在其他书中，加涅又指出：“有些事实因不同其他事实或信息体系发生直接的关系，因而是一些孤立的事实，而另一些事实则是通过不同的方式相互之间发生联系，因而是一系列相互关联的信息中的一个部分。例如，一个学生可能学习了许多有关墨西哥的事实，但所有的这些事实实际上是相互联系的，有些事实与墨西哥的文化有关，另一些事实和墨西哥的地理和文化有关，而所有这些事实又同涉及别国的文化、经济、地理这样一种更大的信息体系有关。”②

无论是学习孤立的事实还是学习可以同更大的信息体系发生联系的事实，在加涅看来，事实的学习对个体来说有两个明显的理由。第一，各种事实对个体的日常生活来说是必要的，学习事实的第二个更为重要和明显的理由是，它们将被用于今后的学习。例如，要计算圆的周长，学生必须知道 π 的值；要完成化学方程式的配方，学生必须知道某些元素的化学价。

在谈及事实的学习如何发生时，加涅推崇奥苏伯尔的有意义言

---

① Gagné，R.，*The Conditions of Learning and Theory of Instruction*，p. 161，1985.

② Gagné，R.，Briggs，L.，Wager，W.，*Principles of Instructional Design*，p. 82，1992.

语学习论，认为这一理论是解释学习与保持有意义的事实的一个杰出的理论。凡是读过我们在20世纪80年代撰写的有关教育心理学教本的读者，可能对这一理论并不陌生，即奥苏伯尔强调新学的观念是通过纳入学生已有的认知结构之后才获得其意义的，这种新旧观念的相互作用可以表现为多种形式，包括派生、相关类属学习，总括学习及并列结合的学习。加涅在谈到上述这些相互作用的形式时，也列举了其中两种形式。他说，当学生要获得有关佛教原理的一些新观念时，这些新观念将被结合到学生已有的有关基督教的认知结构中，或被组织到比较宗教这种更加一般的认知结构中（视学生原有的知识结构而定）。前一种情况可看作相关类属，因为在这种情况下，有关佛教的原理是对原先获得的基督教原理的扩充或修饰，而后一种情况则是派生类属，因为有关佛教的原理是比较宗教这一更为一般的观念的一个具体例证。

在这里我想就奥苏伯尔的理论的适应范畴作一评价。在介绍奥氏的同化理论时，我们曾经认为可以用这一理论来解释概念或规则的获得。但是，在同加涅这里的观点作一比较后，我发现可能要对原先所持的这一观点作出一些修正。前已提及，加涅所说的事实既包括在我们周围的环境中曾发现或存在的一些具体的实际情况，又意指人们从无数的实情中所总结出来的某些经验概括，或是对某种规律的描述，或是对某种概念的描述（加涅称之为抽象的事实）。过去我们认为，理解这些用言语描述的事实的意义，也就掌握了概念或掌握了规则。但按照加涅的观点，理解这些信息的意义是一回事，能够按照这种理解办事则是另一回事。前者用奥苏伯尔的理论来解释，后者则遵循智慧技能获得的另一些条件，如需要提供对概念正反例证的鉴别，以及对规则或原理所属的具体实情的证明这样一些练习才能获得。因此，加涅将奥氏的理论仅限于解释事实的学习，还是有一定的道理的。

加涅在解释事实的学习与保持时所推崇的另一个理论是信息加工理论。现代信息加工理论认为，代表事实的信息以命题的形式贮存在记忆之中，代表一个事实的命题同代表另一个事实的命题可以通过它们共享的观念建立起相互间的联系，由此构成一定的命题网络。这种思想导致了这样一种理论观点：事实在记忆中的表征含有它们之间相互连接的通道。这一构想已为有关的实验资料所证实：我们要求学生再认某一特定的事实时，如果接近这一事实的通道越长，那么学生的反应时便会越长；我们要求学生回忆某一事实时，如果和这一事实建立的联络通道越多，那么提取这一事实的可能性也就会越强。

无论是以奥苏伯尔的理论来解释新事实的意义的获得，还是以信息加工的理论来解释新事实在记忆中的贮存，从中我们都可以看到加涅对组织在事实学习和保持中所起到的重要作用的关注。在谈到组织本身时，加涅特别介绍了鲍尔提出的三种组织形式，它们是：（1）生成规则（generative rule）；（2）主题词系统（peg-word system）；（3）分层提取计划（hierarchical retrieval plan）。

所谓生成规则是试图采用某一规则来组织要把握或记忆的事实，在日后回忆时只需凭借这一规则来指导提取。例如，对于149162536496481这么长的一串数字，若形成它们是一系列连续整数的平方这一规则来组织，那么日后的提取就显得相当容易。所谓主题词系统，则是早为古罗马时期的雄辩家们所采用的一种记忆术。这些演说家为了有条不紊地表述自己的观点，常常把需要演说的一系列观点同演讲厅内不同的位置联系起来。这种将熟悉的记忆结构同要记忆的事实结合起来，并按照熟悉结构的顺序来回忆一些本身可能并无关联的事实，实际上是在再造一种人为的有意义的整体系统，以便在提取时使各部分能够相互提示和启发。关于鲍尔所谓的分层提取计划，在加涅看来实际上类似于奥苏伯尔所提到的那些本身具有内在逻辑的事实认知，可以按逐渐分化的原则来组成一个知识的金字塔（见图 4-1）。当事实信息按照这种结构作出排列时，搜寻工作也就相当有效。

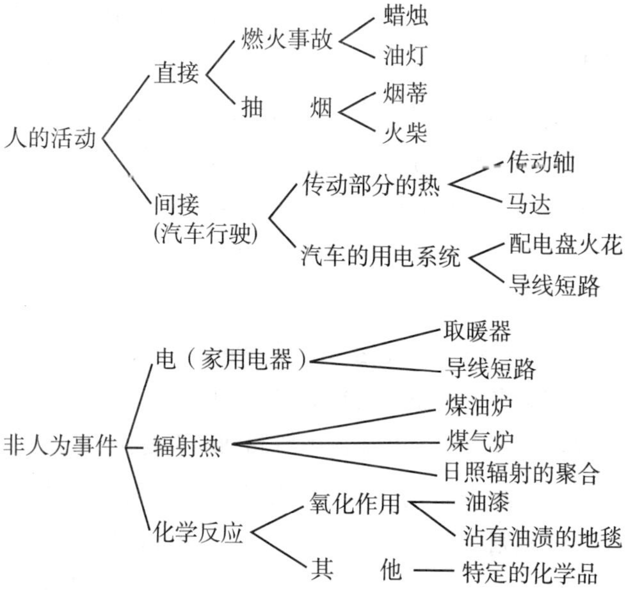

图 4-1　对可能引起汽车间失火的原因有层次的排列

（引自 Gagné，R.，1985）

组织可以促进对事实的贮存和提取，但并非每个学生都能自觉或有意识地从事这种编码工作。因此在加涅看来，促进组织编码的另一方面，来自向学生呈现个别事实时要考虑到它们的背景。一般来说，无论在书面还是口头的阐述中，向学生呈现要学习的新事实本身应能启示某种组织原则。在一些书面表述中，我们经常可以看到一些作者采用主题句来组织语段，以突出在每个语段中所介绍的事实各不相同。促进组织的另一种手段是采用列表的方式。在加涅看来，表格的标题好比文章的主题句，表中行与列的分标题则给其列出的个别事实提供了某种生成规则，表格的格式甚至可以认为给自己列出的内容提供了某种空间位置的标志，而表格本身的组织也可能是一种分层的组织，它揭示了其中各项内容之间的上下位关系。鉴于这些理由，加涅认为，对事实信息作列表式的介绍，可以提供一系列有助于贮存和提取信息的组织因素。此外，加涅认为，运用图形或图解也可以为介绍事实提供一种视觉组织的手段，图解可以充当事实的视觉表象而被提取，因而为事实的提取提供了另一种有利的条件。图 4-2 是运用图像给科学原理提供的一种组织。

假定你对着冰冷的玻璃表面，如冰冷的玻璃窗或冰冷的茶杯吹出一口气，在玻璃上便会形成水珠。你吹出的气体是温湿的气体，在遇到冰冷的玻璃时不能保持自己的水分，结果水分会形成水珠滴下。

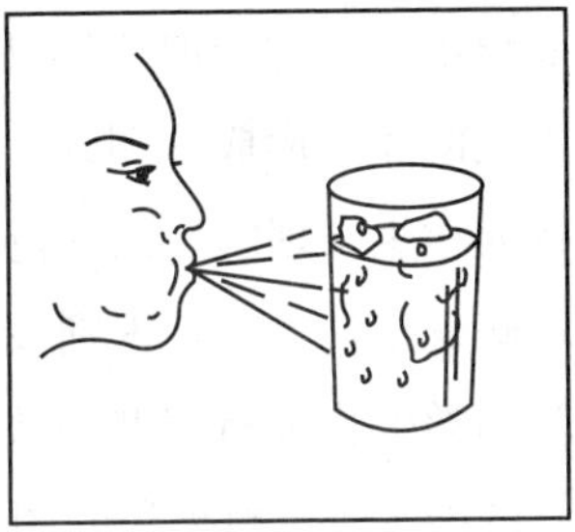

图 4-2　用图来帮助组织某一科学原理的描述（引自 Gagné，R.，1985）

20 世纪 70 年代，罗斯科夫和弗雷斯曾对课文的段落中插入一些提问，以影响对事实的组织进行过广泛的研究。他们的研究发现，学生在对插入提问进行过回答的信息项上的回忆成绩远优于未作回答的成绩。这方面的研究还进一步发现，插入提问的影响一般发生在紧接介绍的段落之后，而不是发生在将提问设置在段落之前。据此，加涅指出，插入提问对学习事实的组织影响也许是多方面的。

学习有组织的言语信息　在校学生不仅要学习客体和事件的名称、个别的事实，而且还要学习像历史、艺术、科学及文学这种种范畴中由个别事实组织起来的更大的知识体系。在这种情况下，“人们通常并不是期望学生仅学习和记住教材章节中的具体事实，而是期望学生能够学习和记住其中的主题或主要观念，以及能够以足够的事实来阐明这些主题或主要观念”①。对于这种学习结果的作业标准，大多数研究者似乎都持相同的见解，如有人认为，学习和保持语段或更长篇幅的要义似应保存其意义，而并不一定要保存构成其方方面面的枝节事实；有人认为，对更为一般观念的记忆似应优于那些更为具体的事实的记忆；还有人认为，学生往往可以根据同代表课文或段落的要旨明显一致的一般图式来重新建构这些细节。

加涅指出，对于理解和记住这类言语知识起着最为明显影响的是学生先前业已形成的图式。他对图式这一概念作如此描述：“图式是构成学生‘理解’某一范畴的一系列观念及其关系的组合。这里的理解是指学生能够识别该图式的一些具体例证。因此，具备足够经验的学生将拥有好些图式，如‘去餐馆用餐’的图式，‘棒球比赛’的图式，‘购车’的图式，以及有关人的活动的其他图式。图式代表了人在长时记忆中对知识组织的一种方式。”②有关图式这一概念，在“认知研究的进展赋予教学的新意”这一部分中，将作更详细的介绍，这里为了便于阅读，对加涅的这一说法略作说明。

所谓范畴这一术语的含义，总和属或类发生关系。人总是倾向将一类具有相同或相似特征的客体、事件或活动的顺序划归为某一范畴。这种划归当然需要加涅所说的“具有足够的经验”为基础。多次的重复经验造成了人对某一范畴的一系列特征的固定看法（图式有时被译为“格局”“定格”，便含有这层意思），如这类事物典型的外部特征，它们的典型构成成分、它们的功能，以及这一范畴本身又属于哪一更为一般范畴的亚范畴。所有这些便是加涅所说的“形成理解某一范畴的一系列观念及其关系的组合”，或者说“代表

① ② Gagné，R.，*The Conditions of Learning and Theory of Instruction*，p. 166，pp. 167-168，1985.

了人在长时记忆中对知识组织的一种方式”，而检验这种理解的客观标准是“能够识别范畴的实例”。

鉴于图式是在重复经验的基础上形成的涉及一类客体、事件及活动的典型特征的一种观念组合或认知框架，因此每当我们给学生呈现属于特定范畴的详尽信息时，可以设想，他们往往会将传递来的信息纳入已有的相应的图式框架之中，并按照这一已有的框架来组织接受到的信息细节。加涅曾引用施皮利奇等（Spilich，G. J.，et al.，1979）对“棒球图式”的研究，来说明图式对学习、理解及保持新的言语信息的影响。在施皮利奇的实验中选取了两组大学生，一组对棒球有更多的了解，另一组了解甚少。给每一组学生听描述半局棒球比赛的录音带，随后要求他们以书面的形式写下尽可能多的回忆。结果表明，经验丰富的这组学生对比赛中出现的事件的回忆明显多于经验少的这一组，而更为明显的差异表现在棒球比赛“得分结构”这一方面。经验丰富的这组对于使比赛产生重大变化的活动，如记分、投手与跑垒手的活动、出局的次数、击球手的平均得分作了更多的回忆。尽管两组学生都能回忆出比赛的主要方面，如谁赢了，打出的好球与坏球的次数，但是在回忆信息的数量和质量方面却存在着明显的差异。对此，加涅认为：“这种差异当归结于两组学生在面对这一学习情境时所具有的图式性质。我们可以设想，经验丰富的这组学生具有的棒球图式含有更多的有关这一运动的特征，经验少的那组学生则明显地少，于是对各自的学习和回忆产生了不同的影响。这个研究告诉我们，学习新的言语信息将受到我们先前获得的知识所组成的图式的强烈影响。”①

先前通过重复的经验而积淀下来的对某一范畴的定了型的看

---

① Gagné，R.，*The Conditions of Learning and Theory of Instruction*，p. 168，1985.

法，会影响人随后接受有关的新信息，这好比我国俗话所说的“外行看热闹，内行看门道”。但是，人在接受涉及某一主题的信息时，可能并不预先就备有这样一种一般的观念，或者面对大量的信息细节时不会自发地从事组织，因此从教学干预的角度出发，加涅提出了可以在阅读之前、阅读之中、阅读之后分别提供一些有益于组织的措施，以及对阅读内容本身的考虑。在他看来，在阅读之前，先前获得的与新的学习有关的那部分知识，应当予以激活和易于提取。这一工作可以通过奥苏伯尔所说的提供简短的“先行组织者”来实现，也可以通过提供主题句或提出新知识所属的更为一般的范畴来实现。另外，对学习的内容事先提出一些质疑，或告诉学生他们的学习目标，也能起到类似的作用。在阅读期间，对保持产生影响的内容特征是：（1）在整个阅读材料中那些相对重要的信息；（2）材料本身能够激起学生想象的程度；（3）在阅读的段落中插入的提问；（4）对某些特定的观念反复阅读的量。最后，在初步学习后，对保持发挥影响的因素主要同复习有关。在此期间，通常要求学生用自己的语言来回答有关主题及其从属观念的提问，而有间隔的复习对保持的影响优于连续的复习。

二、影响言语信息学习的内外条件

在加涅看来，将言语信息划分为名称或称谓、事实、连贯的叙述，即有组织的这样一些形式，多少有点人为的特征，因为对所有这些不同形式的学习，我们似乎都可以用某些一般的学习原理来解释，我们可以将这些普遍适用的原理看作这类学习的适宜条件。同对待其他各类学习结果一样，他把其中一部分条件作为学生的内部条件，而将另一些看作是需要通过教学来提供的外部条件。

内部条件 加涅提出的有利于学习和保持言语信息的第一个内

部条件是，先前已经获得的、以某种方式联结起来的信息必须在学生的记忆中存在。关于这一点，我们无论是在事实的学习中，还是在有组织的知识体系的学习中都已明确地提到，甚至是像学习客体的名称或称谓这种非常人为的、约定俗成的符号时，加涅也认为通过使用像关键词法这类记忆术，将新学的称谓同已有的知识建立某种有意义的联系。“以某种方式联结起来”的这种不确定的说法同时也表明，目前对信息如何在长时记忆中储存存在多种看法。例如，奥苏伯尔将这种先前获得的、有组织的观念称为“认知结构”，当新的信息纳入这一结构时，人不仅获得了新信息的意义，同时也使原先的认知结构产生了一定的量变和质变；在信息加工理论者看来，单个信息单元以命题的形式在人的头脑中得以表征，而分享同一个观念的命题将建成命题网络，当构成新信息的言语命题同已有的命题网络建立联系时，人不仅理解了新命题的意义，同时也使原先的网络变成更大的网络结构。不管上述这些说法甚至包括图式论对人的长时记忆组织采取何种解释，但在这一点上是相同的，即当单个的事实、有组织的信息，甚至本身无意义的言语称谓同人已有的知识组织建立了越多的联系，那么它们被提取的可能性也就越大。

新的信息以命题或以其他有组织的形式贮存在长时记忆之中的说法，从另一方面也意味着对新的信息必须作出编码。因而加涅提出的影响言语信息学习的第二个内部条件是，学生必须具有某些将知觉到的信息转化为某种“有组织的网络”的信息加工（或编码）的方法或策略。在这一方面，奥苏伯尔提出的“渐进分化”与“综合贯通”这两条组织知识的原则，鲍尔提出的“生成规则”，以及科林斯和奎林恩（Quilian，M. R.，1972）提出的形成表象来贮存概念或它们之间的关系，都是一些有效的策略或手段。在加涅看来，编码的效果一方面在于编码的结构（如表格、表象或其他形式）必然会给人提供一些独特的线索，而另一方面编码意味着在新旧知识之间建立多种联系的深加工，这种深加工的效果也使人的提取变得更为容易。

外部条件　加涅为各类学习结果描述的种种外部条件是指支持各类学习的内部过程的环境事件，因此支持言语信息学习的关键事件显然涉及激发和维持信息的编码、贮存及提取的那些事件。如前所述，由于信息（无论是名称或称谓、单个的事实，还是组织起来的长篇累牍的陈述）都须通过学生已有的知识才得以理解，或与已有的知识妥善组织才便于日后的提取，因而加涅提出支持这类能力的获得与保持的第一个外部条件是，向学生提供一种有意义的背景，并通过这种背景使新旧知识建立起联系。例如，在学习称谓时，通过提供关键词，建议形成新称谓的表象，或将要学习的称谓放到句子或命题中去记忆，实际上都是为了让无意义的刺激（要学习的称谓）与学生已有的信息建立意义上的联系提供背景。在学习事实或由众多事实组织起来的知识体系时，通过提供主题句、插入式提问、先行组织者，或激活相应的图式，实际上是在为要新学的事实或一系列事实提供一种更为宽泛的主题背景，它们能使学生按照这种提供的上位观念来组织和把握所呈现的方方面面的事实，或以一定的主线来贯穿所学的事实。这样，通过这些手段，不仅可以增加对新信息主题的记忆，而且增加了对事实细节的记忆。

前面我们曾一再强调，建立新旧信息的相互联系可以因提供更多的提取通路（线索）而增强对新信息的保持，但是在学习那些相似且容易引起混淆的信息时，如果没有对它们作出充分的区别和分化，那么在回忆时反而会出现记忆的竞争和干扰。据此，加涅认为，在学习时还须提供一些外部线索，以减少有可能混淆的信息中所存在的干扰可能性。在他看来，提示回忆一系列事实的外部线索应当尽可能表现出自己的独特性。例如，可以通过列表来组织要学习的事实，或者运用图解或位置图引起的表象来揭示线索的独特性。而另一种增强的方法是鼓励学生对这些材料作深加工，来增强这些信息的区分，比如像对学习的信息作出自己的解释或推论。

已有证据表明，在学习言语信息时采取背诵这类单纯的重复，不一定会导致对学习材料作更好的编码或保持，但尝试提取法对所获信息的日后回忆却有很大的帮助。对于这种“复述法”比单纯的阅读记忆有更明显的效果，早在20世纪初就为有关的研究所证实。根据这些研究成果，加涅指出，尝试提取法实际上是对已经获得和贮存的信息进行复检，这种复检可以使学生重新有机会对获得的材料作进一步的编码加工，而且还可以使学生自己去支配种种提取的线索。

第五章

问题解决：高级规则的获得

在第二章，我们一开始就提及，加涅在对智慧技能的学习的分类中，将问题解决看作获得智慧技能中的最高成就，即获得高级规则的主要途径。因此，按照他的这种分类，应在谈完规则学习之后紧接着谈论本章的主题。但在本章中我们将会看到，问题解决涉及的前提技能相当广泛，既包括先前业已获得的有关规则，又包括先前业已获得的且与当前的问题情境有关的言语信息以及认知策略。因此，为了便于理解，我们将其放在言语信息及策略学习之后。

一、问题与问题解决的性质

在谈到问题解决的性质这一主题前，首先要明确的问题是：什么叫问题？按照加涅的观点，所谓问题必须是人首次遇到且无现成可回忆的经验来解决的一种情境。为了说明他的这一观点，我们来考察在学习现代代数的某一时候，教师也许会要求学生自己证明下式是正确的：①

$(a+b)(a-b)=a^2-b^2$（其中 a 和 b 均为有理数）

假定学生先前已经获得了这样一些规则：

$a+(-a)=0$（两个符号相反的单项式相加其和为 0）

$a\times b=ab$（两个符号相同的单项式相乘，其积为正）

$a\times(-b)=-ab$（两个符号相反的单项式相乘，其积为负）

$(3a+5b+6c)\times 3=9a+15b+18c$（单项式乘多项式即多项式的每一项乘以多项式）

那么学生可能会根据他先前已经获得这些规则，将上述多项式乘多项式展开，得到：

$(a+b)(a-b)=a^2+ab-ab-b^2$

然后整理得：$(a+b)(a-b)=a^2-b^2$。

以上这一等式，在许多成人看来是一个无须证明的问题，因为成人早已获得两数之和与两数之差相乘应当是怎样的结果这一规则。但是，若从学生的角度来看，这一等式的证明则对他们构成了问题情境，因为他们尚无现成的可以利用的规则来作出这种证明，这一证明是他们首次遇到的。“从学生的角度来看，所谓问题情境

---

① Gagné，R.，*The Conditions of Learning and Theory of Instruction*，p. 180，1985.

有两个显著的要点：第一，在教学中我们仅告诉学生要达到什么样的目标；第二，学生显然要从早先的学习中回忆起某些特定的规则”①，而“一旦问题得以解决，学生也总有所获（在我们上述列举的这一事例中，学生获得了两数之和与两数之差相乘为两数的平方之差）。从这一意义上来说，个体的能力或多或少地出现了某种持久的变化。为了使问题得到解决而出现的这种能力变化，我们称之为‘高级规则’，意指这一能力是通过若干个已有的规则的使用而获得的另一新的规则，并成为学生技能库中的一个部分。当再次遇到同类的情境时，可以通过直接回忆对它们作出轻而易举的反应，而这一情境也就不再视为‘问题’。因此问题解决也应当看作一种学习的形式”②。在这里，加涅对什么叫问题，什么叫问题的解决，以及问题解决的结果首先作了一个初步的说明。

读者也许会问，上述这些证明的步骤及其结果是否可以直接陈述给学生？在加涅看来当然可以，但他同时也指出，这种告知式的接受学习在有些学生当中可能只是获得了一长串的言语连锁（言语信息），不会推广至同类的情境中去。为了证明自己的这一观点，他以卡托纳（Katona，G.，1940）③的研究作为自己这一观点的有力证据。在卡托纳的实验中，给学生呈现一组用火柴棒搭成的正方形（见图 5-1 左侧所示），提出的目标是要求学生按规定移动的根数，将这些图形改变成另一些图形（见图 5-1 右侧）。由于呈现的图形各不相同，因此学生在解完一组图形之前，尚不能通过回忆已练习过的特定的解法来处理后继的任务，即每提出一个任务均对他们构成了一个需要重新来解决的问题。从这一实验中得出了如下这些结论。

①②③ Gagné，R.，*The Conditions of Learning and Theory of Instruction*，pp. 180-181，1985.

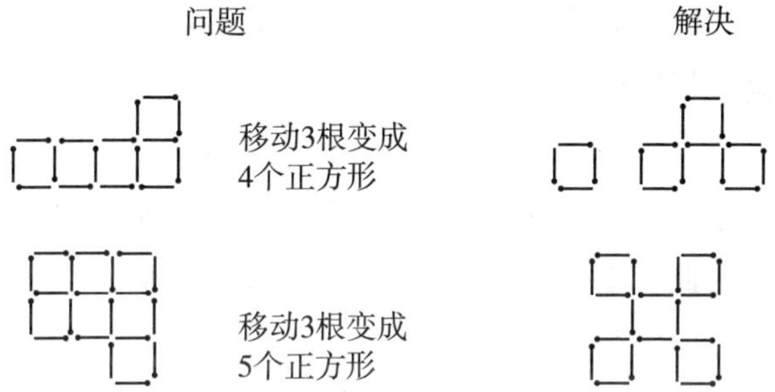

图 5-1　两个火柴棒问题及其解决（转引自 Gagné，R.，1985）

第一，使学生建立起我们预期的这种能力的最无效的方法是，通过直接告知学生在每一个任务上的特定解法来解答各个问题，直到学生能够将这些不同实例上的正确解法准确地回忆起来。

第二，建立此种能力的比较有效的方法是告诉学生解决这类问题的两种言语命题。一种命题是“算术解法”，即告知学生可以将图形中具有双重功能的火柴棒变成只具单一功能（即图形中有些火柴棒原先为两个正方形的公用边，现使其只属于一个正方形的边）；另一种命题是“结构解法”，即告知学生可以移去某些火柴棒使原先图形中失去一些正方形。

第三，使学生建立起能够解决此类问题的最有效的方法是，教师在进行每一解决的步骤时，示意这时可能使用了某一规则而引起了图形的改变，但对规则本身不作言语陈述。或者教师在解决一些实例时，用手遮住图形中的某个正方形，让原先的图形中留出一空白来演示其中隐含的规则所起到的作用。这实际上就是我们常说的“有指导的发现学习”。从学生对随后呈现的实例的解决过程中，人们确实可以作出学生是否自己发现了解决此类问题所需的规则。

对于卡托纳的实验结果，加涅发表了自己的一番见解：“这些结果清楚地表明，在问题解决后学生将获得某些高级规则，而且这些规则可及时推广至以后呈现的其他同类的新的情境中去。但是，给学生介绍解题的方法对学习则明显无效，理由很明显，这种介绍无须获得高级规则，这种解题方法的介绍可能被一些学生仅作为一种简单的言语连锁而获得。以语言陈述高级规则作为启发学习的提示，在有些学生身上可以引发对问题的解决，但是在另一些学生身上则不然。因此，最可靠的教学方法应以事例来启发学生自己去发现规则。”① 加涅在这里将高级规则主要通过问题解决的过程来学习，以及这种获得的能力更具持久性和可迁移性阐述得清清楚楚。但是在我们一些同志看来，“高级规则可以通过接受学习与发现学习两种形式来获得”②，看来对于这个问题可能还需要进一步明确。

在对问题解决过程中使用若干个已有的规则以获得某一高级规则的性质，以及对用言语陈述的方式来学习高级规则对某些学生明显无效的事实作出探讨后，加涅又将自己的目标转向问题解决还将受到其他哪些认知资源的影响。在这一方面，他发现梅尔（Maier，1930）的实验资料具有一定的代表性。在梅尔的实验中，大学生被试被领进一个房间，房内仅有一张工作台，给每个被试提供的材料为一些短棒、几根金属线、几支粉笔和一些夹子。要求学生解决的问题是用这些材料制作两个摆，当摆晃动时能在地板上的指定地点留下粉笔印迹。这一问题的正确解法是，用夹子将短棒连接成长棒，将长棒同另一短棒垂直相楔，然后按水平方向顶向天花板，从处于水平方向的短棒两头悬下两根金属线，在金属线末端离地一定的高度上连接两个夹有粉笔的夹子，这样当这两个摆晃动时，便能在地板上留下粉笔画上的印迹（见图 5-2）。

---

① Gagné，R.，*The Conditions of Learning and Theory of Instruction*，p. 181，1985.

② 参见邵瑞珍主编：《学与教的心理学》，华东师范大学出版社 1990 年版，第 84 页。

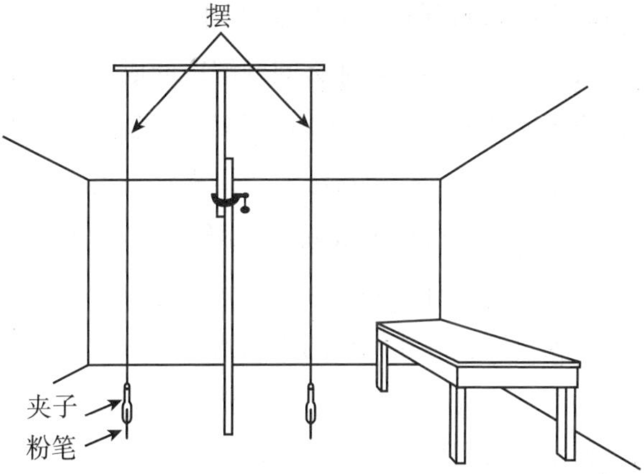

图 5-2　对梅尔摆的问题解决（转引自 Gagné，R.，1985）

梅尔的实验旨在探讨：在实验中引进不同的语言指导对被试成功地解决这一问题会有何不同的影响。他给一组被试仅提供上述材料，并要求最终制作两个能在地板上留下粉笔印迹的摆。给第二组被试增加这样一些言语指导：（1）用一个夹子、一根金属线和一支铅笔我们可以制作一个“铅锤”；（2）我们可以用夹子将两根短棒连接成长棒；（3）两根棒子垂直相揳可以将一物体紧紧顶到墙上。给第三组被试除提供上述言语提示外，另增加可以使问题变得简单的指示：如果在天花板上有钉子，那么正好可以悬挂一个摆（但实际上，天花板上并无钉子）。实验结果发现，三种不同的处置导致成功解决这一问题的人数各不相同：第一组 15 人中无一人能解决这一问题；第二组 18 人中有 1 人能解决这一问题；第三组 10 人中有 4 人能成功解决这一问题。对于梅尔的实验结果，加涅作出了如此解释：“显然，在该实验情境中采用的言语指导履行了一些不同的功能。”① 在他看来，如果仅告诉学生有关问题的目标，既不提

① Gagné，R.，*The Conditions of Learning and Theory of Instruction*，p. 183，1985.

示学生应提取哪些与问题有关的从属规则（办法），也不提示他们应注意从何入手来解决问题，那么问题解决的成功率几乎为零。对第二组的言语提示因有助于学生回忆起解题的有关规则（办法），故成功率稍见起色。由于给第三组的言语提示满足了上述两方面的条件，所以对问题的解决更见成效。“尽管当我们知道这一问题的解决方法后会认为这一解决摆的问题似乎很简单，但这种观点是靠不住的，因为在只提供陈述问题的言语指示时，没有一个大学生能够解决问题。看来要提高问题解决的可能性还需要另一些资源，它们既可能是学生能够回忆起的适用于问题的规则，也可能是外部情境中用于指导学生思考适当的解题‘方向’的那些言语指导。”①那种能够指导学生自己找到解题“方向”或者说找到解题突破口的自我指导的能力，后来则被认为是一种解决问题过程中的认知策略或思维策略。

以上加涅在考察问题解决的性质时所注意的实证资料不仅年份较早，而且均限于实验室里人为设计的情境。当加涅试图继续探讨这个问题时，他自然又把注视的焦点移至有关学生解决学业领域里的问题的那些研究资料。20 世纪 80 年代初，赖利（Riley，M. S.）、格林诺和赫勒（Heller，J. J.）在对儿童解决算术应用题的研究（1983）中发现，在解决问题时不仅要使用有关的规则，而且还需要某种有利于规则正确使用的条件。这些研究工作者从涉及基本的加减法法则的应用题中鉴别出三类主要的题型，它们或属于“变化”的题型（如约翰有 8 颗弹子，送给本一些后自己只剩下 3 颗，问：他送给本几颗弹子?），或属于“结合”的题型（如约翰和本共有 8 颗弹子，现知道约翰有 3 颗，问：本应该有几颗弹子?），或属

① Gagné，R.，*The Conditions of Learning and Theory of Instruction*，p. 183，1985.

于“比较”的题型（如约翰有 8 颗弹子，本有 5 颗弹子，问：约翰比本多几颗弹子?）。

研究者们发现影响解决这类问题的第一个因素是，儿童必须具备一些必要的智慧技能。例如，为了要解决变化问题，儿童必须具备：(1) 能认识代表一组客体的数目；(2) 能够对一组客体的数量计数；(3) 能够计算一组客体的数量与另一组的数量的加和；(4) 能够计算从一组客体的数量中减去另一组的数量。对于比较题型而言，则必须具备：(1) 能够从一组客体中分出其子集；(2) 能够将一组客体与另一组客体的子集相匹配；(3) 能够发现和计算出余数。

研究者们发现，仅有上述这些基本的前提技能还不足以保证成功地解答这些问题。此外，儿童还须具备另一种所谓“理解问题”的知识，即儿童还必须获得一种能对自己已知的这些概念与规则的关系作出系统表征的方式，他们称这种对知识之间的关系作出系统表征的方式为图式。图 5-3 就是他们对儿童用于理解变化问题时所具有的某种图式的图解。

图式这一概念对于大多数人来说似乎是一个比较陌生的概念，但就现在这些研究者们提供的这一实例而言，我们可以看到：第一，图式代表了一系列概念之间的关系或联系；第二，图式本身并不代表上述这些解题的必要的智慧技能，但在图式中确实也包含了像“数量”“总数”“减少”这类概念，以及这些概念在意义上彼此发生的系统联系。由于这种联系以命题形式来予以表征，因此当属于言语信息这一范畴，或更确切地说，是一种有组织的言语信息。

研究者们发现的第三种影响问题解决的因素是，解决问题者还必须使用对智慧技能作出选择的“计划”，以便保证能够达到问题所规定的目标。也就是说，在对问题的情境有所理解之后，在一些

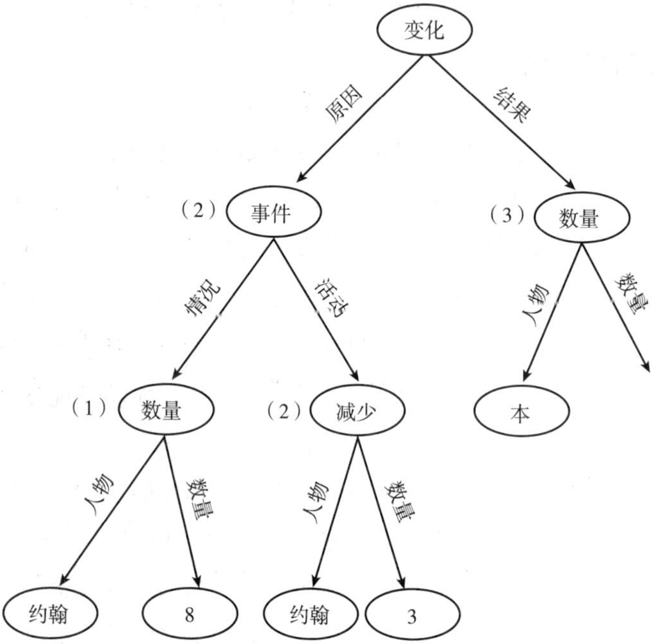

图 5-3　有关数量变化的图式

必要的智慧技能出现在自己的工作记忆当中之后，还必须对它们作出适当的选择和排定先后使用的次序。这种对自己的有关技能作出规划和部署的举动，便是在使用着某种认知策略。

研究者们发现成功解决问题的第四种能力是，问题解决者还必须具备某种证明解答正确性的方法。这些证明的方法既可以是启用原先使用的运算的逆运算，例如利用减法对加的结果作出验证，也可以采取某种估计的方法，例如得到的总数总是大于任一部分数。但无论采取哪一种方法，实际上都跟学生了解问题情境中所涉及的这些概念与规则之间的关系有关。因此，有组织的言语信息所起到的另一作用，可以部署有关的技能来验证答案，或对答案的准确性作大致的评估。

当加涅在对赖利等人的研究作出考察之后，他非常清醒地指出，问题解决者当具备以下这些重要的能力。①

第一，智慧技能。它们是为解决问题而必须具备的一些规则、原理及概念。

第二，有组织的言语信息。它们表现为图式的形式，其作用在于能够使学生理解问题，并对解答的适当性作出评估。

第三，认知策略。它们的作用在于使学生能够选择适当的信息和技能，并决定在解决问题时如何及何时使用它们。

二、问题解决中尚未解决和需要明确的问题

20 世纪 80 年代中期，加涅一方面在对早先问题解决的研究作出回顾后，提出了智慧技能、有组织的言语信息、认知策略是影响问题解决的三大要素，另一方面也意识到，仅罗列出这些个别的能力，既没有回答这些能力在问题解决过程中怎样以一种整合的方式发生作用，也没有指出这些能力在问题解决过程中谁的作用相对要优先考虑的问题。“这是问题解决的研究中至今还未认识的一个方面，也是研究人的问题解决的那些人继续在探讨的一个方面。”② 这种情况正如纽厄尔曾列举的认知科学家们在这方面的各种观点。③

第一，在一些人看来，成功的问题解决者应当具备极多的颇为具体的解决问题的手段和方法，它们可以是智慧技能，也可以是对付特定任务的认知策略，其数量可以成千上万。除数量之外，解决问题者还要形成一种能够迅速接近它们的“分辨网络系统”。这样，通过快速的搜寻，可以选择出与问题相适应的手段和办法。

---

① ② Gagné, R., *The Conditions of Learning and Theory of Instruction*, p. 188, p. 189, 1985.

③ Newell, A., One Final Word. In Tuma, D. T. & Reif, F. (eds.), *Problem Solving and Education*, 1980.

第二，在一些人看来，成功的问题解决者应当有一种大的事实网络结构，即表现为图式这种形式的有组织的言语信息。这些有组织的言语信息可以使问题解决者很快地接近许多观念，并找到其中与当前问题最有关的那些观念。

第三，另一些人则强调，成功的解决问题者应当具有一些可广泛适用的认知策略，即所谓“弱方法”（weak method）。这些策略正如我们在上编第三章提及的手段—目的分析策略、登山策略、子目标分解策略、假设匹配策略。

第四，还有人强调，问题解决者应当善于将当前的问题情境与自己熟悉的情境对应起来，通过使用某种类推或类比，将抽象的问题情境转换为更加具体的情境，然后依据对简单的、熟悉情境的解决计划来指导解决当前的问题。

不难看出，上述这些观点分别代表了在问题解决过程中对智慧技能、认知策略（一般的或特殊的）、有组织的言语信息这三类能力的注重或强调。面对当时这种众说纷纭的局面，加涅似乎陷于一种进退两难的境地。“问题能够得以解决，也许是因为问题解决者能够在大量的、颇为特定的智慧技能中左右逢源，也许这种能够迅速提取有关的知识是因为借用类比或比喻这种更一般的语言特征，因此必须依赖解决问题者具有大量的有组织的言语信息。当然还有第三种可能性，随着问题解决者在选择适当的与解题任务相符的策略方面的经验积累，这些策略慢慢得以概括起来，从而具有广泛的兼容性。不过鉴于目前我们能够得到的关于问题解决的科学了解，还很难对这些说法作出挑选。也许事实上某些真理的成分就蕴含在上述这些观点之中。”①

---

① Gagné，R.，*The Conditions of Learning and Theory of Instruction*，pp. 189-190，1985.

不过上述这种难以选择的窘境在 20 世纪 80 年代末及 90 年代初，在加涅与他人合著的一些著作中似乎透露出一丝解决的曙光。在第三章我们已提及，加涅近期的观念似更坚信：有组织的言语信息与特殊的任务策略间存在着相互影响和相互作用，从前者来探讨后者很可能是今后需要着重研究的方向。

对于我国的理论工作者来说，尚需进一步明确的另一个问题是，通过问题解决的发现法来获得高级规则，同通过讲授法或接受法来学习高级规则究竟会有什么不同的学习效果。在前面描述的解决火柴棒问题时我们已了解到，直接告知学生解题的原理，在一部分学生身上可能只是获得一种言语连锁或言语命题，而不会依此去解决同类问题，也就是说，通过问题解决的发现途径能够使更多的学生成功地获得和保持高级规则。20 世纪 60 年代后期，沃森（Worthen，B. R.，1968）也曾对注重讲授法与注重发现法的教学效果作了对比。在对小学五、六年级 16 个班学习数学概念为期 6 周的实验中，他发现，讲授法使学生在学习之后的及时测验中，对规则表现出较好的回忆，发现法则使获得的规则表现出更强的迁移性。在同期格思里（Guthrie，E. R.，1967）研究解决密码问题的实验中也发现，发现法在随后涉及新规则的学习任务上表现出明显的迁移优势。据此，研究者认为，发现法可能鼓励了学生形成对付这类新的学习任务的探究策略。

面对这些实证资料，加涅提出了两点颇为中肯的见解。第一，“在解决问题中采用发现法所得到的这些资料，并不证明高级规则必须通过发现来学习。例如，在许多成人的学习中，以语言提供指导已完全足够了，因此在学习时可以用语词来描述要学的规则……。然而，这些证据也强烈地表明，通过问题解决获得的高级规则将造就能在一段很长的时间里得以保持的一种相当有效的能力。”① 第二，针对一些理论或实践工作者将问题解决看作似乎只需在极少指导、极少了解必要规则的情况下就能产生的想法，加涅也提出了自己的忠告：“问题解决或发现只是一学习序列中的最后一步，它完全需要依赖先前许多必要的学习。要使问题得以解决，必须以先前已经获得而随后又能回忆的在获得解决的问题中（即在获得的高级规则中）所包含的那些规则。因此，提出的问题若超越学生已获得的这些从属规则的水平，那么问题解决只具偶然性和个别性。在这种情况下提倡以问题解决或发现法作为实际的学习方法是毫无意义的。”② 加涅的这番话对于我们那些或是片面理解接受法，或是片面强调发现法，或是不作区分地将发现法与接受法同等对待的人来说，可能都是一服清醒剂。

对于我们那些寄希望于培养学生创造性的理论与实际工作者来说，加涅在论及问题解决与创造性的关系上所阐述的一些观点也是值得认真考虑的又一个问题。自然科学、社会科学领域中的发明与创造者，都令我们由衷地敬佩，那么这些天才们的显赫成就同这里论及的问题解决又应该是一种什么样的关系呢？

第一，在加涅看来，这些伟大的科学发现或伟大的艺术作品也同样是问题解决活动的产物。这些人类史上的发明和创造，同学生首次遇到的问题一样，都无现成的、可直接用于解答的知识，都需要综合早先获得的各部分知识与技能，才能将问题的情境转化为某种解决的情境，而“这些创造性的问题解决活动更需要建立在先前获得的大量的知识基础之上”③。

第二，加涅指出：“与通常的发现相反，伟大的发现涉及的概

①②③ Gagné，R.，*The Conditions of Learning and Theory of Instruction*，p. 192，p. 193，p. 193，1985.

括要远远超出通常的学习情境中所能预料的那种概括。这是一种归纳的飞跃（inductive leap），需要对来自完全不同的知识体系中的观念作出综合，大胆地使用超出通常在同类的问题情境中看到的那种类推。”① 他以发现气态动力学为例，说明这种首创性所具有的特征是：“人们曾一度知道气体行为的一些原理，即气体在温度、压力及体积之间的关系。另外，人们也曾了解到一些运动的定律，如力对具有一特定质量的物体起传递加速度的作用。天才们在这里的功绩是设想气体由粒子（分子）构成，由于分子有质量，因而可以认为它们对力的反作用将遵循着这些运动的定律。当这一理论得到证实后，人们也就得到了一个新的综合的观念，即一条明显的高级规则。”②

第三，从伟大的发现所具有的这些特征出发，加涅又进一步论述了学习与这种创造性的关系。“对社会作出重大发现的人当贮备大量的智慧技能，而且这些人还获得了许多有层次组织的规则。他们不仅精通自己钻研的这一学科领域里的规则，而且还熟悉其他学科的规则。那么他们是怎样来学习这些规则的呢？部分是通过语言指导的帮助将下属规则组织起来，部分是通过‘小发现’（即我们通常所说的问题解决）来获得各智慧技能体系或有关特定主题的那些高级规则的。”③

对一些作者将伟大的发现同学习的关系看作应在发现学习的过程中，培养学生的思维从一规则领域跳跃至另一完全不同的规则领域，以形成两个领域间的双向联系来获得某种新的领悟的想法和做法，加涅基本上持否定的态度。“这种观点在教育上的含义是，为了培养学生的创造性，教师应当创设有利于这些双向联系充分交流

---

①②③ Gagné，R.，*The Conditions of Learning and Theory of Instruction*，pp. 193-194，1985.

的环境……但这种学习并不一定能够使学生更容易地成为一名能对科学和艺术作出重大贡献的'有创造的'思想家。"① 在这一方面，他同意奥苏伯尔的观点，"以练习发现作为获得必要的技能和策略的方法，并不一定是造就天才的前提变量"②。显然，在学习与创造性的关系上，加涅还是回到了前面所说的这一观点，即脱离了原有的知识和技能，一味从发现的方法上来做培养创造性的文章并无意义。

综上所述，不难发现加涅在创造性上所持的观点同他在问题解决上所持的观点基本相同。无论是学生在学习过程中所遇到的那种可预料结果的问题，还是伟大的科学家在推进学科的发展中可能会遇到的需要作出首创性的问题，都需要依赖先前获得的知识、技能和策略，而真正的科学发现可能更需要对来自那些完全不同的学科领域里的知识与观念作出综合。脱离这些前提能力来设想和实践问题解决甚至创造性的培养，可能都只是空中楼阁式的美好愿望，因为问题的解决，无论是解决日常生活中的常规问题，还是科学技术的发明和创新，都不可能在真空中产生。

三、影响问题解决的内外部因素

有关影响问题解决的因素在前面已多次提及，在这里我们只是集中起来再次强调，以便使教师在设计这类教学结果时有所参照。

内部因素 影响问题解决的一个最明显的因素是，问题解决者必须能够回忆起先前已经习得的、与问题有关的规则。关于这一点，我们无论是在介绍解决火柴棒的重组问题、解决摆的问题，还

---

①② Gagné, R., *The Conditions of Learning and Theory of Instruction*, pp. 193-194, 1985.

是在介绍解决数学应用题时都已多次提及。相关的规则好比解题的手段和工具，没有它们，要解决问题当然无从谈起。

如前所述，问题解决的另一个重要的内部因素是，解决问题者必须具备一系列与问题的情境有关的言语信息，这些言语信息在他们的头脑中或多或少、或明或隐地表现出各自的有层次的组织特征。解决问题的专家之所以擅长解决问题，原因之一可能是他们一旦得到与自己已有信息有关的部分线索时，便能在自己的工作记忆中激活整个与之有关的信息组织或图式，“这样，学生便能在思想中形成某种问题空间，以帮助自己来发现问题”①。据此，我们是否可认为与问题有关的言语信息及其组织特征，是影响到明确或界定问题、找到问题解决突破口的关键?

前已提及，影响问题解决的另一个重要的内部因素是，解决问题者在解题过程中必须激活和使用自己业已获得的某一或某些认知策略。加涅指出：“这些策略很可能从个体解决问题时表现出来的快慢或难易中显示出自身的存在。例如，我们可以发现一些人在解决问题时比另一些人能更快地提取必要的规则，一些人比另一些人能更顺利地将有关的规则按一定的先后顺序组合，以实现提出假设的流畅性，以及一些人比另一些人更善于运用适合一类问题的特定运算来证明解答的正确性。”②据此，我们是否可以认为，解决问题所需的策略实际上是影响问题解决者如何使用自己解题的工具和手段的关键？俗话说“情况明才能决断准”，那么认知策略实现对使用智慧技能的调控及判断是否又受到有组织的言语信息的影响呢?

外部因素　加涅指出：“支持问题解决过程的外部条件经常由言语指导构成。这种指导通常发挥了两种功能：第一，促使学生回

①②Gagné，R.，*The Conditions of Learning and Theory of Instruction*，pp.190-191，1985.

忆起有关的解题规则；第二，促进学生按照一定的方向来进行思考。”① 关于这种情况，在上述解决摆的问题中表现得最为明显。例如，当主试提示被试可以用一重物系在线的一端制作一个铅锤，可以用棍子垂直相揳顶着一个物体，实际上是在激发被试回忆可用于解决问题的手段或规则，而当我们提示被试如果在天花板上有钉子则可以用它来悬挂摆时，实际上是在限定被试考虑解题的方向，而且我们也正是根据提供的这些言语指导的性质和数量，来判别现在的学习到底是属于接受某一现成的规则，还是需要通过问题解决来形成某一高级规则。

① Gagné，R.，*The Conditions of Learning and Theory of Instruction*，pp. 190-191，1985.

第六章
动作技能的学习

人的许多重要的活动都涉及人体肌肉运动的协调，像写字、作图、开车、游泳、操纵打字机或电脑。尽管具备这类特征的动作、运动性操作的种类及程度各不相同，但它们的共同之处都依赖于肌肉协调的精确性与及时性。加涅将获得此类品质的动作性操作，即获得身体运动的敏捷性、精确性，把握它的力度与流畅性看作动作技能学习的主要内容。

一、动作技能的构成

尽管各种动作技能有着上述这些共性，但加涅在论及这一主题时，还是首先从三个维度来考察各种动作技能的构成。这三个维度是：(1) 精细与粗放之分；(2) 连续与间断之分；(3) 闭路（closed loop）与开路（open loop）之分。动作技能的粗细之分主要指在动作性操作中使用身体肌肉的分量。粗放的运动技能要用到一些大肌肉，并时常涉及整个身体的运动，如游泳、跳高、打网球、举重，而精细的运动技能时常涉及手指或手腕部位这些小肌肉的极精确的协调，如穿针引线、写字、操纵打字机。当然，除此之外，我们还可以将唱歌、说话时要使用到声带也归于精细运动之范畴。早在20世纪50年代就有人发现，不同的人在获得精细与粗放的运动技能方面存在着明显的差异，并指出两类技能的获得之间仅存微弱的相关。据此加涅指出，对动作技能的这种粗细之分也许并不是一种表面的区分。对动作技能的特征作出区分的第二个维度是连续与间断之别。所谓间断的动作运动任务，典型地表现为只对某个特定的刺激作出某种特定的反应。当然，就这类任务的整体而言，它由许多不同的运动所组成，但其中每个运动均由不同的外部刺激“引发”，当我们将这类运动简化为最简单的形式时，可以看到它仅是手或手臂朝着某一方向所作出的运动，如“辨别反应时测验”中涉及的这类动作就是最为典型的例证。反之，连续的动作任务要求个体对一组刺激作连续的反应，但其中某些刺激来自于肌肉的反馈，比如像沿着高速公路驾车，便典型地属于此一运动技能之范畴。对动作技能作出区分的第三个维度是所谓的闭路与开路之别。加涅指出，属于闭路这一范畴的动作技能主要以来自肌肉的反馈为反应的指导刺激，因此人在闭眼时也可执行这类技能，但绝大多数在实践中有用的技能具备开路的特征，即此类技能多多少少要受外部刺激的影响，像接球、跨越障碍、跳水这类体育运动，显然都依赖于外部刺激的出现，从而使人作出适时与精确的操作。

说动作技能可以分别从上述三个维度来对其作出刻画，并不等于说某一技能只具备某一维度的特征。在实践中，我们可能需要同时从这三个维度出发对某一特定的技能作出全面的描述。比如，像蛙泳这种体育运动，第一，由于它要使用整个身体各个部位的肌肉，因此它显然属于粗放的动作技能这一类；第二，由于蛙泳可以分解为蹬水、划臂、抬头换气等一系列更简单的动作，因此又属于间断的这一范畴；第三，由于在游泳时基本上可依赖于来自内部的肌肉反馈来指导自己的下一个动作，因此它又可划归为闭路的动作技能这一范畴。综合起来，我们可以说，蛙泳是属于间断的、闭路式的大运动。

二、与动作技能学习相关联的三个问题

本部分我们将谈及加涅有关动作技能学习的三个有相关联的问题。第一，一般我们总是把个体公开表现出的操作或称作业，作为所有的学习的客观标准，但习惯上我们并不把所有具有这类公开操作的肌肉运动都叫作动作技能的学习。因此，在论及动作技能的学习时，加涅首先要求人们明确的第一个问题是，在什么样的情况下，在什么时候才可称得上发生了动作技能的学习。第二，就任何一种熟练的动作技能而言，一般总表现为人的一连串的流畅的行动，一些心理学家类比计算机的语言，把它称为程序（procedure），以表示它具有流畅或迅速执行之意。但是，在这类程序中更多的成分可能涉及智慧技能，而其中只有一部分才真正算得上需要熟练的动作操作，需要人从事动作技能的学习。第三，就动作技能本身而

言，它总随人的练习而得以进步。那么随着练习，在有机体内部究竟发生了何种变化才使技能本身表现出精确性、流畅性和有节律性呢？加涅认为，对于这一问题的深入了解可能有助于我们提出有利于动作技能学习的内外条件。

关于在什么时候、在什么样的情形之下才会出现动作技能学习的问题，加涅作了非常明确的限定。他指出，当我们要求学生用某个词来造句，或当我们要求学生写出某一算式的计算结果时，尽管此时学生的操作涉及嘴、舌、声带，以及手和手指的运动，但我们通常不把这类行为看作在学习动作技能。相反，我们仅把它们看作一种智慧技能的操作，因为我们已经知道，在学生的早期生活中，构成说话和写字的这些动作性操作，已经作为一些动作技能而学会了。“因此，动作技能的学习不能单凭考察在学习中含有公开的动作性操作来鉴定，判断动作技能的学习是否发生，关键是看在学习之前学生能做什么，在学习之后学生又能做什么。为了推论动作技能是否学会，我们必须了解学生具有什么样的‘起始行为’……为了确定已获取了新的动作技能，我们必须考虑在学习开始之前尚不存在因而属于新的那些动作操作。”①

作为上述这一观点的引申，加涅进一步指出，即使在一些有意设置要求学生作出动作性运动的任务中，必须作为动作技能学习的成分也是相当少的。例如，在辨别反应时测验这类任务中，通常要求被试对四种不同形式的灯光闪现作出四种不同的揿压按钮反应（见图 6-1）。由于被试早已习得和掌握揿压按钮的动作，因此当被试练习使用这类装置作出反应时，他们主要习得的能力是一种辨别或更确切地说是一种多重辨别的能力。当然，通过练习，学生揿压

---

① Gagné，R.，*The Conditions of Learning and Theory of Instruction*，p. 203，1985.

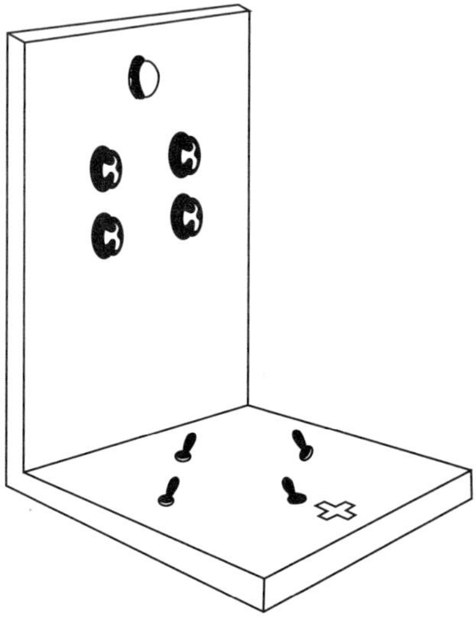

图 6-1 辨别反应时测验（转引自 Gagné，R.，1985）

按钮的反应会较之过去更迅速、更精确，但归为这种“技能学习”所引起的操作改进似乎是最少的。为了证明这一观点，加涅让被试在对实际的装置作出反应之前，先用笔标明，当画在纸上的四盏不同位置的灯亮起时，应向哪个方向作揿压按钮反应。结果发现，经纸笔练习后向操纵实际装置的迁移量相当大，可达 80%。也就是说，这些被试在实际装置上只需练习数次，便可达到一开始并未经过纸笔练习的那些熟练操纵者的水平。“显然，在这一装置上被试要学习的主要成分不是动作技能，而是在学习一种所谓多重辨别的简单的智慧技能。”①

作业有时也叫操作，通常被心理学家认为是衡量学习是否已经发生的客观指标，但在解释本身就是要获得一种熟练的操作或练习这类动作技能时，加涅的阐述显得非常周密。他提出的在判断是否

① Gagné，R.，*The Conditions of Learning and Theory of Instruction*，p. 204，1985.

需要进行动作技能的学习，以及动作技能的学习量到底有多大之前，首先应确定学生的起始行为，这无疑给衡量这类学习的发生提供了更为确切的标准。

人的一些比较复杂的行为时常表现为一系列的操作步骤，如发动汽车以及从事众多的体育运动，一些心理学家采用类似计算机的语言，称它们为程序，意指它们一旦起动便可引发一连串的流畅行为。那么我们是否可以把整个这样的程序称为“动作技能”？加涅认为，尽管人们经常这样称呼它，但这种说法仅是大致正确。加涅何以得出这个结论？我们不妨来看看他对“将车平行停靠路边”这一程序所作的分析（见图 6-2）。

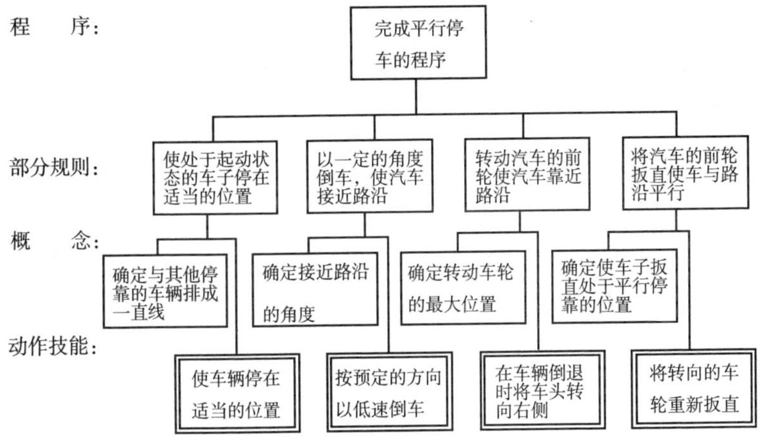

图 6-2　将车辆平行停靠路沿的程序（引自 Gagné，R.，1985）

在加涅看来，这一程序本身可以看作由一系列办事的规则所构成：第一，小车必须尾随前面停靠的车辆并与前面的车辆保持在一条直线上；第二，小车必须以低速并按 35°—40°的角度倒退；第三，迅速打回前轮，以便使小车随后能接近靠路沿的位置；第四，在小车以低速倒退的同时扳直前轮，从而保持与路沿平行。从构成这一有序的办事规则中，又可进一步分解出需要确认的一些下属的具体概念（见图中第三行）。例如，为了执行将小车倒退这一规则，必须首先确认接近路沿的角度这一具体概念，而最终执行这一程序则要获得或具备某些动作技能（如图中第四行所示）。从加涅的分析中，我们无疑可看到这样一种观点，即程序实际上是一种动作计划或执行的常规，它由多种技能构成，其中某些技能属于智慧技能，但另一些则属于动作技能。当程序中涉及的那些智慧技能已为学生所掌握，现在学生要学习的主要成分是其中一系列的动作技能时，那么在这一意义上可以说整个程序是动作技能，学生学会顺利地执行这一程序便是在从事动作技能的学习。当然，也有这种情况，程序中涉及的各种智慧技能及个别的动作技能已为新手所掌握，新手现在的任务只是按一定的程序顺序将它们“组装”起来，那么这种情形同先前提到的辨别反应时任务一样，此时动作技能学习的量也可能为最小。

动作技能常常发生在所谓程序这样一种更大的活动框架之中，这促使加涅进一步考虑这样一个问题，即人学习程序（执行计划）是否可以同学习组成它的动作技能分开。在加涅看来，人当然可以这样做，但由此不可能造成真正的有动手操作能力的人。“当某一程序中的各部分动作技能业已学会，可以单独练习程序中的步骤，这对以后学习阶段将各部分技能组合，会产生有利的效果……反之，当某一程序中的动作技能部分尚未充分掌握，仅练习程序而同时不练习动作技能，则不能期望它对总的活动学习会有很大的帮助。”① “在这种情况下，应当给部分技能、总技能，或同时给这两部分技能以额外的学习时间。”②

在对何时或何种情况下将发生动作技能的学习，以及动作技能

① ② Gagné，R.，*The Conditions of Learning and Theory of Instruction*，p. 206，1985.

在许多情况下与智慧技能相互交织密不可分的情况有所了解之后，现在我们可以来考察最后一个问题，即动作技能本身是如何获得的。

人们从常识中业已了解这一点，动作技能的学习将随练习而得以改进，俗话说“熟能生巧，巧能生精”，也就是说构成理想的动作技能操作是随着对这种操作的重复练习，而逐渐获得它们的精确性与适时的节律性这样一些特征的。不过加涅在这里特别提请人们注意：“所谓‘练习’，指的是：（1）就学生方面而言，对程序进行重复时怀有要改进操作的愿望；（2）应当给练习的学习提供‘反馈’。不具备这两个条件的重复动作不具备‘练习’的含义，在这种负条件下的学习基本上为零。”①

为什么在动作技能的学习中必须要有练习，而在规则与事实信息的学习中单纯的重复练习并非是一个很有影响的因素？加涅的回答非常明确，“理由在于动作技能具有受刺激控制的性质”②。正如在前面业已提及的，无论是开路或闭路的动作技能，要作出适时或适当的操作都需要依赖刺激的提示，这些刺激提示有些来自学生的外部，但另一些极其重要的刺激提示则来自于学生的内部，即来自于肌肉的动觉感受。一些动作技能在它最初的掌握时期，往往需要依赖外部的线索，当达到娴熟的程度时，人往往更多地凭借自身的动觉感受来调节自己的行动。不过，要觉察这种“正确”的内部动觉感受并非易事，而且这种觉察越困难，学习的进步将越缓慢。加涅曾借用一个动画片中所说的，一个高尔夫球手在刚发出一个离洞穴很近的球后，无限感慨地说“我多么想知道我怎样才能发出个好球”为例，说明一个人要觉察预示正确的姿势与挥打以便发出好球

---

① ② Gagné，R.，*The Conditions of Learning and Theory of Instruction*，p. 207，p. 209，1985.

的线索，时常是一个困难而缓慢的过程，而克服这种障碍，从新手转变为行家的主要途径就是练习。通过连续重复一些基本的动作，新手有可能发现那些标志着正确与错误动作之间差别的动觉线索，发现其中哪些动觉感受将导致出现好的表现，哪些动觉感受只会导致出现差的表现，从而把那些控制好的表现的内部刺激作为调节今后表现的线索保持下来。

动作技能本身的掌握离不开练习，而不含反馈的单纯的动作重复称不上真正的练习，因此反馈对动作技能本身学习的重要性是不言而喻的。不过加涅在论及反馈时，还是进一步区分出它们的种种形式和功能，以提请人们对它们的使用有不同的侧重。他指出，在动作技能的学习中，因学生自己的努力可获得两种重要的反馈。一类反馈为动觉提供的反馈，它是个体在执行某个反应时由肌肉中的动觉感受器所提供的“感受”。这类反馈具有同步性，即在动作发生的同时学生可据此来纠正自己的行动。如果个体缓慢地执行整个动作，那么他便可在动作完成的中途就感受到这类反馈，因此这类反馈主要使动作得以流畅地执行。第二类反馈来自于学生对自己行为结果的直接观察，如投出的球是否命中目标，凭借这类反馈学生可以觉察和纠正错误，以影响随后的技能执行。第三类反馈叫作增设的反馈（augmented feedback），意指有些行为结果往往不能为学生自己看到时，须通过教师或教练，或通过某种自动化的记录装置来告诉学生，因此有时又称“了解结果”（knowledge of results）。不过加涅提醒道，这类增设的反馈应在适当的时候予以取消，以便使个体能够自己独立地和适当地完成动作。

如前所述，动作技能的学习往往并不是学习某个简单的刺激—反应的联结，动作技能更多的是在所谓的程序这样一种更大的单元组合中发生的。因此，每当我们谈到学习动作技能时，一般是指学会将一些部分技能组成一种更大的单元组合，加涅将此叫作行为连锁学习（learning of behavioral chain）。例如，他指出，当我们对一个新驾驶员说“现在请你起动发动机”，实际上是要他执行业已学过的含有一系列部分技能的行为连锁，他可能要重复这样的行为序列：刺激（听到“起动发动机”的指令）→反应（看车的前后）……刺激（看到路上无妨碍）→反应（检查排挡的位置）……刺激（排挡在空挡上）→反应（扭转钥匙使发动机工作）……刺激（听见发动机正常运转的声音）→反应（放松钥匙）……刺激（放松钥匙）→反应（踩加速器）。尽管在每一连锁中，学生已经学会怎样做每一个个别的动作，但现在必须学会以适当的次序将它们联结起来发生。那么，怎样使学生形成这样一种行为连锁呢？加涅援引吉尔布特（Gilbert，T. F.，1962）的研究指出：（1）学习行为连锁的理想方式是，从最后一个刺激—反应的联结开始倒过来学习，这样可以使后面学习的新的联结都能得到适当的强化；（2）尽可能使每个联结有所区分，以减少它们之间可能产生的“竞争”倾向，对于那些容易发生竞争的联结应给予更多的练习。

三、动作技能学习的过程与内外条件

同论述其他各类学习结果时的情形一样，每当对一类学习结果的发生作出总体描述后，加涅最后都将影响这类学习结果产生的条件按内外两个方面一一列举出来，以便使教师或教学设计人员在从事这类教学的设计时有所参照。由于费茨和波斯纳（Fitts，P. M. & Posner，M. I.，1967）早在20世纪60年代根据他们对学生的观察及与教练员的交谈，将动作技能的学习过程分为三个阶段，因此加涅在谈到影响动作技能学习的条件时，认为必须首先要考虑到三个学习阶段各自不同的主要结果，而随后列出的条件则可参照这些不同的目标来相应地采用。

费茨和波斯纳曾将动作技能的学习分为如下三个主要的阶段。

第一，早期阶段或认知的阶段。在这一阶段，初学者尝试理解动作技能的任务及这一任务提出的要求，而教练员的讲解则在于引导学生注意适当的动作顺序，以及指出标志着启动每一个部分动作的外部刺激。在这一阶段，学生要选出早先业已掌握的部分技能，并按规定的程序将它们组合起来。因此，这一阶段的主要结果是学习执行程序或执行常规。费茨和波斯纳认为，学习程序具有认知的性质，即需要通过智慧技能来指导各部分运动在总体上的合成。

第二，中间阶段或联结形成阶段。在这一学习阶段主要发生两类变化：首先，一些先前尚未达到高度流畅和有节奏的部分技能要获得这些品质；随后，一些个别的子技能将被整合为相互间无冲突的总技能。鉴于这一阶段将发生上述两种主要的变化，费茨和波斯纳指出，通常可采取分隔的练习来取得这两种学习的效果，即部分技能的学习可先于总技能的练习，或总技能的练习可先于部分技能的练习。不过在他们看来，当总技能中各部分技能相对独立时，先练习部分技能可能有助于随后总技能的组装，而当总技能需要对各部分技能加以协调才能获得时，先考虑对总技能的练习通常是一种有效的学习步骤。

第三，最后的或自动化阶段。在动作技能学习的最后阶段，整个技能的执行将会变得日趋自动化，即学生无须再考虑下面该做什么，甚至他在从事这一技能的同时还能从事其他的活动。当然，随着不断地练习，动作的流畅性与准确性可继续得到改进，但改进的幅度逐渐减小。

在费茨和波斯纳从动作技能获得的发展进程对它作出阶段性描述的同时，加涅试图从影响这类学习的内外因素来对它作出描述。加涅提出的影响这类学习的第一个内部条件是**部分技能的回忆**。如前所述，由于要掌握的新技能往往由部分技能组成，因此要学会总技能必须首先将这些部分技能回忆起来，或者说使启动每一部分技能的内部线索在工作记忆中得以提取和出现。这一任务显然属于费茨和波斯纳所说的第一阶段的一个任务。不过加涅也提到，有些部分技能可能先前尚未掌握因而需要新学，那么这些要新学的任务需在上述第二阶段中，通过单独的练习或在练习整个技能的过程中予以完成。前已提及，这些新学的技能有可能同原先已掌握的部分技能存在着干扰或产生一定程度的负迁移，这种新旧技能的不一致性越大，学习新技能的困难也就越大，因而需要付出更多的额外的矫正性练习。加涅提出影响技能学习的第二个内在条件是执行常规的回忆，显然这是前面提及的在第一阶段首先要学习的任务，而在第二阶段则是作为一种习得的运动计划在工作记忆中得以贮存和提取，以指导执行动作的连贯性和节律性。

鉴于动作技能的获得依赖以上两方面的内在条件，那么教师或教练员应提供哪些外部条件，以促使这些内部条件得以建立呢？加涅认为，促进技能获得的外部条件是言语指导、图像、演示、练习及反馈。在他看来，言语指导在动作技能学习中的作用尽管有限却十分重要。在技能学习的初期，在必须获得执行常规或动作技能的计划时，言语指导在于提供了对将要执行的一系列程序步骤的提示。随着学习的进展，当学生在自己的工作记忆中能够复述这些言语指令时，这些最初为外部提供的刺激条件则转化为学生自己内化了的言语指令，提示着他们下一步该做什么。言语指导的第二个重要的作用在于通过言语指导的中介，将特定的刺激形式同将要作出的反应联系起来，从而增强对特定的外部刺激作出相应反应的区分性。吉尔布特将此种效应叫作言语的自我指导的中介功能。

在加涅看来，图解或图像，无论是静态的还是动态的，它们在动作技能的学习中所起到的作用与言语指导相似。通过图片或电影画面，一方面向学生显示动作技能的执行步骤，另一方面向学生提示应在何时对何种外部刺激作出何种反应。由于图解或图像在完成这些目标时比语词指导更具体和形象化，这样动作技能的执行计划及各个动作步骤的执行也就更易模仿，而在动作技能学习的第二个阶段也更易提取，这对获得日益准确和及时的技能来说是相当重要的。熟练操作者的实际示范和演示也起到与图解或图像相似的功能。通过对示范者的观察，学生也可在一定的程度上获得某种技能的执行计划以及其中要实施的各个步骤。此外，在考察某种技能的演示后，学生在内心想象如何从事这项技能也可实现这一技能的学习，不过加涅指出，这种“心理练习”在学生已经具备执行这类技能的初步体验之后才可能最有效。

总之，在加涅看来，人们可以使用上述种种外部事件的安排来指导动作技能的学习。当人们采用言语指导、图片或图像、实际的示范演示时，实际上是在执行着两种功能：第一，让学生了解动作技能的执行程序，并把它们内化为某种形象或某种言语顺序；第二，当我们采用言语指导、图片或图像、实际动作的示范演示时，实际上是在向学生强调应该注意哪些外部的线索来控制自己的动作反应。尽管提供这些外部的条件对动作技能的学习是重要的，但它们起到的作用是有限的。正如前面已经提到，动作技能一方面受外部刺激的控制，另一方面还受内部刺激的控制，即受来自肌肉动觉提示的控制。就技能要达到其娴熟的高水平而言，这种来自肌肉运动本身的内部反馈或体验更为重要，而要获得和利用这种内部控制的唯一途径是亲自实践从事练习。通过不断地重复执行某一动作或一系列动作的组合，并加上随之提供的信息反馈，最可能使新手找到这种内部的“感觉”。

第七章
态度的学习与改变

本章我们将转入考察通过学习而获得的另一种完全不同的学习结果，一种并不是占有、把握更多的知识或技能，而是建立起一种“影响人选择自己行动的内部状态”①，加涅称这类学习结果就是所谓的态度。“它们同个体的行为关系，不像智慧技能或动作技能同人的行为关系那样直接，因为态度并不决定特定的行动。相反，它们只是使个体的一类行为更可能出现或更没有可能出现。据此，态度常被认为具有‘反应的倾向’（response of tendencies）或‘反应的准备状态’（readiness to respond）这样一些特征。”②

对于加涅所说的态度也是一种学习的结果或产物，我们绝大多数人也许不会持有异议，不过也许我们更想了解态度究竟是通过何种或哪些学习途径来获得或改变的。同样，对于态度将影响人对一类事、一类物、一类人作出自己特有的行为选择，我们也许并不陌生，我们也许不会十分关注个人日常生活中的那些偏爱，但对家长、教师来说，也许会更关心自己的孩子、自己的学生对待学习、工作、同学及他人的态度，如对待学习和工作要有认真、仔细的态度，对待他人（同学、师长）要有谦虚、礼貌、友善和合作的态度。而对于本身就负有教育孩子责任的各级组织和机构来说，可能更关心的是下一代人的诚实与公正、善良与宽厚这些美德，甚至更关心的是，他们是否能达到真、善、美这种高度的人生境界，因为

① ② Gagné，R.，*The Conditions of Learning and Theory of Instruction*，p. 219，1985.

它们毕竟关系到我们社会生活的质量。那么态度与道德观、价值观及人生的哲学之间到底应该是一种什么样的关系？在这些方面，加涅都有所论及。因此，本章我们将循着他的思路来展开他对这些问题所作的考察和概括。

一、态度的定义与范围

尽管“态度”一词在人们的日常生活中经常使用，但是对于态度的实质究竟是什么，在理论界还是众说纷纭。现在多数的学者一般认为，态度含有三个侧面：（1）态度的认知侧面，它属于我们对某些情境及情境中我们所考虑到的那些对象的认识或了解；（2）态度的情绪或情感侧面，它属于我们由这些认识或了解而产生的感情色彩；（3）态度的行为侧面，它属于我们是否愿意作出某种举动的倾向或反应的准备状态。人们一般从这三个侧面来刻画业已获得的态度的内部状态。也就是说，每一种态度既含有认知的成分，又含有情感和行为倾向的成分。但是，关于其中哪一个成分为主，哪一个成分是引发另一些成分的原因，在理论上还存在不同的看法。

一些有关态度的论著将态度完全视为一种信念体系来研究或强调，这些将态度看作起源于认知这一成分的理论所坚持的一个基本前提是，人总是试图在自己的思想、信念、态度及行为等方面保持某种一致性。当人体验到在信念方面所发生的不一致或不协调时，会力求获得某种一致性，而在这一过程中，人的态度也将产生某种改变。经常为人引用的凯尔曼（Kelman，H. G.，1953）的实验结果，完全可以用与此相吻合的原理来解释。实验中，当儿童给自己原本并不喜欢的一本喜剧小书写出称赞的文章后，便得到奖励，结果发现，这本曾被儿童称赞的小书在随后确实被儿童认为更吸引人了。对于这一实验结果所作的解释是，当儿童着手写赞扬的文章时，他们便体验到某种不一致或不协调。尽管儿童写称赞这本书的理由原先并不存在，但随着态度朝着他们赞成的方向的转变，儿童又重新获得某种一致性。

在对态度的研究中，还有一些作者将态度的学习和改变看成是人赋予态度所指的对象（或人或事或物）以一定的情感，因为每当我们具有某种态度时，它总是可以使人体验到喜或恶的情感色彩。因此，在克雷兹沃尔（Krathwohl，D. R.）、布卢姆、梅塞（Masia，B. B.）的教育目标分类学中，将这类学习结果划归为“情感领域”。说明态度总伴随着人的好恶的情感体验的证据，大多来自我们自己的内省体验，但一些人也用实验来证明，伴随态度变化的情绪状态的变化可以用生理学上的测量来揭示。兰金和坎贝尔（Rankin，R. E. & Campell，D. T.，1955）曾用态度问卷测得人的种族态度，然后在实验中让不同种族的人进入实验室来调整实验仪器，并记录这些曾被测量过的被试的皮肤电阻的变化（皮肤电阻的变化是一种典型的情绪指标），结果发现，被试的皮肤电阻的变化同问卷中测得的态度是相关的。

在有关态度的研究中，也有一些学者将它定义为某种行为的倾向或某种行为的准备状态。早在 20 世纪 30 年代，拉皮埃尔（La Piere，R. I.，1934）就对一个人所持有的态度与他的实际行为的关系作过调查。拉皮埃尔曾陪同一对中国夫妇周游美国，在 66 个不同的宾馆和旅馆驻足，并在 184 个餐馆用过餐。6 个月后，他给曾到过和未曾到过的一些宾馆和饭店发出同样的预订服务的信件，在收到的回信中竟然有 92%的餐馆和宾馆表示不愿为中国客人提供服务。70 年代初，特里安蒂斯（Triandis，H. C.，1971）的研究也曾揭示了这种同样的倾向，即由态度问卷测得的态度同实际的行为缺乏高度一致的关系。对于这种实际表现出来的行为与回信中所表示的态度的明显不一致，后人又作何解释呢？对此作出的第一种解释是，人的社会性行为主要受情境因素所决定，对信件作出答复的情境与实际面临客人的情境完全不同，因此态度在对行为的调控中只起到有限的作用；另一种解释则认为，在用以测量态度的问卷中，通常要求人对一些言语陈述按照喜欢—不喜欢、赞成—不赞成的不同程度来作出反应。由于这些言语陈述往往涉及的是对别人的行为评价，而不是受测人的自己行为选择，故而这些量表本身往往缺乏内容效度。也就是说，如果人们对测量工具本身作出修正，使提出的问题要求受测人作出自己的个人选择，那么人们还是可以从中推断受测人的真实意向或态度的。

面对着态度的性质究竟当属信念、情绪或情感，还是行为的这种纷争局面，加涅一方面称“在这里我们还不能解决这些观点上的差异，因而只能对它们作出一般的描述”①，另一方面，他却机智地绕过这些争议，从态度在个体生活中将起什么作用出发，给态度作出了我们在本章的一开始就已提及的这样一个操作性定义：“态度是一种能够影响人对某一类物、某一类事或某一类人作出个人选择的内部状态。”② 加涅的机智不仅表现在绕开有关态度的性质这一有争议的问题，而且还表现在他对自己这一操作性定义所作的进一步注解中，从而使人不知不觉地认同这是一个对态度的最可接受的界定。

在加涅对自己这一定义所作的注解中，他承认态度需要对信念作出整合之后才会引起，同时也承认态度总伴随着一定的情绪或受情绪的鼓舞，但他更看重态度与人的选择行为有关的这一倾向。他指出：“也许需要我们回答的一个更重要的问题是，态度将支持什么样的行为。对这一问题的一般回答只能说，态度将影响个体自己的选择行为。”③在加涅的注解中，他并不否认态度中的认知成分，即不同的观念所引起的不一致或不协调在态度的形成与改变中起着重要的作用，但他更关心的是态度的功能，以及如何客观地了解这

---

① Gagné，R.，*The Conditions of Learning and Theory of Instruction*，p. 221，1985.

② ③ Gagné，R.，Briggs，J.，Wager，W.，*Principles of Instructional Design*，p. 86，1992.

种功能。“对于观念作出不同的介绍，由此向人传递了部分冲突的信息，正如 N. H. 安德森的研究中所揭示的，显然需要通过一个‘权衡’的过程来对此作出调整。确实，态度中的这种认知组织是一个重要的问题。对这个问题最易处理的方法是，在我们试图对人们的态度作出评定时，我们可以要求他们对（态度问卷中的）各种言语陈述的系统变化作出选择或反应，但普遍使用含有命题陈述的问卷不应当使我们错误地认为，这些命题本身就是态度。”① 在说明态度不能简单地等于认知之后，加涅又进一步指出以认知冲突、认知失调来解释态度的不足之处是：“信息和观念以及它们之间的冲突可能是对所谓态度的内部状态的认知成分的一种便利的描述。但是，这种描述似乎不能适当地说明，态度在影响个体作出的行动选择中所起到的动态作用，而态度的这种动态特征（有时又称之为行为特征）恰恰是态度的最鲜明的特征。”② 在谈到态度中的情感成分时，他又指出，除了一般人可以感到态度总伴随好的或坏的情绪之外，这种状态具有的情感的或情绪的成分基本上不能算是态度的特征。在读了他上述对以认知及情感成分来涵盖态度特征的双重排除之后，我们也许不得不承认，他的这一操作性定义在目前也许是一种最好的解决办法了。

在了解加涅为态度这一复合的心理实体所提出的操作性定义之后，现在我们来谈谈他是如何看待态度与价值观之间的关系。在这一方面，加涅首先是接受了当前一些研究工作者对态度与价值观不作特意区分的观点，即将态度与价值观之间的关系看作可以将态度从轻微持有排列至极为重视（因而难以改变），这种代表内化程度逐渐增加的一连续维度之上。这种观点实际上就是克雷兹沃尔、布

---

① ② Gagné，R.，*The Conditions of Learning and Theory of Instruction*，p. 229，1985.

卢姆、梅塞在《教育目标分类学手册Ⅱ：情感领域》中所描述的观点。在这些作者看来，轻微持有的态度属于人可以接受的这类一般的行为范畴，如对现有的种族及文化的差异采取认可的态度。比接受具有更高内化程度的那些态度是响应和重视，如参与当前的文学活动，并就这一领域中的某些有争议的问题发表自己所持的观点。态度的更高的内化程度是，人对自己各种价值观加以组织而形成具有价值观体系的这类特征，即人对某一情境的价值观可能不止有一个，那么人必然会通过自己的观念作用，将这些价值观组成其中一些价值观对另一些价值观处于主导地位的这样一种价值观念的体系，而在这种内化程度的顶峰将是属于人的道德、行为的准则和人生的哲理这类态度。加涅接受前人的另一个观点是，价值观是对那些为社会广为认可的社会态度的另一种命名。因此，当他将态度、价值观放在一起来看待柯尔伯格（Kohlberg，L.）提出的儿童道德发展阶段论时，认为这只是代表了个体在不同的年龄阶段所表现出来的不同内化程度的价值取向。加涅的这种观点在逻辑上是说得通的，因为道德品质也是人的一种态度，或更确切地说是一种社会态度，但这种态度并不是一种狭窄的或暂时意义上的态度，它已经高度地内化在一个人的身心之中了。

霍根（Hogan，R.，1973）曾将道德品质刻画为具有如下这些特征：

（1）社会化，即个体表现出遵守已有的道德规范的行为；

（2）移情性，即个体表现出对他人的行为理解以及对他人的情感的同情；

（3）自主性，个体作出的道德选择倾向与自己完全一致；

（4）发展了有关个人道德的伦理或个人责任的伦理。

对于霍根所鉴定出的这些品质特征，加涅持认同的态度，认为

“这也许代表了在教育体制中的‘品质教育’的宗旨”①，但另一方面，针对人们一般很难确定影响一个人在这些品质方面的发展到底是哪些因素，他提出了一个至少在我看来应引起足够重视的意见：“人们当认识到，奠定这些稳定品质的方方面面的根基，来自家庭环境中对幼儿的训导以及早期的学校环境。一些很简单的、司空见惯的社会情境便能建立起种种态度，而在经历了一段时间的强化之后最终成了个体品质的一个部分。例如，当孩子面临是否应对别的孩子的财物表示尊重，或在游戏中是否应当公平这些问题时，父母或教师当表现出榜样的行为选择，即遵守普遍的道德准则。同样，人的榜样对建立移情态度的影响，也可能表现在对别的孩子的踢、打这种社会情境之中。”②对于加涅的这一段话，我的理解是，在人获得的种种能力中，像智慧技能这类能力遵循没有前提技能便不能从事后继的复杂的或高级的学习的规律，因此这类学习只能遵循一定的前后次序。但唯独态度的学习，包括品德的形成条件，从人一出生之后便已存在于个体的周围了，因此人的榜样作用，尤其是家长或教师的一言一行的流露，已经为您的孩子或学生的品德塑造提供了正面或负面的条件。看来，对人的德性的教育尤应从娃娃抓起，而这里首先令父母或教师要考虑的是，您给自己的孩子或学生提供一个什么样的榜样和环境。

二、发生态度学习与改变的情境

现在我们想谈及加涅在态度的获得与改变方面所持的观点。在这一方面，尽管他引用的资料大多是别人的研究成果，但也反映出

---

①② Gagné，R.，*The Conditions of Learning and Theory of Instruction*，pp. 227-228，1985.

他独具慧眼的选择。如果读者对态度、价值观念、道德品质感兴趣，并已读过我国教育心理学工作者在这方面的一些论著，那么在你的头脑中可能至今还不清楚，在态度的教育中（按照加涅的观点也包括品德教育），究竟哪些是行之有效的方法。

在谈到态度的形成与改变时，加涅则非常明确地指出："我们的许多态度是通过与别人的一系列的相互作用，如与父母、朋友、同事的相互作用而获得的。态度既可因一次体验的结果突然地获得或改变，也可能要经历多年，也许要通过一系列的体验的结果才可能发生逐步的改变。"① 他认为发生态度形成与改变的情境主要有：（1）经典条件反射；（2）知晓行动的成功；（3）人的榜样作用。

对于通过经典条件反射，即通过巴甫洛夫的条件反射，能够使人对某些刺激产生某些习得性的情绪反应，这已是心理学中一个很老的话题了。即使对于那些不十分了解这一术语的读者来说，只要你回想一下自己的孩子为什么会怕见穿白大褂的医生，而如果你从小就患牙疾，为什么会怕听到像磨牙的那种钻响，那么答案是不难寻觅的。受到疼痛的无条件刺激总是同这些条件刺激或称信号刺激（穿白大褂的医生、磨牙的钻响）同时出现或相继出现，因而使人很快就形成了一种新的条件反射，即一看到这些条件刺激就预示着疼痛将至，从而产生逃避、退缩或不寒而栗的行为。关于这一点正如加涅所指出的："我们一般可以认为，像童年期的某些莫名其妙的害怕，如怕蛇、怕蜘蛛或怕其他的一些小动物，可能就是通过像在经典条件反射中的一些偶尔的刺激配对而形成的，这些态度时常持续多年且很难抹去。"② 而在斯塔茨（Staats，A. W.，1967）看来，通过条件反射获得的态度，主要是通过这种手段使某一刺激对

---

① ② Gagné，R.，*The Conditions of Learning and Theory of Instruction*，p. 230，pp. 227-228，1985.

人产生了某种情绪意义。

通过斯金纳的操作条件反射，即通过操纵使强化随人的行为而出现的这种强化相倚性，不仅可以使人建立起某种刺激—反应式的学习，而且还可用来作为态度学习的方式，在心理学中这也不算是一个新的话题了。对于这种方式的另一种解释是，态度产生于成功的体验，而成功的体验是因得到强化而产生的。对于这一理论观点，读者也许并不会感到陌生，因为日常的许多事例均已证明，人在某项活动上的成功，对于获得对这一活动的积极态度确实是相当重要的。在学校里，学生对某一学科之所以会有积极的态度，主要是因为他们对于该学科始终具有更多的胜任感或成功的体验，这种经常成功的感觉甚至可以促使他们将自己的一生精力奉献于这一领域的开拓事业。贝姆（Bem，D. J.，1970）曾总结出这样一句话：态度跟着行为走。在他看来，这种情况的出现是由于人会根据来自自己的行为线索来推论自身的内在状态，即人总是在从事对自身的体察，而经常出现的成功体验将使人对某些外在的对象赋予最强烈的感情投入，但经常性的失败体验则使人丧失对这一对象的兴趣。

鉴于强化在维持人的态度方面有着如此重要的作用，心理学家还关注到另一种所谓的“自我强化”（self-reinforcement）的形式。我们往往可以发现，儿童为了使自己能够获得父母或别的成人的强化，时常学会了一种自我控制（self-control）的技术，当这种态度持续多年后，自我控制可以在没有外在强化的情况下发生作用。班杜拉认为，当这种自我强化的过程能自动地执行时，我们可以说一个人已获得了自尊（self-respect）的态度。在加涅看来，从以外部强化来形成人的态度，发展到以自我控制来获得外部强化，再从自我控制发展到自我强化，实际上是儿童获得了自己所尊重的那些榜样人物的伦理或道德行为的准则。“一旦这些准则被接纳，个体必然会督察自己的行为选择，在达到这些准则时会使用自我强化。以这种方式实行的自我强化以及这种自尊的态度，将成为一个人性格中的一种持久的特征。”①

在对态度的形成和改变的研究中，心理学家发现其中一种最为可靠的情境是对人的榜样的模仿这一现象。班杜拉及其同事曾对这种现象作了广泛的考察。这类实验的基本设计情形是，让学生观察一个受人尊敬、喜欢或令人信赖的人所表现的某些言行举止。根据实验的目的，这些榜样人物或表现出一些不良的行为举止（如某种攻击行为），或表现出一些良好的行为选择（如作出客观的道德判断），当然在实验中被试（学生）也看到了对这些行为给予的奖励或惩罚。班杜拉的实验结果表明，看到对榜样人物的行为给予强化，将对儿童以后的行为产生重要的影响，即看到对榜样人物的侵犯行为予以奖励的儿童，其攻击他人的行为将有所增加，看到对榜样人物的侵犯行为予以惩罚的儿童，其攻击他人的行为将有所减少。这种现象便是班杜拉所说的替代强化（vicarious reinforcement），即尽管这种强化直接发生在榜样人物的身上，但它起到的作用则是鼓励了观察者（学生）今后也可以如此行为。

在谈到班杜拉等人对模仿学习以及这种学习将引起人的态度改变的这类研究时，加涅深有感触地说道：“这类研究表明，在有效的态度学习中，人实际上起到了至关重要的作用。可以设想，此时学生得到的是有关对榜样人物的‘了解’或‘形象’。由于榜样人物是一个受人钦佩的人物，因此在这一形象中的情感成分完全是一种正面的情感。随后学生模仿与榜样人物相同或类似的个人行为选择，结果他们可能也获得了强化。当然，这类态度主要是因为先前看到对这些人物的奖励，即通过替代强化而建立起来的。由此获得

① Gagné，R.，*The Conditions of Learning and Theory of Instruction*，p. 232，1985.

的态度并不限于榜样人物所表现出来的特定行为，还可能会扩展到其他的行为或其他的情境中去。”①

在有关模仿学习对态度影响的研究中，心理学家还进一步发现，模仿学习可以在多种情况下发生，而并不一定限于真实的人物的出现。在电影、文学作品中所描绘的那些人物连同对他们的成功史的描述，也将是人们追随和仿效的榜样，从而引起人的态度转变。从年龄上看，父母是向幼儿传递态度的最早的模仿对象；入学以后教师成了学生模仿的榜样；到了青春期，同辈人中的那些榜样人物会成为青少年解决价值观念冲突的主要决定因素，青年人的许多态度往往是从自己敬佩的同学身上获得的；到了成年期，认可和选定榜样人物将会同个人的社会角色相关联，此时榜样人物的可信度将是决定态度改变的主要因素。

很早以来，美国耶鲁大学的一些研究者就一直关心着不同的交流内容将对态度的改变起何作用。一般人认为，简单的劝说不能使人回心转意，那么如果给这种简单的劝说作出各种引申或扩充，如在你的奉劝中提出有说服力的论据，或摆出困惑的正反理由，或在你的规劝中富有感情色彩，或在你的劝说中含有一定的威胁，或在你的奉劝中忠告对方某些特定的结局，是否会取得更有效的结果？实验的结果却发人深省，凡此种种信息对于态度的改变并无明显的作用。与此相反的是，这些研究人员发现，倒是传递这些信息的人或信息源的特征，在影响态度的改变中起着相当重要的作用。20世纪70年代初，特里安蒂斯将这些能够影响人的态度改变的传递者的特征概括为：（1）外表上的魅力；（2）象征着地位的着装和谈吐；（3）劝说者的年龄、种族与国籍；（4）劝说者的态度；（5）获

① Gagné，R.，*The Conditions of Learning and Theory of Instruction*，p. 234，1985.

悉劝说者过去的行为得到奖励或惩罚的证据。

沿着这一研究路线的态度理论家一般都强调劝说者对态度改变的重要性。例如，凯尔曼曾提出，要使态度能够得以有效地改变，第一，传递信息的人当具有一定的权力，从而向听者传递了一种“屈从的交流”（compliance communication）；第二，传递信息者受人尊敬和敬佩，从而使听者产生一种“认同的交流”（identification communication）；第三，传递信息者是某一方面的权威，因而具有更高的可信赖度，从而促使听者形成一种“内化组合”（internalization combination）的交流。当加涅谈到这方面的研究成果时，他认为，不管我们可能发现哪种交流形式可能最有效，但大量的证据则表明，这些效果在信息提供者的影响面前都将黯然失色。信息提供者显然是人的榜样的另一个名称。因此给人以最有启示的是，从对态度问题的不同界定及不同的探讨途径出发，经两条甚至更多的不同研究路线所得到的一致意见是，人的力量在态度的学习与改变中是一个至关重要的条件。

三、影响态度的学习与改变的内外条件

在对有关态度的性质，以及引起态度的学习与改变的众多观点和理论有所了解之后，现在我们可以来看看加涅最终为态度的学习结果的产生所概括出的一些内部及外部的学习条件。

内部条件　在加涅看来，同其他各类获得的能力一样，态度的形成或改变也需要建立在学生内部业已具备的一些前提能力基础之上，而这些内部的有关前提能力便是与建立某种态度有关的各种智慧技能、概念及言语信息。

加涅指出，如果学生要获得对一类事、一类客体或一类人的态度，那么他们必须首先具备态度所指向的这一类事、一类物或这一

类人的概念。例如，如果态度所指的对象是爱沙尼亚人这一民族，那么在学生的记忆中必须首先具有爱沙尼亚人这一概念，否则在传递这一态度的情况前，必须首先要通过教学来建立起这一概念。同样，如果态度所指的对象是可卡因这类有毒的药物，那么在学生的头脑里必须首先具备这类有毒药物的概念。

正如我们在前面已经指出，在加涅看来，人的榜样作用在影响态度的形成与改变中起着极其重要的作用，因此从这一基本的观点出发，加涅指出影响态度学习的第二个重要的内部条件是，学生已经获得了这些榜样人物的概念。如果在从事态度学习时，学习已具备对一些榜样人物的概念，那么教师只需选择那些相应的有吸引力的、有权威性的或可敬的人物就可以了。如果学生还不具备这些榜样人物的概念，那么教师必须在传递某种态度前，首先在学生中间建立起这些榜样人物的感染力。

鉴于态度最终将影响到人的行为选择，因此与人的行动有关的另一些智慧技能也是一些不可缺少的条件。如果教师要培养学生喜欢使用某些科学的实验方法，如果教师要促使学生喜欢使用电脑这类工具，那么在建立这些积极的态度之前，学生必须已经学习了一些特定的实验方法，已经了解如何操纵电脑这类智慧技能，否则，要达到建立所谓积极和持久的态度目标可能还是会落空。

除了上述这些属于智慧技能范畴的认知技能外，在加涅看来，有关的言语信息也是构成态度学习的一种重要的前提，因为人的行为选择总是在一定的情境中发生的。例如，如果我们希望建立的态度是开车前拒绝喝含有酒精的饮料，那么对于喝含有酒精的饮料将会发生的情况的了解也是十分重要的。

在强调人的认知（包括有关的概念和信息）在形成或改变人的态度中是一种必要的前提的同时，加涅也强调，不能将建立某些态度看作仅依赖于这些概念的学习或信息的了解。“这些学习本身并不产生态度的学习或态度的改变。例如，学生可能获得了许多有关种族特点的新概念，或获得了大量的有关种族风俗的信息，但学习这些东西可能并不造成任何的态度改变。概念和信息仅是必要的内部条件，但它们并不是引起态度学习的决定性事件。”①

外部条件 在谈到有利于建立态度的一些外部条件时，加涅认为，尽管根据态度改变的多种理论，我们可以通过经典条件反射或强化相倚件的安排来塑造或改变人的态度，但同人的榜样作用相比，这些方法都有一定的局限性。在他看来，就态度的学习而言，人的榜样作用是最为普遍适用的，因而是态度学习最有效的途径。

在谈到人如何从榜样人物身上获得一定的态度时，加涅强调，应安排如下这些事件：②

（1）呈现榜样人物，建立起榜样人物的感染力以及对榜样人物的可信度；

（2）学生能回忆起与某一态度适用的情境的有关知识，即先前提及的那些有利于态度学习的内部条件；

（3）榜样人物向学生表现或传递了自己的个人行为选择；

（4）榜样人物向学生表现或传递了因自己的行为而得到的某种满足或愉快，从而在学生身上产生了某种替代性强化的效果。

在谈到人的榜样对建立态度的影响时，加涅再次强调这种形式的多样性。例如，文学作品、历史材料、电视或戏剧这类作品中的人物都有可能成为人模仿的榜样，而且他还特别提到在班集体中开展的对涉及某种道德或价值观念的讨论。“学生的讨论将会提出各种各样的态度，而且有时会提出一些冲突的态度。每当个人对自己个人行为的选择提出了某种观点时，可能会起到某种表率作用。这

---

① ② Gagné，R.，*The Conditions of Learning and Theory of Instruction*，p. 237，p. 238，1985.

种讨论一般会导致为整个集体所不能接受的那些极端的态度，而更为重要的是，这种态度的交流会越辩越明。教师或讨论的组织者（他们仍然起到了榜样的作用）在这一过程中也可帮助建立起某种理想的态度。从讨论中得出的一致意见不仅可以使大多数学生甚至所有的学生得到满足，而且还可能有某种直接的强化和替代强化。为社会所认可的态度，以及这类态度的改变往往是从这类事件中所产生的。我们可以看到，仅向学生传递某种言语信息而没有榜样人物的出现，同集体讨论对改变态度的有效性形成了对照。"①

尽管加涅强调人的榜样作用在态度的形成和改变中的重要性，但他并没有看轻强化在其中的重要性。在他看来，"无论态度最初是否通过榜样向学生传递，态度的建立都因由于对其中个人的行为选择的直接强化而得以增强"②。正如早先我们所提到的，获得某种熟练行为的人将对这类活动产生积极的态度，成功的体验、人的预期的实现是建立起某种积极态度的一个有力的因素，而缺乏成功的体验将使人对这类活动产生消极的态度。因此，在加涅看来，在态度的学习中，给个人的行为选择以各种不同的奖励和强化也是一个不应忽略的问题。

---

① ② Gagné，R.，*The Conditions of Learning and Theory of Instruction*，p. 239，1985.

第八章
确定作业目标

确定一门课程、一个教学单元，乃至一堂课的教学目的，对于教材编写者、课程标准的制订者和广大的教师来说并不陌生。他们往往会对教师，而教师往往又会对自己的学生提出诸如此类的目的："使学生能够理解什么"，"使学生能够懂得什么"，"使学生能欣赏什么"，"使学生能够热爱什么"。那么，当你提出这类目的时是否考虑过这样两个问题：第一，你提出的这些所谓的理解、懂得、欣赏、热爱，是否向旁人确切地传达了这些目的的含义？例如，当你提出"使学生能够理解国籍这一概念"，对你来说可能是意味学生能够将国籍和出生地这两个概念区分开来，但对某个教师来说可能理解为学生能够准确地说出它的定义。第二，你提出的这些教学目的最终是希望在教学之后转变为学生的某些能力，那么结束了你的教学之后，你将依据什么标准来断定这些目的已经达到了？显然，传统的确定教学或教育目的的做法，在向别人交代时，既没有向人传达一个与你相同的观念，也缺少一个衡量目的是否达到的客观标准。

鉴于这些情况，加涅在论及自己的教学设计的思想时，一开始就以"确定学生的作业目标"来替代传统的制订教学目的的做法。从表面上看，这似乎是更改了一种说法或换了一个术语，但在我看来可能隐含着他的这些思想：第一，通常提出的教学目的当然最终是企图通过自己的教学，使学生的能力朝着这一既定的目的发生某种转变，但是，如果教师或教材编写者只限于自己确定目的，那么这可能只是一种游离对象的自我设定或愿望；第二，提出这种转变的更重要的原因则是，加涅企图改变以往这种做法的含糊性和不精确性。他说："我们把作业目标界定为是对某种能力作出某种精确的陈述，因为如果学生获得了这种能力，就可以作为一种作业而观察到。"① 也就是说，加涅希望通过在教学开始之前就明确地规定，在教学之后学生能做什么来替代过去教学工作者的主观愿望，由于规定了学生能做什么，就可以向别人作出明确的交流，又可对此作出观察，因此这样做不仅避免了交流上的含混不清，也为评定这种目标是否达到提供了客观的标准，而有关这方面的反馈对于改进和修订原有的教学设计是极为重要的信息。

---

① Gagné, R., Briggs, L. J., Wager, W. W., *Principles of Instructional Design*, pp. 126-127, 1992.

一、制订精确的作业目标

加涅指出："作业目标只有在向别人交代了对实际达到的情况须作何种观察时，才称得上有精确的描述，若不能使别人想到如何实现这类观察，那么这样的陈述便无精确性可言。"① 为此，他曾举例道，如果教师提出"使学生能够认识绝大多数植物的生长都需要阳光"，那么，这种陈述就没有表示或隐含可对这种结果作何种观察，因这里提出的"认识"是一种描述人的内部状态的术语，而内部状态是不可能直接观察到的。反之，如果教师提出"使学生能证明阳光会影响大多数植物的生长"，那么在这种陈述中，则含有教师必然要去考察学生表现出他知道阳光和植物生长关系的一些实际情况，因为"证明"必然会涉及种种可观察的举动，从这种观察中我们可以推论原先提出"认识"这一目的是否已真正达到。

根据行为目标规定教学目的并非加涅首创，早在20世纪60年代初期，马杰（Mager，R. F.）就为制订这类目标提出三种成分。马杰认为，一个写得好的教学目标应当含有：

（1）规定学生达到目标后将表现出来的行动；

（2）描述与学生的行动有关的条件；

（3）说明学生必须达到的作业标准。

不过，在加涅看来，在一个完整的作业目标的陈述中，当含有以下五个方面的成分：②

（1）执行作业所处的情境；

（2）获得的能力类型；

① ② Gagné，R.，Briggs，L. J.，Wager，W. W.，*Principles of Instructional Design*，pp. 126-127，p. 127，1992.

（3）作业的对象；

（4）运用能力时采取的特定行动；

（5）与作业有关的工具、限制及一些特定的条件。

他把上述五个部分称为制订作业目标时应遵循的惯例或常规。

从上述这五部分目标的惯例中我们可以看到，加涅赞同马杰所说的在作业目标中当含有描述学生达到目标后表现出来的行为动词（action verb），并把它放在自己列出的五部分目标惯例中的第四条，但加涅在这里作了一明显重要的修正。在他看来，在陈述学生的作业目标中还应含有对学生获得的能力作出描述，即还应增加一个能够描述能力类型的能力动词（capability verb），因为行为动词本身并不传达这一行动属于何种能力类型。例如，他举例道，“写”对于一年级的学生来说，可能是在作业本上抄写一段给出的句子；对于五年级的学生来说，可能是把教师给出的主语、谓语、宾语结合起来造一个句子；对于八年级的学生来说，可能是为描写一呈现的情景而构思出一个句子。同样是“写”，但它们可能代表了完全不同的能力。此外，加涅还认为，能力动词代表了一种新的达到的能力，而行动动词常常是指学生已经知道怎样做的某个动作。例如，要求学生能够指出（行为动词）一图形与标准图形是否一致，以揭示他能否辨别（能力动词）长方形，这里“指出”这一动词是学生业已掌握的动作，而“辨别”则是学生真正要获得的能力。由于在作业目标中仅含有一个行为动词，不能充分体现学生将要获得的能力类型，因此，为减少这种不明确性，加涅认为可以在目标中含有一个能对获得的能力作出证明的指标，即增加一个描述能力类型的能力动词。表 8-1 便是加涅为早先提出的五种智慧技能亚类及其余四类能力所规定的一些标准动词。在他看来，使用这些动词可对五类学习结果作出明确的分辨，这样，预期的学习结果不仅可以清晰地向别人交流，而且也使教学设计者在开始制订教学目标时，就已对与这些学习结果的类型相适宜的学习条件有清醒的意识。

表 8-1 描述人的能力的若干标准动词及含有两类动词的目标举例

能力	能力动词	例证（加点部分为能力动词 画线部分为行为动词）
1. 智慧技能		
(1) 辨别	辨别（discriminate）	经比较能辨别法语中的 u 和 ou。
(2) 具体概念	鉴定（identify）	说出名称来鉴定植物的根、叶、茎。
(3) 定义性概念	分类（classify）	参照定义对家庭这一概念分类。
(4) 规　　则	证明（demonstrate）	解答应用题以证明会做正负数的加法。
(5) 高级规则（问题解决）	形成（generate）	综合适当的规则以形成描述一个人在担忧情境中的行为的短文。
2. 认知策略	采取（adopt）	采取想象美国地图的策略，列出回忆起的各州名。
3. 言语信息	陈述（state）	以口头语言陈述 1932 年总统选举中的主要争议。
4. 动作技能	执行（execute）	执行将汽车退到公路上的操作。
5. 态度	选择（choose）	选择玩高尔夫球为消遣活动。

（引自 Gagné，R.，1992）

对于马杰提出的在教学目标中当含有与行为有关的条件，加涅则作了一些更具体的补充，指出这些条件可以是作业发生的情境、作业作用的对象、作业执行时所使用的工具或对作业外加的限定条件等。在加涅看来，在目标的陈述中当含有对作业发生的情境作出规定，因为学生的作业性质与情境高度相关。例如，如果要求学生“学会打一封信”（这是打字课程中经常提出的教学目标），那么是提供已经拟好的信件文本要求学生打字，还是仅提供一些有关的信息要求学生自己起草一封回信再打字，这是在检查两种不同的习得能力。前者仅要求执行一种动作技能，而后者则是一个解决问题的过程。因此，在目标中须对情境的特征有明确的规定。关于在目标的陈述中应当含有作业的对象，加涅的理由是，作业的对象表明了学生的作业内容。例如，如果习得的能力是求两个三位数之和（规则），那么当把这一目标陈述为“证明（能力动词）能计算（行为动词）两个三位数的和（对象）”。至于在目标的陈述中，为什么还要规定使用的工具或提出其他一些限制的条件，在加涅看来，这主要是旨在表明对主要技能作业规定和评价之前，它们是一些已经获得的前提技能。例如，在提出“使用 IBM 电动打字机打一封拟好的信件”中，要评定的主要技能是打字（动作技能），而不是评定是否会操纵这种型号的打字机，操纵这种型号的打字机的技能必须已经掌握。至于对作业提出某些限定条件的一个实例是规定了作业的标准，如在规定的时间打完一封信，而错误又不得超出三处等等。这种情况更多地用于评定作业的熟练程度。也许有人会认为，加涅的五部分作业目标似乎太烦琐，但我们不得不承认，他的五部分作业目标在更加明确地体现学生将要获得的能力方面，在使我们评定这些能力的可操作性方面，无疑都大大改善了。

二、规定五类能力的作业目标的适例

为了有助于读者对获得的五类能力能够制订出含五部分的作业目标，我们在这里选取加涅提及的有关适例，以供大家在制订同类目标时参照。我们首先从智慧技能的五个亚类开始。

辨别 辨别的作业总是同人能够看出、能够听出或能够触摸出刺激之间的相似或差别有关。除了生理上有缺陷可能会失去某一方面的辨别能力之外，大多数人能学会辨别自己周围世界的许多方面。但是，不管这种能力涉及的对象有多么广泛，不管它是通过哪个生理渠道，最终与这类能力关联的动词只能是“辨别”或“分辨”（discriminate）。下面便是加涅提供的两个适例。①

> 提供三个平面图形，其中两个相同，一个与它们不同（情境），要求指出（行为动词）其中一个不同的图形（对象），以示能对它们作出辨别（能力动词）。
>
> 提供字母 b 及一些与它相类似或相同的字母 d、p、b、q（情境），告知给其中相同的字母打上圈（行为动词），以示能辨别（能力动词）字母 b（对象）。

具体概念　具体概念要求学生能够对一类客体的多个实例作出鉴定。比如，我们怎样知道学生理解“杯子”这一概念？当然我们可以让学生对这类事物作出描述。有时学生知道这一概念，但不能对它作出描述，在这种情况下我们可以通过实物的选择或图片的识别来确认。尽管方式方法不同，但这种能力都与“鉴定”有关。下面是加涅为要求作出多次辨别一个具体概念而提出的目标。②

> 提供十张有关腹部的 X 光片（情境），要求用蜡笔圈出（行为动词）X 光片上的胆囊（对象），以示能鉴定（能力动词）它。

定义性概念　如前所说，定义性概念是对客体或事件作出分类的规则，这种以定义表达的规则表达了各概念之间的关系和功能，与定义性概念有关的能力动词是“分类”，即学生表现出来的行为应当是，根据这些定义的描述能对某些实例作出分类，或在分类时使用了这一概念。

对于“边界”这一定义性概念，加涅为其制订了如下这些不同的目标：

> 在要求说出什么是边界时（情境），能参照其定义对边界

---

①② Gagné, R., Briggs, L. J., Wager, W. W., *Principles of Instructional Design*, pp. 130-131, 1992.

进行描述或举例（行为动词），以示能对边界（对象）作出分类（能力动词）。

处理这类目标的另一种方式是看学生是否能再认“边界”这一概念的特征，因此加涅又将这一目标改写为如下这种形式：

提供的实例描绘有的有表示某一领域范围的线条，有的没有表示某一范围的线条（情境），要求能选出（行为动词）与定义相吻合的实例（对象），以示能作出分类（能力动词）。

观察学生是否已经把握某一定义性概念的另一种方法是，看他是否会在句子中适当地使用它。例如，如果学生能对边界这一概念造出这样一个句子，“湖的边界就是它有水时的湖岸线”，那么我们当然可以认为他已掌握了这一定义性概念。

规则　前已提及，在加涅看来，规则是一种支配人的行为的内在能力，它使人能够对规则中提及的各概念间的关系作出证明，因此同这类能力有密切联系的能力动词是“证明”。下面是加涅为制订规则目标所提供的一个适例：

给出 10 个需要用短除法的算式（abc/d）（情境），要求在没有任何帮助的条件下（限制），对其中 90%的算式能计算（行为动词）出准确的答案（标准），以此证明（能力动词）会使用短除法（对象）。

问题解决　我们已经知道，加涅将问题解决界定为学生须选择和使用已有的概念和规则，以便找到解决新的、首次遇到的问题的办法。在解决问题的过程中，学生将获得某种高级规则。我们之所以称这一新形成的规则为高级规则，是因为它们综合了这些已有的概念和规则，随后学生可以使用这一高级规则来解决同类的问题。由于这里我们预期的学习结果是能对这些已有的概念与规则之间的关系作出表述，因此在制订这类能力的作业目标时，加涅关注的是学生建构了什么，这样他采用“形成”（generate）这一能力动词来推论这种能力是否已达到。他为这类目标提供的典型一例是：

> 对提供修建一操场计划的描述（情境），能形成（能力动词）修建任务所需的时间与用工人数之间关系的表述（对象），将这一规则向老师作出（行为动词）口头报告。

加涅在谈到为解决问题制订作业目标时曾强调指出，这类目标的制订不太容易，因为解决问题的技能通常不是正式教授的，大部分教师往往只是提出问题，然后看学生是否具备了这种技能。因此对于教学设计的新手来说，在制订这类目标时当清醒地意识到，若提供给学生规则，然后要求使用，那么这种技能只是规则学习，若必须要求学生形成新的规则，或要求形成已有规则的综合，那么这种技能才是问题解决。

认知策略 如前所述，加涅将认知策略界定为调节其他学习过程的内在控制过程，并描述了不同类型的认知策略，如注意策略、编码策略、提取策略，以及解决问题的策略。在加涅看来，不管认知策略是通过何种途径获得的，就陈述这类能力的教学目标来说，其主要的能力动词当是“采取”（adopt），即学生总是能够使用过去曾奏效的现成策略，将这类策略作为有效的调控过程，来促进同特定的学习任务有关的其他过程。下面是他为陈述编码策略的目标提供的一个很好的实例：

> 提供10个术语（情境），要求能在30秒内不用机械记忆的手段（限制），采取（能力动词）关键词记忆术（对象）记住（行为动词）这些术语，并至少保持48小时。

言语信息 言语信息是指能用言语来表述客体的名字或某一事实及命题这类信息，现代认知心理学家称之为陈述性知识（declarative knowledge），也是旨在强调这种知识的特有特征是陈述。按照加涅的观点，应将学习言语连锁和学习言语信息区分开来，前者属于联想学习的范畴，即在整个言语连锁得以建立起来之前，必须预先掌握这一连锁中的各个部分。个体形成的言语连锁可以很长，并可以逐字逐句回忆出来，但对其中的词义可能并不理解。而言语信息则与此相反，它往往涉及一系列有相互关联的命题。因此，加涅在制订这类能力的作业目标时采用的能力动词是“陈述”，而且为了避免学生在这类学习中可能会出现的机械记忆，以及教师也可能会据此作为评定学生是否达到这类目标的标准，他在这类目标中往往增加了“以自己的语言来表述”这一条件，以及在提问中最好避免使用与学习这类材料中雷同的语言，以便揭示学生是否以有意义的方式来把握这些信息。下面是他为制订这类作业目标提供的一个适例：

> 提出一言语提问（情境），要求在无参考资料的情况下（限定条件），以口头或书面报告的形式（行为动词）陈述（能力动词）南北战争的三个起因（对象）。

动作技能 如前所述，加涅将获得肌肉运动的灵活性、精确性和协调性看作这类学习能力的主要指标，尽管其中需要认知成分的参与，但最终期望的行为结果是，正确连贯地执行这一系列的反应动作，因此他把“执行”（或完成）作为与这类能力最贴切的能力动词。他为这类能力制订的作业目标如：

> 在游泳池3米跳台上（情境），能完成或执行（能力动词）镰刀式跳水（行为动词），做到动作连贯流畅，入水时身体垂直（限制）。

态度 当人们希望学习的结果是形成某种态度时，总希望学生能表现出某种个人的行为选择，因此加涅认为制订这类能力的目标时所用的能力动词当是“选择”。他提供的这类目标的典型一例是：

> 在同伴服用有毒的药物时（情境），即使他人纵容也能选择（能力动词）拒绝用药（对象）。

第九章
分析学习任务

对教学目的作出明确的作业上的界定，为交流和评定各种不同的学习结果提供了明确而客观的标准，但它本身并未引出为达到这些目标所需的系统信息。因此，在加涅的教学设计思想中，随后便提出还须对学习任务进行分析，以期从中了解为达到任何一种既定的目标所需经历的步骤以及需要掌握的前提技能。他称一课、一单元、一学期要达到的最终目标为靶目标（target objectives），而称达到靶目标前预先要达到的那些前提目标为使能目标（enabling objectives），而适用于从靶目标中确认或分解出使能目标的主要技术是序列任务分析（procedural task analysis）与学习任务分析（learning task analysis）。

一、两种不同的分析技术

如上所述，对学习任务作出分析主要有两种技术。所谓序列任务分析，有时又叫信息加工分析（information processing analysis），是旨在“对执行某一任务的步骤，如更换轮胎或结算支票簿的过程中所含的一系列步骤作出描述”①。加涅曾举例道，假定我们现在提出的学习任务是要学生“以指定的不定代词作主语造句”，那么通常可以认为执行这一任务当含有如下一系列的步骤。②

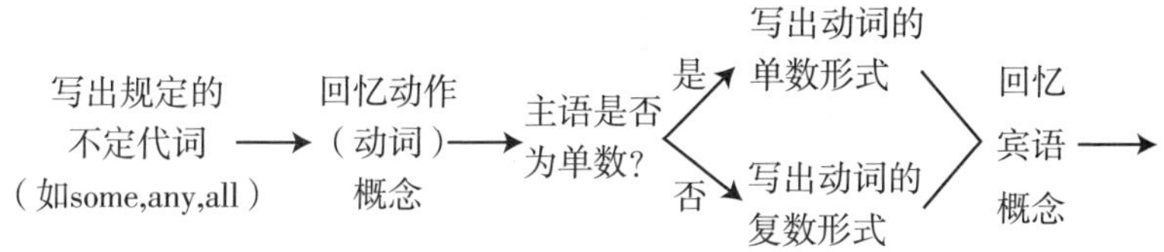

图 9-1　以规定的不定代词造句过程中所含的一系列步骤

从图 9-1 我们可以看到，这类分析实际上是将学生为完成一任务时必须执行的一系列步骤给分析出来，这种分析的技术不仅揭示了一些可以从外部观察到的步骤（如写出不定代词），而且还揭示了一些内在的心理步骤（如回忆某个动词，对这一动词究竟是使用单数还是复数的形式作出决断）。因此，这种技术超越了可以观察到的行为，考虑了在整个任务完成中的一些智慧技能的成分。为了对这些步骤中的行动与决断作一区分，通常利用像图 9-2 这类信息加工的流程图来予以表示，其中一般以梯形框代表输入，用长方形框代表一系列行为步骤，而用菱形框代表其中的选择或决断。图 9-3 则是加涅对两位数减法所作的另一个序列任务分析。

---

①② Gagné，R.，Briggs，L. J.，Wager，W. W.，*Principles of Instructional Design*，p. 147，1992.

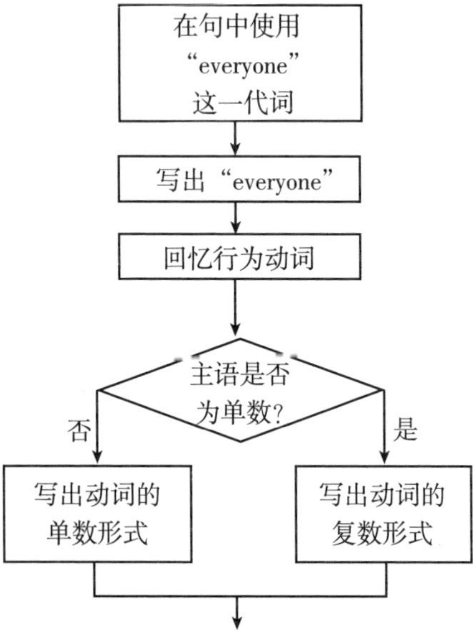

图 9-2　适用于靶目标以“everyone”为主语造句的流程图的开始部分（引自 Gagné，R.，1992）

加涅认为：“从信息加工分析中，我们可以得到两类基本的信息。第一，这种分析以及由此而得到的图解，对执行靶目标中所含的一系列有序的步骤提供了清晰的描述。例如，图 9-3 描述了执行两位数减法的一系列有序的步骤。这种描述传递给我们的信息，要多于‘给出两个两位数，证明会做减法’这种目标陈述向我们传递的信息。程序流程图使教学设计者可以来确定向学生介绍这种靶作业的顺序。信息加工分析的第二个用处，在于它揭示了一些可能不明显的步骤，特别是一些决断步骤，因为它们毕竟都属于一些内部加工的情况而非外在的行动。如图 9-3 中标明的一些决断，意味着学生必须能够对两个数的大小作出区分才能执行这一减法任务。如果学生还不了解，这便是必须要获得的一个特定技能，这样它也就成了构成两位数减法整个任务的靶目标之一。”①

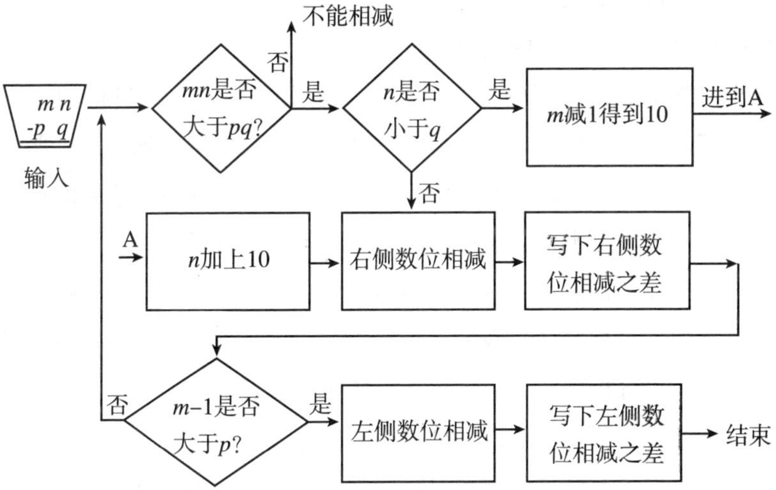

图 9-3 两位数减法的信息加工分析（引自 Gagné，R.，1992）

对于使用信息加工分析这一技术有何用处，加涅的这段话已经说得够明白了，我仍想在这里作一些补充。第一，使用信息加工分析的技术来揭示在完成既定的学习任务中将会经历哪些有序的步骤，这只能在已掌握该任务的老手身上获得，对于要学习该任务的新手来说，其中必定会有某些或全部的环节尚未把握，因此不可能得出这种连贯的“描绘”。第二，将从老手身上得出的执行步骤同特定的新手来作一对照，便可发现新手尚需要学习的特定技能。第三，相对总任务或既定的靶目标而言，它的各个环节均是它的使能目标，即都需要在达到这一靶目标之前预先就已达到，但同特定的新手对照，可能是全部也可能是局部的使能目标尚未达到。当加涅把它（或它们）称为靶目标时，是否有点逻辑上的混淆？读者也许

① Gagné，R.，Briggs，L. J.，Wager，W. W.，*Principles of Instructional Design*，pp. 148-150，1992.

会问：它（或它们）原先是完成既定任务的使能目标，怎么现在又称之为靶目标了呢？对此作出解释的理由很简单：靶目标与使能目标的身份在整个教学的进程中是可以经常变动的。当我们说某一目标为一既定的靶目标的使能目标时，是指它是登上靶目标的一级“台阶”，而当我们发现这一台阶本身还尚未为学生所到达时，那么它本身又成了下一台阶所仰望的靶目标了，而且现在要达到的靶目标在今后的学习中也可能成为后继学习的使能目标。

现在我们把话题仍转回到加涅的思想上来，在完成了对靶目标的信息加工分析之后，我们还应当做些什么？加涅指出：“在完成了信息加工分析之后，应将各部分技能写成五部分的作业目标，这样它们就成了课或一些课的靶目标。在写五部分目标时，要求教学设计者根据学习结果的类型对这些靶目标作出归类，这样就可能从事第二种任务分析，即学习任务的分析了。”① 在这里我仍要作以解释。按照加涅的说法，要将信息加工后得出的各个环节（即部分技能）全都写成五部分目标，以作为课的靶目标，这是针对新手而言的，因而这一说法对教材编写者管用，而对于我们前面提到的学习计算两位数减法的学生来说，他们对数的概念、比较数的大小，甚至简单的一位数的加减均已掌握，因此对执教的教师来说无须这样大动干戈，教师只要注重其中尚未被学生掌握的环节，如对减法中借位的概念及借位的规则再作学习任务的分析。

为了说明如何运用学习任务分析的技术从靶目标中再分解出它的使能目标，我们来考察加涅对“任意整数的减法”这一任务所作的分析。加涅设想这一任务表现为如下四种问题形式（但在我看来，这一设想来自对任意整数相减的信息加工分析）：②

---

① ② Gagné，R.，Briggs，L. J.，Wager，W. W.，*Principles of Instructional Design*，pp. 150-151，1992.

a.	b.	c.	d.
473 −342	2 132 −1 715	953 −676	7 204 −5 168

上述四种问题形式实际上代表了在对任意整数相减作信息加工分析时将会遇到的四种不同的形式（部分技能）：无需借位、隔位借位、连续借位、越过 0 的借位。对于揭示出来的靶目标再作一次分析，又可发现它们都以任一数位中只作一次借位为前提……这样不断地分析下去便可得到图 9-4 所示的这一学习层级。因此，加涅在谈到

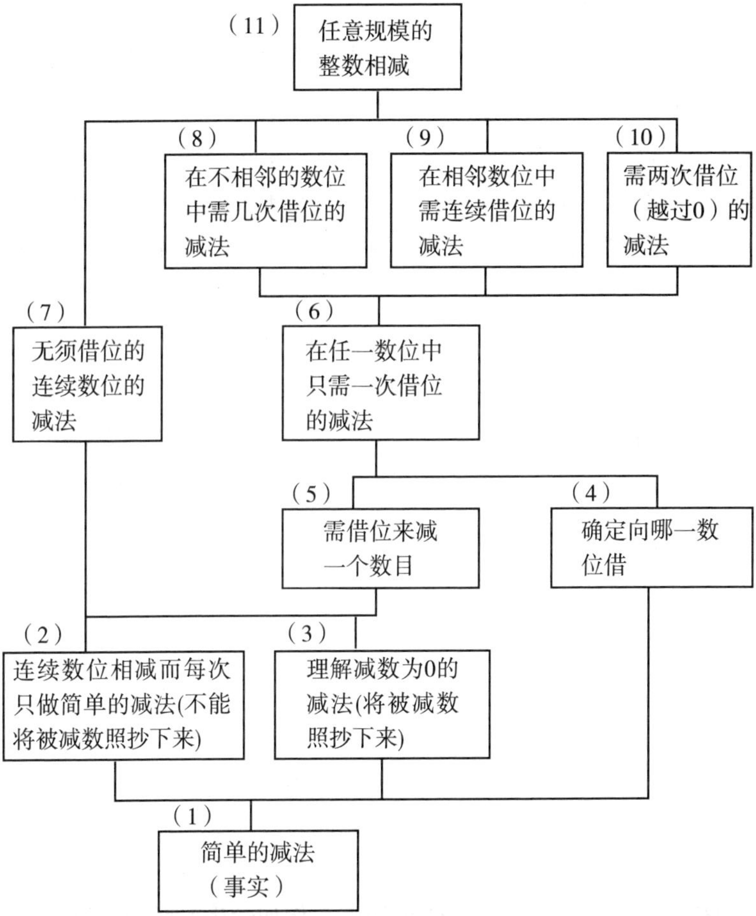

图 9-4　任意整数相减的学习层级（引自 Gagné，R.，1992）

学习任务的分析时曾指出，教师或课程设计者可以向自己提出这样的问题：为了要学习这一技能，学生必须具备哪些更简单的技能？一旦确认出第一批从属技能后，再次对这些技能提出同样的问题来重复这一过程，这样便可从中分析出越来越简单的从属技能。至于究竟应该分析到哪一层次为止，加涅认为，对于一般的教师来说当以学生的实际情况而定，即只分析到学生已经掌握而无须再学的层次，但对于课程设计人员来讲，对某一靶技能作出完整的分析则有助于他们设计教学的顺序。

在结合实例对两种分析技术作出介绍后，现在有可能来总结它们之间的联系和区别了。在我看来，当信息加工分析以某一学习任务（即总技能）作为自己分析的起点时，是企图揭示构成这一总技能的涉及范围，而当学习任务分析以这些子技能作为自己的分析起点时，是企图在这些划定的范围内营造一个学习的先后次序。前一分析的终点是后一分析的起点，两种分析技术在此完成“交接班”，分工合作的结果是，为获得某一总技能设计了一个需通过不断综合下位技能来逐步逼近它的层层台阶。

尽管通过两种分析技术可分解出直接影响某一总技能获得的前提能力，从而为教师或教学设计人员标明通向它的路径，但在加涅看来，学习某一任务还将受到个体先前已经获得的另一些能力的影响，为了对这些不同的前提能力作一区分，他称前一种前提能力为基本前提（essential prerequisite），而称后一种前提能力为支持性前提（supportive prerequisite）。他曾以学习德语需对句中某个名词加上定冠词这一任务为例，说明学生要学会这一任务应当具备：（1）能鉴定这一名词的性；（2）能鉴定这一名词的数；（3）使用与上述情形相符的语法规则。所有这些能力意味着它们是一些基本的前提，不预先获得这些能力就不可能正确地执行这一任务。但这一学习任务还受到其他一些能力的影响，例如学生对学习德语有积极的态度，学生在回忆某个名词的词性时会使用到某种认知策略，如每当遇到一个生词时，会把它与代表阳性、阴性、中性的视觉表象联系起来。由于这些能力的存在可以使现在的学习更易更快，因而加涅称它们是支持或有助于现在这一任务学习的支持性前提。加涅认为，对于每一学习任务，我们都需要鉴定出它的基本前提和支持性前提。由于每一学习任务代表的能力各不相同，因此它在这两类前提方面也各不相同。这也意味着教师或教学设计人员在分析学习任务之前，首先应对任务作出学习结果的归类，然后才能从事鉴定它的前提工作。在下一部分，我们将介绍加涅为五类不同的学习结果所提供的前提分析。

二、对五类学习结果的前提确认

加涅曾以表 9-1 的形式对五类学习结果的基本前提与支持性前提作出概括。在我看来，这一表格实际上代表了加涅在向教师或教学设计人员说明：当你面临某一教学任务，除首先要将你的教学目的转化为学生学习的作业目标之外（当然通过它，你可以对学习结果的类型作出鉴定），你第二步的工作便是从不同的学习结果的类型出发，对达到它的基本条件和辅助条件作出分析。这好比在到达目标所规定的顶峰的过程中，你既要关注给学生注入能够拾阶而上的能量（即一些基本的前提），又要充分调动他过去已经获得的其他方面的能量来辅助他攀登。下面我们将依次考察加涅提出这一概括的理由。

表 9-1　五类学习结果的基本前提与支持性前提

学习结果的类型	基本前提	支持性前提
智慧技能	一些更简单的局部技能（规则、概念、辨别）	态度、认知策略、言语信息
认知策略	一些特定的智慧技能（?）	智慧技能、言语信息、态度
言语信息	语言技能	在意义上组织起来的一些信息、认知策略、态度
态度	（有时为）智慧技能 （有时为）言语信息	别的态度、言语信息
动作技能	（有时为）部分技能 （有时为）程序规则	态度

（引自 Gagné，R.，1992）

对智慧技能两类前提的确认　加涅指出："同其他各类学习一样，智慧技能既受基本前提的影响，又受支持性前提的影响。不过，对于这类学习来说，基本前提特别明显，而且可能直接涉及对一些课的设计。"① 关于加涅所说的智慧技能特别受基本前提影响这一点，我们在前面已作了详尽的介绍，因为在那里分析的对象都属于这一范畴。如果说常识和经验告诉我们"沙滩上建不起高楼大厦"或"学习是一个循序渐进的累积过程"，那么现在加涅则启用两种分析技术得出的"学习层级"向我们展示了这种过程在他心目中的表征。关于这一点因前已提及，这里不作赘述。关于智慧技能的学习还将受到言语信息、认知策略及态度的辅助影响，前已有所提及，这里再加以补充和强调。

言语信息为什么有助于智慧技能的学习？加涅首先说的是"因

① Gagné，R.，Briggs，L. J.，Wager，W. W.，*Principles of Instructional Design*，p. 154，1992.

为言语信息促进了教学中的言语交流”①。如果我们再向自己提问：言语交流究竟交流了什么？那么答案只能是一些与现在的学习有关的事实、一些概念与规则的称谓。因此，加涅认为言语信息可能起到的另一个作用是：它作为一种学习的背景，为提取智慧技能提供了线索。在前面论及言语信息和智慧技能时，我们主要强调了加涅对这种能力的区分，即前者仅停留在能说（陈述）的水平上，而后者则是能以这些陈述来指导自己办事的能力，而现在加涅又提出言语信息可以促进提取有关的智慧技能，这又如何理解？不难理解，对于鉴别能说不会做（即是获得了信息还是获得了能力）的情况来说，这种区分是十分必要的，由此还引出了一系列不同的习得条件，但人一旦通过练习获得了这些符号所代表的能力，它们通常是需要用言语或符号将它们贮存在头脑中的，因此每当提及它们时便可能提取到这些能力，这是事情发展后的另一种情形（关于知识如何从陈述向程序的转换请参阅本书有关部分）。

关于言语信息有助于智慧技能学习的一个适例来自怀特（White，R. T.，1974）的调查研究。怀特在设计“能计算出物体位置与时间曲线图上指定点的速度”这一学习层级中，在起始部分包括了这样一言语信息的要求，“学生能够阐明位置—时间图的斜率是速度”，“学生能够阐明斜率的单位就是轴上标出的单位”。怀特的调查表明，尽管这些能力对靶技能的学习并非是基本的前提，但对掌握靶技能是有帮助的。总之，在加涅看来，除了极初级的学习之外，大多数学习总是在一定的言语信息的背景中发生的，因此在课内应给它们一席之地。

关于学生已有的认知策略将促进他们更快更易地掌握某一学习

---

① Gagné，R.，Briggs，L. J.，Wager，W. W.，*Principles of Instructional Design*，p. 157，1992.

目标，这在前面有所提及，这里我们再介绍另一例证。加涅曾举例道：“如果学习正负整数相加的学生能使用表象的认知策略（即关于数轴的表象），那么他们的学习就可能得到促进。一般来说，认知策略有可能加速智慧技能的学习，使这些技能更易回忆，或有助于将它们迁移到新的问题之中。”① 看来，加涅的这一些话还提醒教师或教学设计人员，在制订智慧技能的学习层级时，还应对适用于现在这一学习任务的某种策略作出明确的交代。

关于态度对智慧技能的学习将起到支持的作用这一点已为广大教师所认可，因为他们经常在课内从事“端正学生的学习态度”的工作，因此这里不作赘述。

在结束智慧技能的学习将依赖两类不同的前提才能发生的话题之前，我想提请读者注意这一点：以上介绍代表了加涅对两类前提确认的理由，而对于实践工作者来说，则必须据此在自己制订或设计某一智慧技能的学习层级中予以真正体现。关于在课的设计中如何考虑到达靶目标的基本前提与支持性前提的实例，请参阅随后的介绍。

对其他各类学习结果的两类前提的确认　在谈及这一工作前，加涅首先提请人们注意这一点：“学习任务分析的基本原理同样适用于分析智慧技能以外的各种学习任务，可适用于分析认知策略、言语信息、态度及动作技能的分析，分析的目的依旧不变，即旨在确定基本前提和支持性前提，但在考虑这一基本原理应用时，其情形不仅完全不同而且也不清晰。像言语信息和态度这些能力同智慧技能有所不同，它们不是由各个从属的部分组合起来而习得的，于是，作为其他各类学习的前提往往是一些支持性前提而不具有基本

① Gagné，R.，Briggs，L. J.，Wager，W. W.，*Principles of Instructional Design*，p. 157，1992.

的性质。"①

在谈到学习认知策略的两类前提时，加涅一方面在基本前提栏上写上了"一些特殊的智慧技能"，另一方面又在旁边打上了一个问号，以此表明他自己的倾向，含有在此不能作出确定，还需进一步探讨之意。确实，关于认知策略的基本前提究竟在多大的程度上依赖于先天的因素，即随着个体的发展而发展，还是更多地依赖于后天的学习，还存在着分歧。例如，在皮亚杰的智慧发展理论中，认为成熟起着重要的作用，即不到一定的年龄，儿童不可能表现出一定的运算水平，而在凯斯（1985）的新皮亚杰理论中，也同样将成熟看成是制约儿童"执行控制结构"发展的主要因素。不过在第三章，我们已谈到，加涅同意一些低级的认知策略，如记忆的策略、组织编码的策略，通常可以通过直接训练来获得，但对于像在解决问题过程中能够调节和控制思维过程的策略，或称之为反省认知策略（属于元认知），则更多地依赖于对解决一些特殊问题的技能的概括，而这种解决特殊问题的技能和策略，又更多地与这一特殊领域中的知识结构和相应的图式有关。因此，加涅在认知策略获得的支持性前提栏上，写上了智慧技能、言语信息和态度。鉴于这一情况，如果我们要将学会认知策略作为自己的教学目标时，可能要在上述这些方面作出探索。

在谈到确定学习言语信息的两类前提时，加涅首先提出："许多学习理论都提出信息是以命题的形式得以贮存和提取的。如果是这样的话，那么学生必须已经具备按一定的句法规则来形成命题（句子）的这些基本的技能。"②但是，在我查阅他的《教学设计的原理》第二至第四版时，均发现他将这一前提归为支持性前提栏

① ② Gagné, R., Briggs, L. J., Wager, W. W., *Principles of Instructional Design*, p. 156, p. 157, 1992.

下，这可能是作者的疏忽。在第四章，我们已经谈到，学习言语信息，不管是学习单一的事实、称谓，还是学习长篇大论的文章，似乎都需要一个先前已经获得的、比较大的、有意义的信息背景，因此加涅将它列为言语信息学习的支持性前提。此外，言语信息的学习还受到使用特定的认知策略的帮助。例如，在第三章，我们曾谈到可以利用表象来帮助记忆配对的形容词，利用关键词法可以帮助记忆外语单词，利用设置问题、先行组织者可以来促进学习大块文章的要义。据此，加涅将它们都列在言语信息的支持性前提栏下。因此，如果我们认定自己的教学目标是学习某种特定的言语信息时，当参照这些前提来设计有关的教学条件。

在谈到确认态度学习的两类前提时，加涅将智慧技能和言语信息看作获得态度的基本前提。对此他解释道，如果我们要使学生对食品包装上的说明产生信任的态度，那么学生必须具备：（1）能够理解文字说明的智慧技能；（2）具有有关食品各种成分的言语信息。对于言语信息有时是获得态度的支持性前提，他作如此解释，如果人们知道酒后开车会给社会带来种种危害，那么这将有助于形成拒绝酒后开车的态度。而对于榜样人物为什么会影响人的态度形成，他作如此解释，因为榜样人物总是为人信任和尊重，因此一旦我们具有这样的态度后，就可能会影响到我们采纳榜样人物的态度。据此，他将已有的态度影响形成当前的态度列为是一种支持性前提。对照加涅的这一观点，如果我们的教学目标是要让学生形成某种态度时，那么应当提供理解、了解，以及在情感方面做文章。这里的理解既指要具备理解的能力，又包括用这一能力来了解有关的信息，而情感则是指形成对榜样人物的尊重和爱戴。

在第六章，我们谈到有许多动作技能，往往要在学习部分技能的基础上，将它们连贯成一流畅执行的整体行动，因此在这一意义上，加涅将它们列为动作技能形成的基本前提。但有时动作技能中的各个部分动作已为我们所掌握，例如我们通常已学会划臂、转头、踢水这些行为，但对游泳时要将这些部分动作按照一定的次序连贯起来执行的程序并不十分了解，因此在学习这类动作技能时，首先须掌握这种特定的“执行程序”。对于从事职业技术教学的教师，对于教练员来说，应对不同性质的动作技能的学习任务有所区分，以便决定应先选择哪一前提进行教学。

三、教学课程图：对多重目标的图示法

前面，我们着重谈到了可以采用学习任务分析的手段，来鉴别五类学习结果中任一既定的靶目标所需的基本前提与支持性前提。为了在课程设计中更加具体地体现为达到某一既定的靶目标，可能更多地要依赖于来自不同领域的目标支持，布里格斯和韦杰（Briggs，L. J. & Wager，W. W.，1981）曾描述了一种“教学课程图”（instructional curriculum map）的技术，以揭示在课程设计中将会遇到的各种不同目标之间的关系。启用这一技术同样也是先从一既定的靶目标开始，然后提问：若要达到这一靶目标当预先要达到哪些有关的子目标（或为靶目标的基本前提，或为靶目标的支持性前提）。对于其中基本前提的层级关系，仍以图 9-3 所示的形式予以表示，而对其中与靶目标有关的支持性前提，则用表示来自不同领域的特有标号来表示。

假定现在提出的靶目标是：让学生接触电脑，学生选择用电脑作为文字处理器来打印作业而不再用手工抄写。显然，这一靶目标属于态度领域的目标。从前面对态度这一学习结果所作的任务分析中我们已知道，要达到这类目标，学生当具备使用这一技能所必需

的一些智慧技能，但仅有这些技能还不足以形成这一态度，它可能还需要如下这些支持性的目标：

（1）能说出文字处理器的功能；

（2）能说出文字处理器胜过打字机的优点；

（3）能说出打印的材料胜过手工抄写的材料。

以上这些信息作为支持形成喜欢用电脑来作文字处理的态度之关系可以用图 9-5 来表示。尽管这三则言语信息的目标之间不存在着互为基本的前提关系，但仍以一定的前后支持关系来排列。此外，这

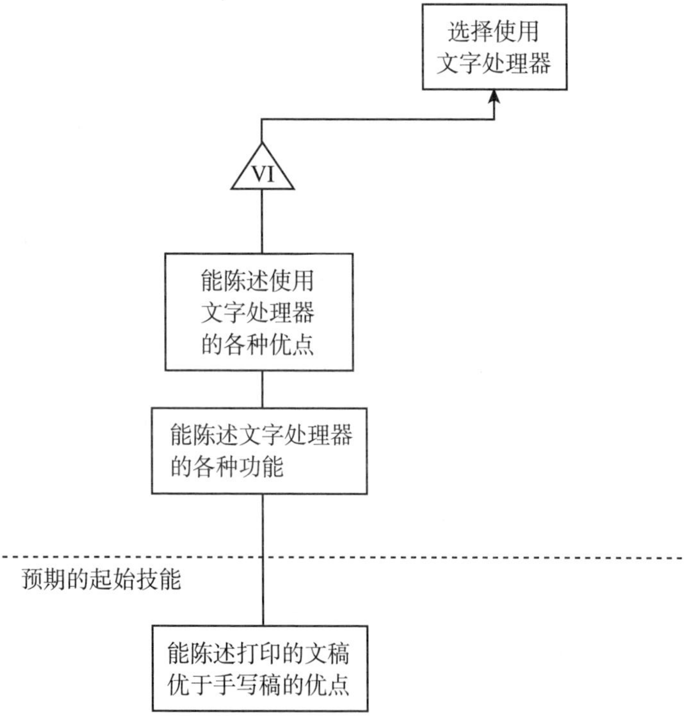

图 9-5　表示言语信息目标对态度靶目标的支持关系的教学过程图

（引自 Gagné，R.，1992）

里设想，“能陈述打印的材料胜过手工抄写的优点”已为学生所了解，故列于虚线之下，表示学生已经掌握的起始能力。在这里，这些言语信息的目标与态度靶目标之间的连线中夹有一三角形的标号△VI，表示这里为两个不同学习领域的交会处。△VI为言语信息（verbal information）的缩写，意指处于这一标号以下的目标来自于言语信息这一领域，以便请设计人员注意，在达到靶目标之前这里需要另一些不同的学习条件。

图 9-6 呈现了与形成这一态度靶目标有关的另一智慧技能的目标，即“给予一手写的稿件，证明会使用电脑文字处理程序输入、编辑及打印出稿件”。这一目标是态度靶目标的基本前提，可用在两个目标之间的连线中夹有一三角形的标号△IS来表示。IS 为智慧技能（intellectual skill）的缩写，仍表示这里为两个不同的学习领域的交会处，在这一标号以下的前提能力为智慧技能。当然，为了达到这一最高水平的智慧技能，还需要像图 9-6 中所示的那些表现为一定层级的从属技能作为自身的一些必要的前提。此外，从图中还可看到，键盘输入的技能作为一种动作技能（用三角形标号△MS来表示），也应作为输入文件的支持性前提考虑在这一层级中。

采用教学课程图这项技术，无疑可促进设计人员把来自不同学习领域的目标相互连接起来，而这种对多种教学目标设计的工作在现实情况中更易发生，它有可能使教师或教学设计人员考虑到在与达到靶目标有关的整个教学环节中，可能还存在哪些遗漏或多余的目标。

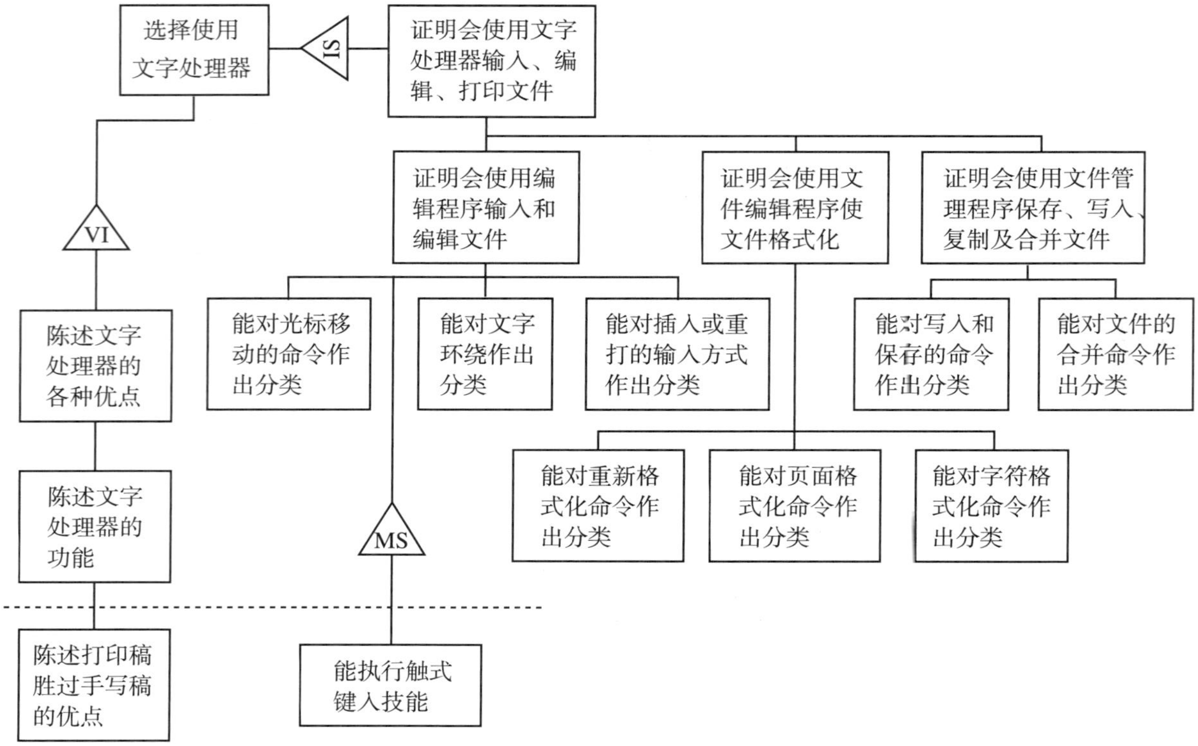

图 9-6　表示使用文字处理器这一靶目标的智慧技能的教学课程图（引自 Gagné，R.，1992）

第十章
教学顺序的设计

应当说，在第九章，已经在某种程度上谈到了加涅的教学顺序设计这一思想了，不过在那里仅谈到为达到某个靶目标的教学顺序的安排，在这里，我们将要考察加涅从课程这一更为广阔的背景下，对教学顺序设计的考虑。

学校的课程学习通常是在一段较长的时间内、众多场合下发生的，在学习某一特定的技能前需要学习有关的前提技能，而在以后的另一些场合又需要学习更为复杂的技能。因此，每当我们说到课程时，总是意指在一段规定的时间内要学习的一组指定的相关能力。加涅认为，“教育部门的一个目的便是要在某一课程中建立起能够促进有效学习的顺序”，而“有效的教学顺序这一问题总是同课程的组织这一问题密切相连”。①

在当今对课程的组织中，人们提出了三条要遵循的原则：第一，从简单的前提技能到复杂的靶技能的排序原则；第二，按照要学习的知识的意义程度来渐进地排序，因为在安德森看来，决定学生能学什么和能更快地习得什么的一个重要决定因素是学生已经习得了什么；第三，在赖格卢思和斯坦（Reigeluth，C. M. & Stein，F. S.，1983）的“教学的精深理论”（elaboration theory of instruction）中，则提出在宏观水平上来处理排序问题。这一理论认为，建立排序首先当给学生呈现要学习的某一概念、程序或原理的一个梗概，然后再给他们呈现对这些知识的扩充。不过，随后我们马上会看到，加涅在对课程排序的设计中似乎对这些原则兼收并蓄。

在尚未正式谈及本章的内容之前，我们首先要告知读者：加涅在课程设计中有一个基本观点，即在他看来，“有关排序的问题在课程或学程设计的不同水平都会遇到，而且这个问题在不同的水平

---

① Gagné，R.，Briggs，L. J.，Wager，W. W.，*Principles of Instructional Design*，pp. 165-166，1992.

之间多少有些不同”①；加涅在课程的组织中将贯彻的一种自上而下、从一般的目标进展到更为具体的目标这样一个基本的思路，即在他看来，“一旦某一课程或学程的目标被确认之后，紧接着应确认一些课程的大的单元目标，其中每一个单元可能需要好几周的学习时间。在每一个单元之下，我们还可以确认在这一单元结束或在课程结束时应达到的一些具体的目标，这些具体的目标可以体现在一些课里，而对于这些课我们还需要进一步确认它的种种使能目标”②。

为了便于了解他的这一基本观点和基本思路，在这里我们将他对课程设计中提及的各类目标的界定罗列如下③（在正文中我们也将循着这些目标层次来考察他的设计思想）：

终身目标，所学的东西在课程结束后能继续作进一步的使用；

课程终结目标，陈述在完成课程后直接可预期的那些作业；

单元目标，规定了在整个课程组织中的一些主题上所预期的那些作业；

具体作业目标，在某一教学环节上要达到的一些具体学习结果，大致相当于任务分析这一水平；

使能目标，可能是为达到特定的靶目标所需要的基本前提，也可能是为达到特定的靶目标所需要的支持性前提。

---

①②③ Gagné, R., Briggs, L. J., Wager, W. W., *Principles of Instructional Design*, pp. 166-167, 1992.

一、课程的有序组织

我们首先来考察加涅根据五个逐渐具体的教学目标，对自己为博士研究生开设的“教学设计的原理”这一课程所作的有序组织。①

1. 终身目标

在学完这一课程后，学生将继续充实自己课程设计的技能，表现为：（1）继续选修其他的设计课程；（2）寻找种种机会，将获得的技能用于需要他们修改已有的教学模式或发明新的教学模式的情境中去。

2. 课程终结目标

在课程结束时，学生将能执行或规划教学设计中从需求分析直至总结性评定这一系统模式中的各个步骤（重点：在课程的水平上能决定课程的结构和顺序，分析课程的目标；在课的水平上能确定作业目标，提出课的规划或模块，开发或选择教材及媒体，评定学生的作业）。

3. 单元目标

学生将完成以下代表课程各个单元的阶段性设计的四个连续的工作。

单元 A　学生能绘出课程组织图，标出课程的终身目标、课程终结目标、课程单元目标，并在这些不同的目标层次上配备对学习者的成就作出评估的测量。

单元 B　学生能以书面的形式提出课程中某一智慧技能目标的

① Gagné，R.，Briggs，L.J.，Wager，W.W.，*Principles of Instructional Design*，pp.167-169，1992.

学习层级，能对该技能设计出一教学图，揭示在这一学习层级中各前提技能间相互有序的关系，以及同其他学习结果领域中的目标所具有的有序联系。

单元 C　学生能以书面的形式提出一课的计划，或提出一教学模块，说明选择媒体的理由，说明为选定的各个媒体所配备的教学处置的理由。

单元 D　学生能够形成一书面的剧本，使单元 C 中提出的媒体教学处置得以实现。

4. 具体作业目标

这里仅针对单元 C 来提出一些具体作业目标。

(1) 陈述所设计的这一课的目标及使能目标。

(2) 根据不同的学习领域对目标作出归类（可能的话，还要列出这一目标的从属领域）。

(3) 列出要采纳的教学事件，对使用或不用九种教学事件提出自己的理由。

(4) 列出每一教学事件所属的刺激类型。

(5) 列出与每一教学事件相符的媒体选择。

(6) 确认在理论上认为与每一教学事件最适宜的媒体。

(7) 提出为每一教学事件最终选定的媒体。

(8) 陈述上述 (4) 至 (7) 的决断理由。

(9)（给媒体制作者）写出与各个教学事件相应的教学处置。

对于上述加涅在各级目标的陈述中提及的内容，读者现在可能还不能获得一个透彻的了解，因为对他的整个教学设计的思想我们现在还未提及过半。但是，我们借用加涅本人对自己这门课程的解剖，是期望读者能发现在他的课程组织中贯彻着从上至下、从一般至具体的这一基本思路。这一思想似乎同赖格卢思和斯坦的“教学的精深理论”中的精神相吻合。当我们站在课程这一水平上来考察它的目标时，它仅是一个相当一般、相当抽象和整体性的目标，不过我们可以制订出比它更具体的一些单元目标来表示抵达这一总目标的路径及前后迈出的步序。尽管单元目标比课程终结目标要来得具体，但对于单元目标本身又如何抵达，若站在这一层次上来看，我们依然不清楚。因此，我们需要通过制订出一些具体作业目标来充当抵达各个单元目标的台阶，在这一组织的层次上，我们可以看到一些更为具体的可以作为课的设计中所确认的靶目标。从这些靶目标出发，我们可以通过学习任务分析的手段来揭示出它们的使能目标，以至一直可以分析到与学生现在已经掌握的技能相当的水平。当然，就这一课程的终身目标而言，还需要通过其他一些相关课程的共同合作才能达到。关于这一点，加涅也谈到，在他的教学系统设计的博士课程计划中，还包括像“学习理论”“研究方法”“统计”“教学设计种种”“设计理论”“教学传播模式”，等等。尽管通过实例的剖析，使我们对加涅的课程组织的总体构想有了初步的了解，但对于如何进行这种自上而下的层层分解及前后排序的工作细节，我们现在仍不清楚，因此下面我们将逐级谈谈加涅在这些方面的具体构想和做法。

课程或学程的顺序　由于课程是由一系列单元或主题构成的，因而要对课程的排序作出决定，主要是要回答这样一个问题：应以何种顺序呈现这些主题或单元？加涅认为：“在对一门课程的全部主题作出正确的排序中，我们很难再能找到除按逻辑来排列它们外还有其他任何的依据。”① 也就是说，在对课程主题的排序中，人们总希望在从事任一特定的主题学习之前，学生已经获得了学习该主题所必需的智慧技能及言语信息。

---

① Gagné，R.，Briggs，L. J.，Wager，W. W.，*Principles of Instructional Design*，p. 170，1992.

设计课程的顺序过去一般以内容范围与顺序来表示，将整个课程中要学的主题名称依次排列于一矩阵中。这种方法最早为泰勒（Tyler，R.）所采用。在加涅看来，这种方法在按不同的技能层次来处理不同的主题内容方面迈出了可喜的一步。表 10-1 便是加涅等人按照此法对“计算机初步”这一课程所做的范围与顺序矩阵。

表 10-1 计算机初步课程的主题与顺序矩阵

主题内容	学习结果的类型			
	言语信息 陈述	定义性概念 归类	规则的使用 证明	态度 选择
计算机各组成部分	各部分名称	存储装置 随机存取记忆 输出装置 输入装置	引导机器 关闭机器	照管计算机
	定义	中央处理单元 硬件 软件		
操作系统	定义 目的	程序命名 输入、输出 文件名 文件类型	列出文件 磁盘格式化 复制文件 重新命名文件	学习与操作系统有关的功能
语言	定义	命令	输入程序 编辑程序 启动程序 保留程序	建立有逻辑次序的操作
社会问题	五种社会问题	计算机偷窃 计算机欺骗 版权 公平 健康		用计算机为社会谋利

（引自 Gagné，R.，1992）

不过加涅认为，这种范围与顺序的矩阵对于课程的排序设计来说并不全面，它只列出了学习结果，并未告诉设计人员怎样去安排这些主题及技能的顺序。加涅等人更偏爱用各单元的靶目标同课程终结目标按一定的顺序联系，以便揭示在课程这一水平上的组织联系。图 10-1 是他为计算机初步课程所描绘的教学课程图。

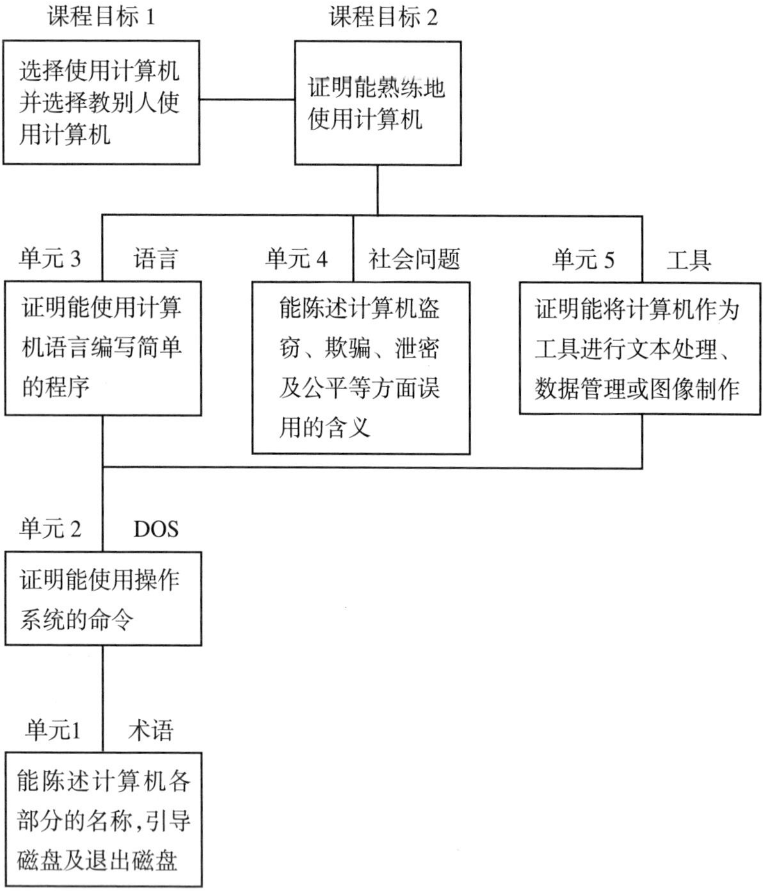

图 10-1　计算机初步课程的教学课程图（引自 Gagné，R.，1992）

从图 10-1 中我们可以看到，单元 1 与单元 4 的教学顺序并不非常重要，因为这些目标比较独立，但单元 1 中的技能是单元 2 中技能的前提，单元 2 中的技能是单元 3 中技能的前提，而单元 1 中有关计算机的术语及单元 2 中的操作系统的命令又是单元 5 中这些技能的前提。

课程单元内的技能顺序　在谈及这一主题时，加涅一开始就提醒教师或教学设计人员，“确定单元内的教学顺序是一个需要使用某些系统技术的问题”①，意即在这一课程组织的水平上工作头绪很多，但他基本上划归为两方面的工作：第一，对单元目标再作分析（分解），对分解出来的子（部分）目标加以明确的作业界定；第二，确定这些将作为课的靶目标的前后教学顺序，以便排出课序。在谈到第一件工作时，加涅指出：“从一开始我们就应当认识到，一个单元（主题）可能而且常常涉及好几个方面。例如，就计算机硬件这一单元而言，可能要包括这样一些目标：(1) 能够鉴别计算机的各个部分；(2) 证明能用引导程序使微机进入操作系统；(3) 愿照管设备和软件使其不受损坏。”②从以上这一阐述中我们分明可以看到，第一件工作包含着上述两层含义，这里不仅从计算机硬件这一单元目标中分解出三个子目标，而且已对它们作了明确的作业上的界定。加涅非常强调在这一组织层次上规定作业目标的重要性，因为这些子目标今后将作为课的靶目标，如果在这里不根据学习结果的类型对它们作出作业上的明确界定，便不利于通过学习任务的分析来确认它们各自的使能目标，从而也不利于为达到这些目标提供有利的学习条件。

由于一个课程终结目标往往需得到若干个单元目标的支撑，而每一单元目标又可进一步分解出它的子目标，因此在这一组织水平上的工作头绪相当多。但即便头绪多，加涅仍提请设计人员注意，

① ② Gagné, R., Briggs, L. J., Wager, W. W., *Principles of Instructional Design*, p. 171, 1992.

在这一规划阶段，对每一单元目标的轮廓尽量要设想得宽泛一些，而不仅仅只确认出它的主要的子目标，这些子目标可能会涉及各种学习结果的类型（如在上述计算机硬件这一单元目标中，便分解出定义性概念、规则及态度三种学习类型），甚至可能会包括全部的学习结果类型。对于从某一单元目标中分解出来的这些具体的子目标，加涅仍以教学课程图的形式来表征。图 10-2 是他为计算机初步第二单元“操作系统”所绘制的单元教学课程图。从图中我们可以看到，单元水平上的教学课程图比课程水平上的教学课程图更详尽、更具体。加涅曾对此作了这样的比喻：课程图好比全球地图，而单元图好比一个国家的地图。尽管一个国家的地图涉及的范围较狭窄，但从画面上反映出来的情况则更具体、更详尽。

一旦对某一单元的教学课程图作出描绘后，第二件要做的工作是决定这些分解出来的子目标的教学顺序。在一些人看来，由于这些目标可能代表了各种不同的学习结果，而不同的学习结果需要为其提供不同的学习条件，因此最好是在一课内处理一个目标。但加涅指出，处理单个目标所需要的时间可能会很短，因此一旦对这些目标涉及的学习结果类型与条件认准之后，在同一课内处理不同类型的学习结果是可行的。他认为，这里需要着重考虑的问题不是担心同一课内会涉及不同性质的学习结果，而是这些将作为课的靶目标的前后教学顺序，要以各目标间互为前提的关系来规划一单元内各课的顺序。加涅说：“尽管在这一问题上没有极严格的指导方针，但还是需要遵循以下这些要求：（1）新的学习要得到先前学习的支持；（2）重要的是进行学习分析，以决定按一定的先后顺序来传授这些技能；（3）顺序应当完整；（4）与现在学习任务无关的目标须

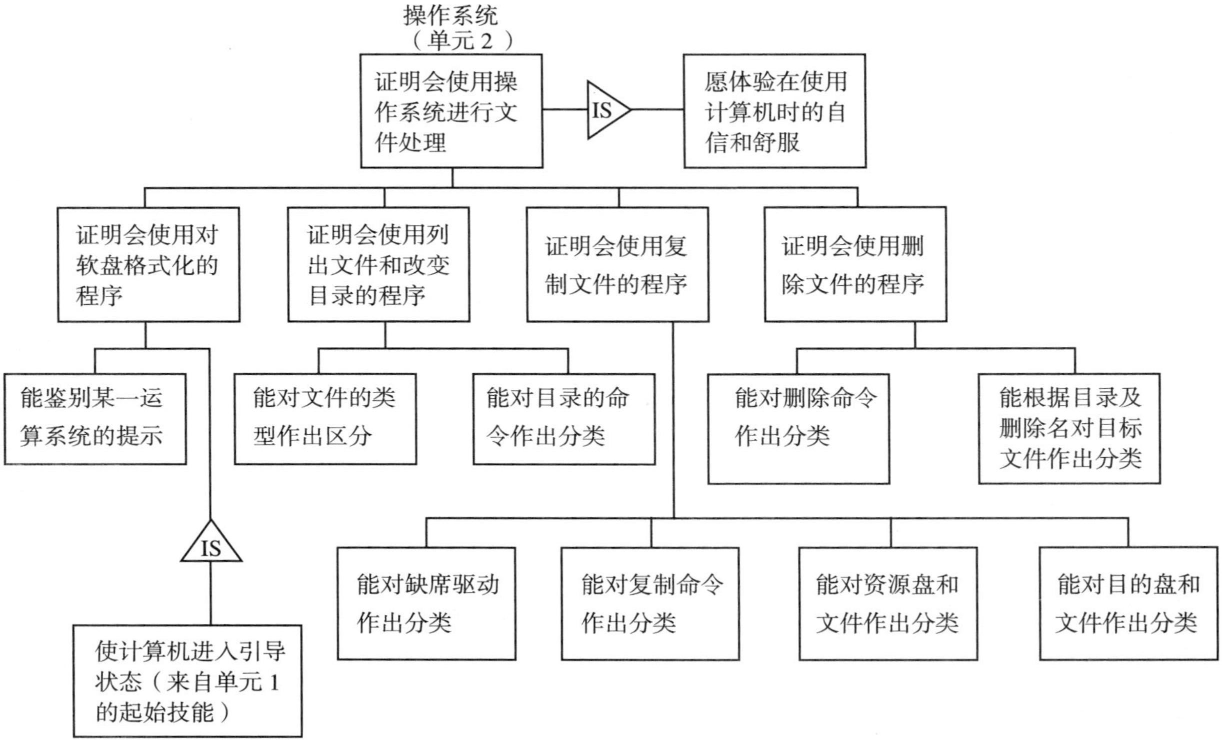

图 10-2　计算机初步课程第二单元“操作系统”的教学课程图（引自 Gagné，R.，1992）

排除在外，或安排在另一时间里教。”①

表 10-2 概括了加涅对某一主题内每一类要获得的技能作出有序安排的一些主要的考虑。表中间一栏提出的这些有序安排的原则适用于当时要掌握的主要技能，表右边一栏列出了对与主要技能有关，但并非属于同一领域的前提技能如何作出有序安排的考虑。图 10-3 是加涅根据上述原则为计算机初步课程第二单元“操作系统”排出的课序。他为这一单元安排两个课时，每课时一个小时，若每课时为两个小时，则这一单元可在一课中完成。

表 10-2　与五类学习结果有关的理想的排序特点

学习结果类型	有序安排的主要原则	与排序有关的因素
智慧技能	在提出各种新技能的学习情境之前，首先应掌握这些新技能的从属技能。	有关的言语信息应得以回忆或重新再提及，以便对每一新技能有深入的了解，并为它的使用创设条件。
认知策略	学习及解决问题的情境当顾及先前已获得的相关的智慧技能得以回忆。	与新的学习有关的言语信息应先已获得或在学习情境中再提及。
言语信息	对于含有一些小标题的材料来讲，呈现的次序不太重要，但呈现新的事实之前当提供一个有意义的背景。	一般认为先前已掌握了与听、读有关的必要的智慧技能。
态　度	第一步当建立对资源（榜样人物）的尊重。在提供选择的情境前，应掌握有关的智慧技能。	与选择有关的言语信息先前已经习得或在情境中再提及。
动作技能	对关键的部分技能应进行广泛的练习，同时练习总技能。	学习执行程序应放在首位。

（引自 Gagné，R.，1992）

① Gagné，R.，Briggs，L. J.，Wager，W. W.，*Principles of Instructional Design*，p. 174，1992.

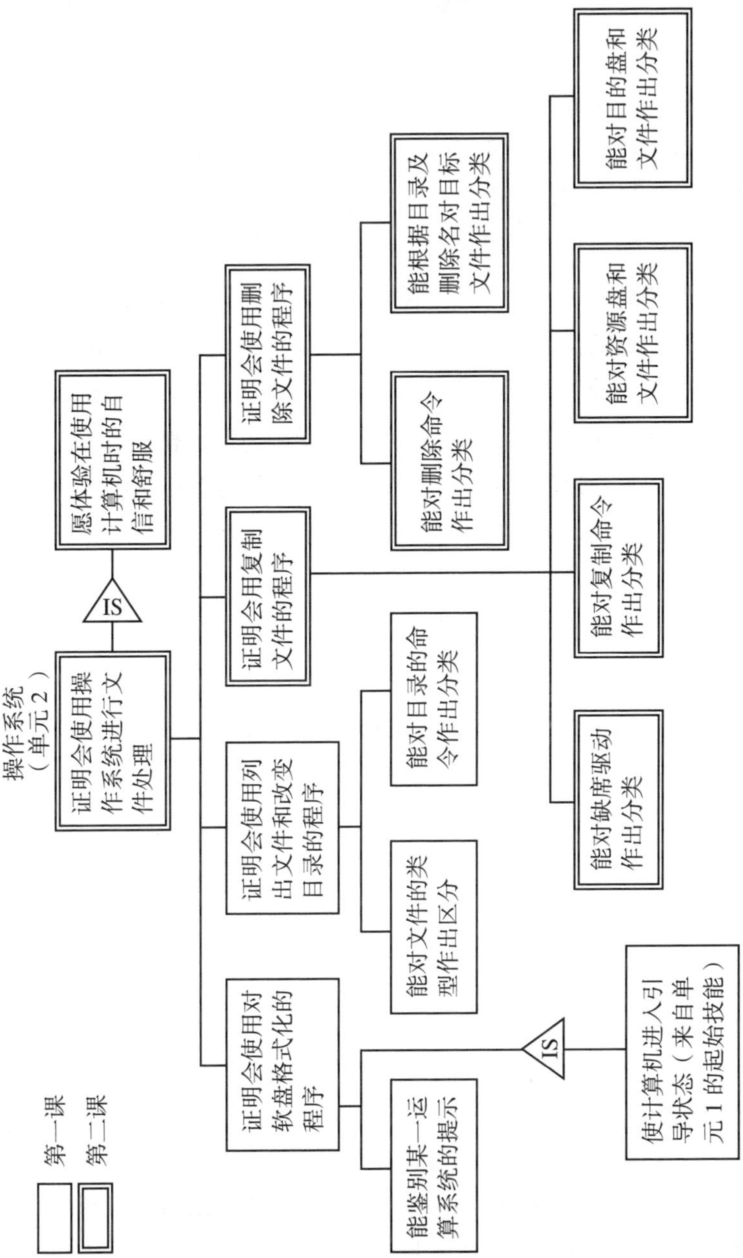

图 10-3　显示怎样将从属技能组织为两节课的教学课程图（引自 Gagné, R., 1992）

课内的技能顺序 教学顺序设计的最后一步，是将单元教学课程图中已揭示的一个以上的目标作为单课的靶目标，然后再对这些靶目标作学习任务的分析，以揭示为达到这些靶目标还应具备哪些有关的从属技能。这种学习任务的分析我们已在前一章中提及，即教师或教学设计人员只需向自己发问，学生要学习这些新技能还必须知道哪些前提技能，以及学生在学习这些新技能时已经知道了哪些重要的技能。这一工作意味着设计人员必须从要达到的靶技能开始往后作倒退的分析，一直分析到学生已经具备的起点技能。图10-4是加涅对前一单元教学图中两个目标再作任务分析所得到的单课教学图。加涅曾打比喻说，单元教学图与课的教学图相比，好比是一个国家的地图与一个州（省）的地图，尽管州（省）的地图涉及的范围更小，但地图中揭示的情况更加详尽。

二、学习层级与教学顺序

加涅所描述的智慧技能互为前提的性质使我们最有可能以相当精确的方式，来为它们的学习设计有效的教学条件。当我们从某一既定的智慧技能目标出发，建立起一系列适当的前提技能的顺序之后，对教师来说，处理智慧技能的学习进程也就变得相当容易。此外，这种学习进程也给学生的学习带来了得到强化的机会，因为每当学生发现自己掌握了一种新技能时，此时给他带来的满足感也是相当明显的。如果说我们前面提及的加涅的学习层级观仅从辨别、具体概念、规则（包括定义性概念）及问题解决这些纯属理论性术语来予以分析的话，那么现在通过结合确定某一具体学科内容的教学顺序，则更清醒地提请读者注意：在学校里所传授的许多学科都具有容易地分解为某种学习层级这样一种有组织的特征。当某一规则或某组规则成为我们的教学目标时，通过任务分析的手段，我们

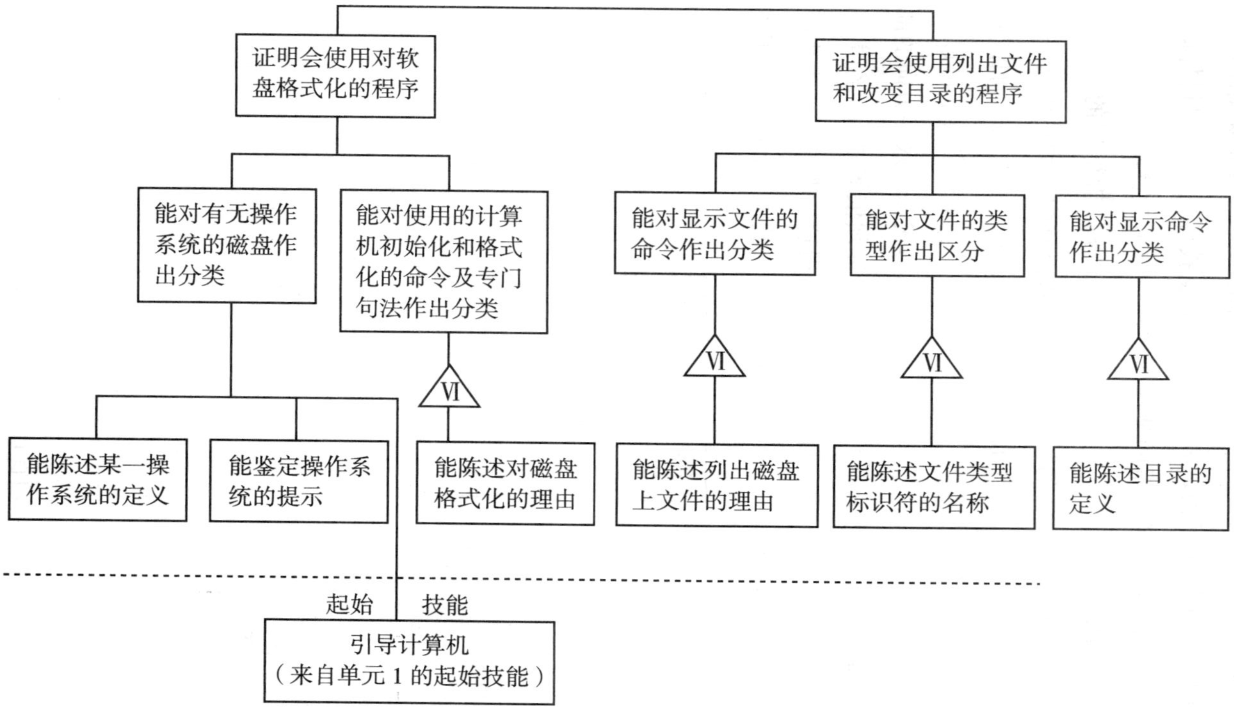

Ⅵ：表示底边以下技能为言语信息

图 10-4　对图 10-3 中所示的两课中的第一课再作课内水平分析的教学课程图（引自 Gagné，R.，1992）

可以揭示出在这一规则或这些规则中所含的另一些前提规则或前提概念。因此，在加涅看来，要达到属于智慧技能的某一靶目标时，实际上就是对先前已经获得的某些前提技能作出组合。

加涅在他的著作中曾多次提到，通过任务分析得到的学习层级，实际上是将智慧技能的目标安排成一种能够揭示为达到这一目标所需要的一系列从属技能的内在联系。例如，图 10-5 是加涅对物理学中某一靶技能所作的又一学习层级的分解。从图中可以看到，这里的课程靶目标是学生能用矢量图的形式算出水平方向的部分受力与垂直方向的部分受力，而这一靶目标须依赖先前已经学习过一系列的从属技能，或更具体地说，要获得这一靶技能，学生必须具备：(1) 一物体受外力的作用而处于平衡状态时，能对作用该

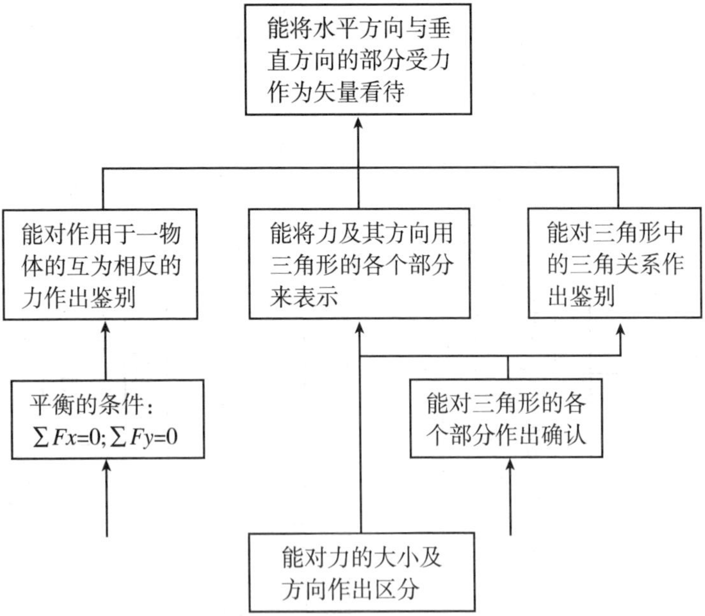

图 10-5　确定水平方向与垂直方向的受力为矢量这一靶技能的学习层级

(引自 Gagné，R.，1985)

物体的互为相反的力作出鉴别；（2）能将这些不同的力用直角三角形的两个互相垂直的边来表示；（3）能对直角三角形的边角关系（如正弦、余弦）作出鉴别。从图中我们还可看到，从上述每一从属技能中，加涅又进一步分解出从属于它们的另一些前提技能。

鉴于达到一靶目标须得到诸前提技能的支持，而从这些前提技能中又可进一步分解出它们的前提技能，因此加涅特别对所谓的前提技能作了这样的解释："所谓前提是指什么？显然，前提是一种更为简单的技能，但要对它们作出适当的鉴定还是不适宜的，因为人们可以说出许多比图中指出的这一课的目标更为简单的智慧技能。前提技能应当能整合成自己所归属的上位技能，或从某种意义上说，若这些技能不具备，学生就不可能把握这种上位技能。"① 从加涅的这一基本观点出发，我们再来考察，学生能够计算出水平方向与垂直方向的两个矢量意味着什么。显然，他们必须知道这两个力的方向和值。关于方向，则必然涉及对造成平衡状态而互为对抗的力作出辨析〔上述前提（1）〕；关于这些矢量的值，则需要利用直角三角形的关系才能获得〔即上述提及的前提（2）与（3）〕。如果学生还不具备这些前提技能，他们就不可能达到掌握课的靶技能。关于如何确定某一靶技能的前提技能，我们在前面谈到任务分析时业已提及，即教师或教学设计人员只需向自己发问：要学习这一新的技能，学生必须具备哪些技能？因此，前提技能就是那些使新技能得以迅速学习的技能，而检验人们是否成功地完成这种前提技能分析的方式，就是考察新技能对学生提出了哪些要求，以及对学生还可能会犯错的地方作出鉴定。因此，一旦教师或教学设计人员对前提技能作出详尽的规定，就有可能为获得新技能之前必须要

---

① Gagné, R, Briggs, L. J., Wager, W. W., *Principles of Instructional Design*, p. 178, 1992.

获得的技能提供了一种完整的描述，而这种完整的描述也为诊断学生在学习新技能时可能会出现的困难提供了一种有力的手段。如果学生在学习某一新技能时发生了困难，那么我们首先要提出的诊断问题便是哪些前提技能导致他学习困难。在加涅看来，采用任务分析得出的学习层级来诊断学业上的困难，要比用一般的智力问题或遗传上的缺陷来解释学习困难更加切实可行。

三、对教学中的多重目标作出整合

在1988年之前加涅所著的《教学设计的原理》的诸版本中，在谈及教学顺序这一主题时，均贯彻了从某一大的终极目标中逐级分解出其前提技能这一思想。但是，在课程设计的各个水平上，我们经常会遇到多重教学目标，即我们经常会为某一课程、某一单元的主题，甚至一节课选定多个教学目标。例如，加涅曾指出："某一课或某一主题将调整落地座钟报时装置的程序规则作为自己的主要目标，而适用这类教学的排序技术可能会找到某一有助于确定其前提技能的学习层级。但是，在传授怎样调整报时装置时，我们可能还会发现另一些预期要达到的目标，如关于各种不同的报时装置及其特征的言语信息可能是需要学习的一个方面。此外，可能还要获得在修理钟的机件时应具有仔细、精确、不冒失行事的态度。"①在前一章，我们曾提到，加涅赞成用教学课程图的方式来描述这些不同类型的教学目标之间的关系，但他认为，采用教学课程图仅是从外部来表征这些不同类型目标的整合关系，而学生在完成这类综合性的教学目标时尚还需要学习另一种更为高级的所谓目的图式

① Gagné，R.，Briggs，L. J.，Wager，W. W.，*Principles of Instructional Design*，p. 179，1992.

(goal schema)的认知结构。在1992年的新版中，他在“教学顺序的设计”这一章特增设了这方面的内容，来介绍他与别人在1990年发表的《教学设计中的综合性目的》(Integrative Goals for Instructional Design)中的一些观点。

加涅认为，学生在从事多重目标的学习时，必然会进行很多认知上的操作：他们必须提取先前的知识（包括言语信息和必要的前提技能）；必须利用与各类目标最贴切的编码程序；必须将所学的规则和命题同一定的线索联系起来以保证它们在日后回忆时可提取；此外，还必须记住怎样来使用新获得的材料，而保持这种心态对于学习的迁移是至关重要的。

鉴于学生在从事多重目标的学习时须将先前的学习、当前的学习及随后的学习整合起来，实际上是让学生具备一种元认知结构，以便对它们的关系保持一种周期性的意识，因此加涅认为，有必要在这种学习的早期在学生的头脑中建立起一种目的图式。图10-6是加涅等人对这种目的图式的图解。从图中可以看到，图式将自身的目的与其各项前提联系起来，这些前提可以是学生在从事当前某一学习计划时必须提取和使用的有关言语信息、概念 规则、认知策略及态度，而在目的与这些前提的中间地带则被加涅称为对规划的说明（enterprise scenario）或情节说明（script)，它们是对已经获得的知识与整个学习规划是怎样联系起来的说明，它们的作用在于提醒学生注意：他们现在处于何处，以及他们将要抵达何处。

综观加涅的早期著作，从任务分析的技术得出的学习层级，总给人留下加涅对教学顺序的安排遵循着将部分技能整合为总体技能的倾向，但正如读者现在所看到的，在他的后期著作中，在谈及综合性的教学目标时，他希望应当首先在学生的头脑中建立起一个总体的学习规则，以此来调动学生在这类学习中的元认知意识。看来，将部分技能整合为总体技能，或从总体的学习规则中引申出每一个与总体规划相符的学习行为，不外乎是两条应遵循的教学安排原则，它们的适用性应视学习情况的不同而异。

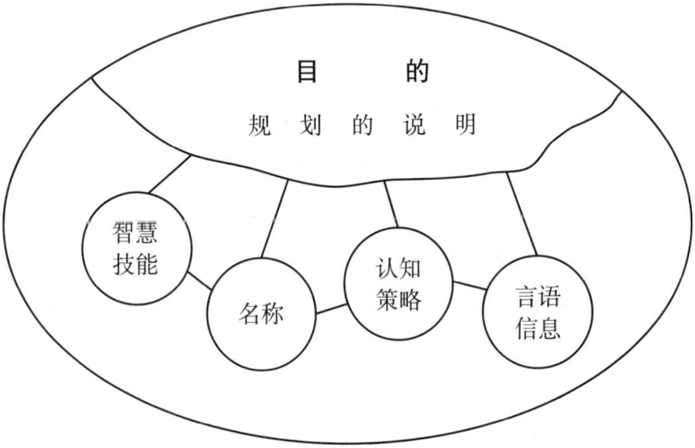

图 10-6　目的图式之图解（引自 Gagné，R.，1992）

第十一章
教学事件

迄今为止，我们谈及的有关加涅教学设计原理中的这些思想均同建构某一课程的“框架”有关。当我们循着他为制订明确的作业目标所提出的标准与学习任务分析的技术，从课程的终身目标出发一直分析到课的靶目标及它的使能目标时，仅只绘出了一个庞大的学习目标的框架，但还未谈及在这一框架中的两个最基本的问题，即在设定的某一课内，从此一时刻进展到下一时刻所伴随的种种教学事件，我们还没有谈及在课内怎样帮助或促进学生顺利地迈出每一个学习步子的手段，我们还没有谈及应怎样来教学生。本章我们将介绍加涅在有关教学事件的性质、教学事件提出的依据、各种不同的教学事件，以及对不同的学习结果应提供含特定内容的教学事件上所持的种种观点。

一、教学事件与学习过程

假定现在我们按照加涅的课程设计思想，对某一课程作出了自上而下的目标排序，那么最终只是得到了每一课的靶目标以及从它派生出来的一些使能目标所构成的一课的教学顺序。当学生在课内的某一学习阶段进入到下一个学习阶段时，我们总可以看到它将伴随着一系列教师或多或少作用于学生的事件，以及学生本身的或多或少的参与活动，这就是通常我们所说的教学活动或教学事件的特定含义。加涅在谈及这一问题时作了一些更具体的分析。在他看来，一课的教学事件所采取的表现方式可多种多样，或是教师向学生作出的口头言语交流，或是通过书面文字在向学生交流，甚至在低年级我们还需借助图片和姿态这些传媒来帮助交流。但不管交流表现为何种形式或借用何种媒体，其唯一的目的是要有助于学习过程的进行，使学生从现在所处的心理状态进展到另一种心理状态。此外，这种交流还会由从教师提供的更多的指导转向由学生向自己提供更多的自我指导。随着学生年龄的增长，随着他们在某些学习任务上的经验积累，他们变得会自己去钻研，自己去探索学习，自己去完成作业、实验以及各种学习任务的计划而日具“自教”的特征，即他们已获得了能管理自己的学习的一些技能和策略了。

假定现在我们还不深入去探讨这种交流通过哪种形式或借用哪种媒体对传递哪种信息最有效，假定现在我们还不深入去探讨这种交流应随着学生的不同能力、不同的学习结果在程度上或内容上应有所变化，就教学事件应当支持学习过程这一点而言，构成教学事件的各种类型应同学生进行学习时内部发生的学习过程密切相关。因此，从这一意义上来提及教学事件时，加涅指出：“为了要从事个别学习片断水平上的教学设计，似必须从我们业已了解的学习过程中来推论出教学事件的理想特征。”①

现代认知学习理论对某一学习活动经历的过程一般作如下构想（见图 11-1）：首先，当学生注视（或注意）某一特定的刺激时，

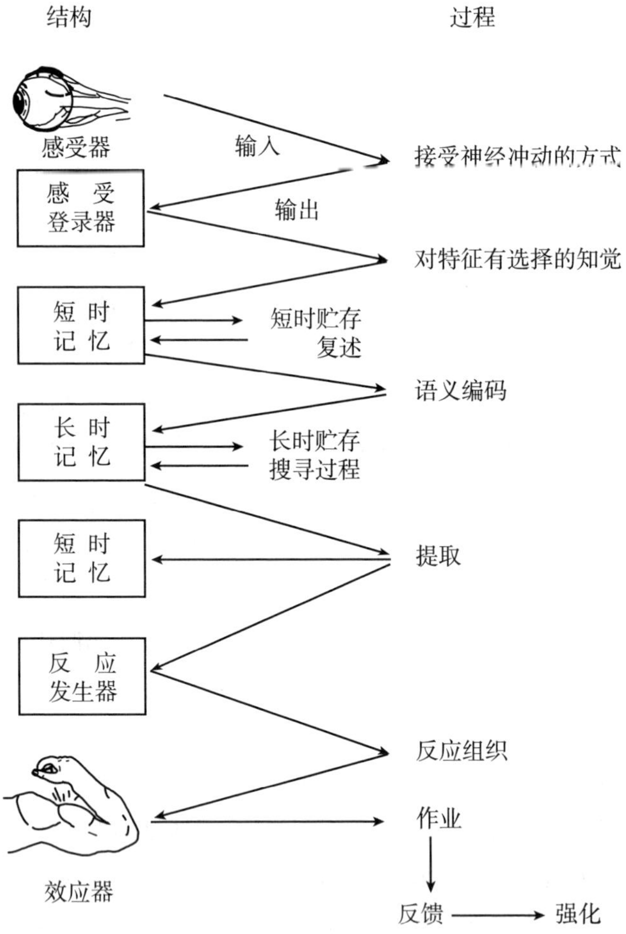

图 11-1 认知学习理论设想的结构以及与这些结构有关的加工过程

（引自 Gagné，R.，1992）

① Gagné，R.，Briggs，L. J.，Wager，W. W.，*Principles of Instructional Design*，p. 186，1992.

作用于学生感受器的刺激所产生的神经冲动在感觉登记器上作短暂的寄存，然后通过选择性知觉，信息被转换为短时记忆中所记录的形式，即此时贮存的是原先刺激的某些主要特征。由于短时记忆所能容纳的信息项目有限，因此对于那些要把握的信息项目，可能要在内心默默复述才能得以保持。在随后的阶段，当信息能进入长时记忆得以贮存前，则发生了另一种所谓的语义编码的重要转换，即进入长时记忆的信息将根据其意义来贮存。当需要学生作出反应时，需对这些已贮存的信息进行搜索和提取，然后通过反应发生器将它们转变成行动。在需要形成新的学习能力时，从长时记忆中提取出来的信息得以在工作记忆（短时记忆）中恢复，并在那里同其他输入的信息相结合，而学生的操作本身会启动另一须依据外部反馈的过程，即通常所说的强化过程。

除构想单个学习活动本身可能会对信息作出上述这种有序的处理之外，现代有关学习和记忆的理论还设想，在整个学习活动中还存在一些执行控制的过程。这类控制过程将选择和启动一些与学习及记忆有关的认知策略，对信息流程予以监控和修正。例如，控制过程可能会选择对短时记忆的内容作出不断复述的策略，或者对要学的句子选择形象编码的策略。总之，这类控制过程可对注意、输入信息的编码、业已贮存的信息的提取等各个环节行使调控职能。

上述这种学习和记忆的加工理论对加涅从中推论出理想的教学事件又有何启示呢？第一，加涅认为，从这种对单个学习活动的描述中，可以概括出学习将经历如下这些内部加工的过程：①

（1）注意：它决定着接受外部输入刺激的程度与性质。

（2）选择性知觉：将刺激转换成客体特征的形式供短时记忆

① Gagné，R.，Briggs，L. J.，Wager，W. W.，*Principles of Instructional Design*，pp. 188-189，1992.

贮存。

(3) 复述：使短时记忆中贮存的信息得以维持和增强。

(4) 语义编码：使信息能够贮存到长时记忆之中。

(5) 提取（包括搜索）：使贮存的信息返回工作记忆或反应发生器。

(6) 反应的组织：选择并组织作业。

(7) 反馈：概括给学生提供有关作业的情况而启动强化。

(8) 执行控制过程：选择并激活认知策略，它们将修正上述某些或所有的内部加工过程。

第二，加涅认为："在单个学习活动中涉及的这些过程，在很大程度上是由内部激活的，也就是说，每一个加工结构的输出（或每一种信息加工的结果）是下一个结构的输入（如图 11-1 中过程这一栏所示），但这些过程也会受到有可能是教学所提供的外部事件的影响。"① 例如，选择性知觉就明显地受外部刺激的影响，我们用突出画面、文字下加线、粗体字或其他这类手段可以影响人对图形或文章组织的知觉。同样，通过外部提供的有意义的信息，也可以启示或标明在学习时可能要使用某种特定的语义编码。

第三，经过对认知学习理论在教学上的含义作出这番反思，加涅认为我们可以得出这样一个有关教学的定义："一般来说，教学是一组旨在支持学生内部学习加工过程的外部事件，设计这些教学事件有可能促进学生从现在自己所处的起点，进展到获得靶目标所规定的那种能力。在有些情况下，这些事件可能会随学生同课内的特定材料相互作用而自然引发……但在大多数情况下，教学设计者或教师必须对这些教学事件作出刻意的安排。对于这些事件的形式

---

① Gagné, R., Briggs, L. J., Wager, W. W., *Principles of Instructional Design*, p. 189, 1992.

（通常是向学生作出交流）是不能对所有的课作出泛泛规定的。相反，必须针对每一种学习目标来制订。一旦设计出与每一种学习目标相宜的特定交流形式，将能取得支持学习过程的理想效果。”①

尽管加涅在从学习论中引出教学事件时再次念念不忘告诫人们，所有的教学事件都不能千篇一律地照搬到各种不同的学习场合，这如同我们经常所说的“教无定法”，但对于我们来说，可能更希望了解他从这一学习论中到底引申出哪些一般的教学事件，对一般的了解可能会更有助于我们去制订在不同的学习情境中，教学事件当有哪些特定的“个性”。

二、种种教学事件

如上所述，当加涅在对学习和记忆的认知加工理论作出一番反思后，他一方面认定，学习基本上由一系列内部加工的环节组成，另一方面也认为，其中每一个加工环节可因类似教学的这些外部事件的参与而得到增强和促进。从这一基点出发，他对单个学习活动中一般采用的教学事件的顺序及其起到的作用大致作了如下排列（见表 11-1）。加涅认为，前三个教学事件都涉及学习的准备，如：引起注意这一事件旨在支持接受外部刺激和由此产生的神经冲动；告诉学习目标以期启动学生的执行控制过程，促进学生选择与学习任务、预期的学习结果相应的认知策略；事件 3 依然是为新的学习作准备，即激发回忆同新的学习有关的先前的学习结果。事件 4 至事件 9 则各自同图 11-1 中所示的各学习加工过程相关联。下面我们将分别介绍加涅在这些教学事件上提出的种种建议。

---

① Gagné，R.，Briggs，L. J.，Wager，W. W.，*Principles of Instructional Design*，p. 189，1992.

表 11-1　教学事件及它们与各学习过程的关系

教学事件	同学习过程的关系
1. 引起注意	接受一定的神经冲动形式
2. 告诉学习目标	激活执行控制过程
3. 激起回忆先前的学习	将先前的学习提取至工作记忆
4. 呈现刺激材料	突出有关的特征以利于知觉
5. 提供学习指导	进行语义编码，提供提取的线索
6. 引发作业	激起反应的组织
7. 提供作业正确性的反馈	建立强化
8. 评定作业	激活提取，使强化有可能实现
9. 增强保持和迁移	提供提取的线索和有关的策略

（引自 Gagné，R.，1992）

1. 引起注意

加涅认为，用来引起学生注意的事情很多，但最基本的一条同刺激变化有关，而另一个经常使用的方法是唤起他们的兴趣。唤起兴趣的方式可以是提出学生意欲探索的问题，也可以通过演示或实验，呈现某些物理事件的意想不到的变化来激起学生的好奇心。由于每个学生的兴趣各不相同，因此引起学生注意的技能是教师的一种教学艺术，它既要求教师了解自己的学生，又要求教师本人机智和多谋。

2. 告诉学习目标

在加涅看来，对于学习实际已完成的标志有时不一定需要教师作特别的关照，因为有些学习目标对学生来说是明摆着的，例如，对于练习打高尔夫球的新手再作一番学习目标的交代可能是多余的。但是，许多目标对于学生来说一开始并不明白。例如，如果学习的课题是宪法的序言，那么对于这一学习任务到底是作字面的背诵还是能说出其主要思想，这里的学习目标需要明确地告诉学生。加涅认为，除非学生已经知道学习目标是什么，一般来说，教师都应直言相告而不应该让学生去猜。他指出，这种交代实际上并不花费时间，而起到的作用至少可以防止学生完全迷失方向，而教师对目标作出清楚的陈述也有助于自己不偏离主题。

以学生容易理解的语言来陈述目标是这一事件中需注意的另一方面。加涅建议，对年龄小的学生来说，纯粹用言语来表述一个目标不如教师提供一个达标的范型，因为这样更有利于学生对目标的了解。即使对早先在设计课程中提及的那类作业目标，教师也不能照本宣读，而应转换成学生易于理解的语词来表述。对于将目标告诉学生可能会阻碍学生在学习中追求自己提出的另一些目标的设想，加涅也提出了自己的见解。他认为，这种可能性并非不存在，在我们向学生交代某课的目标时，很难说他们不会对自己学习的课题产生另一些设想，而我们通常也正希望学生发展到能自己考虑这些目标，学会自己教自己。但是达到这种境界恰恰需要教师在保证完成前一目标时，对学生可能会考虑到的另一个目标作出及时的反应。

3. 激发回忆先前的学习

加涅认为，这类事件对于学习来说可能是至关重要的，因为许多新的学习必然会涉及对一些观念作出组合，例如，学习牛顿第二运动定律涉及对加速度、力及相乘等这些观念的组合。因此，若要使新的学习得以成功，这些部分的观念（概念、规则）必须先前已经习得，而在新的学习时又能提取出来成为新的学习的组成部分。

加涅认为，通过提出再认或回忆的问题可以激活学生先前获得的能力。例如，如果要教的课题是有关山地的降雨量，那么我们首先可以提问："你们是否还记得夏天云层中的空气会怎么样?"（空气清新）再进一步提问："高山上的温度会怎样?"（低）这些提问不仅使学生学过的规则得以回忆，而且也在明显地引出一条学习的路子，它将学生先前获得的知识提取出来，以便成为新规则中的构成成分。

4. 呈现刺激材料

由于给学生呈现的刺激材料也是日后反映学习的作业中所涉及的材料，因而学什么就应当呈现什么。对于这类教学事件的性质，人们似乎很明白，但加涅提出了自己的忠告：第一，呈现的刺激必须适当。如果要学生获得的能力是能够回答法语口语的提问，那么适当的刺激就不应用法语的书面形式。第二，呈现的刺激时常要突出有利于选择性注意的特征。例如，在教科书中时常要用斜体字、黑体字或在文字下加线等手段，来促进对刺激材料基本特征的知觉。第三，对不同的学习任务呈现的刺激形式应有所不同。例如，为了建立起辨别的能力，在最初呈现的刺激中可夸大需辨认的刺激客体的特有特征，随后则逐渐缩小其差别，以便有利于辨别的建立。对概念与规则的学习所呈现的刺激需要使用各种不同的例证或事例。如果目标是要掌握“圆”这类具体概念，适宜的做法是，不仅可以呈现形状、颜色、质地不同的圆，甚至还可以让学生手拉手形成一个圆。如果学习的目标是要学会使用 $s=ab$ 这类规则，那么就应当提供给学生练习这类规则的各种事例，以保证他们理解和使用这一规则。

5. 提供学习指导

在呈现学习材料后提供的学习指导通常不是直接告诉学生答案，而是启发有可能对原有的概念或规则作出合理的组合，以形成某种新的能力的思路。实际上教师或教科书上的叙述也不全是要学习的重点，但这种交流（交代）往往可以激发学生的思路，以提高学习效率的作用。对于这一教学事件，加涅提出几条建议：第一，学习指导的量，即它们提供的直接或间接的提示程度应随不同的学习任务有所区别。对于机械的、人为的学习材料，采用间接的提示或提问，以期学生对此有所发现无疑是浪费时间，但对于有意义的逻辑材料，间接的提示更适宜，因为发现答案需要依靠逻辑的思考方式，而且这种发现有可能比直接告诉答案的学习更加持久。第二，学习指导应灵活适应学生的个体差异。对于焦虑水平高的学生，循循善诱、使用水平低的提问可能最受这些学生的欢迎，而且也有效。相反，焦虑水平低的学生可能更喜欢具有挑战性的提问。同样，在指导中的提示量也应随不同的学生而有所区别。对于学得快的学生来讲，过多的指导似乎是一种对他们的轻视，但是对学得慢的学生来讲，指导太少只会使其受到挫折。据此，加涅认为，最好的解决办法是一次只提供一点指导，随后在学生有需要时才增加指导。

6. 引发作业

在提供必要的指导后，当学习的内部组合实际上发生时，我们可以从学生的表情上发现他们的领悟和兴奋，因此加涅认为，下一个教学事件是让学生告诉我们他该怎么做，或者就是让他做给我们看。加涅指出，在学习后学生表现出的第一次作业往往只会使用与学习期间相同的例子，在这种情况下，教师往往要他们举出第二个例子，以保证学生在新的情境中也会使用有关的概念或规则。

7. 提供反馈

在一般人看来，一旦学生能表现出正确的作业，那么基本的学习事项应告结束，但加涅认为，我们还必须对学习事件的后效有充分的认识，因为这种后效不仅明确告诉学生现在这样做是对的，而且还告诉他们今后遇到同类的任务也应当这样做。尽管这类有关学习结果的反馈在一些学习情境中可以自发提供，如学习投飞镖，人可以立即知道飞镖离靶心有多远，但是学校里的许多学习是不会提供这类自动的反馈的，它们往往需要借助外部的资源，如教师来提供。教师在观察学生的作业时，可通过各种不同的形式来传递这类反馈，如点头、微笑，甚至言语。不过在加涅看来，交流的形式并不重要，重要的是它们的功能，即对学生的作业正确性提供信息。

8. 评定作业

在上述教学事件 7 中，在适当的作业被引发时，实际上已及时为我们提供了预期的学习已发生的指标了。但加涅认为，若要对学习的结果或教学的效果作出正规的评估，尚需考虑与此项工作有关的信度和效度问题。

当教师看到学生在某一作业目标上表现出一次适当的作业时，是否可以说自己已获得了可以信赖的观察呢？教师怎样才能使自己相信学生，不是在凭机会或靠猜测作出了我们想要看到的作业呢？加涅认为，排除这种疑虑的最好方法显然是让学生在另一个例子上重做一遍。通常来说，第二次作业的证实可以使教师推论，学生已具有这种能力的可信度高出随机水平，而第三次证实则又可提高这种推论的可信度。但即使是重复也有一个重复什么的问题，一般来说，要求这些例子无矛盾之处或无偏差之处，而这些又同评定的效度有关。

关于学生表现出来的作业是否具有效度的问题，在加涅看来，这是一个需要作出两种不同判断的问题。第一，这种作业实际上是否准确地体现了学习目标？例如，目标是要求学生用自己的语言复述文章的主要思想，那么学生所说的是否是主要内容？对此教师必须作出判断。第二，作业发生的条件是否会使观察失真？设置观察的条件应当是真实的，应当排除学生有可能从先前的情境中回忆起答案或记住答案。关于对学生的作业作出正规的评定，加涅有专章论述，我们在这里只是从评定单个目标来论及其中有关的问题。

9. 增进保持和迁移

现代认知心理学认为，当信息或知识需要回忆时，如果这些已经获得的材料存放在一个有意义的背景之中的话，那么这种信息的恢复也就最有可能，因为新学材料所处的这种关系网络能够为其提取提供多种线索或路径。据此，加涅认为，为了使智慧技能得到最好的保持和恢复，在课的规划中往往还需要安排对它们的提取练习。这种练习可以安排在数周或数月内有间断的系统复习中，每次既要提取这种技能，又要使用这种技能。已证实，这种练习提取的方式的效果要胜过学习后及时提供的重复性练习。为确保学习迁移的发生，加涅建议最好是给学生提出一些新的任务，这些任务往往要求学生将已习得的技能用于同学习时完全不同的情境。例如，假定学生获得的技能是“使动词与主语代词相一致”的一套规则，在评定这一作业时，我们也采用了另一些不同的动词和代词。但若要给迁移安排条件，还应当使整个情境有更大的变化。我们可以让学生自己提出一些词来造句，也可以让他们用代词和动词来描述图片中的一些活动。总之，在加涅看来，这种为保证学习迁移发生而设计各种新的应用情境需要教师的足智多谋。

我们在前面曾多次提到，加涅一再告诫人们，他从学习和记忆的认知加工模型中引申出来的这些教学事件，在使用时应考虑到不同的对象、不同的学习目标，而不能一成不变地搬用。在这里我们就加涅关于教学事件应随不同的学习结果而赋予各自特定的内容再作强调。

在加涅看来，以上列出的九类教学事件中，有些事件对各类学习结果不含特定的内容要求。例如，引起注意这一教学事件，在以智慧技能作为学习目标的课内和以态度作为学习目标的课内并没什么两样，但是像学习指导这一事件，则需要针对各种不同的学习目标表现出自己特定的内容。例如，他指出，在指导对智慧技能作语义编码时，通常用言语向学生传达所学规则的言语表述，但在指导对态度作出编码时往往包括更复杂的情形，其中有对榜样人物的观察。这种对于不同学习目标应有不同的处理，还涉及事件 3 激发回忆先前的学习，以及事件 4 呈现刺激材料。表 11-2 是加涅对五类不同的学习结果在教学事件 3、事件 4、事件 5 这三个方面应有不同处理的概括。从表中我们可以看到，如果要学的是智慧技能，那么激发回忆应当同提取必要的概念和规则有关。如果要学的是言语信息，则应当回忆有组织的言语信息。类似的差别在教学事件 4 和事件 5 中也可看到。

表 11-2 列举教学事件 3、事件 4、事件 5 在五类学习结果上所起的作用

智慧技能

事件 3：激发回忆先前的学习。主要使学生能够在工作记忆中提取到先前获得的有关概念和规则。

事件 4：呈现刺激。在呈现某一概念或规则的言语表述时，应结合实例对其中所含的部分概念的特征作出强调。

事件 5：提供学习的指导。提供不同情境中的种种实例，并在提供提取的线索上下功夫。

认知策略

事件 3：激发回忆先前的学习。回忆与任务有关的策略及相应的智慧技能。

事件 4：呈现刺激。对任务和策略作出描述并揭示策略可以派何用处。

事件 5：提供学习的指导。描述策略并提供应用的适例。

言语信息

事件 3：激发回忆先前的学习。回忆与新的学习有关的已经组织得很好的知识体系。

事件 4：呈现刺激。呈现书面或口头的陈述，突出它们特有的特征。

事件 5：提供学习的指导。将所学的内容同更大的知识体系联系起来，以加深理解；使用比喻、表象。

态度

事件 3：激发回忆先前的学习。回忆个人选择的情境和活动，并让学生回忆榜样人物。

事件 4：呈现刺激。介绍榜样人物对个人行为选择的一般理由。

动作技能

事件 3：激发回忆先前的学习。回忆执行程序和有关的部分技能。

事件 4：呈现刺激。介绍开始执行技能操作的情境，演示执行程序。

事件 5：提供学习指导。在持续的练习中提供反馈。

（引自 Gagné，R.，1992）

第十二章
教学媒体的选择

在教学事件确定后，教师和教学设计人员还必须决定使用何种媒体来传递构成教学的交流信息，以及用以呈现刺激的工具。在这一方面，加涅既吸取了先前一些媒体选择模式共同考虑过的问题，又提出了自己将这一工作看成是一个逐步筛选过程的新构想。正如“选择”一词本身已含有这层意思，这是一件需要逐渐缩小候选媒体适用范围的工作，加涅在这方面的考虑是循着一条逐步逼近的原则来进行的。

传播教学的教师或教学工作者常常要选择和使用各种文字的或非文字的教学媒体，开发这类材料或媒体不是他们经常性的工作。就传统的做法而言，教师要选择能够帮助学生掌握预期目标的材料，这种选择已被认为是课的设计工作中的一部分。加涅曾援引自己的好友与同事、已故的布里格斯的话来说：“一堂完整的课的计划当含有这样一些工作：(1) 陈述课的目标；(2) 列出课中所含的教学事件；(3) 列出用以完成各教学事件的媒体、材料及活动；(4) 指出教师的必要作用和活动，以及向学生要作的交流。”①

在前一章已谈及，加涅将对学生所作的交流看成是为每一堂课建立起理想的教学事件，而且其中大多数教学事件对所有领域内的学习结果来说都是需要的，只是随学生的经验水平应有差别。现在这里论及的问题是，人们如何为传播这些教学上的交流选择适当的

① Gagné, R., Briggs, L. J., Wager, W. W., *Principles of Instructional Design*, p. 206, 1992.

媒体，或更具体地说，人们应为每一种要达到的学习结果使用何种媒体。加涅指出：“在选择媒体时，教师马上会发现，能够得到的材料和媒体呈示物并不是按预期的教学事件的目的来分门别类的。例如，电影可能含许多理想的内容，因而能提供理想的教学刺激，但它并没有提出学习目标，也没有指导学生进行语义编码，或者对学生的反应留有停顿以及对学生的反应提供反馈。在这种情况下，教师要么在电影之外另设这些教学事件，要么在电影的中途停下来让学生提出问题然后再提供反馈。即使许多精心组织的教材也仅提供了有逻辑顺序的信息，并不含有与特定的目标相宜的教学事件。因此，许多有关媒体选择模式的作者都同意这一点，人们尚不能确定哪些媒体对某一年级或某一学科特别有效。相反，这方面精心设计的研究与结果均建议，只能在某一课内，从一些特定的目的出发对媒体作出最佳的选择。”①

① Gagné，R.，Briggs，L. J.，Wager，W. W.，*Principles of Instructional Design*，pp. 210-211，1992.

一、媒体及其选择

在尚未对加涅的媒体选择过程作详尽介绍前，首先让我们来考察他对媒体这一术语的界定。对于这一术语，曾有过一些不同的定义，有些定义从感觉通道（如视觉、听觉）来反映它的含义，有些则从教学信息的内容性质（如图和文）来反映它的含义。加涅和赖泽（Reiser，R. A.）则将教学媒体界定为“传递教学信息的物质手段”①。也就是说，课本、录音带、训练装置、电视课程、教师的演讲，以及其他各种物质手段都应当属于教学媒体。

（一）媒体与学习情境

由于教学是在一定的学习情境中进行的，因此加涅认为，选择工作首先应从学习情境的特征对选择最佳媒体施加的限制开始考虑。他认为，在媒体的选择中，必须考虑到一些预期的学习情境的特征：

（1）学习的情境是教师向学生传递还是自学媒体向学生传递；

（2）学生对理解书面的传递是否具有充分的语词理解力；

（3）学习的情境是直接向学生传递还是通过中央广播向学生传递；

（4）要学习的操作若出错相当危险（如飞机紧急着陆的程序，一旦出错后果不堪设想），还是若出错并无危险。

加涅认为，上述各特征对选择适当的媒体提出了某些限制。例

---

① Gagné，R.，Briggs，L. J.，Wager，W. W.，*Principles of Instructional Design*，pp. 207-208，1992.

如，第4种特征只能使人考虑选择实际的设备或模拟器，因为只有通过这些媒体才能对希望建立的操作进行直接练习，而演说或电视课程这类媒体尽管可以设想或设置某种情境，但对于出错将导致严重后果的这类操作是完全不适合的。上述第三种情境也对媒体的选择施加了某些限制，尽管在这类情境中使用的媒体可以传播声音、图像信息，但它们不能同学生发生交互作用。

对上述这些学习情境特征的考虑，使加涅认为应对学习情境作出六种一般的分类判断，它们是：(1) 作业能力的性质（即出错是否会产生严重的后果）；(2) 是否为中央广播形式；(3) 是否面对阅读能力强的学生的自学；(4) 是否面对阅读能力弱的学生的自学；(5) 教师是否面对阅读能力强的学生；(6) 教师是否面对阅读能力弱的学生。也就是，在加涅看来，当人们选择了其中某种学习情境后，也就对选用适当的媒体施加了某些限定。例如，人们应当排除这样一些选择：(1) 对阅读能力弱的学生使用呈现书面论述的媒体；(2) 将无线电广播作为传授智慧技能的唯一媒体；(3) 以教练员的演讲来训练车辆驾驶。对于各类学习情境应选择何种支持有效学习的媒体，可参见表12-1加涅所作的概括。用加涅的话来讲，我们"对学习的支持所作的考虑，意味着在媒体的选择中一开始就应避免一些关键的失误"①。

---

① Gagné, R., Briggs, L. J., Wager, W. W., *Principles of Instructional Design*, p. 208, 1992.

表 12-1　媒体及不同学习情境中的媒体选择

媒体	学习情境	媒体选择
大型设备 模拟器 电视广播 无线电广播 可移动设备 训练装置 计算机 程序化教本 电影 幻灯片 录音带 电视录像 训练辅助器 音响 高射投影仪 教员	高级操作能力（出错后果危险）	除大型设备、可移动设备、模拟器之外，排除其他所有媒体。
	中央广播	除电视和无线电广播之外，排除其他所有媒体。
	面对阅读能力强者的自学	所有媒体都可能有效。
	面对阅读能力弱者的自学	排除使用推理式的书面信息或复杂的有声信息。
	教员面对阅读能力强的学生	所有媒体都可能有效。
	教员面对阅读能力弱的学生	排除使用书面的教本及复杂的教员演讲。

（引自 Gagné，R.，1992）

（二）媒体选择中需考虑的因素

对媒体的特征与不同的学习情境的关系作一番考察，固然能排除一些完全不适合某种学习情境的选择，但由此得出的选择余地依然很宽泛。对此，加涅认为这仅是媒体选择过程中的第一步，随后还需将这一范围缩至最能有效支持教学的某些媒体上。鉴于许多涉及媒体选择模式的作者在将可能有效的媒体缩至更小的范围上均提出了一些有关的建议，因此加涅将它们总括起来指出，在选择的过程中还需进一步考虑三类主要的有关因素：（1）媒体的物理特性；（2）学习任务的特征；（3）学生的特征。

1. 媒体的物理特性

不同的媒体在它们能够呈现传递的物理特性上是各不相同的。有些媒体允许作视觉呈现，但另一些媒体就做不到这一点。因此，加涅认为，具有视觉呈现特性的媒体显然可用于具体概念（形状、客体）和空间关系（距离和位置）。在这类媒体中，有些媒体还能呈现连续运动的画面，因此，当需要将客体的动态特征作为显示的基本内容时，如要呈现暴风中云层的运动，要呈现四冲程汽油机的内部运动时，这类动态画面显然有其独到的优势。动态画面既可呈现快速运动，也可呈现慢速运动，因此它们对于真实呈现生物尤其是人的活动特别重要。下面我们分别来考察具有不同物理特性的媒体对不同的学习所起的支持作用。

实际设备与模拟器　这类媒体可能是大型的设备，如挖土机，也可以是可携带的，如听诊器、血压器。加涅认为，已有证据表明，实际的设备对练习技能和复杂的操纵程序（如驾驶飞机）是最有效的媒体，不过此类技能的练习也可通过模拟装置，即一类能够再现实际设备操纵特征的装置来完成。

广播　无论是无线电广播还是电视广播，都是在学生广为分散的情况下使用的媒体，各种言语信息适宜用这类手段来传播。但加涅告诫：若要以这类媒体成功地传授种种智慧技能，应在使用这类媒体时考虑到学生的反应。

训练器械和训练辅助手段　加涅对这类媒体与模拟器作了严格的区分，认为训练器械仅允许对技能或局部技能进行练习，但并不一定具有实际设备的外形及操纵特征的装置。因此严格地说，这类媒体与模拟器是不同的。训练器械可用于教会刹车、掌舵或对突发事件的快速反应，而训练辅助手段只是一种用来显示供学生观察某些过程（如血液循环）运作的装置，它们不与学生发生相互作用。

计算机　在加涅看来，计算机是一种特别有用且具有多种用途的教学媒体，它既可在屏幕上呈现文字和图解画面，而且还可接受学生通过一些控制装置输入的反应，因此只要设计得当，在计算机上进行的教学可以做到与学生发生相互作用，如根据学生的反应是否正确，计算机可提供适当的信息和反馈。根据计算机所具有的这种特征，加涅认为它特别适合智慧技能的教学。

相互作用的电视　一般来说，电视的图像和声音不能同学生发生相互作用，但与计算机相连的电视录像带或影视片可做到这一点。

教员　教员充当媒体的特征是借助语言传播信息，以及演示某些操作程序的活动。教师的另一种重要的媒体功能是能够根据学生的反应提供反馈。当然，除这些活动之外，教师还执行着规划和安排教学的功能。

2. 学习任务

加涅认为，在为教学选择媒体时，教学的结果即预期在学生身上产生的作业变化的类型，是需要加以精心考虑的另一个问题。确实，这是加涅的一贯思想，因为学习结果的类型不同，它们需要得到的支持性条件也不同。也许各种媒体最明显的差异恰恰就是它们能否与学生发生相互作用，因而在考虑学习变量时，加涅一开始就指出，为智慧技能的学习选择媒体时，应考虑候选媒体中是否具有这一特征。此外，若学习涉及空间排列的具体概念或时空顺序的规则，呈现这类学习对象的画面是教学中的一个至关重要的方面。例如，在教摆的运动时，以画面的形式来呈现最为有效，仅靠语言描述就相当困难。在学习言语信息时（例如学习历史事实），必须选择能够呈现言语材料的媒体，或是书面的文字，或是通过听觉渠道的语言。在为态度的学习或改变选择媒体时，应考虑这类媒体能够呈现榜样人物，以及榜样人物个人方面的信息。

3. 学生变量

在选择媒体时，学生的特征也是必须考虑的一个方面。有关根据学生的能力倾向来处理教学中的相互作用的研究曾揭示，教学措施的选择（如教材与教学方法）应视学生的能力倾向、焦虑水平及控制轨迹来决定，这样学生才能从与自己的这些特质相适应的教学中有所获益。据此，一些教育者深信，学习风格各异的学生也可能在遇到与自己的学习风格相宜的媒体呈现时才会有所获益。但是，对于学习风格有哪些差异，不同的学习风格究竟应配以何种相应的媒体，至今尚未明确，因而在加涅看来，在选择媒体时应考虑的主要问题是学生的阅读理解能力。阅读能力低的学生显然会遇到理解书面文字的困难。由于这种能力同口语的理解密切相关，因此，这类学生在理解语义复杂的口语时也会发生困难。为了减轻这些困难，加涅认为可从两方面入手：第一，在为这些学生准备的书面材料或使用的口头表述中，应尽量使用熟悉的词和句以降低阅读难度；第二，尽可能使用图片或图解来呈现新概念、新规则及新的操作步骤。

除阅读理解有困难这类特殊情况外，在正常的学生中，阅读技能通常随年龄的增长而提高，因而年龄将是考虑使用何种媒体的一个因素。加涅认为，在这一方面德尔（Dale，E.）的“经验锥体”（cone of experience）是一个有用的工具。德尔曾以与年龄相关的方式列出了 12 种媒体及其用法（见图 12-1）。例如，第一水平为直接的有针对性的经验，指儿童通过与客体、动物或人的直接亲身接触来获取经验，含有“做中学”之意。随儿童的年龄增长，可以对他们使用图片和其他的模拟替代物来获取某些经验。在锥体的顶端是使用言语符号，意味着成熟的学生可通过阅读来获取有关的经验，这也是一种最有效的学习方法。

德尔的经验锥体显然是“以抽象程度作为其分类标准的。从底部至顶部，直接感觉参与逐渐减少，即从直接的行为经验演示和教

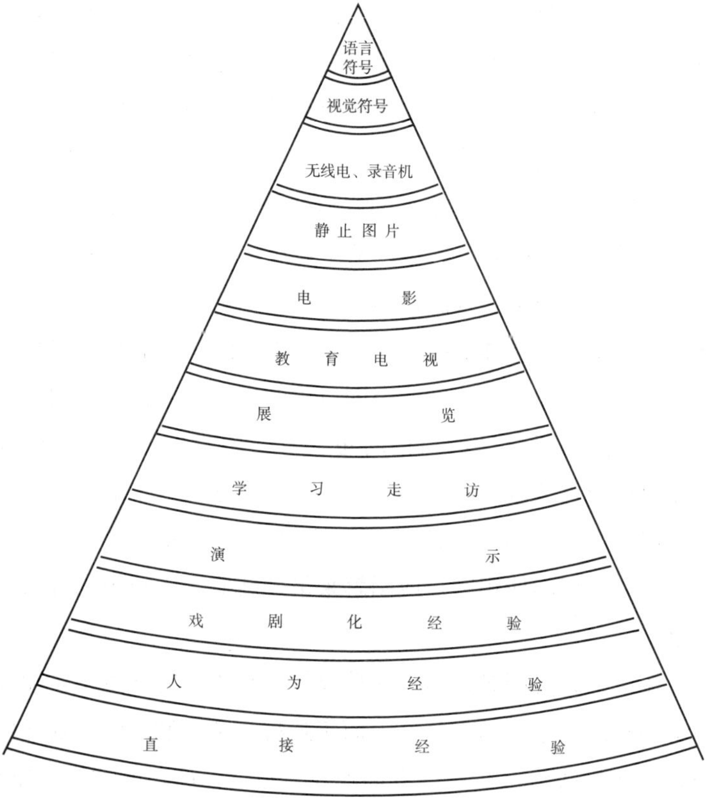

图 12-1　德尔的经验锥体

（引自《国际教育百科全书》第 5 卷，第 182 页）

育电视到达抽象的言语符号”①。对此，布里格斯认为，当我们的教育目标同言语信息、智慧技能和认知策略有关时，“为了保证你的学生能够学习，你就得从这一经验层级的下半部去寻找有关的媒体，而为了获得最有效的学习，你就得从这一层级的最高处去寻

① ［瑞典］T. 胡森、［德］N. 波斯尔思韦特主编，李维等译：《国际教育百科全书》第 5 卷，贵州教育出版社 1990 年版，第 181 页。

找”①。也许对于这种“慢却有保证”（即获得直接的经验颇为费时），“快则有风险”（即对于阅读能力弱的学生来说，单纯使用言语符号常常并不能使他们学懂）作一番权衡后，我们可以为特定的学生在这一层级上找到媒体选择的最佳点。

但是，当我们遇到态度这种学习目标时，德尔的年龄—媒体关系可能要倒置起来。韦杰指出：“年幼的儿童是通过听到自己尊重的人的言语陈述来获得某种态度，或改变已有的态度，无论对儿童或成人来说，都需要获得实际的生活体验。”② 对此布里格斯也指出，不同年龄的儿童其态度的形成与改变是通过不同的方式而发生的，最典型的次序是：（1）通过经典的条件反射来形成某种态度；（2）通过听成人的规劝说教来形成某种态度；（3）看成人的榜样来形成某种态度。据此，加涅总结道：“显然，我们应该在这些不同的方式中使用不同的媒体。”③

二、加涅与赖泽的媒体选择模式

在对媒体选择过程中应考虑的种种因素有所了解后，现在有可能综合起来考察加涅等人提出的选择模式了。实际上在前面的叙述中，已体现了加涅对选择最佳媒体的一个基本思想。在他看来，选择媒体时，首先应考虑学习情境这一变量，一开始就要排除与现在的情境完全不符的媒体。其次还应对学生这一变量作出考虑，以期从前一选定的媒体中，再次要排除与现在所教的学生不相适应的一些媒体。最终则要考虑学习结果变量，因为学习结果的类型不同，它们需要得到的支持条件也不同。当然，所有这些考虑，都和媒体

---

① ② ③ Gagné, R., Briggs, L. J., Wager, W. W., *Principles of Instructional Design*, p. 213, 1992.

本身的特性密切相关。

假定现在已经根据学习情境和学生自身的变量对媒体已作出了一定范围的限定，我们现在将根据学习结果这一变量再来缩小选定的范围，那么下一步的工作程序又该如何来定呢？这里我们来考察加涅和赖泽以流程图的形式来揭示这最后一个环节上的工作（见图12-2）。图中所示的情况为面对阅读能力弱的学生的自学，由于已对这一变量作出考虑，因此候选媒体包括除广播以外的其他所有媒体。

在进入这一流程时，遇到的第一个问题是："是态度还是言语信息?"若对这一开始的提问作否定回答，那么这一模式便表明，学习结果是一种技能（或是智慧技能，或是运动技能）。现进入第二个提问："是否要进行动作练习?"这一提问旨在对运动技能作出确认。若确实就是这一预期的学习结果，随后的关键性提问是："框面 D. 1 中提供的这两个候选媒体，即可携带设备和训练器械是否能提供适当的反馈?"从先前的讨论中可以发现，在这类学习情境中，若鉴别出的学习结果是运动技能，那么只能得出在这两种媒体之外的其他媒体都属排除之列，但这两种媒体都不能在练习中提供适当的反馈，因此如图所示，还需进至另一框面 F. 1。加涅对此解释，这里意指需进入为这一学习情境所设定的一个特定的框面，在那里将指出应由教师来提供必要的反馈。

现在回到流程图原先对技能作出鉴别之处（即框面 14）。假定对这一问题的回答是"否"，便意味着这一技能与智慧技能有关。随后框面 16 的判断旨在回答在框面 D. 2 中所提供的媒体是否能对学生的反应提供适当的反馈，若回答是肯定的，表明框面 D. 2 中的媒体是有效的媒体，反之则进至另一特定的框面 F. 2，意指也将由教师来提供反馈。

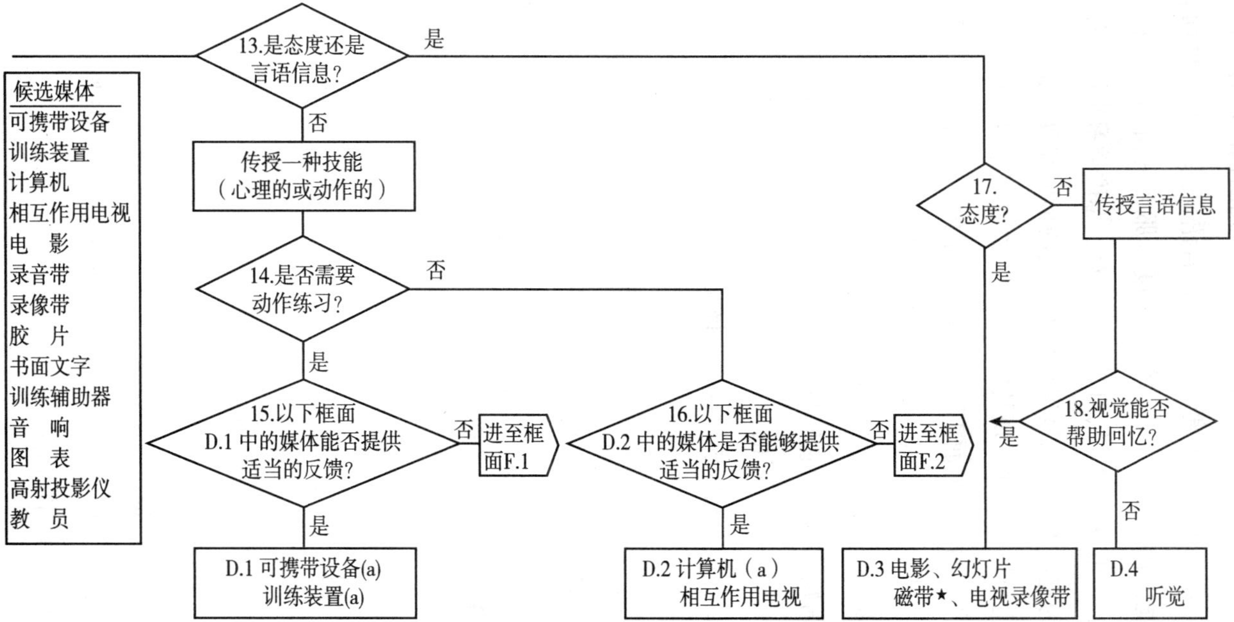

a：需得到或包括听觉语言

★：有时不太有效

图 12-2　适用于阅读能力弱的学生自学的情境的媒体选择流程图（引自 Gagné，R.，1992）

现在我们回到图中第 13 框面。如对这一判断框的回答是肯定的，那么学习结果可能是态度，也可能是言语信息。第 17 框面旨在对这两种能力作出鉴别，若回答是态度，那么框面 D.3 中提供的媒体（电影、电视录像、幻灯片）显然对于态度学习来说是有效的媒体，因为它们不仅可以呈现与某种态度的形成和改变相适宜的情境，而且也可以生动地呈现其中的榜样人物在表达自己的态度时所提供的信息。如果对框面 17 的回答是否定的，那么该模式便能鉴别学习的结果是言语信息。第 18 判断框只提出“视觉形象是否有助于回忆有关的言语信息”，这意味着在本学习情境中应排除呈现书面论述的媒体，因为它们与本学习情境中学生的特点不符。若对这一框面的回答是肯定的，则可启用框面 D.3 所提供的媒体；若否定，那么合理的媒体选择也许应该是呈现言语信息的媒体，即磁带录音机。

在对加涅和赖泽为这种特定的学习情境所构思的选择流程作出分析之后，我们显然可以发现，这一模式确实能成功地将候选媒体缩至更小的范围。由于这一模式以考虑有效的学习为其决策依据，因而由此选出的媒体能为各类学习结果提供适当的条件。当加涅和赖泽将这一媒体选择的方式推广至其他各类学习情境中时，他们得出了如表 12-2 所示的这些概括要点。以表中为这种或那种智慧技能选择媒体为例，应排除不能与学生发生交互作用，以及不能对学生的反应提供反馈的那些媒体。理由是，智慧技能的学习不能缺少这些媒体特征的适当支持。对于阅读能力弱的学生而言，应排除用书面文字来阐述的材料。反之，对阅读能力强的学生来说，选择的媒体应能提供反馈，提供与学生的交互作用。对阅读能力弱的学生应选择以画面或听觉的方法来作为教学传递的媒体，以这些媒体来替代书面阐述，或以书面的叙述作为这些媒体的补充。

表 12-2　对各类学习结果应选媒体和应排除媒体的说明

学习结果	排　除	选　择
智慧技能	排除不具备能与学生发生相互作用的媒体。 对阅读能力弱者排除书面论述。	选择能对学生的反应提供反馈的媒体。 为阅读能力弱者选择具视听特征的媒体。
认知策略	排除的媒体与“智慧技能”相同。	选择的媒体与“智慧技能”相同。
言语信息	排除只有实物或模拟物而没有言语解释的媒体。 对阅读能力弱者排除复杂的阐述。	选择能提供言语信息及更新原先信息的媒体。为阅读能力弱者选择具视听特征的媒体。
态　度	排除的媒体与“言语信息”相同。	选择的媒体能呈现榜样人物的实际形象和言语。
动作技能	排除不考虑学生的反应和不能提供反馈的媒体。	选择的媒体能指导直接的练习和提供反馈。

（引自 Gagné，R.，1992）

第十三章
课的设计

迄今为止，我们已经对加涅教学设计思想中的诸原理逐一作了介绍，从确定教学目标、分析学习任务、设计教学顺序，一直到安排教学事件以及教学媒体的选择和使用。鉴于教学设计的最终目的是要进行有效的教学，而在这一目标实现时，通常是提出了一节或一系列由教师来执教或通过传媒材料来执教的课。因此本章将进一步论述加涅在课的设计诸方面的考虑。本章的内容更多的是对早先提出的那些原理的综合运用。

在加涅看来，无论是设计由教师来执教的教学方案，还是设计使用媒体材料的教学软件，仍都需要关注以下这些主题：①

（1）运用学习结果的分类学对教学目标作出归类；

（2）对教学目标作出有序的安排，以便考虑到在实现这一目标时的种种前提能力；

（3）应当含有适用于各类学习结果领域的适当的教学事件；

（4）在这些教学事件中，应体现与本课的教学目标领域相关的特定学习条件。

尽管在课的设计中涉及如此众多的主题，但在下面的阐述中，我们仅涉及后三个主题，也就是说，假定教学目标现已认定属于五类学习结果中的某一领域，那么现在来谈谈如何考虑后三个方面的主题。

---

① Gagné，R.，Briggs，L. J.，Wager，W. W.，*Principles of Instructional Design*，p. 226，1992.

一、建立目标顺序

（一）确定智慧技能的目标顺序

在“教学顺序的设计”这一章，我们曾谈到加涅对代表智慧技能这一类教学课程所作的自上而下的分析，并采用教学课程图来确定课程的不同水平。例如，首先通过逻辑意义上的顺序分析，从某一课程的目标中分解出其组成的单元（主题）目标，随后从各个单元目标中可分解出课的目标，再以任务分析的手段，从课的目标中进一步分解出构成这一靶目标所需的一系列子技能。因此，每一个教学课程图都隐含着一种教学的顺序，这种顺序以智慧技能之间本身所具有的层级上的前提关系为基础，它们为教材编写者在考虑如何从教学顺序的安排上来促进有效的学习提供了一种理论框架。不过对于一般的教师来说，更多的是遇到一类更为具体、相当于在任务分析水平上的教学目标，因此，此时首要的任务是，采用任务分析的手段来规划为达到这一靶目标所需的子技能顺序。

我们现在仍以“学习任务分析”中所提及的“任意整数的减法”为例（见图 9-4）。在这一学习层级中，列出了由 10 个框面所表示的基本前提技能。加涅在这里的一个基本构想是，如果框面 1 所表示的简单的减的事实，是学生已经掌握的起始技能，而教师现在要设计出一节课或好几节课，以便使学生能够对遇到的任意整数都会做减法运算，那么在设计时，首先要做的工作便是从既定的靶目标出发，不断地分解出其从属的下位子技能，一直分解到与学生的起始技能相吻合为止，而由此得到的这一层级的含义在于表明，处于最下面这一排的框面所代表的技能应当首先教给学生，然后再逐级上升至上面一排的框面所表示的那些技能的教学。他说：“在对水平方向的框面所示的技能进行教学时，可以有先后的选择，但对由底排逐次向上一排进行的教学顺序则无可选择，这至少是我们希望为一个班的所有学生选取一种教学顺序时的情形。”① 当然，加涅也并不否认，有时有些学生可以不按照这种层级的顺序来学习，如果出现这种情况，可能是这些学生已经能够执行某些框面所示的技能，或者这些学生已具有足够的认知策略能发现其中某些规则，而无须接受使用这些规则的直接教学。

决定起始行为　在对达到靶目标的顺序作出上述这类层级上的安排之后，需要做的另一件工作是了解学生现有的起始能力。如上所说，在一个班集体中，很可能有些学生已经能够执行框面 2 至框面 3 的技能，另一些学生已能执行框面 2 至框面 5 的技能。从适应个别差异的角度来讲，教学应从学生的起点开始，这在个别化的教学中很容易办到，但在班级的集体教学中，要么给这些学生布置别的学习活动，要么让他们再听一遍作为复习，当然这都不是很好的解决办法。不过加涅认为，在每课之前对早先技能的复习还是必要的，因为这样做可以使它们更易回忆起来。

安排课序　由于一节课的时间有限，因此在决定学生的起始能力之后，教师还必须对于在这种学习层级中每一节课应含多少框面的技能，以及如何安排课与课之间的顺序作出决定。通常的做法是分别在一些单课中传授某些框面，然后在一堂课内将它们同其他框面组合起来。不过，加涅强调，在规划这种课序时仍需维持各技能之间的基本前提关系，否则就没有特定的顺序而言了。此外，教师在规划代表这类智慧技能目标的课序中，有时还需插入与其他学习结果有关的教学目标，如言语信息、态度及认知策略。

技能获得的顺序　在为达到图 9-4 所示的最终技能而设计的课

① Gagné, R., Briggs, L. J., Wager, W. W., *Principles of Instructional Design*, p. 228, 1992.

序中，还隐含着加涅的另一个设想，即要求学生在学习更高一级的技能前，必须表现出已掌握了其前提技能。加涅特别强调，在涉及智慧技能的层级中，掌握的思想必须十分认真地对待，任何前提技能未达到掌握的程度，只会导致随后的学习受挫或延缓，甚至会使学生放弃今后学习上的努力。

对诊断和重学的准备　在加涅看来，利用智慧技能的层级来规划课序，也为诊断学习时出现的困难提供了准备。如果学生在学习某一特定的技能上有困难，最有可能用来作为诊断的指标是他们回忆起如何执行某一从属技能或某些从属技能。在上新课前要求学生回忆有关的从属技能，不仅为教师提供了有关的诊断信息，也为教师安排重学的环节提供了信息。

（二）同认知策略有关的教学顺序

在“认知策略的学习”这一章，我们曾谈到，认知策略是对学习和思维活动中所涉及的那些内部过程作出选择和指导的一种技能，它同智慧技能的最明显的区别在于对内作出调控。我们也提到，在这一研究领域中既发现个体具有一些一般性的认知策略（即它们可适用于广泛的不同领域），也发现了一些专家在自己擅长的领域中使用了新手所不具备的独到的策略。但是对于如何获得策略，至 20 世纪 80 年代中期人们认为有三种互不相容的模式：模式 1 提倡直接传授一般的策略，并预言通过广泛的不同情境中的应用可把握它们；模式 2 强调从特殊领域中的良好的知识结构出发，发展解决特定问题的对策，并逐步从中抽取出人的一般的决策行为；模式 3 认为，一般策略的直接教学只能获得一种解决问题的“弱方法”，它们不可能达到特定领域中的专家所具有的熟练的决策水平。对于上述三种模式，加涅和格拉泽的观点更接近于模式 2 的设想，他们更看重知识结构、心理模型与调节过程的相互作用。从这一基本点出发，他们希望从知识结构与调节过程的相互作用来考虑教学，而不应当将获得具体的知识同在这一基础上获得的调节过程人为地区分开来。不过他们也考虑到所有的可能性，即把一般的和具体的方法统一起来考虑。加涅曾指出，当个体在许多知识领域中都没有对认知活动表现出有调控的迹象时，一般的策略训练方法还是值得提倡的。但是在加涅和格拉泽看来，仅训练一般的策略是绝不可能使新手转变为专家的，新手即便能学会调控自己行为的一般策略，他们在某一特殊领域中的策略行为也依然很难达到熟练决策者的最初水平。加涅和格拉泽将这一现象解释为，精致的知识结构与特殊的调控程序的长期练习是造成专家熟练的决策行为的主要原因。当他们在考虑策略学习的教学对策时，加涅和格拉泽指出：需要考虑个体本身的能力和学习任务的特点；在各个领域均缺少自我调控能力的个体也许从一般策略的教学中能有所收益，但对于那些仅在某一领域缺少调控行为的个体来说，最好的教学方法是通过操纵他们已有的知识结构的练习来获得特殊的调控技能。

（三）规划言语信息的学习顺序

总的来说，在加涅看来，作为言语信息学习的最重要的前提是为这类学习提供一种有意义的背景，以便使新学的信息能够同这一背景建立一种类属关系或有意义的联系。当然，在将这一原则用于规划这类学习的顺序时，根据教学目标是涉及学习一组名称或称谓，还是学习一些个别的事实，或是学习有逻辑顺序的文章的意义，情况还是应当有所不同。

前已提及，学习某一称谓仅是指学生获得对某一客体或某类客体的名称作出始终一致的言语反应，加涅称这类信息学习为短的言语连锁。这种学习同获得名称的意义完全不同，获得名称的意义指学生能够对界定一类事物的正反例证作出鉴别。我们还提到，一次学习一两个客体的名称并非难事，但如果一次要学习许多客体的名称，那么难度便会随之剧增。例如，一次要学习许多外语单词，一下子要记住四五十人的名字，这并非轻松的事情。不过学生可以使用记忆中早先已经获得的各种结构来对这类要求新学的信息进行编码。其中一类编码形式是形成简单的联想。可以将法语中 la dame 同英语中的 dame（妇女）联系起来，构成对 lady（女士）的联想。另一种编码形式可以用某一句子来帮助记忆。例如，为了将 starboard（右舷）同 right（右）联系起来，可以说 the star boarder is always right（意思为名流上船总在右）。这类学习经常采用的编码形式是使用视觉形象。例如，在我国汉语拼音教学中，为了帮助儿童记忆，教师在教 f 时，画一根拐杖，一只手扶在它上面（“扶”字中含 f 音），这种做法实际上是试图从音、形的结合来帮助儿童学习这些字母的称谓。

显然，要促进这类信息的学习，一方面有赖于学生早先记忆中的有关经验，而另一方面更重要的是依赖于学生早先已学会“如何编码”这种特定的元认知策略。人们一般发现，学生采用自己的编码系统时，往往比教师提供的某种特定的编码“秘诀”更有效。因此，在规划这类学习的顺序时，加涅认为对应先学习哪些特定的内容提出建议似乎并不一定合适，重点似应放在“学会如何编码”这种元认知策略上。但是，对于通过长期教学是否能改进这种策略，至今尚未有人作过研究。

言语信息学习的第二种形式是事实的学习。在学生的学业中要学习大量的事实。如前所述，有些事实相当独立，它们同别的事实或其他信息体系没有相互的联系。例如，在学习历史时，学生可能要学习和记忆统治某一时期的许多人物。但许多需要学习的事实往往同一组总的信息或更大的信息体系中的其他事实是有关联的。例如，学生在学习某个国家的众多事实时，有些事实是关于该国的地貌，有些事实是关于该国的经济或文化，这众多事实还可以同其他各国的经济、文化、地貌这种更大的信息体系发生关系。加涅认为，在学习这些个别的事实时也同样涉及编码的过程，此时要做的编码工作是把这些个别的事实同意义上更大的结构，即早先已经获得的有组织的知识体系联系起来。

鉴于这一观点，他建议，在规划事实信息学习的教学顺序时，可以采用两种方法。第一种方法便是奥苏伯尔所说的“先行组织者”。假定学生需要了解有关汽车的各种事实，那么首先给学生呈现能起到组织作用的语词，它告诉学生汽车所具有的一些主要的特征，如车体的式样、发动机、车架、变速器等各个方面，随后再来学习现在所需了解的某种特定型号的车辆在这些方面特有的事实。第二种方法同前一种方法并非完全无关，它通过提问来弄清要学的事实属于哪个更大的范畴。如果历史课本中提及的人物姓名是要学习的重要信息，那么首先围绕这些人物来提出一些问题将会促进对人名的学习和保持。如果课的目标是要说出各个年代，那么首先应针对文中的年代来提出某些问题。

言语信息学习的更为常见的目标是，要求学生获得和记住由有内在联系的个别事实组成的一种更大的知识体系。诚如前述，这类学习的关键是采用日后容易提取的方式来组织这些个别事实，也就是将新学的信息同学生记忆结构中业已贮存的信息建立一种类属或意义上的联系。学习期间进行的这番组织工作，可以为日后信息的提取提供有效的线索。针对这种情况，加涅认为，在规划实现这类教学目标时，教师应当考虑学生已有的图式，应对新的知识作出结构上的安排，以便使新的知识建立在学生已经知道的那些知识的基础之上。

（四）规划动作技能的学习顺序

在论及动作技能的学习时，我们曾谈到，作为这种学习能力的前提之一是具备要学习的那种技能的部分技能，第二个前提是用以控制这些部分技能以适当的次序来执行的执行程序。不过在加涅看来，在规划这类能力的学习顺序时，这两种前提技能的相对重要性主要取决于要学习的这种技能本身的复杂性。例如，对于像投掷飞镖这种技能，去尝试确认它有哪些部分技能是不可能得出一种有益的有序规划的。

一般而言，在动作技能学习的初期，首先应安排执行程序的学习。例如，在学习投掷铅球时，首先应当让学生学习接近踏线、转移身体的重心、伸臂展体及推掷这些执行的程序，即使此时学生对这些关键性的动作还做得很差。

除掌握动作技能的执行程序之外，对组成动作技能的各个部分技能的分别练习，对于掌握整个技能当然是不可缺少的。但加涅还指出，即使某一特定的部分技能也有其自身的一些重要的前提。例如，像射击打靶的技能，对怎样才算正确瞄准靶心的正确理解，是执行整个打靶技能中一个相当关键的子技能，因此在规划动作技能的教学时，不仅要在适当的时候提供对部分技能的练习，而且还要考虑到这些部分技能的顺序。

（五）规划态度学习的顺序

同其他习得的能力一样，态度的学习或改变也依赖于学生能够回忆先前已经获得的能力。例如，若学生从未接触过唐诗，若他没有理解唐诗的语言技能，那么要建立起对唐诗的积极态度当然是很困难的。同样，如果学生要获得对某种科学方法的积极态度，那么他必须要以具备使用这些方法的能力（技能）为基础。加涅认为，态度的教学顺序首先要从学习与该态度有关的智慧技能和言语信息开始，然后才能引进与建立某种肯定或否定的态度倾向本身有关的具体做法。此外，他强调，在以榜样法来改变某种态度时，必须考虑到这种教学顺序中的另一前提步骤，即首先应当建立起对这些榜样人物的尊敬和尊重，因为代表这种态度的“信息”是需要通过榜样人物来传递的。

二、根据不同的学习结果规划课

以学习层级的形式，或以确定一系列前提能力来说明获得智慧技能这类学习结果或其他各类学习结果的顺序，为规划一系列的课提供了依据，它们表明，为了达到某一学习结果，学生需要具备许多前提能力。接下来需要进一步考虑的问题是，怎样使学生从已经获得的一些下位知识或技能出发来获得某种新的能力。加涅指出："在实际学习发生的这一期间，需要用先前描述的各种教学事件来填补。这些事件既包括学生的活动，也包括教师为使这一预期的学习发生而采取的活动。"① 从他的这说法中，我们显然可感受到他的这一构想：前面描述的建立目标的顺序仅为建构一系列课或单课的顺序提供了框架，而在学生的起始能力至这些课的目标之间的空隙还需要各种教学事件来填补，由此来构成一个完整的单课的教学过程。

在第十一章，我们已谈到，加涅所说的各个教学事件是从对学习过程的了解中推论出来的，使用教学事件的最根本的目的，是从保证学习能够发生的角度来安排外部学习条件。一般来说，这些事件适用于所有课，我们不必考虑教学目标和学习结果。不过"正如我们已经发现的，对于学习结果各不相同的课需要描述其特定的顺序，我们还应认识到，不同学习结果的课的学习效率会受特定事件的影响，对此也应予以考虑"②。也就是说，在加涅看来，应当用早先为各类学习结果总结出的学习条件来安排课内的有效学习。表 13-1 与表 13-2 是加涅对目标各不相同的课应考虑的有效学习条件

---

① ② Gagné，R.，Briggs，L. J.，Wager，W. W.，*Principles of Instructional Design*，p. 234，1992.

所作出的概括，不过它们主要涉及教学事件3（激发回忆先前的学习）、事件4（呈现刺激）、事件5（提供学习的指导）、事件6（引发学生的作业）。

表13-1　以智慧技能和认知策略为目标的课应考虑的有效学习条件

课的目标类型	学习条件
辨别	能回忆起有关的反应， 呈现相同和不同的刺激，突出各自具有的独特特征， 重复呈现相同和不同的刺激，提供相应的反馈。
具体概念	能回忆起对相应的客体特征的辨别， 呈现一系列正例与反例，不断变化无关的客体特征， 学生能对例证作出鉴别，提供相应的反馈。
定义性概念	能回忆起定义中提及的各个子概念， 根据概念的定义举例加以说明， 学生自己能举例说明概念。
规则	能回忆起规则中提及的各从属概念和从属规则， 根据规则的言语陈述对规则作举例说明， 学生自己能表现出使用规则。
高级规则	能回忆起相应的子规则， 呈现新的学习任务或新的问题， 学生自己能将新的规则应用于问题的解决。
认知策略	能回忆起相应的规则和概念， 对策略作出言语陈述或举例说明， 练习策略在新情境中的运用。

（引自Gagné，R.，1992）

表 13-2 以言语信息、态度、动作技能为目标的课应考虑的有效学习条件

课的目标类型	学 习 条 件
言语信息	
名称或称谓	能回忆起有关的言语联系， 学生进行编码活动——把名称同表象或有意义的句子联系起来， 在别的知识背景中运用这些名称。
事实	能回忆起与事实有关的有意义的信息， 将事实置于更大的言语信息的背景之中， 能在别的知识背景中使用这些事实。
知识	能回忆起有关的信息背景， 将新的知识置于有关的信息背景之中， 能将知识与其他事实及知识的体系联系起来使用。
态度	能回忆起与个人的选择行动相关的言语信息及智慧技能， 建立或回忆起对态度源（通常为某个榜样人物）的尊重， 对个人的行动给予直接奖励，或给观察的榜样人物提供奖励，以产生替代强化。
动作技能	能回忆起有关的反应和子技能， 建立或能回忆起执行的子程序（程序性规则）， 练习整个技能。

（引自 Gagné，R.，1992）

三、课的设计步骤

假定教师或设计人员已根据通常的逻辑次序，将某一课程分解出若干个单元或主题，随后又根据任务分析的思想为每一单元规划

出一定的课序，那么现在他将进入对每一节课的设计阶段了。根据前一节提及的应为每一节课的不同学习结果提供有效的学习条件这一思想，加涅认为，在教师为一节课准备的教案中，一般应含有如下这些成分：①

（1）陈述课的目标，明确它所属的学习结果领域；

（2）提出使用的教学事件；

（3）提出使每一教学事件得以实现而要采用的媒体、材料及活动；

（4）指出教师的作用及活动（即教学处置）。

表 13-3 是加涅根据上述思想，为规划传授具体概念而设计的一份教案。从表中我们可以看到，这一节课的目标代表了为达到一个更加复杂的智慧技能目标层级中所出现的一个子目标，因此教师对这一节课，既要考虑到它的前提，又要顾及向学习层级中以后的目标的迁移。此外，表中列出的九项教学事件，也仅针对一般的情况，教师在为自己的学生具体设计教案时，可考虑学生本身的特定基础，并不一定恪守这种按部就班的模式。例如，加涅指出，有时可能要把整节课的时间放在某一教学事件上（如引起学生对随后一系列课的兴趣或注意上），或有时可能要用整节课的时间来向学生提出一个复杂的目标。也就是说，在加涅看来，尽管教学事件是教学设计中的一个关键成分，但在规划它们时，应对学生的起始能力有充分的估计，以及对学习任务本身的性质有充分的认识。

---

① Gagné, R., Briggs, L. J., Wager, W. W., *Principles of Instructional Design*, p. 237, 1992.

表 13-3　为具体概念目标设计的一份教案

目标：提供一组平面图形，其中 5 个为梯形，5 个为非梯形，要求能圈出其中的梯形以示能对它们作出鉴别。

事件	媒体	教学处置
1. 引起注意	直接教学黑板	在黑板上画一些图形，突出图形形状的多样化。
2. 告诉学生目标	直接教学黑板	呈现关键特征各异的图形，说“这是梯形”，“这不是梯形”。随后呈现一组图形，问：“你能挑出梯形吗?”
3. 激发回忆前提技能	投影仪	呈现数对线条，有直线、非直线，平行线、非平行线。呈现由 4 条边、5 条边、3 条边构成的封闭或开放的图形。要求学生说出或指出上述各例的差异。
4. 呈现刺激材料 5. 提供学习指导	投影仪	呈现数对图形，每对含一梯形与一非梯形，要求学生鉴别出各对中的梯形。在知道特征的名称后，要求指出成对图形中的每一图形有无这种特征（直线、曲线、平行、不平行等）。
6. 引发作业	作业纸	提供一作业纸，上有 20 个平面图形，其中 8 个为梯形，其余图形在某一或某些关键特征方面各不相同。要求学生在自己的作业纸上圈出梯形。
7. 提供反馈	教师口头复习	在学生完成作业后，在投影仪上投射其复本，鉴别其中的正例，鉴别各反例中所缺的关键特征。
8. 评定作业	教师	使用与作业纸相似的测验，要求学生圈出梯形。
9. 促进保持和迁移	作业纸	要学生画梯形，每次提供：(1) 一条垂线；(2) 一条水平线；(3) 一条斜线。若有材料，可要求学生鉴别各种客体（家具、工具）图片中的梯形。

（引自 Gagné，R.，1992）

四、对多重教学目标的课的设计

前已提及，在教学中多重教学目标的出现是经常会发生的情况，例如一节课的目标仅是更大的单元目标中的一个部分目标或子目标。我们还提到，可以用布里格斯等人提出的教学课程图的技术，把一些整合性的目标分解为一些来自不同学习领域的子目标。现在要继续讨论的问题是，若在一节课的水平上遇到这种整合性的目标，那么这种课的设计与仅为达到单一目标的一节课的设计有何不同。在这一方面，加涅指出，我们依然可采用教学课程图来规划一节课的教学顺序，这种教学课程图揭示来自不同学习领域的子目标所构成的一个整合性目标，直观地描述各子目标在达到一更大的靶目标中所起到的基本前提与支持性前提的作用。图 13-1 是加涅为“伴性性状的遗传”这一课所描绘的一幅教学课程图，从图中可以看到，这一课综合了许多目标上的教学，有时要同时提出一些目标，如教师可能要将 A 和 B 框面中的言语信息目标放在一起，并同时介绍与这两个目标有关的内容。

尽管为多重目标设计的课的教学顺序，依旧遵循着前提技能向靶技能（target skill）的迁移，但加涅指出：“在为多重目标与单一目标的课作出规划的主要区别是，教师或设计人员必须规划好怎样为多重目标提供教学事件。这种教学模式提议，教师或设计人员为这类课设计时采取的对策是，在教学活动中既体现相应的教学目标，又体现相应的教学事件。”① 例如，放映一部电影是一项教学活动，这项活动既可激发学生的学习动机，又呈现了教学内容，两

① Gagné，R.，Briggs，L. J.，Wager，W. W.，*Principles of Instructional Design*，p. 245，1992.

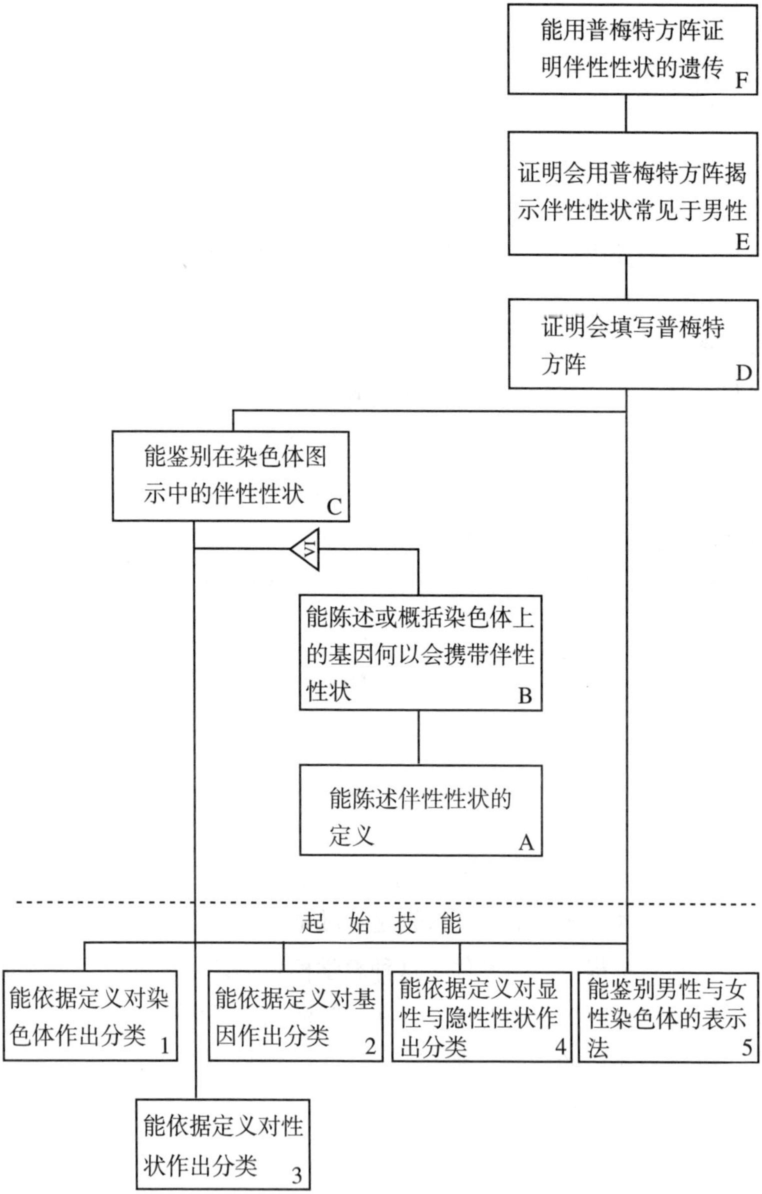

图 13-1 “伴性性状的遗传”一课的教学课程图（引自 Gagné，R.，1992）

者兼而有之。再如，将一个班分成两组来比赛应用课内学到的规则，既可激发动机，又可引发学生的作业。鉴于无论是由教师来传授的课，还是通过媒体来传递的课，都是在一定的时间内进行的，因而加涅建议，在为这类课作出规划时，可采用像图 13-2 所示的这种教学目标与课时进程的矩阵，来规划课内某一时刻对某一或某些目标应予安排的教学事件。从图 13-2 中，我们可以看到，课的教学目标从上至下列于矩阵的左侧，它意指教学的目标次序；矩阵的底部从头至尾为一节课预期的时间长度；各行与各列的交叉形成矩阵内部的一些空格，在这些空格内填上数字以代表在教学活动中应予考虑的教学事件，这些教学事件有时可为多个教学目标服务，有时在某一教学活动中，多个教学事件为一个目标服务。

按照教学活动从 a 至 n 这一时间顺序来看这一图时，可以发现，最早的教学活动 a 所含的教学事件为 1，即此时要引起学生对新课内容的注意。随后的教学活动 b 是回忆早先一些课内学习的前提技能，它们为教学目标 A、B、C 栏的这些目标提供了准备，故用教学事件 3 来表示，而回忆这些技能的教学活动，又为增强对它们的保持以及向现在新的学习迁移作了准备，故以教学事件 4 来表示。第三个教学活动（c），是告知学生 A、B 两栏的教学目标，在上新课时它们之所以要先教，是因为它们不仅要作为前提技能被首先获得，而且也为随后向主要的智慧技能目标（C、D、E）的迁移提供了支持性前提。随后的教学活动（d）则是向学生呈现 A、B 两目标的刺激内容。从图中还可发现，有时为某一栏教学目标设立的教学活动要考虑到好些教学事件，如在教学活动（f）中，含有教学事件 5 至 7，意指在这一短短的时间内，要为这一 C 目标安排提供学习指导、引发作业、提供反馈等事件。

在完成目标与课时矩阵的同时，尚需提出备课教案。同先前为单一目标的课准备的教案不同的是，在教案的左侧不是列出教学事

		(a)	(b)	(c)	(d)	(e)	(f)	(g)	(h)	(i)	(j)	(k)	(l)	(m)	(n)	
目标	A. 陈述伴性性状的定义	1	3	2	4											
	B. 陈述伴性性状为染色体中的基因所携带	1	3	2	4											
	C. 鉴别在染色体图解中的伴性性状	1	3			2,4	5,7									
	D. 证明在普梅特方阵中的交叉	1						2	4							
	E. 证明伴性性状在普梅特方阵中的交叉	1						2		4	5,6,7					
	F. 能用普梅特方阵证明伴性性状的遗传	1										4	5	6,7	9	
起始技能	1. 能依据定义对染色体作出分类		9													
	2. 能依据定义对基因作出分类		9													
	3. 能依据定义对性状作出分类		9													
	4. 能依据定义对显性与隐性作出分类		9													
	5. 能鉴别男性与女性的染色体表示法		9													
	教 学 活 动	(a)	(b)	(c)	(d)	(e)	(f)	(g)	(h)	(i)	(j)	(k)	(l)	(m)	(n)	

← 时 间 →

图 13-2　对图 13-1 所示的这一课的教学活动（从 a 至 n）的目标时序安排（引自 Gagné，R.，1992）

件，而是列出在矩阵底部所表示的那些教学活动，使教学事件体现在教学活动之中。无论是提出目标课时矩阵，还是据此准备教案，其中的指导思想是一致的，都是从必要的前提技能过渡到更高一级的技能，并在教学活动中以有序的方式来提供教学事件，以促进学生对信息的加工（这一课教案详见表 13-4）。

表 13-4 “伴性性状的遗传”一课的备课教案（包括媒体的选择及教学活动）

教学活动	刺激类型	可能选用的媒体	教学处置
(a)	口头语言 图片	教师，幻灯片，电视	引起注意：向学生提出问题。如：“为什么男性中比女性有更多人患色盲?”“为什么女性秃发不多见?”“决定你成年之后谢顶的原因是什么?”
(b)	口头语言 图片	教师，幻灯片，电视	回忆前提：回忆染色体、性状、基因、显性与隐性性状这些概念，呈现每一定义的有关图片。
(c)	口头语言 书面材料	教师，分发的材料，电视	告知学生目标 A 和 B：“本课我们将首先学习什么叫伴性性状以及它们是怎样携带的。”
(d)	口头语言 书面文字	教师，电视，分发的材料	陈述伴性性状的定义。
(e)	口头语言 图片	教师，电视，幻灯片，黑板	提出概念 C 这一目标，呈现一对与伴性性状有关的染色体特征，出示三个例子：X^cY、X^cX、X^cX^c，鉴别在 X 染色体上携带的各种基因。
(f)	书面文字	作业纸	引发概念 C 的作业：“看看你是否能回答这些问题：X^aY 是否代表了伴性性状? 为什么? X^aX 是否代表了伴性性状? 为什么? XY^a 是否代表了伴性性状? 为什么?”

续表

<table>
<tr><th>教学活动</th><th>刺激类型</th><th>可能选用的媒体</th><th>教学处置</th></tr>
<tr><td></td><td>口头语言</td><td>教师，作业纸</td><td>检验学生的正确回答。</td></tr>
<tr><td>(g)</td><td>口头语言</td><td>教师，电视</td><td>陈述目标D和E：“现在我们来学习为什么这些性状在男性中比女性更易出现，以及怎样来判断它们会出现。”</td></tr>
<tr><td>(h)</td><td>口头语言
举　　例</td><td>教师，分发的材料，黑板</td><td>告知学生怎样来提出一个普梅特方阵以考察交叉配对的各种可能性。
<table><tr><td></td><td>女性</td><td></td></tr><tr><td></td><td>X^c</td><td>X</td></tr><tr><td>男性 X</td><td>XX^c</td><td>XX</td></tr><tr><td>Y</td><td>X^cY</td><td>XY</td></tr></table></td></tr>
<tr><td>(i)</td><td>口头语言</td><td>教师，分发的材料</td><td>呈现一普梅特方阵，填写这一方阵，表明染色体和基因在子代中的各种可能的组合。</td></tr>
<tr><td>(j)</td><td>口头语言
实例说明</td><td>教师，分发的材料</td><td>提供学习指导：如填写方阵的步骤，提供一些不同的实例。</td></tr>
<tr><td>(k)</td><td>口头语言
书面文字</td><td>教师，黑板</td><td>呈现规则：“某种伴性性状总在男性中出现，因为Y染色体不可能遮蔽X染色体上隐性基因。”</td></tr>
<tr><td>(l)</td><td>口头语言</td><td>教师，黑板</td><td>提供学习指导：再次呈现一普梅特方阵，考察这些细胞，判断某一性状是否会出现，至少提供以下例子的两个。
X^cX；　X^cY
XX；　X^cY
X^cX；　XY
鉴别“带基因者”这一概念，揭示隐性性状在女性中的表现是两个X染色体均带有隐性性状。</td></tr>
</table>

续表

教学活动	刺激类型	可能选用的媒体	教学处置
(m)	书面文字	作业纸	让学生运用性状表现的规则来解决一些问题，对每一种交叉配对均提出：(1) 男性是否会表现出这种性状？(2) 女性是否会表现出这种性状？(3) 是男性不可能表现或带有这种性状，还是女性不可能表现或带有这种性状？对学生的回答提供反馈。
(n)	书面文字	作业纸	给学生提出一些有关伴性遗传的问题(如果你的外祖父为秃顶，你是否会出现秃顶)，以增强保持和迁移。讨论本课与以后课的内容的关系。

（引自 Gagné，R.，1992）

下编

认知研究的进展赋予教学的新意

第十四章
绪　论

自 20 世纪 60 年代中期加涅的《学习的条件》问世至 70 年代中期他的《教学设计的原理》的出版，标志着加涅的教学心理学思想已日趋完善，而在同一时期，教育与心理学相结合的主流正在迅速地扩大着自己的阵营，其中尤其是对人的认知研究正发生着一场深刻的变革。1978 年，匹兹堡大学格拉泽教授在他为反映这一主流而汇编的《教学心理学的进展》（*Advances in Instructional Psychology*）第一卷中就曾表明："越来越多的实验心理学家止将自己的事业转向有益于研究教学过程的调查与分析。这一趋向在心理学的许多不同领域，包括关于学习、认知行为、人的发展及社会化过程的诸多研究中都是很明显的，而其原因也是多方面的：对于同社会密切有关的问题的探讨，以及对真正的学科问题的探讨的呼声正在日益提高；当时的心理学理论已经能够研究更加复杂的认知行为；深信以任务为取向的研究同以学科问题为取向的研究的相互作用，对社会和心理科学都是彼此有益的。"① 由于越来越多的心理学家对教育现象发生兴趣，因此基础研究与应用研究的界限正变得日益模糊。对于当时这种既试图了解和改进教学实践中现行的一些做法，又试图提出科学理论的倾向，安德森曾对此作了十分明确的表态：

> 对于捍卫理论的正确设想我已不再有太大的兴趣，而更感兴趣的是发展某种能够对重要的经验现象作出阐明的理论。我所说的"能对重要的经验现象作出阐明的理论"是指，这种理论不仅能够回答实验室里的现象，而且还能够回答现实世界中的一些有争议的问题。这些现实中的问题可能包括怎样改进人的学习和使用语言的能力、学习和回忆文章的能力、推理的能力，以及解决问题的能力。这反映了我的这样一个信念，即对

① Glaser, R., *Advances in Instructional Psychology*, Vol. 1, p. 1, 1978.

> 于一种认知理论的评价应当看它在实际应用中的有效性。因此，我提议，应当对我们所说的要理解人的智慧的说法有所改变。我曾认为，这种说法意味着对构成认知行为的结构及过程作出单独的鉴定，由于这是不可能的，因此我建议，应当把“理解人的智慧”看成是获得一种使我们能够改进人的智慧的理论。①

应当说，安德森的这一说法代表了当时一大批心理学家的一个强烈愿望，即“一种理论应强到能足以造就它旨在解释的行为，这一点是至关重要的”②。

当越来越多的认知心理学家走出实验室，将自己关注的焦点转向分析现实教学中掌握各门学科领域中的知识与技能时，他们对人获得的各种各样的能力的性质也有了更为深入的了解，尤其是对某些学科领域中的专家与新手在一些复杂的学业任务上的作业特征所作的分析，为增进他们的这一认识起到了推波助澜的作用。一些建立在对人的行为分析基础上的理论，分析了知识结构与知识的易提取性，在问题解决中对问题的表征形式与增进对问题的理解的关系，执行复杂任务时个体拥有的自动的无意识加工能力与有控制的加工能力的关系，个体拥有的心理模型或心理图式的特征对其完成作业的影响，以及元认知与自我调控的过程在思维与解决问题中的重要性等问题。格拉泽曾指出，在所有这些研究中，给人留下最深刻的印象是，知识结构在其中起到了压倒一切的影响。“我们现在已认识到，知识结构绝不仅是信息的堆积或简单的联结，它们是一些能互相影响从而使人的认识过程更具整体性的信息组织。当我们将学生智慧行为的获得与发展看作受学生的知识体系所促进，以及

---

① Anderson，J. R.，*Language*，*Memory*，*and Thought*，pp. 15-16，1976.

② Collins，A. & Loftus，E.，A Spreading-Activation Theory of Semantic Processing. *Psychological Review*，82，pp. 407-428，1975.

随个体在其专攻的各门学科中积累的知识越多而越能激励他进一步发现理论时，那么智慧行为的获得与发展也就不再具有任何神秘的色彩了。知识如何被组织起来，而使用知识的过程又如何随人的学习和经验而得以发展，这是一些带有根本性的问题。这些问题已通过对知识结构的研究，通过对具备某一特定领域胜任能力的个体所表现出来的工作效率、判断能力及解决问题能力的研究而有了一些解答，但我们对怎样使新手转变为日具胜任能力的个体的转化工作还了解不多。在我们对儿童发展阶段的认识上，也出现了这种类似的局限性，在那里，我们充其量只鉴定出某些阶段，但对发展的机理尚需要进一步认识。不过，我们对胜任能力的性质的了解，至少给我们衡量学与教的进展提供了一些目标。”①

格拉泽的一番话实际上是对 80 年代这 10 年间认知心理学与教学相结合所走过的研究道路及业已取得的成就的总结。事实上，在一历史阶段，认知心理学家们已达成这样一个共识：在学习与教学的不同阶段，人在自己拥有的有关知识的整体性上是存有差异的，人在某一特定条件下将采取何种行动的这类程序性知识上也存在着差异，以及人在迅速提取记忆中的知识上也同样存在着差异，所有这些差异造成了人对学业任务的表征以及在这些任务上的胜任能力的差异，差异的一个极端标志着它可以使人在学习的进程中占有不断前进的优势，而差异的另一极端则标志着它可能会成为人的学习进程中的障碍。

根据当时对人的认知的了解，格拉泽等列举了在教学过程中，我们经常可以看到的代表知识与技能水平变化的一些有代表性的维度。他认为，这些维度不仅应当成为学习理论家所关注的核心问

① Glaser, R., *Advances in Instructional Psychology*, Vol. 3, pp. viii-ix, 1987.

题，也应当成为我们要实现培养老练个体（专家）这一教学目标的操作性标准。①

知识的组织与结构　随着学习的发生和胜任能力的获得，人的知识中的各个部分将会日益联系起来，于是老练个体便能提取到一些具有内在条理性的信息组块，而不是一些支离破碎的信息。在不同的学科领域里，初学的知识前后不连贯，其中只是一些孤立的定义和对核心术语及概念的肤浅的理解。随着个体对知识的理解和应用，这些知识会变得日益结构化，会同过去的知识融为一体，这样，这些知识便能在记忆中以一些较大的单元被提取出来。因此，使知识具有这种相互联系的组块结构化和易提取性应成为我们教学的目标。

问题表征的深度　对问题的一定的表征形式总是同人是否能够发现任务中的蛛丝马迹，或执行一系列的解题步骤相关联。我们已充分认识到，新手只是依照问题或任务的一些表面特征在进行运作，而比较老练的个体在接触问题或任务时则能作出推论，并能鉴别出能统管这些表面结构的一些原理。基本原理的快速再认是发展人的胜任能力的一个指标。如果事情就是这样，那么教学就应当致力于获得这种能力，以及同学习成就的各个阶段相应的表征深度。

程序化的及有目标导向的知识　现代认知学习理论已经提出，知识的获得过程从最初的陈述性知识发展到被编辑了的程序性知识。在学习的早期阶段，我们只是获知某一原理、某一规则或某一专门的术语，但并不了解在什么条件下使用这些知识，以及怎样有效地使用这些知识。对专家和新手的差异研究表明，新手可能也具备必要的知识，但这些知识同怎样应用它的条件没有密切的联系，

---

① Glaser, R., *Advances in Instructional Psychology*, Vol. 3, pp. ix-xii, 1987.

而专家把握的知识则往往同何时及如何适当地使用它们的这些标志联系在一起。专家的这种功能性知识是同他们了解某一问题空间中的目标结构紧密相连。专家与新手在回忆特定的信息术语时可能能力相等，但是专家对记忆中的这些信息作了因果顺序的组块处理，由此将问题情境中的目标与子目标相互关联起来，这样便能为下一步的行动提供反馈。由此引出的教学含义是，从陈述性信息转变为协调的程序性信息及有目标导向的信息，标志着在某个知识领域中的胜任能力的发展。

理论的变化　在学习过程中，人会依据新的信息改变自己原有的知识理论，并发展能够促进更高级的思维活动与问题解决的图式。当前，对早先知识的研究已揭示了个体拥有的朴素理论会增进或阻碍学习，在经历一段时间的教学后，这些朴素理论依然会坚持不变，尽管这时学生已经掌握了一些解题的方法，但还是缺乏根本性的理解。因此，知识的理论也应成为教学的目标。

降低注意需求　在对人的胜任能力的调查中，现有证据表明，人在执行需多方关注或会引起争夺注意任务的能力是极有限的，当一个复杂活动的各子任务需要人同时付出注意时，会影响到人对整个任务的执行效率，当认知操作中存在着基本技能同高级技能的相互影响时，这种效应相当明显。例如，在对阅读和课文理解的调查中发现，这里既需要对词的再认这种基本的解码过程付出注意，又需要将注意用于将句中的观念整合进记忆之中这种高水平的理解过程，因而词的解码过程的自动化对流畅阅读来说是相当关键的。虽说一些部分技能在分别教授及测验时可能会完成得很好，但它们还没有有效地协调起来。这样，部分过程同其他过程相互作用时的低效与缓慢，便会使整体的熟练性遭到破坏。如果某一任务，比如像阅读，要求基本技能同高水平的全局理解过程和谐一致，那么在教学上就应当对其中的低效性作出诊断和补救。为了提高熟练程度，应当充分练习基本技能，以便使其达到自动化的程度，这样有意识的加工能量便可用到更加需要的高水平的加工过程中去。由此提出的一个教学上的标准是让子技能达到有效和自动化的水平，以便使它对注意的需求最小，而要达到这一标准，取决于基本技能的自动化是否已达到足以促进整个操作的执行，并与整个操作整合为一体，即基本技能执行的过程是否已得到充分的发展，从而使高级的学习和高水平的操作得以发生。在教学过程中，目前用于发展自动化，使注意得以分配的一些特定程序已得到广泛的研究。

学习中的元认知及自我调控技能　自我调控或自我管理的技能，是指用于处理问题和监控操作这样一种一般的“执行”技能，它并不是那些针对特定问题的部分操作或部分程序，相反，是指使人能够反省和控制自己操作的那些知识。自我调控的技能包括预期自己操作的结果，事先规划和有效地分配时间，检验和监控解题或学习中的尝试。现有研究指出，这些调控技能在学习困难的学生身上很少出现，而在大多数的个体身上表现出不同的形式和水平。在这一技能中最令人感兴趣的一个特征是，它们可促进知识向新情境的迁移。一般来讲，我们可以教给个体某个规则或某种程序以改进个体在学习任务上的操作，但迁移的增强则有待于个体能觉察规则适用的条件以及了解规则的功用。自我调控的技能无疑是教学中最重要的目标，因为这些技能的获得是学会成功地解决问题的一个重要标志。

总之，对人的行为所作的认知分析已注意到以上提到的种种学习结果，它们是获得知识与技能中的一些胜任能力的阶段性标志。如果把格拉泽所描述的在20世纪70年代末至80年代末这十年间教学心理学所获得的进展，同我国在这一领域中的研究现状作一对比，那么我们不得不承认自己在这方面的滞后。我国的心理学工作者对近二十余年来认知心理学的发展似还了解不多，对认知心理学家将自己的事业重点转向研究与教学密切相关的这些课题也缺乏全面且深入的了解，尽管我已见到有人翻译了安德森早年的《认知心理学及其含义》（*Cognitive Psychology and Its Implication*）1980年第一版，有人翻译了格拉泽汇编的《教学心理学的进展》第一卷，但在我看来，缩短这一差距的唯一办法，是向读者介绍近年来在认知心理学中所冒出的那些层出不穷的理论、观点及术语。从这一目标出发，本编准备较为系统地介绍近二十余年来认知研究的进展以及它们赋予教学的新意。由于在过去的这些年里，安德森一直致力于对人的智慧理论的研究工作，他的研究中心始终在探讨知识的各种表征性质以及它们的功能，因而他一直是阐明这一领域中的一些重大理论问题的开拓者，我在这里将主要详尽地介绍他的观点。

在安德森的研究工作中，对知识在人的头脑中的表征性质作了如下两种最基本的划分：陈述性知识和程序性知识。所谓陈述性知识是指人知道某事是什么，这里所说的某事既可以是事实，也可以是理论、事件和客体，也就是说陈述性知识涉及的范围是相当广泛的。程序性知识是指人知道如何做某事，这里所说的某事既包括动作技能，也包括认知技能和认知策略，因此程序性知识涉及的领域也相当广泛。读者可以发现，你对安德森有关这两类知识的种种表征形式及如何获得的机理的了解，会为你今后进一步深入理解上述提及的这十年间的进展奠定有力的基础。

第十五章
陈述性知识基本单位的表征

正如在本书下编的绪论中我们已提到的，当代认知心理学家对人所获得的知识作出的两类最基本的划分是陈述性知识与程序性知识。从本章开始我们将深入介绍现代认知心理学家在两类知识的各种表征形式上业已取得的研究成果。本章我们首先介绍有关陈述性知识基本单位的表征形式，它们是命题、表象、线性排序（linear ordering）。至于陈述性知识基本单位的综合形式——图式，则将另辟一章专门介绍。

一、命题

（一）命题及其构成

信息以命题来表征的思想，是当前对意义如何在人的记忆中得以表征的最为流行的观念。命题这一概念来自于逻辑学和语言学，常指一个独立的断言，它使我们了解某个判断是真还是伪。认知心理学家则将一个命题看作陈述性知识的最小单位，即一个命题大致与我们头脑中的一个观念相当。例如，在以下两则短语中，哪则短语可能是一个完整的观念？

这（那）个人

这（那）个人装好了轮胎

显然，第二则短语是一个比较完整的观念，而第一则短语仅表示一个概念，因为第二则短语将一些概念联系起来表达了一个观念。尽管第二则短语是一个句子，它只代表一个观念，但许多句子含有一个以上即多个观念。例如“这（那）个人装好了轮胎走了”就含有两个观念（命题），一个观念是这（那）个人装好了轮胎，另一观念是他走了。

在对一个命题（或观念）的构成所作的分析中，认知心理学家指出，一个命题总会有这样两个成分：一个关系和一个以上的论题。例如，在“张三走了”这一命题中，“张三”是命题的论题，也就是说论题是命题谈及的话题或主题，而“走了”是这一命题的关系，它对我们所知道的有关张三的全部情况这一主题作了限制，此时我们只注意到张三走了这一情况。由于关系缩小了我们注意的范围，因此认知心理学家指出，命题中的关系是命题中最含信息的成分。

在像以上这种以动词作为关系的命题中，关系仅有一个，但其涉及的主题可以不止一个。例如，在“小明读书”这一命题中，命题的关系仅有一个，即“读”，但涉及的论题有两个，即“小明”和“书”，“读”则对这两个主题作了限制，它告诉我们在“小明”和“书”之间发生的情况是“读”而不是其他。由于一个命题有好些论题，所以认知心理学家根据它们在命题中扮演的角色不同给予不同的名称或称谓，论题可以是执行某一行动的主体，也可以是行动作用的对象或客体，或行动的目的，行动时使用的工具或手段，以及客体的接受者。表 15-1 显示了一些命题的关系及它们的论题，这些论题的称谓是根据它们各自在命题中扮演的角色来命名的。

表 15-1　一些具有多个论题的命题实例

观念	关系	论题
[曼纽尔送给哈里一支铅笔]	送给	曼纽尔（主体），哈里（接受者），铅笔（客体）
[卡罗尔打算去纽约]	打算去	卡罗尔（主体），纽约（目的）
[拉尔夫用纸割破了手指]	割破了	拉尔夫（主体），手指（客体），纸（工具）

（引自 Gagné，E.，1993）

现在我们来考察“高个子中锋传出了球”这个句子。在这一句子中表达了或含有几个观念（或命题）？显然，一个观念以“传出了”作为自己的关系，这一关系涉及的一个论题是主体（中锋），而涉及的另一论题是客体（球），那“高个子”又起到了什么作用？由于“高个子”限定了“中锋”这一论题，所以它是关系，而“中锋”则是它的论题。所以“高个子中锋传出了球”这个句子表达了两个命题（观念）：（1）中锋传出了球；（2）这个中锋是高的。一般地说，句子中的形容词是分离句中各命题的基础，但同以动词为关系的命题不同的是，以形容词为关系的命题中只有一个论题，即被形容词所修饰的这一论题。

我们再来考察"高个子中锋巧妙地传出了球"这一句子。这一句子含多少个观念（命题）？答案是3个。副词"巧妙地"限制了"传出了"这一动作，它将我们的注意力缩小到具有巧妙品质的"传出"这一概念范围之内，因此"巧妙地"是关系，它的论题是"传出"。同以形容词为关系的命题一样，以副词为关系的命题也只有一个论题，但同以形容词为关系的命题不同的是，以副词为关系的命题，其主体是动词或形容词，而不是名词或代词。

综上所述，要知道一个句子含有多少个命题，最好的办法是标出句中的动词、形容词和副词，因为只有动词、形容词和副词才能是关系，而每一个命题只有一个关系。这样，知道了有几个关系，句中含有几个命题也就一目了然了。

（二）命题的抽象性质

认知心理学家在研究人对陈述性知识的表征时，将词、短语、句子同命题作了很好的区分。在他们看来，词、短语、句子代表了交流观念的方式，而命题则代表了观念本身。安德森和鲍尔以及其他一些人的相关研究都表明，人是用命题而非句子将信息贮存下来的，也就是说，我们一般只记住观念，而不去记住用来交流观念的那些确切的措辞。安德森曾引用沃纳（Wanner，H.，1968）的研究①证明了这一点。沃纳的研究以如下四个句子作为自己的研究材料。

(1) 在你给自己的计算结果打分时，不能改动你的答案，但要仔细地批改那些错的解答。

(2) 在你给自己的计算结果打分时，不能改动你的答

① Anderson，J. R.，*Cognitive Psychology and Its Implications*，pp. 115-116，1990.

案，但对错的答案要批改得仔细点。

(3) 在你给自己的计算结果打分时，对你的正确答案不作批改，但要仔细地批改那些错的答案。

(4) 在你给自己的计算结果打分时，对你的正确答案不作批改，但对那些错的答案要批改得仔细点。

显然，材料中句（1）和句（2）在语序上稍有差别，但两句的意思相同。同样，句（3）和句（4）在语序上也稍有差别，但两句的意思也相同。句（1）和句（3），句（2）和句（4），在语序和意思上都不相同。

实验之初，被试听四句中的一句作自己接受的导向句，其中一半被试事先被告知要回忆导向句的词序，另一半被试事先不知道这一要求。被试听完四句中的一句后，主试让他们翻到测验手册的下一页，要求他们勾出其中呈现的哪一个句子同他们听到的导向句完全一样。呈现的句子包括两类，一类句子为早先听过的句子，另一类句子或在词序上发生了变化，或在词序和语义上都发生了变化。实验人员设想，若人对词序和意义的变化同样敏感，那么无论当呈现的迷惑句只有词序的变化还是在词序和意思上都有变化，他们都应当善于认出早先听到过的句子。但从图 15-1 中可以看到，实验结果并未揭示人具有这一品质。当迷惑句只有词序变化时，他们犯的错误要大于词序和意思都发生变化时的错误。如果事先不告知被试要测词序，他们的出错率占 50%，即处于随机水平。实验者由此得出结论：人往往注意贮存句子的意思（命题），而不去注意贮存确切的词。

（三）命题网络

现代认知心理学家设想，在人的长时记忆中业已贮存的任何信息单位不应当是孤立地存放在那里的，其中共享同一个主题的一些命题将会相互间发生联系，而且正是这种信息单位间的联系构成了

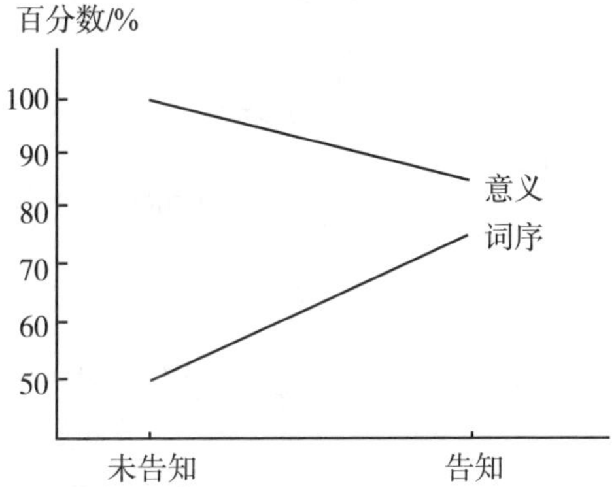

图 15-1　被试正确反应的百分数在不同情况下的比较

（引自 Anderson，J. R.，1990）

人的推理及解决问题的基础。认知心理学家一直尝试用各种方式来揭示这种联系，其中一种重要的方式便是所谓的命题网络结构。在他们设想的命题网络中，所有的单位都是命题，通常用结点（圆圈）来表示这一信息的基本单位，用连线或箭头线来表示该命题中的论题及关系，以及此命题与其他命题之间的联系。我们现在来考察安德森所列举的这样一个句子：尼克松曾将一辆漂亮的卡迪拉克车赠予苏联领袖勃列日涅夫。根据前面对命题构成的分析，在这一句子中显然含这样三个命题：（1）尼克松赠予勃列日涅夫一辆卡迪拉克车；（2）这辆卡迪拉克车是漂亮的；（3）勃列日涅夫曾是苏联的领袖。在图 15-2 的（A）、（B）、（C）中，我们分别以①、②、③来表示上述三个命题，用箭头线来表示在这些命题中提及的各个论题及一个关系，箭头线上均给出一定的称谓，以示它们所指向的论题在命题中担当何种角色。我们可以发现，在这些以结点—连接的形式所表示的命题中，存在一些相同的成分，如在（A）和（B）中都含“卡迪拉克车”，在（A）和（C）中都含“勃列日涅夫”。因此，如果我们想把一些有内在联系的命题以命题网络结构的形式来表现的话，只需对这些命题中的相同成分作出确认，然后对这些

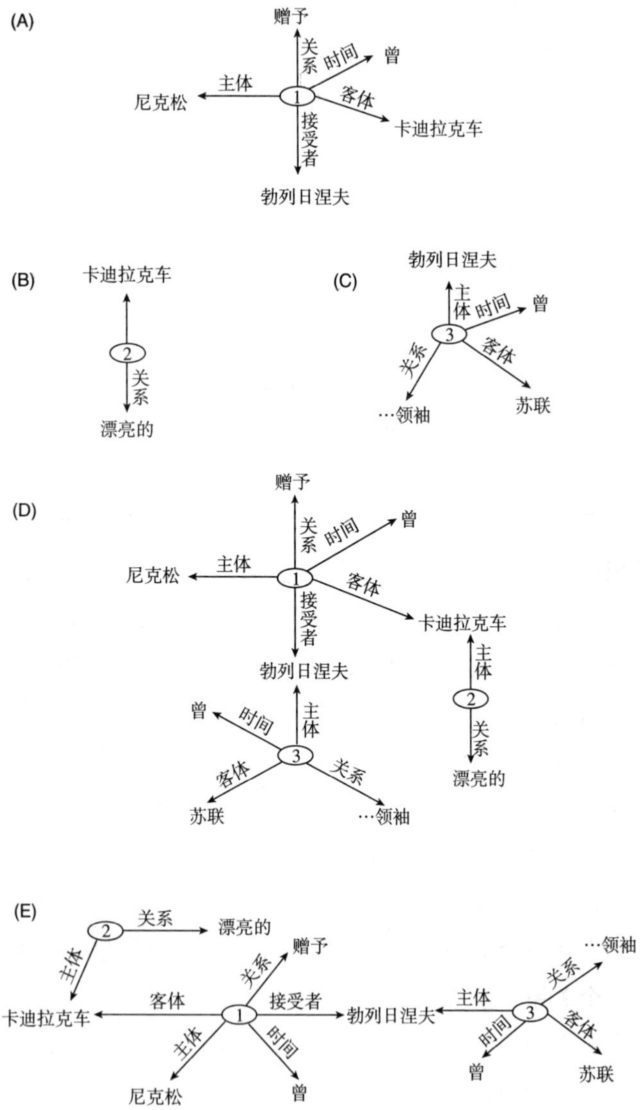

图 15-2　命题网络表征的一些实例

（引自 Anderson，J. R.，1990）

成分只作一次表示，这样就可以使相关的命题比不相关的命题能更紧密地结合在一起了［见图 15-2 中（D）或另一种表现形式（E)］。

引用上述这一实例仅旨在表明认知心理学家如何以命题网络的形式来表现命题或观念间的联系，而且这一网络还是相当小的。由于对命题网络观的了解将对我们随后考察陈述性知识的获得特别有用，因此在这里有必要来论及陈述性知识确实是以上述命题网络的结构贮存在我们的长时记忆之中的证据。在这一方面，科林斯和奎林恩（1969）的一个经典性研究似可给我们提供一个有力的佐证。①

科林斯和奎林恩设想，人对有关动物这类可以分类的知识贮存，以及有关这些动物特征的贮存，可能表现为图 15-3 这样一种有层级的命题网络结构。例如，从“动物”这一观念中可分出它的下一级观念“鸟”和“鱼”，从这些下位观念中又再可分出它们的子集。有关这些动物的特征也可能是分别贮存在不同的概括水平上的。“鸟有羽毛”贮存于“鸟”这一水平，而“鸟有皮肤”实际上并不贮存在这一水平，但可以从“动物有皮肤”这一事实推论出。换言之，事实被贮存在可用来区分各类客体的概括水平上。所有的动物有皮肤，岩石没有皮肤，故“皮肤”这一概念可以区分动物和矿物；只有某些动物有羽毛，因此羽毛并不是区分动物和矿物的一个有用的指南，羽毛是区分鸟和其他小动物的有用指南，于是“鸟有羽毛”这一事实贮存在“鸟”这一知识水平。两位研究者进一步设想，如果我们头脑中的这些陈述性知识果真是按照上述这一层级贮存的话，那么当我们要被试证明“鱼有皮肤”这一陈述时，搜寻工作将从“鱼”这一水平开始。若在这一水平未发现这一特征，搜

① Collins，A. M. & Quillian，M. R.，Retrieval Time From Semantic Memory Processing. *Journal of Verbal Learning and Verbal Behavior*，8，pp. 240-247，1969.

寻工作将上升一个水平，再次搜寻这一特征。由于在高水平上认定是真的情况，在较低的水平上也应当是真的，因此一旦在高水平上发现了“皮肤”这一特征，被试将会作出真的反应。据此，科林斯和奎林恩提出，证实这些句子为真的反应时间，可能取决于句中涉及的两个概念在这一层级中的距离。例如，证明“金丝雀有皮肤”所花的时间，要比证明“金丝雀是黄色的”要长，因为从“金丝雀”搜寻到“皮肤”含两个水平，而从“金丝雀”搜寻到“黄色的”则发生在同一水平。为了检验自己的构想，他们在计算机屏幕上呈现以下这些或真或伪的句子，要求被试对其作出对或错的判断。

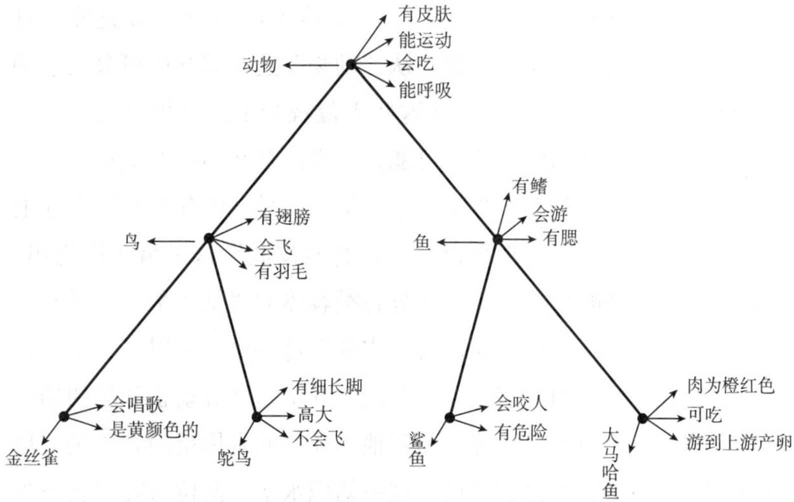

图 15-3　设想一种按层级组织起来的记忆信息网络

（引自 Collins，A. M. & Quillian，M. R.，1969）

真句 1（特征句）：（1）金丝雀会唱歌。

（2）金丝雀会飞。

（3）金丝雀有皮肤。

真句 2（上下位观念）：（1）金丝雀是金丝雀。

（2）金丝雀是鸟。

（3）金丝雀是动物。

虚假句：（1）金丝雀有腮。

（2）金丝雀是鱼。

若句子为真，被试按键盘上的一个键，如果句子为假，则按另一键，确认的时间通过计算机记录。

图 15-4 显示了两位研究者最终获得的实验结果。从图中可以看到，在确认动物的上下位观念和动物特征的真句上所花的时间，均随被试搜寻为 0 水平、1 个水平、2 个水平而逐增，预言得到了证明。

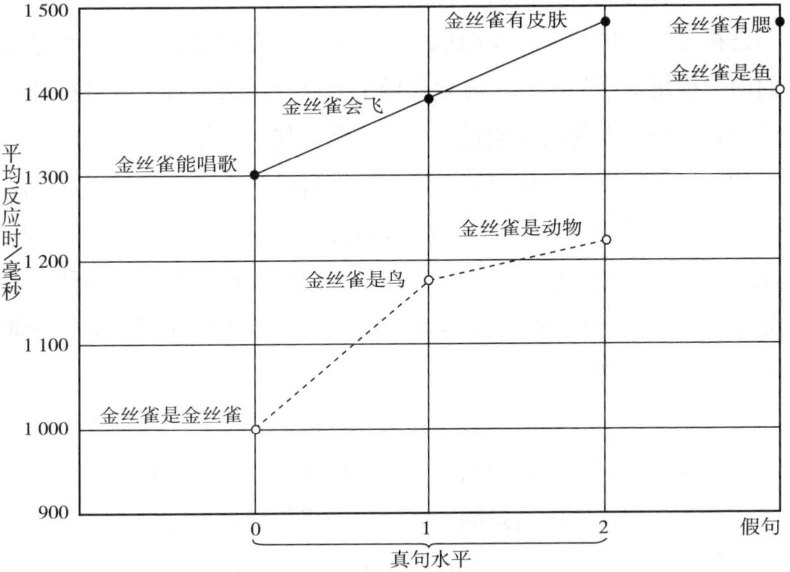

图 15-4　对各种不同句子的反应时随着这种层级记忆结构中各概念之间距离的不同而变化（引自 Collins，A. M. & Quillian，M. R.，1969）

科林斯和奎林恩的实验似表明，人对自己的各种观念（命题）是作了某种精心组织的，我们可能是按不同的概括水平来贮存各种事实或概念，而且我们也可能按照一种最能区分这些事实或概念的标准来贮存它们的特征。当然，人可以将“皮肤”这一特征贮存在“鸟”这一水平，而将这一特征贮存在“动物”这一水平更有益，因为按照这样的贮存，我们可以运用对概念上下位关系的理解来减少我们在某一水平上需要直接贮存的知识量。

二、表象

在许多情况下，我们往往是以命题来表示自己所知道的知识，但是在另一些情况下，我们也经常用表象来表示这种知识。假定我们向你提出这样的问题：驼鹿比狮子大这一说法是对还是错？对此你肯定要花一点时间才能最后作出判断。如果对你刚才在作出判断时的情形作一回顾，你可能会回想起在自己的头脑中曾浮现过驼鹿的形态，以及狮子的形态，然后再对这两个心理表象作比较。因此，在我们的记忆中至少有两种表征陈述性知识的形式：一种就是先前提到的建立在抽象意义基础上的命题，它不必保留对象的知觉信息；另一种则是现在提及的建立在知觉基础上的表象，它对事物的知觉特征作了大体的保留。安德森曾讨论了建立在知觉基础上的两种表征形式——表象和线性排序，在这里我们首先要论及表象是怎样来表征记忆中的信息的，线性排序将放到最后讨论。

如上所述，当我们对不在眼前的情形或客体作一番想象时，总能体验到这种情形或客体的表象，我们会说“好像在头脑中看到似的”。因此，表象是我们对事物在各方面的一些物理特征作出了连续保留的一种陈述性知识的形式，而这是命题做不到的。在图 15-5 中，我们可以看到，对“书在桌子上”这一观念我们有两种表征形式，图中 A 这一部分是表象，它对书、桌子及其相对大小的三维空间特征作了明显的表征，B 这一部分是命题网络，它并不体现客体的空间关系及大小方面的信息。因此，命题是一种不连续的、抽象的表征，而表象则是一种连续的、模拟的表征。

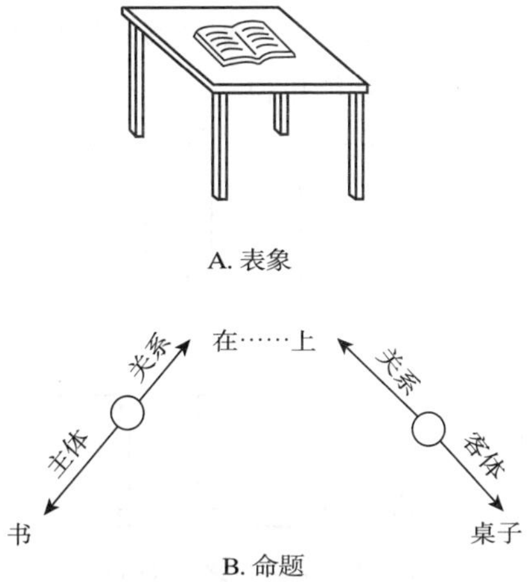

图 15-5　对“书在桌子上”这一观念的两种心理表征形式

（引自 Gagné，E.，1993）

由于人的工作记忆的容量有限，因此在认知心理学家看来，表象特别适合在工作记忆中对空间信息作出某种经济的表征。关于这一点，我们可以来考察斯诺（Snow，R. E.，1980）的折纸测验①。图 15-6 是折纸测验中的一个典型的测题。主试告诉被试，测题是一张按图中的虚线依序折叠起来的纸，然后在折起来的纸上打孔，提供的选择答案是把这张纸展开后它可能的样子，要求被试决定其中哪一选项是正确的。斯诺从这一研究中得出的结论是，成功的学生往往在内心展开一张被打了孔的纸。对于斯诺的这一发现，

① Snow，R. E.，Aptitude Processes. In Snow，R. E.，Federico，P. A. & Montague，W. E.（eds.），*Aptitude*，*Learning*，*and Instruction*，Vol. 1，pp. 27-63，1980.

E. 加涅指出，如果被试在从事这类测验时没有形成表象，他就不得不将所有的有关信息都以命题的形式来表征。表 15-2 是加涅猜想要解决图 15-6 中的测验项，而又不采用心理表象可能需要的全部命题。显然，在加涅看来，这 21 个命题远远超出了人的工作记忆的容量限度，而在内心展开的一张纸的表象却并未超出工作记忆的限度，因为它只有一个功能单位。

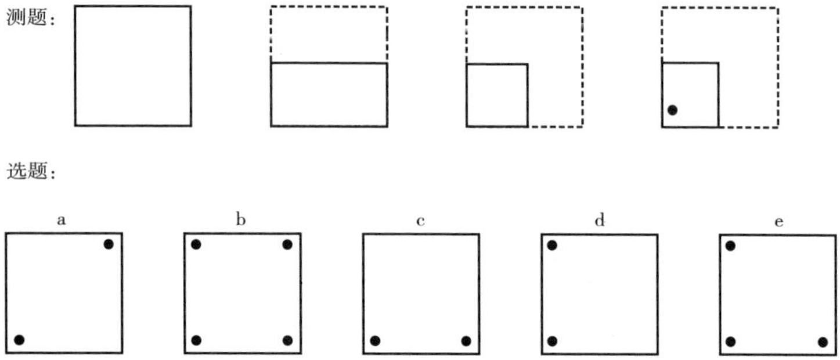

图 15-6　斯诺折纸测验中使用的项目之一（引自 Snow，R. E.，1980）

表 15-2　解决图 15-6 中这一折纸项目所需的命题

1. ［这张纸是正方形的］	11. ［这张纸被折了起来］
2. ［这张纸被折了起来］	12. ［这是又一次被折］
3. ［现折好了］	13. ［这一折是垂直的］
4. ［这一折是水平的］	14. ［折后形成了更多的层］
5. ［现在有两层］	15. ［现共有四层］
6. ［每层都是纸］	16. ［其中一个角是开着的］
7. ［这些层是开着的］	17. ［这个开角在下面］
8. ［开口在下面］	18. ［这个开角在左边］
9. ［这些层是合着的］	19. ［在这个角上打上洞］
10. ［合口在上面］	20. ［打孔的角在下面］
	21. ［打孔的角在左侧］

（引自 Gagné，E.，1993）

已有许多研究证明，人在处理以空间信息或视觉信息为主的任务时往往使用心理表象，而证明人会自发地使用心理表象的一个经典实验为库珀和谢泼得（Cooper，L. A. & Shepard，A. N.，1973）所进行的。① 实验中研究人员给被试呈现的字母刺激如图 15-7 所示。被试的任务是确定这些刺激是正常的位置发生了旋转还是镜中的映象，也就是说，他们必须首先在心中将刺激的映象转至竖直的位置，然后将它们同正常的映象进行比较：如果两个映象相同，便可认为刺激是正常的；如果两个映象相反，则可认为测验刺激是镜中的映象。实验中记录被试在不同旋转角度的字母上所用的反应时，然后绘制测验字母方位与反应时的函数图像（见图 15-8）。

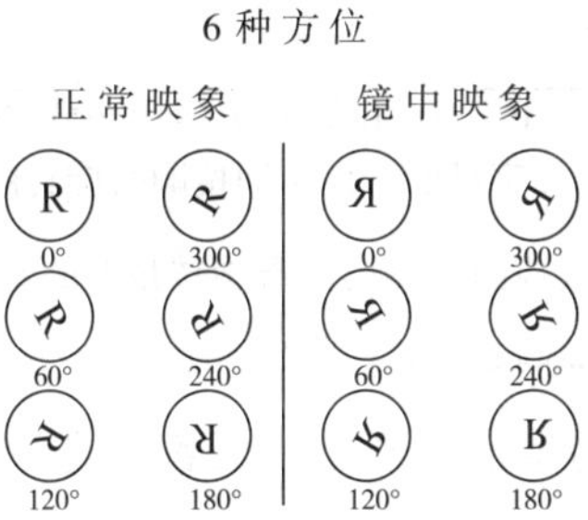

图 15-7　心理旋转实验示例

（引自 Cooper，L. A. & Shepard，A. N.，1973）

从图中可以看到，从 0°到 180°，反应时逐渐增加，但从 180°至 360°，反应时逐渐减少。这一结果的模式是实验人员原先所预期的，即被试需在心目中将测验字母旋转，然后看它与正常字母的方位是否匹配，测验字母偏离正常字母的角度越大，用于心理旋转的时间则越长。这一预见被证实了。在实验中事先并没有告诉被试

① Cooper，L. A. & Shepard，A. N.，Chronometric Studies of Rotation of Mental Images. In Chase，W. G.（ed.），*Visual Information Processing*，pp. 95-176，1973.

要形成心理表象，但他们的行为表明已形成了某种心理表象。因此，可以这么说，当任务需要人对信息作出空间上的处理时，人往往会自发地使用心理表象。

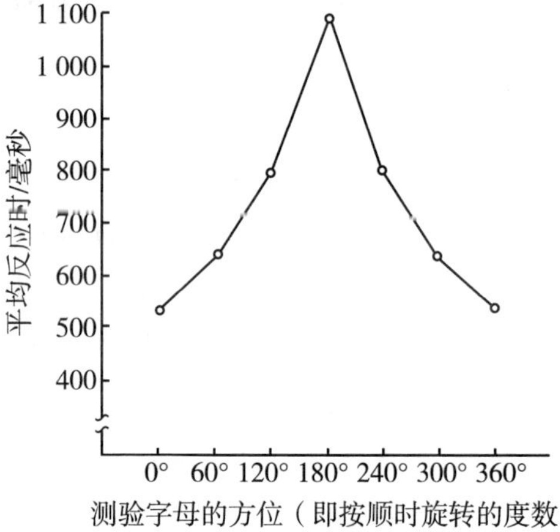

图 15-8　反应时为测验字母旋转角度的函数曲线图

（引自 Cooper，L. A. & Shepard，A. N.，1973）

由于人在日常的生活中几乎每天都要考虑具体客体的空间关系，因此在工作记忆中使用表象是一种十分重要的能力。但表象的重要性远非仅限于日常生活中，人还运用表象思考各种抽象的关系，一些有成就的艺术家和科学家运用心理表象来帮助自己解决学科领域中的问题的多报道并不少见。例如，法拉第这位享有盛名的富有创造性的物理学家，在研究抽象概念时往往运用想象。科斯泰勒（Koestler，A.，1964）曾这样描写他：

> 法拉第将磁体和电流周围的应力想象为在空间中存在着的一些曲线，并为此杜撰了“场力线”这一名称。在他的想象中，这些场力线好像是由有形的物质所组成的客观实在。他想象整个宇宙都可以用这些场力线来描绘，或更确切地说，整个宇宙可以用传播各种“振动射线”即辐射能的狭长管路来描绘。对

（e）最后一个字母相同：TKRB　　　　1.64 秒

（f）完全不同：TKBR　　　　　　　1.74 秒

从以上得到的实验结果中可以发现：当学习与再认的字母串头两个字母相同时，其反应时与字母串完全相同时的反应时一样（1.55 秒），为最短；当学习与再认的字母串只有头一个字母相同时，其反应时与最后两个字母相同时的反应时一样（1.59 秒），为次短；当仅有最后一个字母相同时，反应时稍长；当再认的排序与所学的字母串完全不一样时，反应时为最长。据此可以证明被试在重新排定次序。在实验中还发现了所谓的“首固定”（front anchring）效应，即被试总是从这一排序的开头来回忆这一结构，而“尾固定”（end anchring）效应尽管不太明显，但是当字母串后面一些字母相匹配时也存在有利于再认的优势。

安吉奥利洛-本纳特和里普斯（Angiolillo-Bent，J. S. & Rips，L. J.，1982）也报告了他们在三个辅音字母串上所得到的相类似的反应时资料。① 他们进一步指出，对这些字母串的记忆不是一种视觉表象的记忆，也就是说，如果给被试呈现的字母串为大写字母 PRB，那么他们也能最快地再认 prb。

在斯腾伯格（Sternberg，S.，1969）的实验中也证明了线性排序中的“首固定”效应。② 他要求被试记住的数字串可以多达 7 个数字，然后给出字串中某个提示数字，要求被试说出它后面的一个数字。他的实验结果发现，在各种不同长度的数字串中，反应时均随提示数字在该序列中的位置而变化（见图 15-9），即被试在提

---

① Angiolillo-Bent，J. S. & Rips，L. J.，Order Information in Multiple Element Comparison. *Journal of Experimental Psychology*：*Human Perception and Performance*，8，pp. 392-406，1982.

② Sternberg，S.，Memory Scanning：Mental Processes Revealed by Reation Time Experiment. *American Scientist*，57，1969.

取数字串中的第一个数字时最快，而要提取的数字越接近序列的尾部，反应时越长。这些资料表明：被试总是从数字串的开头来启动自己的提取过程，然后搜索到现在的提示数字，再说出该数字后面的这个数字。

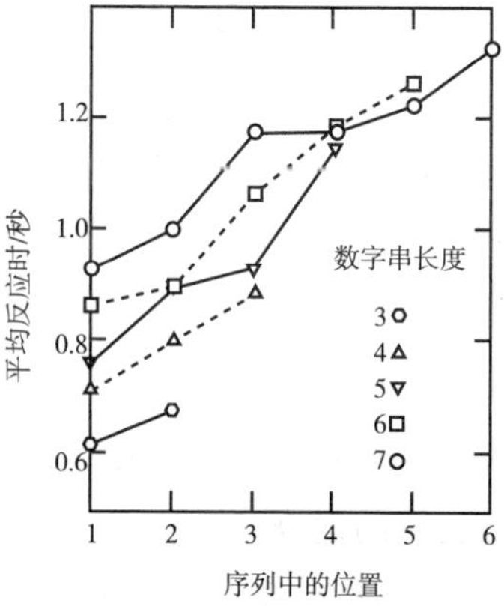

图 15-9　说出数字串中指示词后面一个数字的反应时随这个数字在数字串中的位置及字串的长度而改变（引自 Sternberg，S.，1969）

以上提及的这些线性排序都是一些相当短的序列，如果人遇到一些比较长的序列又会出现何种情况？已有相当多的证据表明，人将会对这种长的序列分层贮存，以形成这种较长序列中的一些组合单位或子集。例如，在人记忆字母表中 26 个字母时，通常是按照字母歌的节奏和旋律将它们分成这样一些子集记忆：ABCD，EFG，HIJK，LMNOP，QRS，TUV，WXYZ，这里的逗号表示在字母歌中的一些停顿。克拉尔等人（Klahr，D.，Chase，W. G. & Lovelace，E. A.，1983）曾以实验来考查这种分层贮存的结构对人说出指示字母后一字母的时间影响。① 例如，给被试提示 K

① Klahr，D.，Chase，W. G. & Lovelace，E. A.，Structure and Process in Alphabetic Retrieval. *Journal of Experimental Psychology*：*Learning*，*Memory*，*and Cognition*，9，pp. 462-477，1983.

这一字母，要求说出字母 L。图 15-10 显示了说出字母表中每一个字母所花的时间。从图中可以看到，在每一个子集的打头字母上反应时为最快，随后越是接近子集的末尾，反应时越是逐渐增加。因此，在每一个子集内，被试的判断时间与斯腾伯格发现的“首效应”相同。

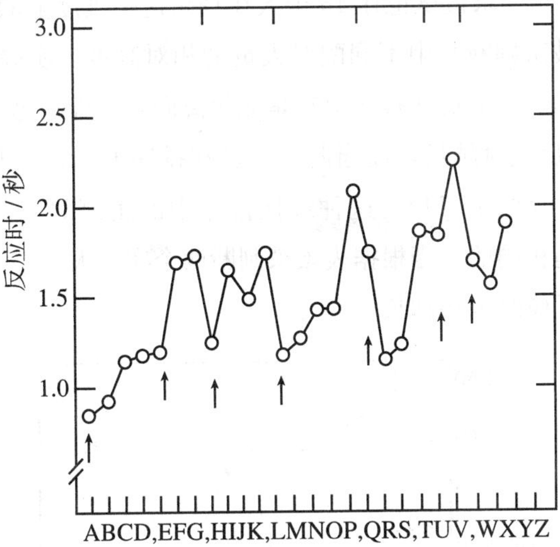

图 15-10　说出字母表中下一个字母所花的时间图示

（图中箭头所指为字母表中有层次编码中的一些主要分隔的开头）

（转引自 Anderson，J. R.，1990）

对线性排序的另一个一直在探讨的问题是，人是怎样来判断其中各个元素的相对次序的。例如，在字母表中到底是 J 先出现，还是 L 先出现？在用实验来探究这一问题时，通常是设法让被试记住一组明确规定次序的事实。例如，首先让他们学习如下这些信息：

约翰比佛雷德高

佛雷德比比尔高

比尔比赫伯高

赫伯比戴维高

戴维比亚历克斯高

在设法将这些成对的事实记住后，被试便能复述出这些事项的次序，即约翰、佛雷德、比尔、赫伯、戴维、亚历克斯。在伍彻等人（Woocher，F. D.，Glass，A. L. & Holyoak，K. J.，1978）的实验①里，便是要求被试记住16个人在身高这一维度上的线性排序，然后要求被试判断其中不同配对人员的相对高度。实验结果发现，若要判断的两个成员在排序上越是无距离间隔（即在这一排序中彼此邻近），反应时越长，而当两个成员在排序上越是分开得远，反应时越短（见图15-11）。这种线性排序中的距离效应同表象中的距离效应是相同的，当根据表象来判断两个实际大小差不多的客体时，人的反应时也将越长。

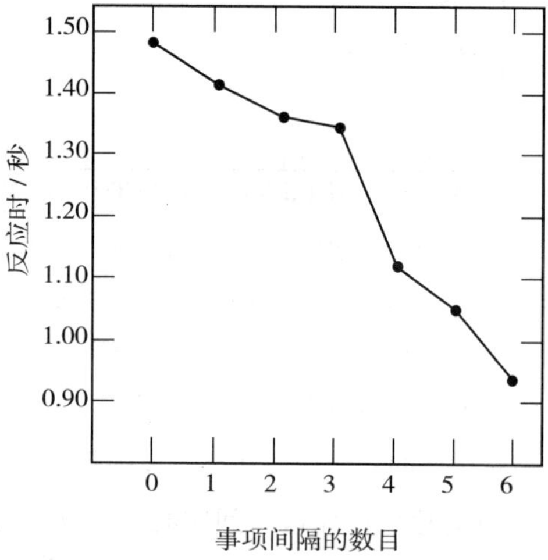

图15-11　伍彻等人研究线性排序的资料

① Woocher，F. D.，Glass，A. L. & Holyoak，K. J.，Positional Discriminability in Linear Orderings. *Memory & Cognition*，6，pp. 165-175，1978.

房子是一种建筑物。

房子有房间。

房子用木头、砖头或石头盖成。

房子供人居住。

房子通常为方形和三角形。

房子大于 100 平方英尺小于 10 000 平方英尺（相当于 9.29—929 平方米）。

但是在安德森看来，仅仅罗列出这些事实并没有捕捉到它们的内在结构。他认为，对于像房子这种范畴的基本认识，我们可以用图式这种有关特征的结构来加以规定，而其中每一个特征都涉及对这一范畴在某一属性上所具有的值作出规定，于是就房子这一范畴而言，他列出如下这样一个部分的图式表征形式：

房子

上位集合：建筑物

组成部分：房间

材　　料：木头、砖块、石头

功　　能：供人居住

形　　状：方形或三角形

面　　积：100—10 000 平方英尺

在上述这种罗列中，安德森将材料或形状称为属性（attribute）或槽，将木头、砖块或方形称为值（value），而一组槽与值的配对则构成了这一范畴的一种典型特征。

从安德森列举的这一有关图式的实例中，我们可以看到，其中有些特征（如房子供人居住）基本上属于命题性的，而另一些信息，如房子的形状及面积则基本上属于知觉性的。因此，正如我们在一开头就提及的，在安德森看来，图式不仅是命题表征的扩展，而且是对范畴的规律性作出编码的一种形式，这些规律性既可以是命题性的，也可以是知觉性的。此外，从上述这一实例中我们还可发现，图式是对一般的真实性而非特例的真实性所作的编码，即我们有关房子的图式具有一般性，而非意指特殊的房子。因此，如果说命题表征了事物的主要含义，那么图式则表征了特殊事物间的共同之处。

在对图式这一概念的基本界定有所了解后，现在我们来考察图式本身具有的一些特征。加涅曾概括出图式具有以下三方面的特征：①

（1）图式含有变量；

（2）图式可按层级组织起来，也可嵌入另一图式之中；

（3）图式能促进推论。

所谓图式含有变量是指，尽管像我们上面提及的有关房子的图式含有好些一般的真实性，但在这一图式中许多属性是允许改变的。例如，房子的面积，房子的建材，房子一般以木头和砖块作为建材的事实并不排除用纸板作为建材的可能性。由于图式拥有这些变量槽，因此它能允许存在这些可变性。图式的第二个特征是，它们可以按层级组织起来，并且一个图式本身又能嵌入到另一个图式之中。这意指我们有关房子的图式本身会有像“墙”“房间”这些属于房子的各个部分的图式，而房子这一图式又可嵌入另一更为一般的“建筑物”这一图式中。换言之，图式能够表征不同抽象水平的知识。图式的第三个特征在于它能够促进推论。安德森指出：“在每一个图式中总含有一个特定的槽，即这一图式的上位集合。如果概念之间本身并非不相容的话，那么一个概念总是继承了这一上位集合的特征。”② 因此，如果我们已经贮存了房子的上位集合

---

① Gagné, E., *The Cognitive Psychology of School Learning*, p. 81, 1993.

② Anderson, J. R., *Cognitive Psychology and Its Implications*, p. 135, 1990.

“建筑物”这一图式，那么我们可以推论出房子有屋顶、有墙以及建在地上这些特征，这些信息并没有表征在“房子”这一图式中，因为它们可以从“建筑物”中推论出来。不过安德森同时也指出，图式的推论过程必然会遇到意外，于是我们还须理解没有屋顶的房子是什么，而且还须理解图式的各个槽之间的制约。例如，如果我们听到一间房子建在地底下，那么我们可推论，它没有窗户。

应当说，将图式这类结构看作人的学习的综合性产物并不是一种新观点。早在 20 世纪 50 年代初，皮亚杰就已在他论述儿童的智慧中将它视为一种表征单位。但多年来，图式理论一直受到实验心理学家的批评，认为它很含糊，没有明确的界定。但近年来，人工智能方面的研究人员从理论上对各种图式模型的确认，以及将它们视为一种表征系统的研究已取得了可观的进展，在心理学的文献中也刊登了许多相当确定的图式模型，因此似乎有越来越多的证据支持图式是人的记忆中的心理实体这一观点。下面我们将扼要地考查与学校情境有关的三类图式的研究。这些图式是代表自然范畴中一些基本客体的图式、代表各类事件的图式，以及代表各种文章的图式。

二、自然范畴图式

所谓自然范畴是指自然界本身就具有的一些实体范畴，如各种植物、动物，也指由社会文化所造就的一些客观实在范畴，如汽车、罪犯。显然，这类范畴具有某种层次结构。例如，苹果是水果的实例，而水果又是食物的例证。

尽管大千世界中的客体或客观存在千姿百态、千变万化，但人的头脑特别善于根据一组在每个成员身上都出现的特征而将它们划归为某一范畴（即范畴化），我们对某一范畴这组特征的定型看法，如对某一范畴成员的外貌、行为、典型的习惯及品质的看法，便被认知心理学家视为这一范畴的图式。有关人以图式的形式贮存各类范畴的特征，以及有关图式本身的结构特征的大量证据，主要出于罗希（Rosch，E.）等人的研究①。罗希的第一个设想是，有关范畴的图式并不是从事范畴化的人任意强加的，而是建立在范畴成员本身固有的特征及这些成员典型地表现出来的那些特征的基础之上的；罗希的第二个设想是，体现一范畴成员特征的信息并不全部以命题的形式予以表征，其中有些信息以知觉的信息形式予以表征；罗希的第三个设想是，在一个总体的范畴化图式中（相对鸟这一部分范畴的图式而言，动物是一个较为总体的范畴图式），存在着一个基本的抽象水平，有关范畴成员的绝大多数信息都贮存于这一水平。

罗希的上述设想在她自己设计的实验中得到一一证实。在一个实验里，罗希要求被试列举他们认为能体现树、鱼、鸟、椅子及汽车这些自然范畴的基本客体的全部属性。研究发现，被试对这些基本客体最一般的特征具有极高的一致性。例如，就鸟这一范畴而言，绝大多数的被试都提到羽毛、翅膀、喙及爪。罗希由此引申出另一设想：如果人在这些特有的特征方面具有一致意见，那么他们对何物可作为某一范畴的原型上也该有一致的意见。于是罗希要求被试用 1（极典型）至 7（极不典型）的等级来评定属于基本范畴的各个不同成员的典型性。在研究中，被试始终将某些成员评定为比另一些成员更典型。例如，在鸟这一范畴中，知更鸟的平均评定等级为 1.1，比鸡（3.8）更典型；在体育运动这一范畴中，足球被评为极典型（1.2），而举重则被评为不很典型（4.7）；谋杀被评

① Rosch，E.，Mervis，C.B.，Gray，W.D.，Johnson，D.M.& Boyes-Braem，P.，Basic Objects in Natural Categories. *Cognitive Psychology*，8，pp.382-439，1976.

为是一种极典型的犯罪（1.0），但流氓则被评为不很典型（5.3）；胡萝卜被认为是一种极典型的蔬菜，而西芹则被评为不怎么典型（3.8）。

从这些证据中我们至少可以发现，人对某一自然范畴成员的特征有着某种定格的图式，因而每当人谈及或回忆这一范畴时，总首先想到与这一图式最吻合的原型成员。不过这些证据仅证明，在自然范畴的图式中，信息是以命题的形式贮存的。为证明在这些图式中某些有关的信息还以知觉的形式予以贮存，以及探讨在一个总体的范畴化图式中，这些信息贮存在哪个抽象水平，罗希等人还做了另一些实验。

在实验中，罗希等人将被试对语言编码的依赖降至最低，仅调查被试是否能容易地根据形状对范畴的原型作出辨认。研究人员制作了如图 16-1 所示的这些线条画，作为实验的刺激素材。这些线条画依据不同客体的照片制作而成，并使它们的尺寸大致相仿。在为每一种客体制作了 4 张不同但大致相仿的线条画之后，用高射投影仪将它们重叠放映，从而形成各种客体的合成画面，代表了这些所绘线条画的总体形象。于是实验中使用的小车线条画代表了“一般的”小车或小车的原型，狗的线条画代表了“一般的”狗或狗的原型。这样被试既看到了基本客体的原型画（如鸟、狗、小车），

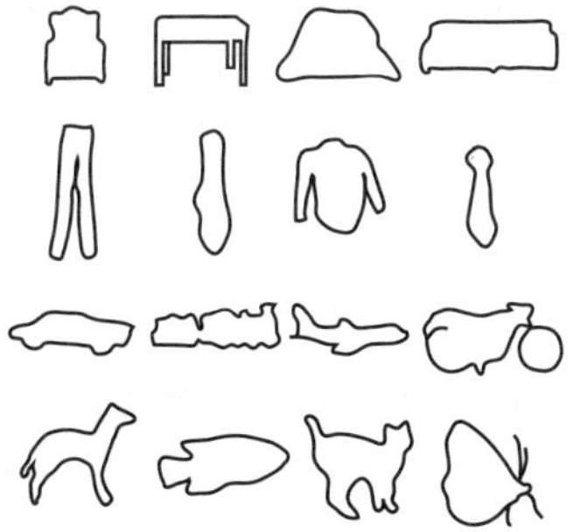

图 16-1　线条画实例（引自 Rosch，E.，et al.，1976）

也看到了上位范畴的组合形象（动物、交通工具）以及下位范畴的形象（长卷毛狗、赛车）。实验结果表明，基本范畴水平是最为兼容的范畴水平，在这一水平上可容易地根据知觉原型对范畴成员作出确认。

由于上位范畴的成员间缺乏形态上的相似性，因而使确认上位合成范畴变得极为困难。例如，将椅子、书桌、桌子、长沙发的形象重叠放映，得到的是一种抽象的合成，因而难以依照形状或视觉形象对其作出确认。也就是说，与家具原型相对应的知觉合成并不存在。但是，当把各种品种的狗或各种类型的小车的线条画与狗的原型画或小车的原型画重叠放映，人往往很容易认出“狗”或“小车”，也就是说，基本范畴水平可以兼容其下位范畴成员。

罗希的上述实验似乎证明，在自然范畴图式中，人还贮存了这类范畴的相当具体的知觉信息；人往往在最实用、最经济的概括水平上对客体作出归类，并在这一水平上贮存了最多的特征信息。这种表征对人的好处，可能使人根据有限的信息或从一定的距离之外便能对鸟与狗、狗与小车作出区分，而人在基本范畴水平上的图式便是使我们能够作出这种区分的表征信息的方式。这些图式既保留了同一范畴成员间的最大同等性，也保留了不同范畴成员间最大的差异性。换言之，处于基本范畴水平上的图式是最为兼容的范畴，在这一水平上信息得到相当具体的表征和编码，从而使人单凭视觉形象就能对其作出再认。

三、事件图式

事件图式代表着人与客观世界打交道时经常从事的那些事情的典型活动及其次序这样一种有组织的知识。同其他图式一样，事件图式也可以对不同抽象水平的信息进行编码。例如，你去麦当劳餐厅用餐的图式就不如你去快餐店用餐的图式抽象，而去快餐店用餐的图式又比不上去餐馆用餐的总体图式抽象。

20世纪70年代初，耶鲁大学的香克和阿拜尔森（Schank，R. C. & Abelson，R.，1977）曾对事件图式进行过广泛的研究，不过他们称其为脚本（scripts），意即许多事情均涉及一系列典型活动的次序，犹如戏剧或电影的脚本中所列出的一个又一个场景。例如，我们在下面摘引的这一系列场景便是这两位研究者认为去餐馆用餐的一系列典型的活动，它们代表着这种情境脚本的各个方面。

场景1：进餐馆
顾客走进餐馆
顾客寻找座位
顾客决定坐哪儿
顾客向座位走去
顾客坐下

场景2：点菜
顾客拿起菜单
顾客翻看菜单
顾客决定吃什么菜
顾客唤来招待
招待来到餐桌旁
顾客点菜
招待走进厨房
招待把菜单交给厨师
厨师准备烧菜

场景3：用餐
厨师把菜交给招待

招待把菜端给顾客

顾客用餐

场景 4：离开餐馆

招待开出账单

招待走到顾客旁

招待将账单交给顾客

顾客付给招待小费

顾客走向出纳台

顾客付给出纳钱

顾客离开餐馆

鲍尔等人曾对这种脚本观所说的心理实体做了一系列实验予以验证。[①] 他们要求被试列出像去餐馆用餐、去看医生、去图书馆借书这类情境中 20 项在他们看来是最重要的活动。尽管 32 个被试列出的事情不完全一样，而且其中没有一种活动为所有的被试都提到，但被试间的答案还是具有相当的一致性。表 16-1 显示了这些列出的事情，括号内注明 3 的活动仅为 25％的被试提到，注明 2 的事情为 48％的被试提到，注明 1 的事情为 75％的被试提到。假定以 75％作为典型的标准，我们可以发现，去餐馆用餐的典型次序是：安排入座、看菜单、点菜、用餐、付账、离去。

在此基础上，鲍尔等人又继续证明被试的这种事件图式将影响到他们对某些特定事件的记忆。在一实验中，他们让被试阅读一篇假设去餐馆参观的短文，在短文中提到一些在餐馆里发生的典型活动，但并非全部。在随后的测验里，要求被试叙述这一假设。结果发现，在被试的回忆记录中，既含有他们读过的这则短文中的叙

---

① Bower. G. H.，Black，J. B. & Turner，T. J.，Scripts in Memory for Text. *Cognitive Psychology*，11，pp. 177-220，1979.

述，也包括实验短文中未曾提及但在餐馆里会发生的那些典型活动的描述。在随后的再认测试中，被试往往错误地“再认”与自己的图式一致，但在原文中并未提及的一些叙述。据此，鲍尔等人认为，在我们阅读或聆听某一熟悉主题的新信息时，常常会激活与此有关的图式，并运用这一图式来指导自己对新信息的加工和回忆。这种倾向有助于我们在未知事情全部细节时能建立起对事情的合理解释，但也可以说明我们在试图回忆某种典型情境的特例时经常会发生的错误。

表 16-1　在三种一致水平上的经验脚本常模

去餐馆用餐
开门（3）
进入餐馆（2）
告知预定人员（2）
等待安排座位（3）
走向桌子（3）
安排入座（1）
选饮料（2）
把餐巾放在膝上（3）
看菜单（1）
议论菜单（2）
点菜（1）
谈话（2）
喝水（3）
吃沙拉或喝汤（2）
菜到（3）
进餐（1）
用餐完毕（3）
点甜食（2）
吃甜食（2）
要账单（3）

续表

去餐馆用餐
账单到（3）
付账（1）
给小费（2）
取外套（3）
离开餐馆

（引自 Bower，G. H.，et al.，1979）

四、文本图式

图式既可以代表基本客体与事件中的规律性，也可以代表在各种文本或文章中出现的规律性。例如，报刊文章的编辑和读者对于新闻中经常出现的“谁、何时、何地、发生了什么、什么原因、怎样发生”这一套格式是极其熟悉的。同样，教科书的章节、童话故事以及其他各类文章所具有的特定的或典型的组织与特征也时常指导着我们对其中提及的信息进行处理和回忆。

第一位研究文本图式的心理学家是巴特莱特（Bartlett，F. C.，1932）。[①] 他让大学生阅读一篇题为《鬼战》的短文，然后逐渐递增回忆的间隔时间，以检验他们对短文的回忆。我们不妨先来读一读这则短文。

鬼　　战

一天晚上，来自艾古拉克的两个年轻人去海里捕海豹。那时，天下起了雾，风平浪静。顷刻他们听见打仗的呐喊声，心想这些人可能是印第安人，于是两人赶紧跑上岸，隐藏在一根

① Bartlett，F. C.，*Remembering*，p. 65，1932.

大木头后面。这时驶来几只独木舟，渐渐能听见划桨的声音，而且还看到一只独木舟向他们划来，上面有五个人。这些人向他们喊道：

“我们要去上游同人开战，我们很想带上你们，怎么样?”

其中一个年轻人回答：“我没有箭。”

“船上有箭”，这些人喊道。

“我不愿随你们去，我会被杀死的，家里人还不知道我跑到哪里去了。”这个年轻人说完之后对另一个年轻人说：“不过你可以跟他们去。”

于是，一个年轻人跟着去了，而另一个返回家中。

这些勇士继续沿河而上，来到卡拉玛河对岸的一个小镇。这些人跳入水中开始战斗，有许多人被杀死了。这时这个年轻人听见一个勇士大声叫道：“快，我们回家去，印第安人遭袭击了。”此时他心里想：“哎哟，这些人是鬼。”他并没有感到痛，但这些人却说他已被射伤了。

独木舟返回了艾古拉克，年轻人上岸回到了家里，点亮了一把火。他逢人便说：“瞧，我遇见鬼了，我还去打仗了。我们当中有许多人被杀死，但攻击我们的人也有许多人被杀死了。他们说我被射伤了，但我根本没感到痛。”

年轻人说完之后渐渐平静了下来。当太阳升起时，他却倒下了。一些污物从他嘴里流出，他的脸也变了样。人们惊跳起来，大哭。

这个年轻人死了。

如果你没有同北美印第安人的民间故事相应的图式，那么要你去组织并记住故事中的这些内容是很困难的。巴特莱特有意选择这一故事是想调查有无某种图式将对回忆产生什么样的作用。他发现，由于缺乏这种民间故事的图式，被试往往会作出不确切的回忆和实质上的歪曲。学生往往只记住故事中的一部分，但把其余部分遗漏掉了。此外，学生会使用某种熟悉的图式去理解故事中的一些情节，这些图式使学生产生了一些使他们更易理解这个故事内容的信息，但他们所作的这类改变显然在故事中并未提及。巴特莱特指出，为了理解和记住新的信息，人必然会使它变得更有意义。如果文本中提到的信息不具备某种内在的意义结构，那么读的人可能会用熟悉的图式来改变这些新信息，而在以后回忆时，这种图式又会被人用来指导自己对文章内容的重新构想。

第十七章
程序性知识的表征

在前两章，我们介绍了命题、表象、线性排序及图式这些不同类型的陈述性知识。应当强调，陈述性知识的一个最为重要的特征是静态性，即这类知识仅是一种涉及事物状况的知识，并没有涉及人如何办事这一方面。由于陈述性知识尚未捕捉到人将产生行为的特征，因此我们还需要有另一种方式来表征使人产生行为的知识，这类知识便是程序性知识。本章我们将主要介绍当代认知心理学家在有关程序性知识本身的结构特征、类型方面所作的探讨。一旦我们对这两种知识的表征形式有所了解，便能更全面地理解人的信息加工系统是怎样作为一个统一的整体在运行的。

一、程序性知识的结构特征

在认知心理学家看来，程序性知识与静态的陈述性知识的不同之处在于，前者在人的头脑当中是以“产生式”（production）这种动态的表征形式来表征的。所谓产生式实际上是“条件—行动”规则。表 17-1 中我们引用三个产生式样例，第一个是进行强化的产生式，第二个是对三角形作出分类的产生式，第三个则是用来表征观看房间里有什么东西的产生式。从表中可以看到，一个产生式含有两个部分：IF（如果）部分和 THEN（那么）部分。IF 部分规定了要执行一系列特定的行动所必须满足或存在的条件，THEN 部分列出了在这些条件符合时将执行或激活的行动。IF 部分中的语句数代表了必须满足的条件数，THEN 部分中的语句数代表了将要作出的行动数，因此如果人们要对某个产生式规则的复杂性作出粗略的估计，只需看它所含的语句数，产生式的语句越多，表明这一产生式更为复杂。

如果我们对产生式的条件部分再仔细考察，可以发现其中有些条件相对个体来说是属于外部的条件，而另一些条件则属于内部的条件。例如，在表 17-1 中进行强化这一产生式中，第一个条件为个人目的，属于个体内部的条件，不为别人所观察或认同，第二个条件则存在于个体的外部，别人既可观察也可认同。如同产生式中的条件既可属于个体内部也可属于个体外部，产生式中的行动也有这种区别。在表 17-1 对三角形作出分类这一产生式中，第一个行动就属于内部的心理活动，即此时个体对看到的这一特定的图形作出某种心理表述（分类），而第二个行动说出“三角形”是外部的，即个体对环境输出了某种信息。认知心理学家对产生式的内外条件及内外活动作出这种区分的益处，在于有可能使我们提出一些仅含内部条件及内部活动的产生式规则。也就是说，有些产生式只负责处理不可观察的心理和行为。当我们将一系列这类的产生式联结起来时，就有可能模拟人在解决复杂问题或阅读理解时所经历的一系列推理认知过程的心理步骤，因此可以认为产生式为描述人的认知活动提供了一种有力的手段。

表 17-1　以产生式来表征的程序性知识

	产生式 1　　强化
如果	目标是要增强儿童的注意行为
	且儿童已表现出比往常稍长一点的注意行为
那么	便表扬这个儿童
	产生式 2　　三角形
如果	图形为两维图形
	且图形有三条边
	且图形为封闭图形
	产生式 2　　三角形
那么	将该图形分类为三角形
	并说“三角形”
	产生式 3　　观看房内的东西
如果	目的是要观看房内的东西
	且房间是暗的
	且我附近有开关
那么	打开开关
	并观看房内的东西

（引自 Gagné，E.，1993）

产生式的最后一个特征是，它总产生有目的的行为，这种目的特征体现在它的条件部分中含有目的。我们可以考察表 17-1 中第三个产生式。在这一产生式中，第一个条件以观看房间的东西为目的，这一目的对这一产生式的条件作了限制，即只有当个体有这一愿望或需要时才使用这一产生式。我们可设想一下，如果在产生式中排除了这一目的语句，将会产生何种行为。答案是，每当这个人在一间暗的房间里，且当灯的开关就在身边，他就会按下开关观看周围。显然这是一种相当古怪的举动（如果此时正值午夜，他已上床要睡，或此时他走进了一家已开演的昏暗的剧场）。

以上我们仅谈及一些个别的产生式。从表 17-1 所列举的这些产生式中，我们可以看到，它们仅代表了人的一些很小的行为片段，但在现实生活中，人并非仅对某个图形作出鉴别，或仅表扬某个儿童。对某个图形的鉴别可能是为了解决某一几何问题这种更复杂的行动中的一个部分，表扬某个儿童也可能是旨在矫正某个儿童行为的一系列步骤中的一个子步骤，因此这些复杂的行为方式恰恰是代表人的程序性知识的最为典型的特征。

如同我们需要运用某种形式来表征陈述性知识基本单元间的联系（如命题网络和图式），同样，我们也需要运用某种形式来表征个别产生式之间的联系。对于陈述性知识来说，其基本单元之所以能够建立起相互间的联系，是因为它们同属一个观念或分享同一个观念。对于程序性知识而言，其基本单元之所以能够建立内在的联系，是因为一个产生式的活动将会产生另一个产生式所需要的条件，当一个产生式的输出成为另一个产生式的输入时，它们就有可能建立起相互间的联系。关于这一点我们可以来考查表 17-2 引用的这一实例。其中 P_4 作出的行动产生了这样一个事实或命题：这个儿童可用同伴的注意来强化。而 P_6 则以这一观念作为自己的一个条件，即当 P_4 执行时，它实际上产生了一个能够满足 P_6 的条件，因此在 P_4 与 P_6 间将会建立某种联系。一个产生式的活动实际上可以产生两种不同的信息。像上面提及的 P_4 所产生的信息是一个命题或一个简单的事实，因此这类信息属于陈述性知识。由产生式产生的第二种信息，也可以是对实现任务总目标之前必须满足的某个或某些子目标的陈述，例如，由 P_1 作出的行动便是对总目标实现之前必须满足的两个子目标作出设定。

现在我们依次来考查表 17-2 这一实例。在这一实例中，P_1 提出了将一目标作为自己的条件，其活动则设定了为实现这一目标所需的两个子目标。P_2 以 P_1 设定的一个子目标作为自己的条件，而其活动又设定了另一个子目标。P_3 和 P_4 又以 P_2 设定的子目标作为自己的一个条件，同样 P_5 和 P_6 也各自含有 P_1 所设定的另一个子目标，并以这一子目标作为自己的一个条件。因此，我们可以看到，表中的每一产生式均含有一个目标或子目标，以此作为自己的一个条件，并通过这些目标和子目标，使所有的产生式形成了一个相互联结的整体。

通过各产生式的目标及子目标，我们可以建立将各产生式联结成一个有组织的整体目标层级。当产生式按这种方式相互联结起来时，便形成了认知心理学家所说的“产生式系统”（production system）或“产生式集合”（production set）。实际上产生式系统代表了人从事某一复杂行为的一种程序性知识。如表 17-2 中所列举的这一实例，实际上就是代表了教师处理不专心听讲的学生这种程序性知识的产生式系统。

表 17-2　构成教师处置不专心学生的产生式系统

P_1	如果	目的是要使儿童更专心，但不知何物可强化儿童
	那么	建立了解何物能强化儿童的子目标，并建立只要儿童专心时就强化他的子目标
P_2	如果	子目的是要了解何物能强化儿童
	那么	建立考察儿童在何种条件下会表现出不专心的子目标

续表

P_3	如果	子目的是考察儿童在何种条件下会表现出不专心
		且儿童在每当我注意他时会有不专心的表现
		且儿童在每当我忽略他时会有专心的表现
	那么	建立儿童是可用我的注意来强化的这一命题
P_4	如果	子目的是要考察儿童在何种条件下会有不专心的表现
		且儿童在每当别的孩子注意他时会有不专心的表现
		且儿童在每当别的孩子忽略他时会有专心的表现
	那么	建立儿童是可用同伴的注意来强化的这一命题
P_5	如果	子目的是要在儿童专心时便强化他
		且儿童可用我的注意来强化
		且儿童已表现出比平常更加注意的行为
	那么	我便注意这个儿童
P_6	如果	子目的是要在儿童专心时便强化他
		且儿童可用同伴的注意来强化
		且儿童已表现出比平常更加专心的行为
	那么	便使儿童同他喜欢的同伴待在一起

（引自 Gagné，E.，1993）

图 17-1 显示表 17-2 这一实例的目标层级。图中的框代表了表 17-2 中的总目标及三个子目标，标上称谓的这些箭头表明子目标通过这些箭头发生相互联系，并同总目标发生联系，箭头上的称谓表示由哪些产生式负责这些联系。因此要实现使儿童专心的总目标 P_1，需完成两个子目标：确定何物或何种事件能强化儿童（P_2），以及每当儿童专心时便提供适当的奖励（P_5 或 P_6）。同样，确定何物或何事能强化该儿童这一子目标，又需要通过另一子目标来实现，即观察儿童在什么时候会表现出不专心（见 P_2），而 P_3 和 P_4 所描述的条件和随后的活动恰能满足 P_2 设定的子目标，即当这两个程序对儿童何时会表现出专心作出实际的观察后，可根据这些观

察对此作出推论。

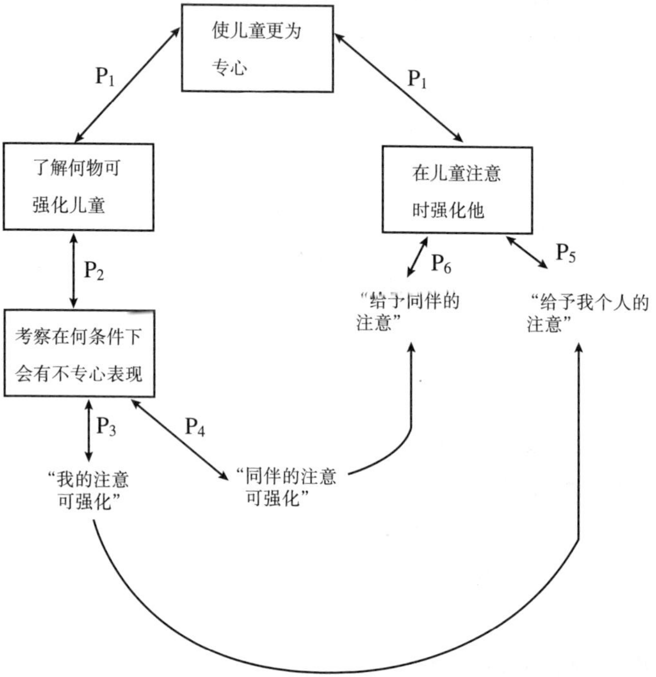

图 17-1　描述处置不专心儿童的产生式中的目标—子目标关系的目标层级（引自 Gagné，E.，1993）

由于产生式之间或在一个产生式集合中具有这种目标与子目标的联系，在一个特定的产生式系统中的认知控制可以从某一产生式系统流至另一产生式，也就是说，在任何时候，对行为的控制总处于目标或子目标被激活且又能满足其条件的某个产生式中。一旦这一产生式执行后，对行为的控制将转移到另一个现在能满足其条件的产生式中。这种认知控制流的思想代表了当今认知心理学的一个基本的设想：在人已经获得了程序性知识的那些领域中，对人公开的或内隐的认知行为的控制本身就存在于这类知识之中。这一思想引出了一些重要的含义。第一，认知加工系统并不需要一个与它相分离的执行控制机制，因为这种控制已直接建立在这种程序性知识之中。这种观点同早先提出的信息加工的观点形成了鲜明的对照。第二，它涉及学习或获得某一技能的过程。如果说对行为的控制必须一丝不苟地建立在代表这种技能的产生式系统中，那么人们也许会希望，获得程序性知识的过程应当有某种方式来保证这些获得的产生式集合既准确又可靠。我们不妨设想一下，如果一个适用于穿马路的产生式集合将交通灯的颜色规定错了，将会带来什么样的结果。有关这个问题，将在第二十章讨论。

二、程序性知识的各种类型

对于程序性知识在人的记忆中如何表征的了解，将有助于我们进一步展开对各种不同类型的程序性知识的描述。在这里，我们将集中介绍认知心理学家对程序性知识作出区分的两个维度。第一个维度涉及程序性知识与某一领域关联的程度，这一维度的两个极端分别为一般的领域（domain-general）与特殊的领域（domain-specific）。第二个维度涉及对程序性知识的自动化程度的区分，这一维度的两个极端分别为自动化的（automatic）与有控制的（controlled），后者又称有意识的。

（一）一般领域与特殊领域的程序性知识

在人的程序性知识中，有些程序性知识确有其一般性，因为它们可以适用于广为不同的领域而不与任何一个特殊的领域具有紧密的联系，认知心理学家称这类知识为一般领域的程序性知识，并认为在记忆中它们被表征为一般领域的产生式系统。事实上，这类程序性知识就是我们通常所提到的一般的思考方式或一般的探究方法。例如，事先的策划、探讨各种可能性、尝试与错误便是一些可以适用于各个领域的程序性知识，这类知识既适用于几何题的证明、下棋，也适用于资金的预算、计划如何度假，甚至可用来考虑怎样更换自家厨房里的水槽。

这类产生式系统何以会具有如此充分的一般特征，以至各种完全不同的信息符合其条件，并使人执行与此相关的活动？在表 17-3 中我们摘录了认知心理学家所构想的这类产生式系统的一个片段。从表中可以看到，此类产生式系统用“X”来代表上述各种活动，并运用“因素的组合”“与 X 有关的因素”“限制条件”这些术语来代表存在于 X 活动之中的或影响 X 活动的各种特定条件的含义。从表中可以看到，像事先策划这类一般的程序性知识涉及选取最佳计划，选取最佳计划需对各种可行性方案作出评定，而提出各种可行性方案又需确定对规划这一活动具有重要意义的那些因素，并把这些因素同已知的限制条件进行比较。以事先计划休假为例，最终的计划可能会考虑到休假的多种选择，而选择标准可能需要对各种有关的因素（如要去的地方是否具备食宿条件、地点的远近、价钱、哪个季节最好），以及各种已知的限制条件（如钱、自己休息的时间、同去的人数）进行通盘考虑后才能作出。

表 17-3　负责事先计划的一假设的产生式系统的部分

P_1	如果	目的是提出一个达到 X 的计划
	那么	设立的子目的是对与 X 有关的各种因素的最佳组合作出选择
P_2	如果	子目的是选择与 X 有关的各种因素的最佳组合
	那么	设立的子目的是对与 X 有关的各种因素的不同组合作出评价
P_3	如果	子目的是评价与 X 有关的各种因素的不同组合
	那么	设立的子目的是建立评价各种不同组合的标准
		且设立将这些标准与已知的限制条件进行比较的子目的
		且设立提出这些已知的方方面面的限制条件的子目的

续表

P_4	如果	子目的是提出这些已知的方方面面的限制条件
	那么	依次列出这些限制条件
P_5	如果	子目的是设立评价各种组合的标准
	那么	设立的子目的是提出与X有关的各种因素
		……

（引自 Gagné，E.，1993）

这类一般领域的程序性知识有时又被认知心理学家称为弱方法，也就是说，在他们看来，尽管这类知识可以适用于广泛的领域，但它们在各种情境中的运用对于获得某些目标来说，并非最有力或最有效的。我们不妨来设想一下，假定你要更换自己厨房里的水槽，同熟练的管道工相比，尽管你最后也可能换好了水槽，但是在计划中你可能会忽略了一些重要的因素，所以安装之后你可能会发现仍然渗水，于是不得不蹲在地上重新拧紧新换上的槽口，或者三番五次到五金店去挑选适用的材料，但熟练的管道工是绝不会遇到这类麻烦的。熟练工人的计划程序之所以迅速、可靠，在于他们不是在使用更换水槽的一般性程序。相反，由于他们是行家，因而会使用一种特殊的处理管道的方法来规划水槽的更换，这类程序性知识就是所谓的特殊领域里的程序性知识。

特殊领域的程序性知识由一些能够有效地用于特殊领域的产生式组成。某一领域里的专家往往使用这类程序性知识来解决在自己领域里的日常问题，如优秀的教师对于怎样讲授新课、解答习题、批改作业往往显得游刃有余。

我们来考查表 17-4 所示的另一个特殊领域的程序性知识。这一产生式集合是设想用于多位数加法的一种程序。可以看到，在它的 IF 和 THEN 语言中均含有一些特殊的数学术语，如和、加、数字、进位等等。这一产生式的特殊之处在于它只适用于加法问题，而对数的位数及相加的数字没有限制。同一般领域里的程序性知识不同的是，这类程序性知识的典型特征是极有力度，即它们的使用将导致迅速、可靠的操作。若要计算 614＋438＋683 这一算式的和，你可以根据图 17-2 所示的次序选用表 17-4 列出的这些产生式。若要计算你设想的另一算式的和，你只要根据计算题的条件，变换使用它们的次序。如果你会使用含有进位目的的产生式，有时可以不用这类产生式，但多位数加法所需的运算均在表 17-4 列出的产生式中得到了表征。其中唯独没有表征的知识仅是计算单个数字与单个数字之和的数学事实（如 7＋2＝9），这类知识贮存在陈述性记忆中，它们是使用这一程序性知识的前提，当这些数学事实同这一产生式集合相互配合，便能快速、准确地完成这类多位数相加的计算题。

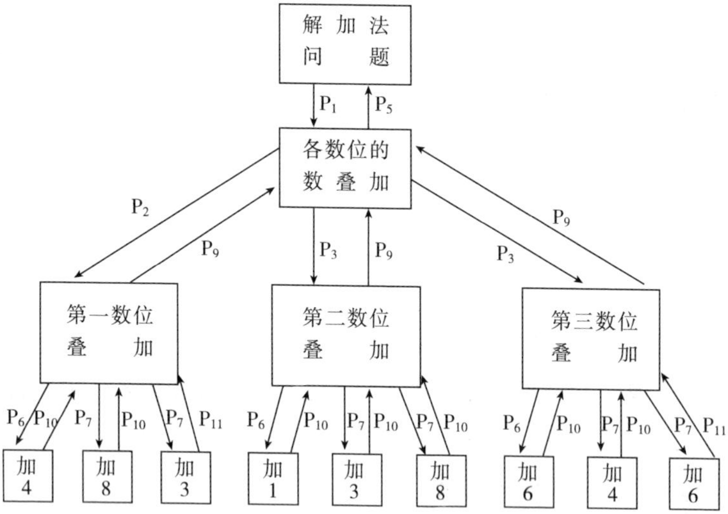

图 17-2　用于解答 614＋438＋683 的产生式控制流的表征

（根据具体题目来选用表 17-4 中的产生式。控制流过程始于图中最顶端的总目的，使用的次序由循环于各数位之间的箭头所示，并遵循着从左到右的位序。）（引自 Anderson，J. R.，1983）

表 17-4　有关加法的产生式系统

P_1	如果	目的是计算加法问题
	那么	子目的便是叠加该题各数位的数
P_2	如果	目的是叠加加法题各数位的数 且最右边的一位数尚未处理
	那么	子目的是叠加最右边的一位数的各行 且置运行的总数为 0
P_3	如果	目的是叠加加法题各数位的数 且已有一数位已处理 且在这一数位的左侧还有一数位
	那么	子目的是对左边这一数位的各行叠加 且给正在运行中的总数进位
P_4	如果	目的是叠加加法题各数位的数 且最后一数位已处理 且有进位
	那么	写出进位 打印出目的
P_5	如果	目的是叠加加法题各数位的数 且最后一数位已处理 且无进位
	那么	打印出目的
P_6	如果	目的是叠加某一数位的各行 且最上面一行尚未处理
	那么	子目标是将最上面一行的数字＊加到运行的总数上
P_7	如果	目的是要叠加某一数位的各行 且已处理了一行 且下面还有一行
	那么	子目的是将下面这一行的数字加到正在运行的总数上

续表

	如果	目的是要叠加某一数位的各行
		且最后一行已处理
		且运行的总数为一数字
P_8	那么	写下这一数字
		且排除进位
		且标明这位数已处理
		且打印出目的
	如果	目的是叠加一数位的各行
		且最后一行已处理
		且运行的总数为一线性数字 * 形式
P_9	那么	写出这一数字
		且给这一线性数字设置进位
		且标明该数位已处理
		且打印出目的
	如果	目的是将一数字加到另一数字上
		且和是这两个数字之和
P_{10}	那么	结果为算出的和
		且标明该数字已处理
		且打印出目的
	如果	目的是将一数字加到另一数目 * 上
		且该数目为线性数字形式
		且和是这两个数字之和
P_{11}		且和小于 10
	那么	结果为线性数字形式
		且标明该数字已处理
		且打印出目的

续表

P_{12}	如果	目的是将一数字加到另一数目上 且该数目为线性数字形式 且和为这两个数字之和 且其中一个和为线性数字 且其中另一个和为1加上线性数字
	那么	结果为数字和 * 且标明该数字已处理 且打印出目的

注：1. 数字，其值为0～9。

2. 线性数字，其进位值为1。

3. 数目，一大于或等于10的和。

4. 数字和，其进位值大于或等于2。

（引自 Anderson，J. R.，1983）

（二）自动化的和有控制的程序性知识

在程序性知识的IF和THEN语句中，认知心理学家对构成人的行为的一系列条件及行动作出的明确表述，并不意味着人在执行这些行动时也会清醒地意识到将经历这些步骤。事实上人对自己想的和做的许多事情，不会也不可能做到把它们的种种条件与行动都清楚地列举出来。相反，人的许多行为是在无须作出有意努力的情况下发生的，比如像读报、写字、看电视、开车、交谈、数钱，对于我们中的一些人来说纯属驾轻就熟，甚至达到可以同时并举的程度。据此，认知心理学家又根据自动化程度，将人的程序性知识划分为自动化的与有控制的（见图17-3、图17-4）。

特定的内容	具体的工具	一般领域
特殊的 ←	→	一般的
·解物理题	·释义	·规划
·评论艺术作品	·写句	·探讨多种可能性
·预测经济走向	·作文	·尝试与错误

图 17-3　程序性知识能够适用的领域

（有些程序性知识仅只适用特定的内容领域，如下棋、解物理题。工具性的程序性知识涉及各个领域中的读、写技能。适用一般领域的程序性知识可跨越广泛的范围。）（引自 Gagné，E.，1993）

自动化的 ←	→ 有控制的
·文字释义	·概括文章要义
·驱车技艺	·驱车时监视其他车辆及路面情况

图 17-4　程序性知识的自动化程度

（引自 Gagné，E.，1993）

就教师来说，总希望自己的学生能迅速、准确、不费力气地完成某些学业任务，像流畅地阅读、熟练地计算，都是教师预期自己的学生应该达到自动化的状态。但在认知心理学家看来，掌握自动化的程序性知识的更大的益处，在于使人能够留出工作记忆中有限的空间来处理更为复杂的任务。我们知道，工作记忆是人的信息加工系统中的一个组成部分，在那里将对我们业已意识到的主要信息进行心理运作。工作记忆既具有加工处理的功能，又具有与加工处理功能相连的维系功能，两种功能合在一起构成人用于当时进行心理运作的认知资源。但我们同时也知道，在工作记忆中，这种可以利用的能量是极有限的，因而在任何时刻用于从事心理运作的资源是极有限的，于是有效地利用这些资源也就显得特别重要。当人具有某些自动化的程序，使人在几乎无须付出注意的条件下来执行某些任务时，这种使人的信息加工系统得以改善的方式恰恰有助于克服工作记忆容量有限的问题。

在一些人看来，自动化的程序性知识似乎是违背直觉的，完成一种复杂的心理或者身体的有序运作怎么可以不需要对它的注意？但大量的令人信服的证据则表明，这种自动化的程序性知识是存在的。让我们来读下面这一英文句子：The soldier drew his weapon and prepared to charge. 对于业已具备英语流畅阅读能力的人来说，理解这一句子的意思不会有任何困难，而且也不会注意到在产生这一理解时在自己内心所发生的事情，当审视这一句子时，它的意思便油然而生。但实际上成功的理解是需要一些极为复杂的程序性知识的。例如，这里需要激活某些产生式系统选择句中某些具有多重含义的词的意思（如“charge”一词既可指“冲锋”，也可指“赊账”）。

认知心理学家曾对自动化的程序性知识概括出四个方面的重要特征。第一，这类知识的运作速度极快，启用它们的人对此几乎毫无意识。第二，自动化的程序性知识具有惊人的准确性，它们几乎总是产生正确的预期行为。第三，对于自动化的程序性知识，人一般缺乏控制，或者说人一般不能对这种自动化的知识作出有意的影响。例如，对于理解上述这一句中的 charge 这一词的词义时，我们对于怎样激活知识并选出适当的词义，实际上不可能作出有意的控制，我们仅意识到这一过程的结果。也就是说，当我们将 charge 翻译为“冲锋”时，并没有注意到自己曾对好些可能的解释作出了特有的选择。第四，自动化的程序性知识最使人感兴趣的特征是，人们一般不能对它作出言语描述。例如，把你对上面这一句子的理解过程告诉别人，你大概会说：在读这个句子时要从左边第一个词开始，噢，然后你就知道这些词的意思了，噢，随后你把这些词组织起来就明白这句话的意思了。这些话远没有揭示在你的认知上所发生的事情，而且也无助于阅读教学。认知心理学家已经发展了某些技术来揭示即便是专家也不能讲清的这种自动化技能，于是人们可以研究这些技能是什么，并把它们传授给不具备这些技能的人。

俗话说，熟能生巧。某些程序性知识之所以具有自动化的性质，是因为人们曾经长期而广泛地使用它们。幼儿能熟练行走是因为他们付出了大量的体力和时间，同样，学生的流畅阅读也是由于长期的广泛练习造就的。获得各个领域中的程序性知识并使其达到自动化的程度，属于当前认知心理学所说的“基本技能获得”这一研究领域。当然发展这种技能也是学校教学的一个基本目标，并且已经引起了人们的广泛关注。对于这方面的研究工作，我们将在第二十章作进一步的介绍。

在学校里，教师时常会鼓励学生思考某一问题的结论，或对某一论题作出缜密的考虑，或对问题作出推理，教师的这些做法实际上是想发展学生的思维技能或认知对策。当前，认知心理学家将这种思维技能看作程序性知识所具有的另一种特征。由于周密的思考为思考者的意识所控制，因此称这种程序性知识为有控制的程序性知识。

在认知心理学家看来，有控制的程序性知识与自动化的程序性知识的区别在于，前者它们要明显地利用认知资源，即要占用某些甚至全部的工作记忆的能量。显然，如果要对工作记忆作出这样的使用，必然会影响在某一时刻进行缜密思考的量。一般来说，人不能在同一时间里使用多项有控制的程序性知识，如人一般不可能一边算账一边与别人交谈，因为管理多位数的加减乘除的程序与管理听与说的程序均需要人付出有意的努力。认知心理学家指出，与自动化的程序相比，有控制的程序还具有另一些特征。第一，自动化程序运行极快，但有控制的程序一般运行较慢，且有顺序性。例如，在做多位数的加减时，尽管我们可以比较快地算出它的结果，但每一个算题不仅要花一定的时间，而且在计算时表现为一定的顺序性（从最右一位数开始计算，写下加的结果)。第二，个体能够有意识地监控这类程序。例如，人可以按从右至左的顺序来做多位数加减，但如果算题无须进位，人也可以从左至右来计算，即人可以对加的程序作出一定的变更。第三，有控制的程序往往能够用语言对它作出表述。例如，人可以精确地描述在做多位数加减时所经历的步骤。

尽管有控制的程序性知识受意识的监控，尽管这种知识可以用语言来描述，但到目前为止，研究者们认为，有些有控制的程序性知识可以成功地传授给学生，比如像上述多位数加法的程序，但是若要向学生传授像批判性思维这种有控制的一般性技能却相当艰难。对于像批判性思维这类技能为什么不易受教学的影响，至今仍是一个期待解决之谜。一些研究者提出，像多位数加法这类属于特殊领域的有控制的程序之所以易于传授，是因为这些程序规定明确，易于表述，而且不随具体情境出现大的改变，但是像批判性思维这类技能，可适用的领域极为广泛，它们难以传授，是因为构成这类技能基础的程序含诸多变量，这些变量往往随人要对之作出判断思维的领域而改变。因此，批判性思维难以传授，可能是因使用这些程序的领域在不断地改变。

（三）领域的特殊性与自动化程度的关系

迄今为止，我们谈到的程序性知识仅基于某个维度来对它们作出划分，因而所提及的这些例证往往带有极端性，或仅抽取出支配人的行为的某一片段。实际上，在支配人的行为的程序性知识中，有时更多地涉及特殊领域的程序性知识，有时则涉及一般领域的程序性知识，有时更多地涉及自动化的程序性知识，有时更多地涉及有控制的程序性知识，即两个维度事实上是相互关联的。以阅读技能为例，实际上它含有一系列复杂的程序性知识，其中有些是自动化的（如对熟悉的字词含义一目了然），有些则是有控制的（如概括出文章的要义)。以老练的驾驶员为例，他用以支配加速、换挡、转弯、刹车这些心因动作的程序能协调一致，执行这类程序无须付出明显的努力，但监视道路上的其他车辆和交通信号则要他付出有意的注意。

鉴于适用于某一特殊领域的程序性知识，其自动化程度会有不同，认知心理学家将适用于特殊领域、具有自动化特征的这部分程序叫作“特殊领域里的基本技能”（domain-specific basic skill)。在他们看来，在任何一个需要发展特定程序性知识的领域中，总含有一部分自动化的基本技能，这些趋于自动化的技能可以胜任该领域中那些不变的或日常的问题。适用于某一领域、具有有控制或有意注意特征的这部分程序性知识，认知心理学家称之为“特殊领域里的策略”（domain-specific strategy)，因为执行这部分程序要付出周密的考虑，更具策略的特征。在他们看来，这部分知识并不适用于特殊领域中所有的熟悉情境，它们仅在人有一特定的目的，且其他各方面的条件都具备时才使用。例如，监视道路上其他车辆及交通信号的目的是为了实现和保证安全驾驶的计划，而这一计划则可被认为是为达到安全驾驶而采取的策略行为。另一种驾驶的策略是根据地图并考虑车辆高峰期的交通状况，以最佳的行驶路线抵达陌生的目的地。

适用于一般领域的程序性知识是否也可以具备自动化或有控制的特征呢？认知心理学家认为，绝大多数适用于一般领域的程序性知识均接近有控制或有意识的这一极端，因此他们将这类知识叫作“一般领域里的策略”（domain-general strategy)。如前所说，适用一般领域的策略又叫作弱方法，即尽管这类知识可以有意识地用于解决新问题，但使用它们并不一定能够保证问题的解决。在我们初次解决新问题时，常常就是采用这类具有一般目的的策略。上述两个维度的交叉可得如下这一关系图解（见图 17-5)。

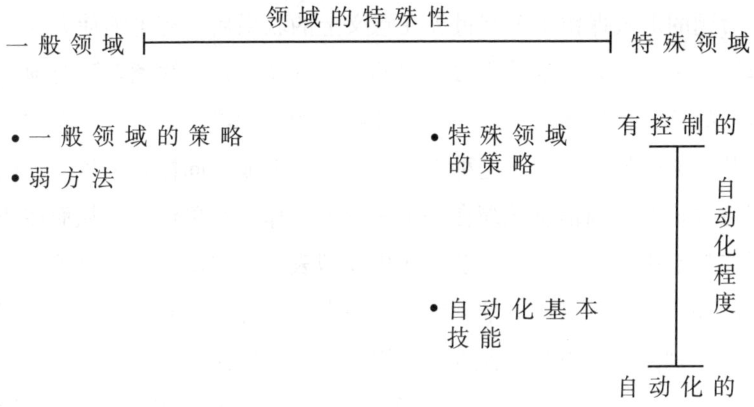

图 17-5 程序性知识的领域特殊性这一连续体与自动化程度这一连续体之间的相互关系（引自 Gagné，E.，1993）

三、陈述性知识与程序性知识的区别及相互作用

在前两章我们谈到了陈述性知识的各种表征形式，本章又比较详尽地介绍了程序性知识的表征及其种种类型，在即将结束知识的表征这一问题时，回顾一下它们在形式与功能上所存在的一些重要的相似点与不同点，展望在随后将要介绍的在它们各自的获得中还将出现的相互影响和作用，还是相当有必要的。

尽管陈述性知识与程序性知识在人的长时记忆中的表征特征完全不同，但两种表征系统都对贮存我们的知识和经验作了同样经济的表征。如前所述，陈述性知识是以保留客观世界中的意义、空间关系、时间次序，以及保留其中的协调一致的变化而贮存于人的长时记忆之中的，因此在客观世界中接连出现的那些事情往往在记忆中被贮存在一起，而程序性知识则是保留了控制人的行为的一些法则。两种表征形式都旨在使知识既能在长时记忆中得到经济的表征，又能使知识在容量有限的工作记忆中被灵活地使用。例如，当以命题的形式保留了客观世界在意义上的联系后，有可能使人在工作记忆中以当时想到的为数有限的命题（观念）为线索，不时地从自己的长时记忆网络中提取出与此相关的命题或观念，因此人们由此及彼的联想当归因于这种观念网络化的形成。同样，表象可以做到将大量的空间信息压缩在一个紧凑的工作记忆单位中，从而使我们在想象中对事物的连贯变化作出模拟表征。当图式将一个范畴成员的知觉特征、次序及抽象的意义一块儿贮存时，它不仅使人变得善于识别或分类事物，使人能够以“老观念”来推论新例证，而且还使人能够从其中某一维度的特征联想到这一范畴在其他方面的特征。对于程序性知识而言，它减轻人的工作记忆的负担是通过自身的目的流来流畅地控制人的有步骤、有计划、有目的的一连串举动，甚至这种行为可日趋自动化，即可达到无需人的工作记忆的监控。据此我们可以说，人发展了好些经济的表征手段来代表一些重要的信息，并使它们能够在自己这一有局限的加工系统中发挥充分的作用。

尽管陈述性知识和程序性知识都是一种经济的表征知识的方式，但两种知识的功能毕竟不同，不同的功能必然会导致它们具有不同的形式。关于它们具有的不同的表征形式，我们在前面已作了比较详尽的介绍。总的来说，陈述性知识主要通过网络化和结构性来表征观念间的联系，这种形式上的特征主要为人考虑或反思事物间的联系提供了方便，而程序性知识主要通过目的流将一系列的条件—行动组装起来，这种形式上的特征表现为人在何种条件下将采取何种行动以达到一系列中间的子目标，而后则通过这些子目标的实现来达到最终的总目标，它可以解释人为什么能够获得办事的能力。

从为不同的功能提供服务的表征形式中，我们可以发现两类知识第二个有区别的特征是静态与动态之别，即陈述性知识仅是对事物的状况及其联系的反映，而程序性知识要对信息作出某种运作，从而使信息发生某种转变。例如，像前面提及的解决加法计算问题或处理儿童不专心的问题，最初接受的信息与最终输出的信息是完全不一样的。

在随后论及的两类知识的获得中我们还将看到，陈述性知识和程序性知识的获得速度也是各不相同的。像命题、表象这类陈述性知识的基本单位，人们可能只需一次接触或体验便可在长时记忆中对它们加以编码或贮存。当然，像图式这类综合性的陈述性知识，可能要经历一定的时间才能形成，但它们的获得速度还是相对快的。程序性知识的获得是比较慢的，像学会多位数加、减、乘、除这类算法，是不可能只尝试解决了一个问题便能获得的。这类算法需要经历一段时间，需要接触不同复杂性的问题之后才慢慢掌握。在安德森看来，要真正使某一复杂的认知技能得以自动化，可能需要付出上万次的努力和练习。对于这两种知识的获得为何会出现两种不同的速度，认知心理学家提出了自己的独到解释。在他们看来，两类知识对人的生存有着完全不同的影响。陈述性知识之所以可以很快掌握，是因为它们不直接引发人的行为或控制人的行为，而程序性知识实际上要产生或控制人的行为，人在获得这类最终要控制人的知识时不得不小心谨慎。我们可以设想一下，学习错误的陈述性知识与学习错误的程序性知识所带来的后果。如果你错误地贮存了这一事实：乔治·华盛顿是美国第三任总统，对于你的生存不存在危害，但如果你将红灯亮时可以穿马路的产生式予以自动化，你就不可能活着来纠正这一错误的程序了。

获得两类知识的不同速度还将波及对它们作出改变的难易程度。在认知心理学家看来，由于学习陈述性知识基本单位所付出的代价相对低，即我们可以比较快地获得，因而对这些基本单位作出修正也是相对容易的。例如，对于像命题、表象、线性排序，我们可以毫无困难地给予完善、组织和纠正。当然，其中一些定了型的图式要改变是比较困难的。教师一般总能发现，要纠正学生某个错误的观念模式比较困难。同陈述性知识相比，程序性知识仅在其早期的获得阶段容易改变，一旦它们在人的记忆中编好了程序，且达到自动化的程度后，再要对它们作出改变就相当困难，因为一旦人的加工系统对获得的程序放弃了监控之后，人在执行这一程序时不会再去考虑其中哪一步是否正确或哪一步是否会产生预期的行为。关于这个问题我们在第二十章再来论及。

虽然陈述性知识和程序性知识有着上述这些差异，但两类知识在人的工作记忆中还将发生相互作用，实际上在前面的阐述中已隐含这一点。在前面介绍的一些程序性知识的实际表征中，我们曾提到，一些产生式系统要持续地执行，需要以某些特定的陈述性知识为条件。例如，在谈及教师如何处理一个不专心的孩子这一程序中，教师是通过建立“孩子的行为可通过自己的注意来强化”，或“孩子的行为可通过同伴的注意来强化”这些命题之后，才使自己整个行为矫正的程序得到连贯执行的。除陈述性知识为建立一定的程序性知识提供条件之外，已有的程序性知识的使用也将使我们获得新的陈述性知识。例如，在第十九章，我们将会看到，新的图式的建立是通过我们已有的一般领域的程序性知识，即所谓的弱方法得以建立起来的。鉴于这些理由，我们既要看到两类知识的一些基本区别，但更重要的是要看到两类知识的相互作用和相互影响。从一定的陈述性知识出发来研究对人获得程序性知识的影响，如对人获得特殊领域里的策略的影响，正是当今心理学中一个热门的话题。

第十八章
命题的获得与提取

在前面我们已提到，陈述性知识是贮存在人的长时记忆中的全部事实、概括、理论，此外还包括我们曾经历过的全部个人事件以及我们曾经体验到的情感状况，因此陈述性知识总是表征事物是什么的知识。我们还谈到，命题是陈述性知识的一种基本形式，一个命题大致与一个观念相当。在学校里学生的一个主要目标是学习大量的命题，即把握大量的信息，但教师通常会发现，学生时常会抵制学习这类知识，他们常常会认为这类学习完全限于学习理论或文字，对今后从事的事业不会有帮助，而且学起来枯燥乏味。这种抵触会减慢他们的学习进程，而且会滋生一种为了应付考试去死记硬背的不良习惯，而不是努力从意义上去了解新的信息。除学习这类知识一开始就会有这些阻碍之外，更严重的阻碍将出现在日后提取这些信息时。人往往会发现，随着时间的推移，自己能够提取曾学习过的信息的能力会变得越发困难。因此，怎样教给学生获得大量的信息并善于提取这些信息，对教育工作者来说确实是个挑战。本章我们要介绍认知心理学家对有助于信息的获得与提取的两个过程，即精深（对信息的增补）与组织（使信息结构化）所做的研究工作，但为了了解这些过程，首先要考察他们对陈述性知识在记忆结构及其动态特征方面，在信息的获得与提取的过程方面所提出的一些理论构想，因为这些理论构想是了解精深与组织过程的基础。

一、记忆的结构及其动态性

关于人的长时记忆如何得以结构化的问题有多种观点，这里介绍的安德森的观点，既同大量的实验证据相一致，而且其详尽的水平对教育工作者来说也相当管用。在安德森的这一观点中，设想一个人的全部陈述性知识是以网络的形式予以表征的。在前一章，我们曾谈到命题网络结构，而这里提及的网络这一观念，是对早先提及的命题网络的一种延伸或扩展，代表了认知心理学家试图以网络这一结构形式来刻画人的全部陈述性知识。同命题网络一样，陈述性知识的网络也具有结点联结的结构，但现在的结点可以是代表命题，也可以是代表线性排序、表象及图式。图 18-1 是加涅对安德森的陈述性知识的网络观所做的图示。图中的小圆点代表陈述性知识的一些基本单位，它们或是命题，或是线性排序，或是表象，而图中大的圆点则代表含有这些基本单元的图式。加涅在对这一图示的解释中特别指出以下两个要点：(1) 人的所有陈述性知识都处在这种网络结构之中；(2) 在这一网络中所有的记忆单位是相互联结的，而且正是这种对知识相互联结的看法，使得认知心理学家用知识的激活传播来解释新知识的获得及随后的提取过程。

在安德森等人看来，网络结构中的结点及联结处于不同的活动水平。在任何特定的时候，网络中的绝大部分结点和联结处于静息状态，这些处于静息状态的知识及其联系便是在我们的长时记忆中所贮存的那部分已经结构化的陈述性知识。在任何特定的时候，仅有少量的结点及其联结处于活动状态，从现象上来说，它们相当于此时人正想到因而出现在人的工作记忆中的那一部分旧的陈述性知识，不过这种被激活了的知识不会将激活滞留于本身，激活还将从已被激活的这一部分传至其他一些与自己有关的观念。例如，我们

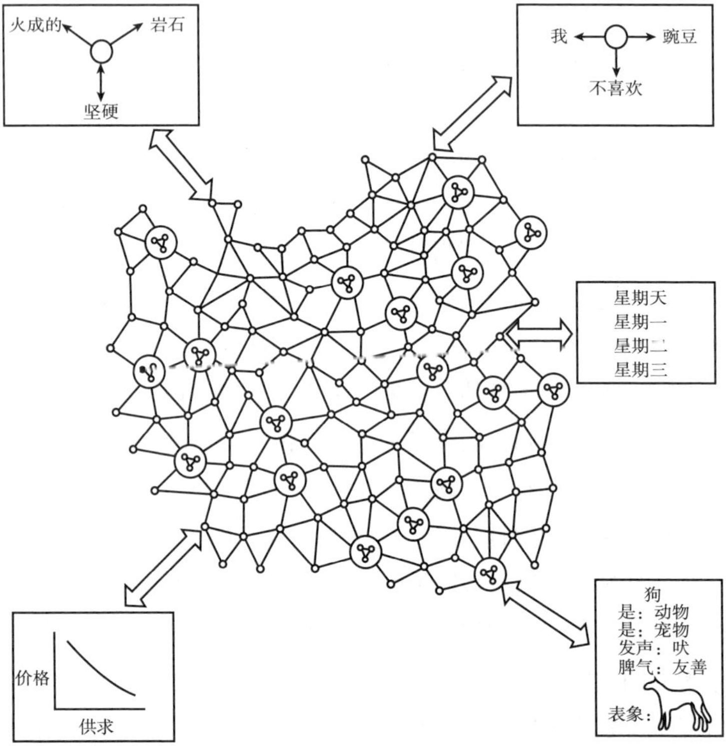

图 18-1　陈述性知识的网络（引自 Gagné，E.，1993）

来考察图 18-2 所示的具体例子。假定在 T_1 时你想到“我喜欢巧克力馅饼”，那么在 T_1 时“我喜欢馅饼”这一命题同“饼中有巧克力”这一命题被激活（激活用波浪线表示），随后激活将沿着这些命题的所有联结传到有关的命题，如“馅饼是用奶油做成”，“奶油是搅拌的”。此外，激活还将传至我们有关馅饼的知觉形象（不过在图中尚未标出）。由于工作记忆在某一时刻只能容纳为数有限的几个激活单位，因而在 T_1 时被激活的命题在 T_2 时便处于静息状态，但在 T_1 时处于静息状态的命题现在则处于活跃状态。激活将再次沿着这些被激活命题的所有联结传播到另一些有关的命题，如“奶油中放进咖啡味道好”，在 T_3 时这一命题被激活，但在 T_2 时被激活的一些命题现在则处于静息状态。

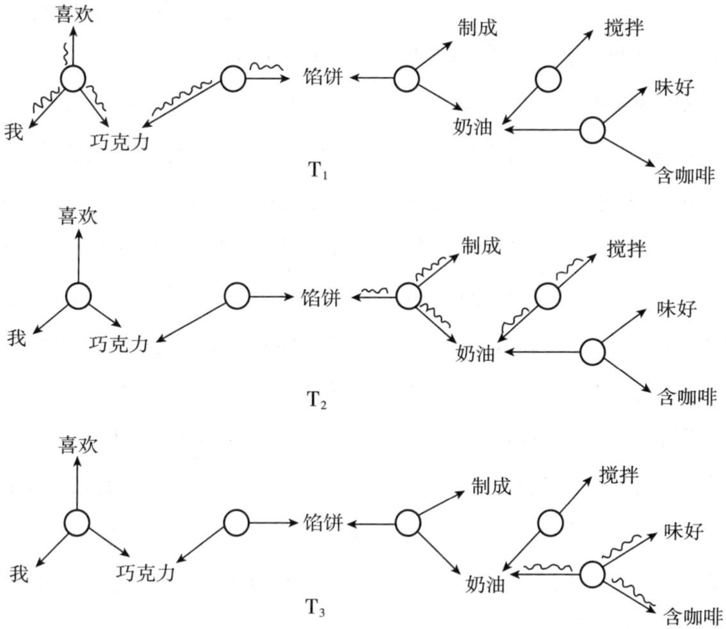

图 18-2　在陈述性知识网络中激活的传播

（引自 Gagné，E.，1993）

总之，在认知心理学家看来，激活的传播是一种借助于网络的结点联结的结构，将激活传至其他有关的结点联结的过程。在自由联想时，人最能体验到这种情形。

二、命题意义的获得与提取

在图 18-2 所示的这一实例中，我们谈到了人在想到某一已有观念时，激活在已有的记忆网络中传播的情形。但是当人要学习一个新命题时，在已有的记忆网络中又将出现何种情况呢？在认知心理学家看来，人在学习一个新命题时，将激活与这个新命题有关的旧命题，并通过这些旧命题来理解新命题的意义，而学习的最终结果则是将新命题同知识网络中的这些有关命题单位贮存在一起。整个贮存过程经历了如图 18-3 所示的一系列步骤。

图 18-3 中框面 a 表示教师向学生出示一个新命题，即“实验证明，维生素 C 能增进白血球的形成”。框面 b 表示学生在自己的工作记忆中把教师的语言转化为自己头脑中的命题，这个命题用虚线表示，以示它对学生来说是一个新命题。这个命题中的一些概念（如维生素 C、白血球等）促使学生提取出一些相关的知识，即激活从“维生素 C”传至“维生素 C 能预防感冒”这一已有的观念，以及从“白血球”传至“白血球能杀死病毒”这一已有的观念，这些情况在框面 C 中得到表示，即此时在学生的工作记忆中有一个新命题及两个旧命题。框面 d 表示，由“感冒”和“病毒”传出的激活又导致“病毒会引起感冒”这一命题的激活。当这一特定的命题在学生的工作记忆中被激活时，学生的推理过程（已贮存的一组产生式程序）可能会作出推论：维生素 C 之所以能预防感冒，是因为它能增进白血球的形成。在框面 e 中所示的这一推论是一个新的命题。由于最终得出的这一观念既非来自人的长时记忆，也非来自外部的刺激情境，而是思维过程的产物，因而认知心理学家将这类新命题称为精深的命题（elabratative proposition），因为它给输入的信息增添了信息。有关精深对陈述性知识的学习及提取的作用，在下面再作详细的介绍。

如上所述，新命题的意义是通过激活我们知识网络中的有关命题而被我们理解的，一旦学习结束，这些新命题便同这些旧的有关命题紧密地贮存在我们的长时记忆之中。已经贮存在长时记忆中的新命题最终会因人要使用而提取出来，图 18-4 是认知心理学家以流程图的形式对人的信息提取过程的描述。显然，提取或始于别人向我们提出的问题，或始于我们自己产生了某个疑问，或始于我们

图 18-3　获得新的陈述性知识的步骤图例（引自 Gagné，E.，1993）

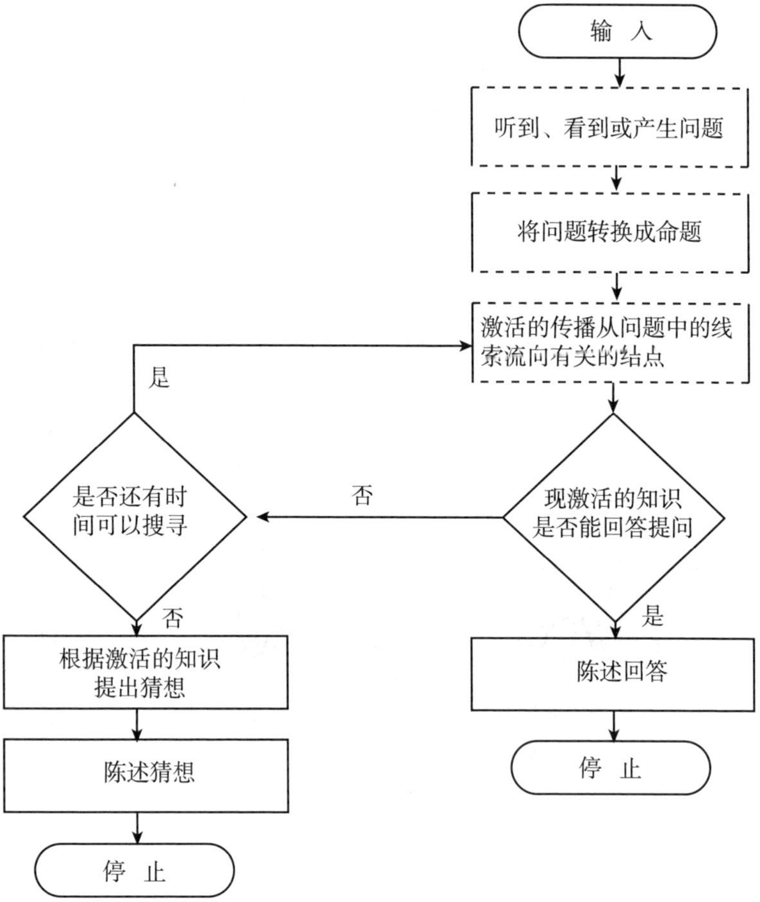

图 18-4 提取和构想的信息加工分析（引自 Gagné，E.，1993）

看到了某个提问。如果问题来自外部，那么必须首先将问题转换成命题，一旦这一转换工作完毕，命题中的概念将激活有关的陈述性知识。此后将对这一激活的命题加以检验，看它是否能回答提出的问题，如果能够回答，则将这一命题转化为言语（如果要求写出答案，则转化为书写动作）向外部环境输出。如果被激活的命题不能回答问题而还有时间允许搜索，那么搜寻工作将会继续下去，使激活传递得更远，直到激活另一个可以认定是解答的命题。反之，假定没有时间进一步搜索，人可能会作出同已经提取到的知识相一致的“有根据的”猜测。上述过程中绝大多数步骤都在无意识情况下发生，意识的介入主要发生在对激活的命题进行判断时，看它是否能回答问题。

现在结合图 18-3 所示的学习片段，来具体说明提取过程。图 18-5 表示学生在学习结束时形成的知识结构。假定在学习之后的某一天，教师问学生：“维生素 C 对白血球有何影响?”提取过程将从学生把这些声音转换成命题开始，然后命题网络中的“白血球”和“维生素 C”这两个概念首先被激活，激活将从这些概念传递到相关的概念。从图 18-5 中可以看到，第一个被激活的命题应是“维生素 C 能增进白血球的形成”，它之所以被第一个激活，是因为激活来自这一命题的两侧，当激活在中间汇合时，整个命题也就被激活了。但对于其他一些命题来说，激活仅来自一侧，因此要激活整个命题，需要更长的时间。由于上述命题首先被激活，因而也是第一个要考虑其是否能适当地回答提问的命题。由于它能够回答“维生素 C 对白血球有何影响”这一提问，因此这一命题将转化为言语输出。

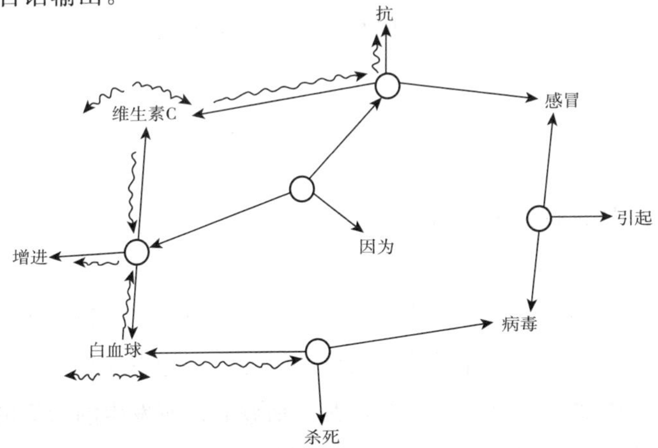

图 18-5　在提取期间激活的传播（引自 Gagné，E.，1993）

如果学生对提问的有关事实没有贮存或者一时难以找到答案时，情况又会怎样呢？他往往会从已经贮存的信息中来构想一些必要的信息。假定学生没有贮存“维生素 C 能增进白血球的形成”这一命题，但他曾经贮存了“维生素 C 能预防感冒”，因为它对白血球有影响，那么正如图 18-6 所示的，当问及维生素 C 对白血球有何作用时，激活将从维生素 C、白血球传递到“白血球能杀死病毒”，“维生素 C 能预防感冒，因为它对白血球有影响”，以及“病毒会引起感冒”这样一些命题。随这些信息在工作记忆中的激活，学生能运用逻辑程序推论“维生素 C 肯定能增进白血球的形成”。

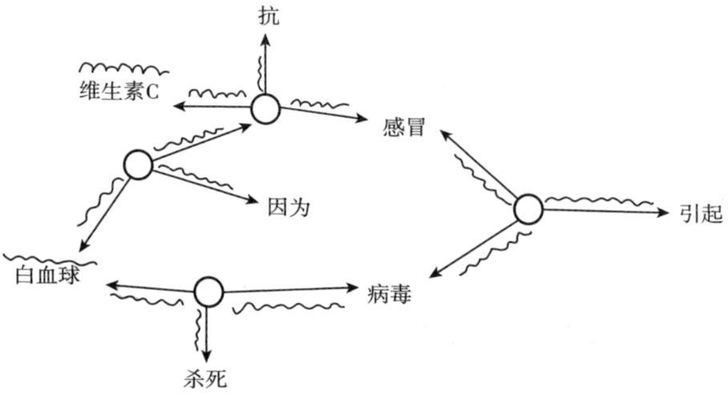

图 18-6　根据局部的知识来构想陈述性知识（引自 Gagné，E.，1993）

总之，陈述性知识的提取和构想都依赖于激活的传递。在提取时，激活从有关的线索传至要回忆的命题；在构想时，激活从这些线索传至相关的信息，逻辑过程对这些信息进行运作，从而作出解答。

三、陈述性知识的精深与回忆

在谈到陈述性知识的表征这一问题时，我们曾提到，在人的记忆中对这种知识的基本单位即命题的表征，可能表现为一种结点联结的命题网络，但当人实际学习某一命题时，所发生的情形可能并非如此简单，可能会对所学的命题增加某个细节，增加某种表象，甚至形成某种推论。认知心理学家将凡是与现在所学的信息建立起更多联系的这种增加或扩充的过程，称为精致或精深。现在让我们来考查安德森的一个有关精深的实验，在这个实验中，他要求被试设法记住以下这一命题：

1. 医生恨律师。

安德森用图 18-7（a）来表示我们早先提及的对一个命题所作的记忆网络表征，但他进一步指出，见到这一句子的被试可能并不只是将这一结构贮存在他的记忆中，他实际上想到的可能是图 18-7（b）这一命题网络表征。这一结构与前一简单的结构之间的差异在于，被试对所学的命题增加了一些新思想或增添了一些新的命题。当被试设法将所学的命题贮存到记忆中时，他也把在这一命题上所想到的这些命题贮存在自己的记忆之中。因此，除了所学的命题之外，被试可能还贮存了以下这些信息：

2. 在一个阴郁的上午我在心理实验室里学了这一命题。

3. 律师指控医生治疗失当。

4. 治疗失当的指控导致医生恨律师。

5. 这一命题令人感到不快。

被试可能还记住了另一与此信息有关的事实：

6. 律师可因医生的医疗事故而指控医生。

安德森将图 18-7（b）这一部分所示的结构称为精深的结构，因为它体现了对原命题的精深编码。安德森认为精深的结构将对记忆产生深远的影响。在他看来，精深至少可以从两个方面导致更好的记忆。第一，精深给回忆提供了冗余的提取通路，只需对图18-7（b）和（a）作一比较，我们便可发现这一点。现假定结点 X（即医生这一结点）与靶命题（结点 1）的联系很弱，以至不能提取出这一命题。如果出现这种情况，如果被试仅有（a）型结构，那么当提供“医生”这一词时，被试是不可能回忆起命题 1 的。但是，

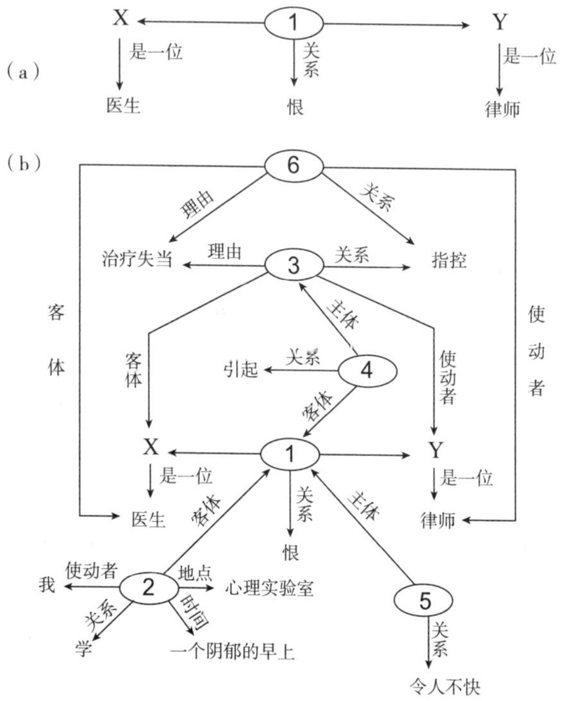

图 18-7 “医生恨律师”这一句子精深编码与非精深编码的比较（引自 Anderson，J. R.，1990）

如果被试具有（b）型结构，即使前一种联系相当弱，他还有提取靶命题的其他一些通道。例如，被试可以从 X 结点回忆起“律师指控医生治疗失当”这一命题（结点 3），从结点 3 这一命题出发，被试又可回忆“治疗失当的指控导致医生恨律师”这一命题（结点 4），由此被试能回忆起他原先不能直接从 X 结点回忆出的结点 1，也就是说，尽管被试没有从 X 抵达 1 的通道，但他可以从 X 出发经由 3、4 抵达 1。据此，我们可以说，精深有助于回忆在于它给被试在尚无直接提取通道的情况下，提供了在网络中可以使用的另一些提取通路。在安德森看来，精深有助于记忆的第二种方式是，它能帮助个体推论出自己实际上已不再记得的信息。假定被试原先根本没有对靶命题1作过任何精深编码，那么不管他怎样努力去回忆，最终都会失败。但是，如果被试能够回忆起自己对靶命题所作的精深编码，那么他的知识状态可能是这样的：

我记不起原先这一句子了，但我记得自己曾作过这样的推测：这件事是因律师控告医生的治疗失当而引起的，而且我还记得这句话使人感到不快。

由于被试具有这种信息，因此他可能会推论靶命题应该是“医生恨律师”。

在现有的有关记忆的文献中，许多实验都涉及安德森上述的观点，即对学习材料越是作充分的精深处理，越能导致良好的记忆，不过这些实验有时又被看成是对“加工深度”（depth of processing）这一原则的证明。加工“深度”这一术语为多伦多大学克雷克（Craik，F.）提倡使用，采用深度一词显然是想从直觉上来反映被试对所学材料的意义所作的充分加工的程度，但安德森认为最好还是把这类因素看做学生形成的精深数量，因而他喜欢使用“加工的精深性”（elaborateness of processing）这一术语。

对于加工精深性的一则经典证明来自博布罗（Bobrow，S.）和鲍尔1969年的实验。研究人员让被试设法记住一些简单的主—谓—宾句子，设置两种条件：条件1，由主试向被试提供现成的句子；条件2，被试必须自己形成联系主语名词与宾语名词的句子。学过这些句子，给被试提示第一个（主语）名词，要求他们说出第二个（宾语）名词。处在条件1的被试回忆准确率为29%，而处在条件2的被试回忆的准确率为58%。由此研究人员得出这一结论：产生这种悬殊差异的原因在于，自己造句的被试必须仔细考虑两个名词的意思以及它们之间的可能联系。在他们作出某种选择前，可能已对两个名词考虑过许多尝试性联系，这种额外的努力或更深层的加工就是对这些名词作了更多的精深加工，尤其是对怎样将它们联系起来作了精深的加工。现在，人们对于在实验室里用来改进被试对句子记忆的手段有了更好的了解。其中一种技术要求被试对句子形成某种逻辑上的扩充，另一种技术仅只要求被试对句子描述的情境形成一个生动的视觉表象。显然，这些手段同博布罗和鲍尔的实验处理一样，都是试图鼓励被试对句子作出更深入、更精致的加工。

在这一方面，斯坦和布兰斯福德（Bransford，J. D.，1979）的实验试图另辟蹊径，他们的实验旨在了解自己形成的精深是否比主试提供的更有效。实验中他们让被试设法记住 10 句诸如“一个胖子获悉一预报”的句子，实验设置 4 种条件：第一，基本条件，被试只学习这些句子；第二，自己生成的条件，即被试须对句子生成自己的精深处理；第三，不确切的精深条件，给被试呈现这类句子的某种扩充，如“一个胖子获悉一两英尺长的预报”；第四，确切的精深条件，给被试呈现的扩充为“一个胖子获悉一将有冰冻的预报”。学完材料后，给处于各种条件下的被试呈现这种形式的句子：“一______人获悉一预报”，要求被试填上遗漏的形容词。实验结果表明，在 10 个形容词中，处于基本条件下的被试回忆数为 4.2，自己形成精深的被试回忆数为 5.8，由主试提供不确切精深的被试回忆数仅为 2.2，由主试提供确切精深的被试回忆数高达 7.8。斯坦等人的实验似表明，从效果上看，主试精心选择的精深要好于被试自己形成的精深。看来，关键并不在于是被试自己形成精深还是由主试提供某种精深，关键在于所作的精深是否有助于今后的回忆。

精深加工对于记忆陈述性知识的促进作用似乎已被揭露无遗，海德和詹金斯（Hyde，T. S. & Jenkins，J. J.，1973）报告的一个重要实验则从另一方面揭示了学习意向与精深各自在记忆中的相对作用问题。在海德等人的实验中，让被试考察 24 个单词，每个词呈现的间隔为 3 秒。要求其中一组被试检查在每个词中是含有 e 字母还是 g 字母，要求另一组被试评定词的愉快程度，这两个任务被称为“既定任务”。就这两种任务而言，我似有理由认为，对词的愉快程度作出评判比检查字母涉及对词作出了更深层的加工或更精深的加工。海德等人的实验中采取的另一干预措施是，在各组被试中均有一半被试被告知实验的真正目的是学习单词，这样便造成了四种情况：在评判词的愉快程度这一组中，有一半被试对词的学习为无意学习（但对词的愉快程度为有意学习），另一半人对词的学习为有意学习（但对词的愉快程度为无意学习）；在检查字母这一组中，有一半被试对检查字母为有意学习（但对词的学习为无意学习），另一半被试对检查字母为无意学习（但对词的学习为有意学习）。学完所有的词后，让所有被试尽其所能将学过的词回忆出来。海德和詹金斯得到的各类被试对 24 个词的回忆百分数如表 18-1 所示，其中有两个实验结果值得一提：第一，被试知道学习的目的（知道是否要测验这些词）所起到的作用相对来说较小；第二，精深加工的明显效应得到了证明，即对词的愉快程度作出评判的被试，不管是否知道今后要测验这种材料，其回忆均表现出更多的优势，也就是说，在对词的评判中，被试必然会想到词的意义，而正是这种活动给他们提供了对词作出精深加工的机会。

表 18-1　词的回忆百分数为既定任务及被试是否对学习任务有所意识的函数

	既定任务	
学习目的条件	评定愉快程度	检查字母
无意学习	68	39
有意学习	69	43

（引自 Hyde，T. S. & Jenkins，J. J.，1973）

在谈到海德和詹金斯的实验结果时，安德森曾指出："他们的实验揭示了一个曾在有意学习与无意学习的研究中一再证明了的一个重要发现，即人是否有学习的意向实际上并不重要，关键在于材料呈现时人对它的加工。如果个体在无学习意向时所从事的心理活动与有学习意向时所从事的心理活动相同，那么在这两种条件下他们将获得相同的记忆成绩。人之所以在有学习意向时一般表现出更好的回忆，是因为他们可能在从事更有利于良好记忆的活动，如复述及精深的加工。在海德和詹金斯的实验中，有学习意向的被试略占优势可能反映了在加工方面略有差异，若对加工过程精心控制，人们似可发现，学习的意向或动机成分并不起作用。"①

最后，我们来谈及由弗雷斯（Frace，L. T.，1975）所进行的有关精深加工对促进课文学习的研究。在弗雷斯的实验中，比较了两组被试对课文的记忆。一组被试在阅读课文前被告知一些在阅读时需回答的主题，而控制组仅阅读课文。这些先行的主题相当于奥苏伯尔的先行组织者，促使学生对课文作出更仔细的加工并考虑到课文的含义。在随后的测验时，提供先行组织者的这一组对测题回答的准确率为 64%，而控制组的准确率仅为 57%。弗雷斯的最终测题分为两类，一类与先行组织者有关，另一类与先行组织者无关。例如，如果测题是问促使美国介入第二次世界大战的缘由，而先行的提问是引导学生了解美国为什么会参战，那么这类测题便认为与主题有关。但是，如果先行提问的主题是引导学生了解第二次世界大战带来的经济后果，那么上述这类测题便认为是无关的。提供先行组织者的这组被试在回答有关测题上的正确率高达 76%，但在回答无关测题上的正确率仅为 52%。尽管他们在这类无关测

---

① Anderson，J. R.，*Cognitive Psychology and Its Implications*，p. 186，1990.

题上正确率要比控制组差一些，但在先行告知的这类主题上则表现出更好的记忆。

总之，精深的加工能够产生对各类材料的更好的记忆，这已被许多实验所证明，对这一结果可能要以一开始就已提到的记忆网络来解释。这方面的研究成果也告诉人们，为了更好地记忆所学的材料，学生应当对所学的课程中的有关材料作出精深加工，应当考虑到这些材料的各种含义。这种情况正如洛日安（Lorayne，H.）所说："任何一项知识，如果你把它同自己已知的或记得的知识联系起来，你就可能记着它。"①

四、陈述性知识的组织与回忆

如上所述，好的学生在理解文字材料时会对其中的信息作出精深的处理，即他们会想到一些与新的信息有关的信息，如有关的观念、例证、表象或细节。好的学生对新的信息作出的另一种精深的加工方式是组织。加涅称"组织是一种将信息分成若干子集并标明各子集之间关系的过程"②。而安德森则指出："精深的另一种重要的作用在于对记忆赋予一种有层次的组织。这种有层次的组织将能够使人对记忆的搜寻表现出结构化，并使人能够更有效地提取到信息。"③

对使用组织这种精深加工作出有力证明的是鲍尔等人于1969年所做的一项实验。实验中主试让被试学习四个如图18-8所示的

---

① [美] J.R. 安德森著，杨清、张述祖等译：《认知心理学》，吉林教育出版社1989年版，第254页。

② Gagné，E.，*The Cognitive Psychology of School Learning*，p.135，1993.

③ Anderson，J.R.，*Cognitive Psychology and Its Implications*，p.199，1990.

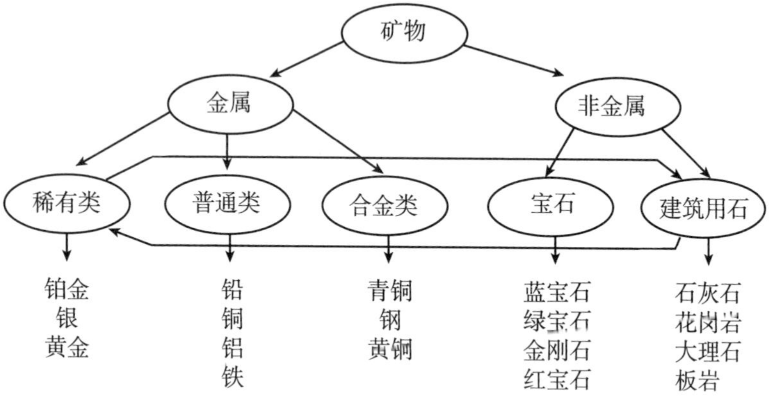

图 18-8 鲍尔等人的自由回忆实验中使用的层级树状图

（引自 Bower，G. H.，et al.，1969）

这种层级中的所有单词，并对两种学习条件下的结果作了比较。在有组织的条件下，给被试呈现四张如图 18-8 所示的这种自上而下的层级树状图；在随机条件下，被试也看到四张树状图，其中的文字是从四个范畴（动物、服装、运输工具等）中随机选取的单词。给被试学习每张树状图的时间是 1 分钟，然后要求他们按各自的顺序将四张图中的全部单词回忆出来。这种学习—测验的程序共重复四次。两组被试在四次测验中的成绩如表 18-2 所示。从表中可看到，最多能回忆起的单词数目为 112，有组织的条件这一组表现出极大的优势。实验人员对这一组的回忆词序所作的分析表明，被试是根据呈现给他们的树状层级来组织自己的回忆，他们对词的回忆遵循着自上而下的秩序，如先回忆起矿物，然后是金属与非金属，如此等等。对于这一结果作出记忆的网络解释是最明白不过了。在有组织的条件下，被试在学习期间编织着像图 18-8 所表示的这种记忆网络，为此他们必须对自己记忆中这些词的已有联系作出精深的处理。

表 18-2　经 4 次尝试后回忆词的平均数为组织的函数

条件	回忆次数			
	1	2	3	4
有组织的	73.0	106.1	112.0	112.0
随机的	20.6	38.9	52.8	70.1

（引自 Bower，G. H.，et al.，1969）

组织不仅能改进人对词的回忆，而且还能改进人对故事（记叙文）、议论文等各种有意义材料的回忆。在桑迪克（Thorndyke，P. W.，1977）的研究中，他设法使被试（大学生）逐渐难以运用组织过程，设想若降低组织的可能性也许会削弱回忆。这一研究采用的文字材料为两则短故事，现列举其中一则。①

环形岛

（1）环形岛位于大西洋中部，（2）罗纳岛以北。（3）岛上的主要职业是农业和畜牧。（4）环形岛盛产石油，（5）但没有河流，（6）因而十分缺水。（7）岛上的风气甚民主，（8）所有的问题都由大多数岛民投票来决定。（9）政府实体是参议院，（10）它的主要职能是贯彻大多数岛民的意愿。（11）最近岛上的一位科学家发现了一种廉价的方法，（12）可以将海水转化为淡水，（13）于是岛上的农民想（14）建一条横贯岛屿的运河，（15）这样他们就可以利用运河中引来的水（16）耕种岛屿中部的农作物。（17）农民们成立了一个赞成开河的社团，（18）并劝说一些参议员（19）参加。（20）赞成开河的这一社团将这一修建的想法交付投票表决。（21）所有的岛民都投了

① Thorndyke，P. W.，Cognitive Structures in Comprehension and Memory of Narrative Discourse. *Cognitive Psychology*，9，pp. 77-110，1977.

票，(22) 大多数人都赞成修建，(23) 但参议院认为，(24) 农民提议的运河不够经济合理，(25) 议员们只同意 (26) 修建一条 (27) 宽 2 米深 1 米的小运河。(28) 在开工修建小运河后，(29) 岛民们发现 (30) 根本没有水流进运河，(31) 于是放弃了这一方案。(32) 岛民们非常生气，(33) 因为运河的方案失败了。(34) 看来一场内战无法避免。

一般来说，结构完整的故事（记叙文）含四个主要的信息子集：背景、主题、情节及结局。记叙文通常都以某一场景开头（如很久很久以前，在什么地方……），然后介绍在某些人物身上发生了什么事情，由此他们产生了哪些目的，这种信息便是所谓文章的主题，并促使情节或活动得以展开，即人物为了达到自己的目的做了些什么，最后的结局或是目的达到了，或是人物只得适应未果的失败。

桑迪克用图 18-9 来揭示环形岛这则故事的结构。从图中我们可以看到，结构中最高水平为四个典型的子集，即背景、主题、情节、结局。文中与上述各子集相应的观念编上数码，如 (13)、(14) 所属的观念是农民们想修一条横贯岛屿的运河，就归入主题这一子集，更具体地说，它们属于主题中目的这一部分，而不是事

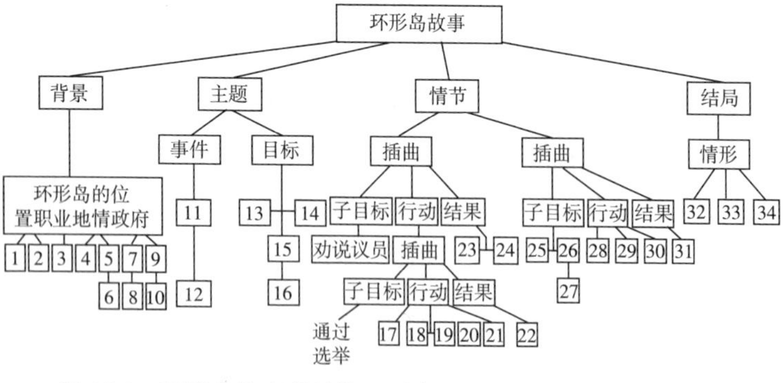

图 18-9 环形岛故事的结构（引自 Thorndyke，P. W.，1977）

件这一部分。

桑迪克逐渐降低这一故事的可组织性的具体做法是：(1) 把陈述主题的句子放到故事的结尾，而不是像通常所做的那样放在故事的开始；(2) 将涉及陈述主题的句子全部删去；(3) 删去故事中的因果联系，只剩下一些单纯的描述而不是记叙。他把正常的、陈述主题的句子置后的、没有陈述主题句子的以及只描述的故事，分别呈现给四组被试，而给另外四组被试呈现以上这些已有变更的并打乱语序的故事。故事呈现后，要求被试写下能够回忆起的观念，并根据回忆起的观念数码编号打分。图 18-10 所示的是各组被试回忆的百分率。显然，从图中我们可以发现，当被试对故事越是不能进行组织时，其回忆也就越差。结构完整的故事与任何编排的故事的回忆率之差接近 40%，仅只描述的故事与任意编排的故事的回忆率之差只有 10%。桑迪克的这些资料表明，组织对回忆的作用相当大，当缺少正常的组织线索，如缺少陈述主题的句子或缺少因果联系时，人很难组织信息，从而影响以后对信息的回忆能力。

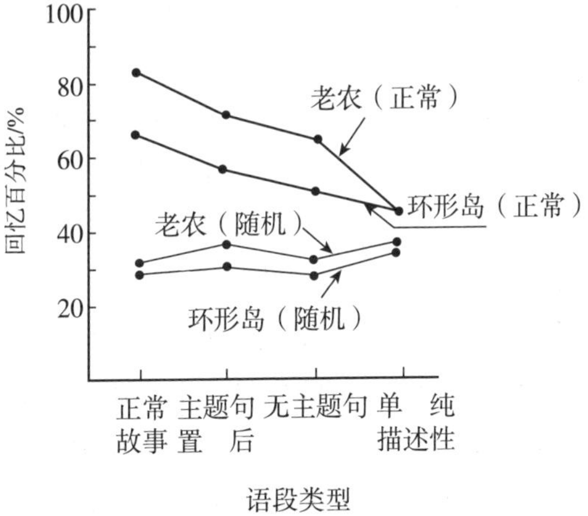

图 18-10　对语段观念的回忆随语段的组织而改变

(引自 Thorndyke，P. W.，1977)

在引用上述这些实证资料之后，现在对于组织能够极大地提高人的回忆能力这一点看来应该是很明确了，但人们也许还会进一步问：组织何以会提高这种能力？对于这个问题的解释现在众说纷纭，而且是一个正在积极探索的领域。认知心理学家提出的第一种可能成立的解释是，组织起到了同精深加工相似的作用，因为它增强了信息之间的联系，从而使激活的传播维系在长时记忆的有关领域，而不致偏离方向。

关于组织有助于人的回忆的另一种解释是，将它同工作记忆的有限容量连同起来考虑。当有朝一日我们需要从自己的长时记忆库中调出所需的信息时，如果在早先贮存它们时并未作出很好的组织，那么此时在工作记忆之中的激活将沿着现时提供的线索，向各个有关的方向传递开去而不具有选择性。由于人的工作记忆容量有限，因此只能使我们在某一时刻激活（或想起）为数有限的信息，而其中可能尚不是我们现时所需的项目，于是不得不一而再、再而三地轮番搜寻。此种情形就像一个漫不经心的仓库保管员或家庭主妇将保管的材料或衣物随意存放后，在找所需的物件时必然是无序和忙乱的。

但是，当人使用组织的策略后有可能克服这种麻烦。我们把一批信息按其所属的范畴分成一些子集，由于子集比独立的信息项目数要少，这样既能保持所有的信息痕迹，又不必让它们同时出现在工作记忆之中。计算机专家用“指针”这一术语，表示指向存储器中某一特定地址的标记，而在人的信息加工系统中，子集似乎充当了指针的角色。例如，在图 18-11 中显示了认知心理学家对两个儿童的长时记忆与工作记忆所作的假设。此处工作记忆有五个槽，信息可以占据这些槽或在其中对信息进行运作。A 儿童对记忆内容进行过组织，他仅用三个槽保持了三个子集的痕迹（车辆、动物及家具），还有两个槽可用于从事心理运作（如建立某一刺激范畴的一实例的表征，并判断这一实例是否属于自己曾学过的那一序列之中)。B儿童没有对记忆信息进行组织，因此在某一时刻每个槽都装满了自己曾学过的一些个别项目。由于没有形成子集，因此，此时他还无法对保持在长时记忆中的其余项目作出表示，也没有留有进行心理运作的空间。

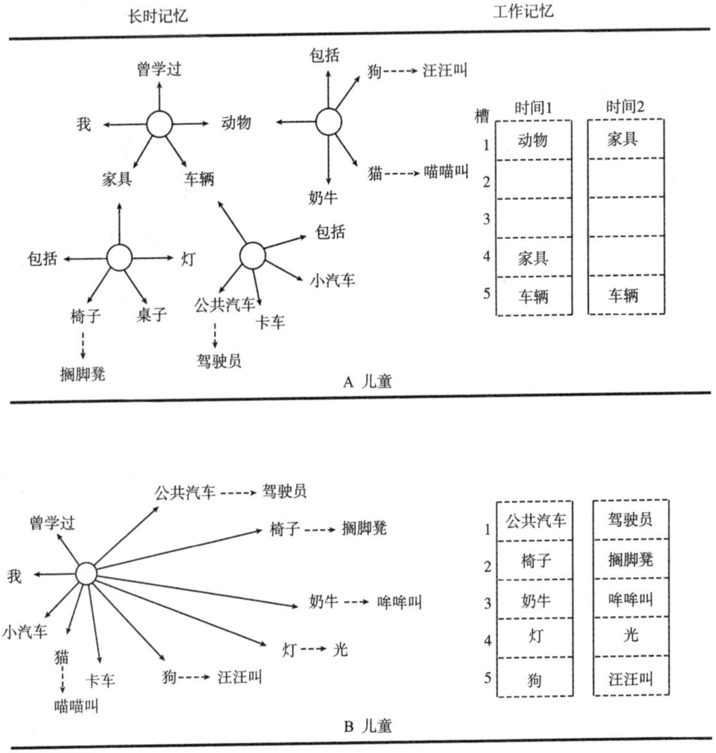

图 18-11　两个试图提取学过词项的儿童的长时记忆与工作记忆的内容（引自 Gagné，E.，1993）

组织除了能提供标志信息子集的指针外，它本身还能提供引导激活传播的提取线索。例如，动物这一观念能使人想起猫、老鼠、狗。由于A儿童具有可进行心理运作的槽，因此他能够对每一个出现在头脑中的具体实例作出考虑。当由这一具体的实例引起的激活同来自学习期间的记忆激活相交时，儿童就知道这一实例是他学过的。如果上述两种激活不出现相交，他就知道此项还没有学过。而且A儿童将自己对动物的全部知识提取完后，他还能回过头来考虑其他的，如家具，因为在他的工作记忆中还有指向家具这一子集的指针。B儿童由于没有用子集来组织自己的记忆，因此不能从内部生成提取的线索来指导这种搜寻过程。对于B儿童来说，激活将不断地向各个方向传播开去，要回忆在工作记忆中尚未出现的项目的可能性是相当小的。

总之，在认知心理学家看来，组织可以用多种方式影响回忆，它可能使激活的传播维系在长时记忆的有关领域，也可能在工作记忆中提供指向长时记忆有关领域的指针，当然还可能为进一步对记忆作出搜寻提供的线索。

五、支持精深和组织的教学措施

鉴于精深和组织能够促进陈述性知识的学习和回忆，因此在教学中增强这些过程发生的可能性也就显得尤为必要。应当承认，人对信息能够自发地作出精深和组织的程度是存在个别差异的，而且教材的不同的呈现方式对于促进精深和组织也是有差异的，那么为了促进不会经常使用这些过程的学生能自发地使用这些过程，为了改进教材的呈现方式以促进这些过程的发生，教师应做些什么工作呢？通过教学或教材的改编以提高学生使用精深和组织的过程有许多事可做，这里我们仅举一些认知心理学所做的实验来证明该做些什么。

（一）形象化教学

要求学生对正在学习的内容形成表象能够提高回忆，这已被库海维和斯温森（Kulhavy，R. W. & Swenson，I.，1975）的实验所证明。实验中主试让128名五六年级的学生阅读一篇含20个自然段、题为《阿科岛风土人情》的文章，文中每段之后都附有要求学生根据刚读过的那一段落的信息来回答的提问，这些问题或采用与文中一模一样的语词，或仅意思相同但用词不一。指导其中一些学生在回答问题前先对段落中的活动形成心理表象，而另一些学生只学习段落和回答问题。各组被试中均有一半人在读完整篇文章后进行即时测验，所有被试在一周后做同样的测试。测验含40个测题，其中20个测题与文中的措辞一模一样（直接测题），另20个测题与文中的意思相同但措辞不一（间接测题），这样每个被试在阅读期间已回答了其中20个测题。

被试一周后的测试结果如表18-3所示。从表中可以看到，接受表象指导的学生成绩更好，尤其是在完成间接测题上的成绩更为突出。由于间接测题并未对正确回答提供表面的文字线索，相反它们必须依靠学生对文章的意义表征来回答，据此实验者认为，表象指导似更有利于学生形成对文字材料的意义表征。

表18-3 被试一周之后的正确回答问题的平均数

	指导			
	无表象指导		表象指导	
	直接题	间接题	直接题	间接题
接受即时测验	11.06	10.89	12.95	14.23
无即时测验	8.94	8.04	8.01	10.93

（引自Gagné，E.，1993）

（二）运用类比

对于已为学生所熟悉的材料，我们可以使用表象来加深他们对文字材料的意义表征，但如果我们要学生学习的一些材料可能很抽象或者很陌生，以至不能引发他们的表象，那么在这种情况下，利用学生熟悉的领域与这些不熟悉的领域的类比可能非常管用。

海耶斯和特耐（Hayes，D. A. & Tierney R. J.，1982）曾证明运用类比对美国中学生学习有关板球的知识（相当陌生的领域）所起的作用。由于板球与棒球有诸多相似之处，而美国人对棒球比较熟悉，因此通过两种运动的比较来传授有关板球的新知识，也许会更有效。这种比较可以是明确的（对两种运动的一些具体方面作出比较），也可以是含蓄的（在介绍板球运动前复习棒球运动的比赛规则，以期学生可能会对两者进行比较）。

海耶斯和特耐将明确比较组、含蓄比较组同没有进行过比较的对照组进行对比。含蓄比较组先读一篇介绍棒球运动的文章，后读一篇介绍板球运动的文章；明确比较组也是先阅读介绍棒球运动的文章，后读介绍板球运动的文章，不过在前文中还对棒球运动与板球运动作了明确的比较；无比较组在读介绍板球运动的文章前读一篇无关的文章。读完后要求所有的被试将自己记得的有关板球运动的情况全部写出来。参加实验的被试为在校 11、12 年级的学生。

表 18-4 为三组的回忆量（回忆出的要点数目）。研究人员计算出与文章完全相吻合的回忆要点以及在回忆报告中穿插的一些合理的推论。明确比较组对介绍板球运动的文章的回忆好于其余两组，但含蓄比较组的被试则作出了更多的合理推论，此结果可能要归因于含蓄组被试在阅读介绍板球运动的文章时对板球运动与棒球运动作了比较（推论）。

按理说，推论应更有助于回忆，但为什么含蓄组的回忆不比无比较组更多呢？关于这一点，研究人员解释为由于各组给予的阅读时间相同，而要作出推论比较费时，因此含蓄比较组可能没有更多的时间对文中的信息进行编码，而明确比较组就具备与无比较组几乎同样多的时间，可对文中的信息进行编码，因此这组表现出更高的回忆量。若再做一延迟测验，我们也许可根据精深加工的理论预期：含蓄比较组将比无比较组对文章有更多的回忆，因为随着时间的推移，精深处理会变得越来越有帮助。

表 18-4　三组被试回忆的信息数量

	回忆类型	
	文中提及的要点	推论
含蓄比较组	24.05	6.15
明确比较组	27.19	3.43
无比较组	24.90	3.79

（引自 Hayes，D. A. & Tierney，R，J.，1982）

（三）指导学生精深加工

在教师尚不了解学生是否对类比或比喻这一方法熟悉的情况下，要促进对学习材料的精深处理的做法是，让学生形成自己的类比或比喻。林登（Linden，M.）和威特洛克的实验便是这样处理的。研究人员对选自小学语文课本的 3 篇短文的 4 种教法进行比较。4 种教法都是先读文章，后讨论 45 分钟，最后做 15 分钟的测试。测题包括与文中具体陈述的事实有关的多项选择题，以及要求学生对故事作出推理的填空理解题。在连续三天的学时中每天读一则故事。

教师指导两组儿童作出精深的加工。第一组为形象—言语组，第一天要他们对所读的文章画几幅画，第二天要他们对读过文章的不同部分写一两句概括语，第三天要他们对所读的文章写出一些类比或比喻，即这组学生从形象精深加工过渡到语词精深加工。第二组为言语—形象组，也是在三天中接受同样的指导，只是次序颠倒，第一天提出比喻，第二天概括，第三天作画。

其他两组儿童没有接受要作精深加工的指导。无指导组与前两组的教师为同一人。无指导组在读故事时不作精深加工，只回答一些常规问题（文中的要点和语音分析）。课堂教师组采用一般课堂上教师的做法，每天的指导变化很大，第一天把测题给学生，让学生带着这些问题读故事，第二天学生读文章，第三天要求学生尝试对故事各处以后会发生的情况作出推测。

表 18-5 显示了 3 篇短文测试的结果。在填空理解题上的差异最显著，进行过精深加工的两组平均做对 30 题左右，没有进行过精深加工的两组平均只做对 19 题。

表 18-5　4 种不同的教法所得到的正确回答问题的百分数及学生形成的精深数

	学生形成的精深数	事实回忆/%	理解/%
形象—言语组	13.0	27.63	28.63
言语—形象组	10.7	23.29	31.28
无指导组	0.0	25.14	17.71
课堂教师组	1.2	21.57	21.57

（引自 Linden，M. & Wittrock，M. C.，1981）

研究者还发现，在接受精深指导的两组中，学生形成的精深数目与他们在填空理解性题上的得分相关。形象—言语组与言语—形象组的相关系数分别为 0.57 和 0.24。这与精深能促进回忆的说法是一致的。

（四）列提纲

以上提到的方法都与促进精深加工有关，下面谈谈促进组织的方法，其中一种方法是在学生学习文字材料前给他们提供一个提纲，提纲有可能促进学生组织自己的记忆。

格林和迪维斯塔（Glynn，S. M. & Divesta，F. J.，1977）在大学生身上使用了这一方法。大学生阅读一篇有关各种不同矿石的文章，共计 15 个自然段落。表 18-6 是研究人员为此列出的提纲。

文章讨论的总的主题是金属与石头，在金属这一主题下有两个子论题（稀有金属和合金），在石头这一主题下也有两个子论题（宝石和砖石），最后在各个子论题中又分出两个子论题，如在稀有金属中讨论了金和银。

表 18-6　有关矿石的文章中要讨论的各个主题

矿石	
Ⅰ. 金属	Ⅱ. 石头
A. 稀有金属	A. 宝石
银	钻石
金	红宝石
B. 合金	B. 砖石
钢	花岗岩
铜	大理石

（引自 Glynn，S. M. & Divesta，F. J.，1977）

一组学生在阅读文章前先学这一文章的提纲，另一组学生只读文章。所有的学生都按自己的速度阅读，读完后把自己记得的有关内容写下来。结果如表 18-7 所示。就文章的总的思想而言，两组回忆的成绩差不多，但对具体细节的回忆，学习过提纲的一组比没学过提纲的一组高出 8 个百分点。这一结果如人们所预料的，提纲能帮助学生搜索记忆。

表 18-7　阅读文章有无提供提纲引起的回忆比率

	从文中回忆观念的比率	
	总的观念	具体的观念
学习过提纲	0.08	0.32
未学提纲	0.10	0.24

（引自 Glynn，S. M. & Divesta，F. J.，1977）

第十九章
图式的获得

在前面我们曾谈到图式是一种更高水平上的陈述性知识单元，它以一些较低级的陈述性知识单元，如命题、表象、线性排序组合起来，形成了对一类客体、一类事件或一类文本的一种定型或定格的认知结构。我们也提到，图式的功能在于使人能够很快地识别各种新的例证，使人能依据这种最初的识别对新的情境作出推论，并且还可以使人将以图式的形式贮存的知识用于问题解决之中。鉴于图式是一种如此重要的学习结果，因此了解它的形成及精深也就显得尤为重要。本章我们将介绍认知心理学家在图式的形成与精深的过程方面所作的研究，当然还想提及他们对促进这些过程所提出的教学建议。鉴于目前有关图式的形成与精深的研究还比较缺乏，因此我们可以看到，在这方面引用的资料更多的还是早先有关概念学习的资料。不过，概念与图式之间确实有着许多相似的功能。

一、图式的形成

假定某个学生正在形成有关锯子的图式，他在各种场合下看到人们在用不同的锯子锯不同的材料，那么他将会把自己体验到的一系列事件用图 19-1 所示的这一系列命题及表象来予以表征。

它能切割木头。	它能切割木头。
它有手柄。	它有手柄。
手柄是蓝颜色的。	手柄是黄颜色的。
它有锯条。	它有锯条。
锯条很长。	锯条很短。
锯条有尖齿。	锯条有尖齿。
A. 标准手锯	B. 手弓锯

图 19-1　对两种锯子实例的经验表征（引自 Gagné，E.，1993）

在学生形成以上这些表征时，可能会发生图式的形成过程。这一过程涉及考察不同实例的相似之处，形成对这些相似之处作出编码的表征，摒弃它们的差异，最终形成像图 19-2 所示的图式，即对两个实例的相似功能（能锯木头）、相似的组成部分（有手柄、锯条、锯齿）作出命题性表征，对两个具体的表象则抽取出它们的相似外形，而对两个实例的差异之处，如手柄的颜色及锯条的大小则作为无关特征予以排除。

尽管图式是一种陈述性知识，但在认知心理学家看来，它的获得须通过一系列产生式活动才能发生。像上述形成锯子这一图式的过程，可以用表 19-1 所示的这样一种一般的产生式系统来模拟，产生式中的目标结构如图 19-3 所示。

锯子

上位范畴：工具

功　　能：锯木头

组成部分：锯条，尖齿，手柄

表象：

图 19-2　锯子的图式（引自 Gagné，E.，1993）

（该图式的要素包括与锯子这一观念有关的命题和表象）

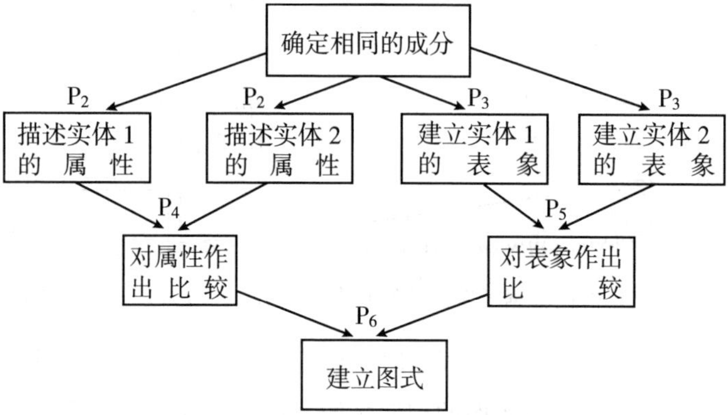

图 19-3　对表 19-1 所示的这一产生式集合中目标结构的图解

（P_1 的执行为 P_2 和 P_3 的执行创设了条件，P_2 和 P_3 的执行为 P_4 和 P_5 的执行创设了条件，P_4 和 P_5 的执行为图式的形成创设了条件）（引自 Gagné，E.，1993）

从表 19-1 中可以看到，P_1 的作用在于建立在图式的形成过程中须达到的一系列中间状态的子目标。例如，在形成图式前，个体必须对用以归纳出图式的两个实体作出描述，这一子目标在产生式 1 中表现为“设立描述实体 1 的明显属性的子目标”以及“设立描述实体 2 的明显属性的子目标”，P_1 一旦执行就为 P_2 的执行创设了条件。在执行 P_2 时，个体将对实体作出考查，并形成有关实体属性的命题。图 19-3 是对表 19-1 所示的这一产生式集合中目标结构的图解。

表 19-1　从考察实例中归纳出某一图式的一般产生式集合

P_1 确定目标	如果	目标是要确定两个有相同称谓的实体的相同之处，但对相同的属性尚未形成有关的命题，且尚未形成一般的表象，
	那么	设立描述实体 1 的明显属性的子目标，且设立描述实体 2 的明显属性的子目标，且设立形成实体 1 表象的子目标，且设立形成实体 2 表象的子目标，且设立形成一般表象的子目标。
P_2 命题性描述	如果	子目标是要描述某一实体的明显属性，
	那么	考查该实体，且对每一考察到的属性提出相应的命题。
P_3 表象	如果	子目标是要建立某一实体的表象，
	那么	考查该实体的形状、大小及颜色，且形成某一表象。
P_4 对命题作出比较	如果	子目标是要对实体 1 与实体 2 的属性作出比较，且确定这些属性的命题业已存在，
	那么	对实体 1 与实体 2 在第 1 属性至第 n 个属性上的相同与差异分别提出相应的命题。
P_5 形成一般表象	如果	子目标是要形成实体 1 与实体 2 的一般表象，且实体 1 的表象已确立，且实体 2 的表象已确立，
	那么	形成它们的一般表象。
P_6 形成图式	如果	目标是要确定两个具有相同称谓的实体的相同之处，且相同属性的命题业已存在，且已形成一般的表象，
	那么	建立起具有相同称谓的实体的图式，且使这一图式与一系列相同的属性相联系，且使这一图式与一般的表象相联系。

（引自 Gagné，E.，1993）

这里 P_2 将执行两次，一次用于实体 1，一次用于实体 2。就形成锯子的图式而言，结果是形成图 18-1 所示的这样一些命题，如手锯有手柄，手柄为蓝色，以及弓锯有手柄，其手柄为黄色。产生式 3（P_3 也在 P_1 执行之后执行）设定了建立实体表象的子目标，它也是分别对实体 1 和实体 2 各执行一次，执行的结果是分别形成图 19-1 手锯和弓锯的表象。产生式 4 以执行 P_1 时设定的比较实体的属性这一子目标，以及在执 P_2 时已获得的有关实体属性的命题为自身条件，它的行动是建立两个实体的相同和不同的属性命题，如“两个实体的功能相同”（可以用来锯木），“两个实体属于同一类”（工具），“实体的各个组成部分也相同”（有手柄、锯条、锋利的锯齿），以及“手柄的颜色不同”，“锯条的大小不同”。

产生式 5 的两个条件在执行 P_1 和 P_3 时已设定和建立，当这两个条件符合时，它采取的行动是概括出两个实体的一般表象，这种一般的表象具有对两个实体的大小、形状作出某种折中的特点。

在产生式 1 至产生式 5 被逐一执行后，为实际形成某一图式的产生式（P_6）创设了所有的必需条件，P_6 的执行则形成了图 19-2 所示的这类有关锯子的图式。尽管图式的种类各不相同，但在认知心理学家看来，所有图式的建立均需通过上述这种基本的过程。在这一过程中，个体从事的工作是抽取出一范畴的最为**典型的特征组合**。

在以上的描述中，我们试图通过一个非常简单的实例（仅涉及从两个实体中抽取出它们的典型特征），来说明当今认知心理学家对图式形成的一般过程的看法，当然另一方面也试图说明，认知心理学家关于图式的形成或图式的学习意味着习得了什么。关于这一点安德森曾指出，人对环境中各种特征间的相关有着一种基本的敏感性，他们能够注意并记住在一范畴中哪些特征组合往往会出现，并围绕着这些相关的特征来建立起有关这一范畴的图式，即在人的头脑中保留这一范畴的若干特征的一套完整的记忆组织，而对这一范畴的一些无关全局的方面则不予保留或记忆。① 尽管这一观点从直觉上来说显而易见，但对此早先在心理学家中间却还存在着相当大的争议。与安德森等人的特征组合说最明显对立的观点，是麦丁和沙佛（Medin，D. L. & Schaff，M. M.，1978）提出的样例说。在这一关于知识结构的理论观点看来，个体只是记住他曾经学习过的一范畴的个别样例，在评判某个新成员是否属于某一范畴的样例时，他总是先提取自己过去对不同范畴的实例记忆，以寻找它们之间的最佳匹配。例如，如果个体遇到他从未见过的芒果，那么他便从长时记忆中提取出一些已贮存的与它相似的实例，比方说胡萝卜、桃子。胡萝卜和芒果颜色相同，都为橘黄色，但味道不一样，胡萝卜不如芒果甜。桃子和芒果则更相似，不仅都呈圆形，略带黄色，而且一样甜。因此最佳的匹配应是水果而不是蔬菜，于是个体便将新的实例归为水果。

海斯-罗斯夫妇（Hayes-Roth，B. & Hayes-Roth，F.，1977）曾设计了一个颇为巧妙的实验，尝试对以上两种观点作出鉴定。实验中，他们采用的一范畴成员是以同这一范畴原型的接近来界定，而不是采用一系列不变的标准来界定。例如，他们在计算机终端上向被试呈现许多分属“俱乐部 1”或“俱乐部 2”的成员情况。

苏珊·史密斯：40 岁，初中文化程度，已婚，喜欢滚木球，俱乐部 1。

杰克·布朗：50 岁，高中文化程度，单身，喜欢钓鱼，俱乐部 2。

简·多伊：50 岁，大学文化程度，单身，喜欢画画，俱乐

① ［美］J. R. 安德森著，杨清、张述祖译：《认知心理学》，吉林教育出版社 1989 年版，第 187 页。

部 2。

……

被试对每一俱乐部 51 个成员进行了了解，51 个成员的情况如表 19-2 所示。从表中可以看到，俱乐部 1 的成员大多数是 30 岁，大多数已婚，大多数具有初中文化程度，但其中没有一个成员同时兼具这三种特征，即既是 30 岁又是已婚且具有初中文化程度，但我们可以把兼具这三种特征看作俱乐部 1 的原型。同样，从表中还可以看到，俱乐部 2 的成员大多数为 50 岁，大多数为单身，大多数具有大学文化程度，但其中也没有一个成员同时兼具上述三种特征，即既为 50 岁又为单身且受过大学教育。于是我们也可以把兼具这三种特征看作俱乐部 2 的原型。

在了解了上述 102 个样例后，对被试进行再认测验。测验中，给被试呈现前面学习阶段曾了解过的 102 个人的有关描述，如：

1. 30 岁，高中文化程度，单身；

2. 50 岁，大学文化程度，单身；

……

要求被试对这些对象作出两项评判：(1) 他们是否在前面的学习阶段见到过这人；(2) 这个人究竟是属于俱乐部 1 还是俱乐部 2 的成员。另外，还要求被试评定前面未曾见过的两个俱乐部成员的原型，目的是比较被试对前面已经见过和未曾见过的这些描述的反应。

表 19-2　给被试呈现的俱乐部 1 和俱乐部 2 的成员情况

	俱乐部 1		俱乐部 2
A	30 岁，初中，单身（10 例）	M	50 岁，大学，已婚（10 例）
B	30 岁，大学，已婚（10 例）	N	50 岁，初中，单身（10 例）

续表

俱乐部1		俱乐部2	
C	50岁，初中，已婚（10例）	O	30岁，大学，单身（10例）
D	30岁，初中，离异（1例）	P	50岁，大学，离异（1例）
E	30岁，高中，已婚（1例）	Q	50岁，高中，单身（1例）
F	40岁，初中，已婚（1例）	R	40岁，大学，单身（1例）
G	30岁，高中，离异（1例）	S	50岁，高中，离异（1例）
H	40岁，初中，离异（1例）	T	40岁，大学，离异（1例）
I	40岁，高中，已婚（1例）	U	40岁，高中，单身（1例）
J	30岁，高中，单身（5例）	V	30岁，高中，单身（5例）
K	40岁，大学，已婚（5例）	W	40岁，大学，已婚（5例）
L	50岁，初中，离异（5例）	X	50岁，初中，离异（5例）

（引自 Hayes-Roth，B. & Hayes-Roth，F.，1977）

再认测验的结果表明：第一，被试对表中 A、J、M 的描述所给的评定分数最高，他们认为，这些描述是他们在前面的学习阶段见到次数最多的。被试对实际并未见过的原型的评定分数竟属次高，而且比曾见过一次的描述的评定分数都高。第二，就判断是否属某一俱乐部的成员而言，被试对原型的分类判断的信心要高于曾见到过的任何样例。这些结果表明，人往往会抽取一组样例的中心趋势，据此形成对一范畴的图式性描述。但实验也同时表明，人并未完全忘掉他们曾见到的那些样例，他们对见到过许多次的那些样例还是作出了分数最高的再认评定，样例说对此似乎能作出很好的解释。但人受其范畴图式抽象的影响还是相当深的，正如上述第二则资料所表明的，被试会坚持认为自己曾见到过他们，这种信念要比实际见到过的任何样例都高，样例说对此很难予以解释。1968年，波斯纳和奇勒（Posner，M. I. & Kele，S. W.）的研究进一步揭示，被试对样例的评判在一周后会明显地降低，但对原型的评分依然居高不下，这一发现与被试可能会更多地忘掉样例，但仍保持中心趋势的看法是一致的，它进一步支持了图式匹配的观点，而不支持样例说提出的解释。总之，海斯-罗斯等人的研究令人信服地证明图式的存在，同时还表明，当人具有对实例进行分类的目标时，像图 19-1 所揭示的图式形成过程是一种自然出现的过程。

二、支持图式形成的教学措施

鉴于人的记忆中形成的图式对人的识别活动具有如此重要的影响，那么教育工作者或教材当采取哪些措施以增进这一过程的发生？在认知心理学家看来，这些工作可从以下三方面来着手进行：第一，给人的工作记忆提供支持，或者说设法减轻人的工作记忆的负担；第二，选择范畴的适当样例；第三，鼓励学生自己发现或提出范畴的正确样例。

给工作记忆提供支持　如果我们对图式形成的过程再作一仔细的考查不难发现，图式的形成对人的工作记忆提出了很重的负担。在这一过程中，个体必须至少在工作记忆中保持两个实例，对这些实例作全面考查，记下它们的相似之处，对这些相似之处形成新的编码表征。因此，减轻工作记忆负担的各种措施都将有助于图式的形成。在这一方面，心理学家提出了以下这些可以广泛采纳的建议。第一，同时或相继呈现图式的实例。对于形成像艺术作品或动物身体各个部位这样一些具体对象的图式而言，必须至少同时呈现两个可以直接观察的实例，如采用电视分屏技术，或同时呈现两个标本，或在同一页书上、同一黑板上同时呈现两幅图片，都将有助于学生对这些实例作出反复对比、考查，来了解它们的相似性。对于要形成某些有时间上的连续性而不能同时呈现实例的图式（如音乐的曲调，历史事件的原因），最好是连续呈现实例。如可以利用反复播放的磁带或反复阅读的范例，这样做也能促进学生注意它们中的相似性，并对这些相似性进行比较。如果学生已有一定的经验，那么创设相继呈现实例的最直接的方法是在他们遇到新的实例时，请学生回忆与此相关的实例。第二，即使教师或教材做到同时或连续呈现实例，有时学生可能还不会进行比较，因为在他们的工作记忆中可能充满了这些实例的方方面面的细节，因此教师可能还需要求学生说出或写下这些实例的相似性，这样才会对形成图式更奏效。

选择的实例应在**无关特征方面广泛变化**　在图式形成的过程中，学生需要从各种样例中发现它们的共同成分，但如果呈现的样例还含有本不属于图式的相同成分，会使学生形成的图式过于局限。例如，若呈现建筑工人的样例均为男性，那么男性可能会包括进建筑工人的图式之中，学生获得这种不正确的图式会影响对以后遇到的新实例作出正确归类。

坦尼森等人（Tennyson，R. D.，Woolley，F. R. & Merrill，M. D.，1972）曾证明，在学习诗歌的长短格音步时，向学生呈现的样例在无关特征方面广为变化是相当重要的。判断一首诗是否为长短格音步的关键特征是，每一音步均含两个音节，音步的顺序为一重读音节伴随一非重读音节。实验中，坦尼森等人先让大学生通读有关长短格音步的材料，即所有的学生一开始都接受其定义。随后一组学生接受的例证在无关特征方面不变，如选用的诗都出于英国维多利亚时期，都为两行，而另一组学生接受的样例则在无关特征方面广为变化，如一首由美国诗人所作，为两行诗，另一首诗由英国诗人所作，为一行诗。最后对所有学生进行测验，要求学生判断一些新的诗是否为长短音步。测验的结果表明，接受无关特征不变的学生对测验题更易作出局限的评判。因此，实验结果证明，显现无关特征广为变化的实例对图式的形成过程有着重要的促进作用。不过埃利奥（Elio，R.）和安德森发现，当所学的是一类模糊范畴，即不能予以严格定义的范畴，情况似有所不同。他们发现，在这种情况下，开始呈现的实例最好与原型接近，随后逐步引进不太典型且更加难以分辨的实例。也就是说，界限模糊的范畴比能够严格定义的范畴更加难学，一开始就呈现无关特征广为变化的实例，可能对抽取这一范畴的中心趋势有害而无利。但他们仍旧认为，要形成这类范畴的正确图式，最终还要介绍它的整个变化范围。

让学生自己提出样例　上面提到的都是教师或教材应如何安排和选择实例以提高学生形成图式的可能性，促进图式形成的另一途径是，应使学生成为善于学习的人，这意味着应使学生意识到自己的认知过程并掌握使学习变得更有成效的认知策略。在这方面，教师应帮助学生意识到比较实例将有助于图式的形成，并鼓励学生自己提出新图式的实例，这种认识和练习最终将养成学生自己发现或提出图式实例的习惯。

三、图式的精深

最初形成的图式往往缺乏精确性而表现出过于泛化的特点，这种情形在幼儿身上似乎更明显。例如，儿童时常会把第一次看到的某个新实例错误地划归为某一已知的范畴，如把狼说成是狗。此种泛化并非儿童才有的特点。事实上，任何一个学习领域中的新手，在图式形成之初都可能产生这种泛化，只是随着学习的深入，新手才逐渐变得能对图式作出越来越精确的分化。在人学会作出这种精确的分化时，在心理上将出现何种过程？在表 19-3 中我们引用了认知心理学家用以描述图式精深过程的一组一般的产生式集合。

表 19-3　用于图式精深过程的一组一般的产生式集合

P_1	如果	发现现有图式不能奏效的信息，
	那么	设定了解图式为何不能奏效的原因的子目标。
P_2	如果	目标要了解图式为何不能奏效的原因，
	那么	考察当前图式不能奏效的情境， 且提取先前图式能够奏效的情境， 且找出两个情境在某些特征上的差异。
P_3	如果	已发现图式能奏效与不能奏效的情境差异，
	那么	修正原先的图式使其含有这一发现的差异。

（引自 Gagné，E.，1993）

为具体说明这种图式的一般精深过程，我们设想某个儿童已形成了以下这一有关自行车的图式：

自行车
功能：运输工具
动力：人力踩踏
组成部分：车轮，把手，座位

当这个儿童第一次看到一辆三轮车时，他可能会说“这是自行车”，当然一旁的成人肯定会纠正他的这一说法，告诉他：“这是三轮车，它有三个轮子，自行车只有两个轮子。”此时这种情形将使 P_1 得以激活，并设定了解早先的图式为何不能奏效的子目标。这一子目标的设立又将使 P_2 得以激活，儿童从自己的记忆中提取出原先自行车的实例，将这一实例同现在看到的三轮车加以比较。假定他发现两者之间的差别，便符合 P_3 的条件，儿童便会修正自己原先自行车的图式。

自行车
功能：运输工具
动力：人工踩踏

组成部分：车轮，把手，座位

车轮：两个

从以上谈到的图式精深的方式来看，似已表明图式的精深是需要付出有意识的心理活动的过程。具体地说，它需要注意到原有图式不能奏效，设定找到其原因的子目标等这样一系列心理活动。早先一些理论家曾认为，图式的精深可以自动发生，但就新近的一些研究来看，这种说法可能只适合简单的、可单凭知觉就可建立的图式，对于那些复杂的图式而言，有意识的加工依然是相当关键的。刘易斯（Lewis，M. W.）和安德森曾以自己的研究证明了这一观点。他们的实验对象是已经具备用边角边和角边角这些基本定理解决几何证明题的学生，不过这些学生对这些定理尚未达到精深的程度，还不能很快识别应在何种情况下使用哪一定理。实验中采用的一类问题样例如图 19-4 所示，显然这一问题可以用角边角定理来解决。但实验中提出的所有能以角边角定理来解的几何题都含有直角这一特征，所有可用边角边定理来解的题目则与另一特征相关联。有经验的教师可能会发现，学生往往会对问题中这些无关线索产生敏感，会认为可以据此决定该使用哪种解题的图式。两位研究人员让所有的实验被试解答 20 道证明题，其中可能要用到角边角定理，也可能要用到边角边定理，随后人为地设置“主动组”和“被动组”。在主动组中，要求被试在解每一道题时须对使用的定理作出明确的选择，而且与提供全部必要的解题条件的被动组不同的是，在提出已知的解题条件中还故意遗漏一则关键的信息，要求被试对遗漏的条件提出疑问。假定提出的疑问与他们选择的定理相吻合，便让他们进入到下一个证明题，如果与选择的定理不吻合，则要求他们重新作出选择。研究者认为，通过这种方法可以促进主动组的学生有意识地将问题的特征与考虑的定理联系起来。被动组的学生在练习解这 20 道题时不需要他们作出这方面有意识的考虑。

已知：$AC=CF$

$\angle 2=\angle 1$

$\dfrac{BC}{CE}=1$

证明：$\triangle ABC=\triangle EDC$

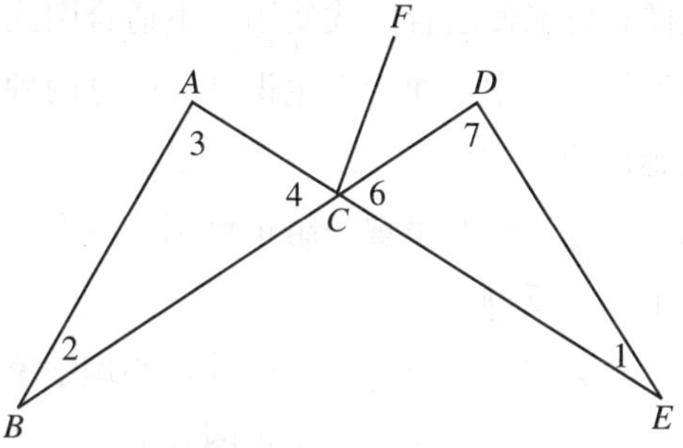

图 19-4　可以用角边角定理解决的几何证明题

（引自 Lewis，M. W. & Anderson，J. R.，1985）

在经历上述实验处理后，主试向被试提出另外 32 道可用上述两条几何定理解答的证明题，要求被试：（1）对各个题目应该使用哪一定理作出选择报告；（2）对问题的特征与使用的定理之间的关系作出报告。结果表明：第一，主动组的选择高出随机水平，而被动组的学生处在随机选择的水平；第二，主动组对测题的解决正确率达 75%，而被动组的准确率仅为 49%。实验者由此作出这样的结论，要使图式得以精深，个体必须对信息作出有意识的加工。此外，个体必须对已有图式的适用与不适用有所体验后，才会认识到需对已有图式作出修正。

四、支持图式精深的教学措施

如前所述，促进图式形成的关键在于选择和安排某一图式的正例，因为正例最有利于向学生传递一范畴成员的共同信息，有利于学生从中对它们作出抽取和概括。但若要促进图式的精深，在心理学家看来，则需选择和安排图式的反例，因为反例最有利于向学生传递与别的范畴相区别的信息，有利于学生从已初步形成的图式中排除无关特征的干扰，而且最好是将图式的正例与反例同时呈现，这样有可能使适合图式使用和不适合图式使用的情境同时出现在人的工作记忆中，便于学生识别、区分两种情境的关键。同时呈现正反例证的方式很多，既可以在呈现一个正例之后紧接着呈现一个反例，也可以同时呈现一组正反例，或在呈现一个正例后让学生自己提出一个反例。

除关注呈现反例的顺序外，心理学家还对呈现反例的选择有所考虑。在他们看来，在呈现图式的正例的同时，最好呈现一个与它相匹配的反例。所谓匹配的反例是指一种特殊的反例，它仅缺少图式本身所含的某一关键特征，但在其他方面与同时呈现的正例相匹配。这种方式已被认定对可以明确界定的图式特别适合，但对模糊图式似乎不适用，因为这类图式尚缺乏明确的关键特征。

在英语语音教学中采用“最小差异法”，如将 fate 与 fat、rode 与 rod 配对呈现，便是这种呈现方法的适例。这里要求学生学会发长元音的形式是，一元音加辅音再加上一不发音的元音 e 结尾，与此匹配的发短元音的反例（fat，rod）一方面缺少一个不发音的元音结尾，另一方面在无关特征方面与正例保持相同。这种使用同时呈现的正反例仅在一个关键特征方面显示出差异，在其余方面保持相同，将促使学生对这一关键特征的注意。在图式的精深过程中，当人能够容易地发现图式能否成功使用的关键差异时，也就能容易对图式加以精深以包含这一差异。如果我们不是呈现与 fate 匹配的反例，而是呈现 fan，尽管这一单词也属发短元音的反例，但学生可能会认为发长元音的关键条件是词末尾不带 n，而呈现匹配的反例恰恰能防止这种不正确的精深，因为它突出了正反例之间唯一的关键差异。

引起图式精深的最关键一步是，让学生认识自己已有的图式不能适用于意外的情境，从而激起他们去寻找图式为什么不能使用的理由或原因。但是，在一些教学情境中，要引发这一动机的步骤很难推行，因为学生在接受教学时常常已经具备了在日常生活中用惯了的图式。为克服这种引发动机的障碍，认知心理学家认为，教师或教材最好创设某种不一致的事件，以造成学生主动误用某一图式。例如，在自然科学的教学中，教师可以让学生预言某一实验的结果，但随后的实验结果则明显地证明，依照他们尚未精深的图式所提出的预言是错误的。在社会科学中，认知心理学家提倡采用“反证”的技术，以造成学生对已有图式的误用。总之，不管采取何种手段，目标都是希望造成与原有图式不一致的事件，以激发学生去寻找对某一图式更为复杂或更为精确的理解。

无论是在图式的形成或图式的精深中，我们都谈到了心理学家对呈现图式的样例（正例、反例及匹配的反例）的关注和看重。确实，为了促进图式的形成，教师或教材应当让学生考察在无关特征方面广为不同的正例，以防止学生将某些无关的特征当作图式本身的组成部分；为了促进图式的精深，教师或教材应当让学生在考察正例之后紧接着考察其反例或与其相匹配的反例，以便通过正反例的比较进一步深化对图式的关键特征或关键属性的了解。

鉴于选择和安排适当的正反例具有如此重要的作用，因此正规的学校教学可以从根本上影响学生获得图式的正确性及获得的速度。当然，人在与环境的非正规的相互作用中也可能获得某些图式，也可以使人的原有图式得以精深。但自然环境不可能保证人总能遇到在无关特征方面总是变化的正例，因为现实世界中某一范畴的正例在无关特征方面往往也存在着较高的相关（如大部分建筑工人是男性）。同样，自然环境也不可能保证正反例之间仅有一个关键性的差异，因此教师或教材与自然环境表现出差异的一个重要方面就是可以精心地选择正反例。

迄今为止，本章提及的研究或教学建议都围绕着要给学生提供实例。人们也许会提出这样的疑问：若不提供实例，仅告诉学生图式是什么的定义，人们是否就不能获得图式？设计适当的实例，考察大量的实例，无论对教师或学生来说都需要付出更多的时间和精力，而且这样做是否一定比陈述定义更有效呢？对于这一问题自20世纪60年代至80年代曾有许多人作过探讨。结果发现，无论是概念学习还是图式学习，在将仅呈现定义同呈现定义再增加考察实例的对比实验中，处于后一教学条件下的学生在概念分类测验及图式的使用时，其成绩均超过前一教学条件下的学生。关于图式在使用实例时一般更能成功获得的理由，至今人们还不十分明确，对此我们不妨重新考查一下表19-1和表19-3中所提到的图式形成与图式精深的一般形成过程。在这两种情况下，形成和精深的过程都与考查实例紧密相连，若不提供实例，这些过程难以发生的理由可能是例子的知觉特征难以用语言来表述。加涅曾以图19-5和图19-6中所示的两种不同的教授三角形图式的教法，来阐明由此产生的两

图19-5　图式的言语描述与其实例结合的教学一例（引自Gagné，E.，1993）
（在此情境中学生将该图式的典型表象与其命题信息组合在一起）

图 19-6　仅呈现言语描述而无实例的教学一例（引自 Gagné，E.，1993）
（这种教学如果还加上只需逐字记忆就可通过的测验，那么便鼓励
了学生只需形成命题表征而不会形成高级的图式。）

种不同的学习结果。在图 19-5 中，教师不仅陈述三角形的定义，而且还提供两个在无关特征方面有所变化的实例。在这种情况下，学生形成的图式不仅含有有关命题的信息，而且还含有知觉信息。由于学生将命题与知觉信息结合在一起，因而一旦其中某一知识类型被激活，就有可能激活另一种类型的知识。假定现在学生看到一个新的三角形例子，那么将激活其表象，而且还能通过这一表象的激活迅速提取三角形的定义信息。反之，在图 19-6 中，教师只提出三角形的定义，没有提供实例，在这种情况下，学生只形成了这些信息的命题表征，而没有继续将这些命题组合进图式。当学生看到一个三角形的新例子时，就不可能提取这些命题信息，因为信息的命题和表象没有被一起贮存在学生的长时记忆中。

在一些认知心理学家看来，仅向学生呈现抽象的定义而不呈现具体实例，将导致学生只学会“死的知识”。掌握这种死的知识的学生显然能顺利地通过用语言陈述的定义性测验，却不能将这些知识用于实际的问题解决。80 年代以来，越来越多的心理学家投入了怎样防止使教学方法传授死的知识的研究，其中提出的一些方法强调鼓励学生参与问题解决的活动，而另一些方法则强调学生对问题的识别活动，并认为这种方法比问题解决和促进学生注意图式的精深更有效。这种发展的倾向似又回到接受学习法与发现学习法谁更为优劣的这一问题的争论之中了。现在的认知心理学家似乎并不采取一种极端的主张。在他们看来，尽管对形成死的知识的问题的关注非常有必要，但据此就抛弃适合教学的有效的言语描述似不可取。在许多情况下，教师提供言语描述和仅举一个实例的做法还是相当经济的教学方法，因为学生往往可以从自己的记忆中提取其他有关的实例。

第二十章
程序性知识的获得

当人获得了某种程序性知识时，实际上是获得了能够运用这些知识去办事的能力。由于学会使用知识去办事的能力是人接受教育的主要目标，因而本章我们将要详尽地介绍认知心理学家对“程序性知识是怎样获得的”，以及“教师应当如何来促进学生获得程序性知识”所作出的回答。在“程序性知识的表征”这一章，我们已经提到，认知心理学家将程序性知识划分为两大范畴：特殊领域的程序性知识和一般领域的程序性知识。在特殊领域的程序性知识中，又进一步分出自动化的特殊领域的程序性知识（有时又称自动化的基本技能）和特殊领域的策略性知识。尽管获得这些不同类型的程序性知识有相似之处，如它们都需要练习，但各类知识的获得还存在重要的差异，因此还需要对它们作出分别的介绍。

一、特殊领域的技能学习

当我们说某人是擅长某一技能的专家时，一般指这样两种情况：第一，专家似乎总有一套特定的办法或一系列的行动步骤将一件事情办好；第二，专家似乎总知道在何时使用何种方法会取得最好的效果。例如，外科医生不仅知道怎样熟练地完成阑尾手术，而且还能对病人应做阑尾手术而不是胆囊手术作出决策。同样，象棋大师不仅知道棋的下法，而且还知道此时此刻应走哪一步棋会最有利。在学校里，优秀的教师不仅知道自己教授的内容和教法，而且还知道，如果某种教法对某个学生不适用便会马上改换另一种教法。总之，尽管专家擅长的本领有领域之分，但有一点则是共同的：专家总能相当熟练地执行自己这一领域里的那些近乎自动化的基本技能；专家在自己的领域中总会表现出相当熟练的决策行为，他们知道在何时应执行何种技能，即他们对自己的行动总能作通盘的考虑和安排。

对于教育工作者来说，自然更关心这样的问题：专家何以会成为专家？专家何以会学会将这么多的行为同适合执行这些行为的条件联系起来？专家何以会学会有决策地来组织这些行为步骤？在认知心理学家看来，专家的许多行为不是天生的，而是可以传授的。但是，从新手到专家需要很长的时间，需要大量的练习。也就是说，在获得任何领域中的一技之长之前，在达到高水平的认知技能的路途中，没有捷径可走。卡内基—梅隆大学研究专家行为的蔡斯（Chase，W.）曾以两句格言概括了认知技能的获得及发展："一份辛苦，一份收获"，"行走使人健壮，而健壮则使人更善于行走"。蔡斯的前一格言表明，人若不付出大量的艰辛劳作很难会有一技之长。他的同事，卡内基—梅隆大学的另一位教授海斯（Hayes，

R.）曾对音乐、科技、棋手这些不同领域里的天才进行过调查，发现一个人要达到天才的操作水准起码需要十年之久的功夫。蔡斯的另一格言反映了这一事实：当人面临难题时，相对的新手和相对的专家之间的差别会明显地显露出来。例如，对于一般的棋手而言，如果没有规定他走棋的时间，那么尽管他会输，他还能同大师对抗一阵，但如果要他走快棋，如每五秒钟走一步，那么他立即就会输得一败涂地。

（一）自动化基本技能的获得

我们首先来考察认知心理学家关于自动化基本技能如何获得的观点。在安德森看来，这类技能的获得一般分为三个阶段。第一阶段是认知阶段。在这一阶段，学生将使用自己已有的为达到一定目的的一般目的产生式，或称弱方法，对某一技能作出陈述性解释，并对这一技能的各项条件及行动形成具有陈述性特征的编码。第二阶段为联系阶段。在这一阶段，原先指导行为的知识将发生两种转变：第一，最初对技能所作的陈述性表征将慢慢转变为特殊领域里的程序性知识；第二，构成这一程序的各个部分的产生式之间的联结将得到增强。第三阶段是自动化阶段。在这一阶段，整个程序本身将得到进一步的精致和协调。下面我们来详尽地讨论在各个阶段所发生的情况。

阶段 1：认知阶段。在认知阶段，学生还是新手。当面临新情境时，新手往往使用已有的一般目的产生式对新输入的陈述性知识作出解释，也就是说，他们要对当时的情境（在环境或问题中提供的种种条件或信息）作出考察，形成最初的问题表征，然后提出解决的办法。就学校的学习而言，对某一问题的最初表征往往由教师提出或来自教科书。例如，当教师呈现$\frac{3}{4}+\frac{1}{6}=?$时，对于刚开始学习异分母加法的学生来说，在他们的记忆中尚无解决这类问题的现成的特殊领域的产生式，因而可能要激活以下这种一般目的产生式：

如果：目的是要达到 X 状态

　　　而 M 是达到 X 状态的方法

那么：制订使用 M 方法的子目标

如果教师让学生了解书本上有关异分母加法的规则，那么学生可能会发现这是一个含九个步骤的规则（见表 20-1）。学生在阅读这一规则的各个步骤时，将形成对这些步骤的命题表征，其中一些命题如表 20-1 下部所示。随后，学生在上述一般目的产生式的指引下尝试使用 M 法，他们依照这一产生式对现在看到的这一特殊领域的陈述性知识作出解释。此时学生既要密切注意需要执行的各个步骤，又要始终注意各中间步骤的结果，因此他们此时的工作记忆几乎耗至极点。

表 20-1　分数加法中所含的步骤及其中前两步的命题表征

1. 找到最小公分母；
2. 用最小公分母除以第一个分数的分母；
3. 将上述第二步骤得到的结果乘以第一个分数的分子；
4. 将上述第三步骤得到的结果作分数的分子，将最小公分母作分母；
5. 对第二个分数重复 2 至 4 这些步骤；
6. 将按第 4 步骤写出的两个分数的分子相加；
7. 写下第 6 步骤的结果为分子；
8. 写下最小公分母为分母；
9. 如果分子、分母有公因数，用公因数对分子与分母约简，最后写出结果。

续表

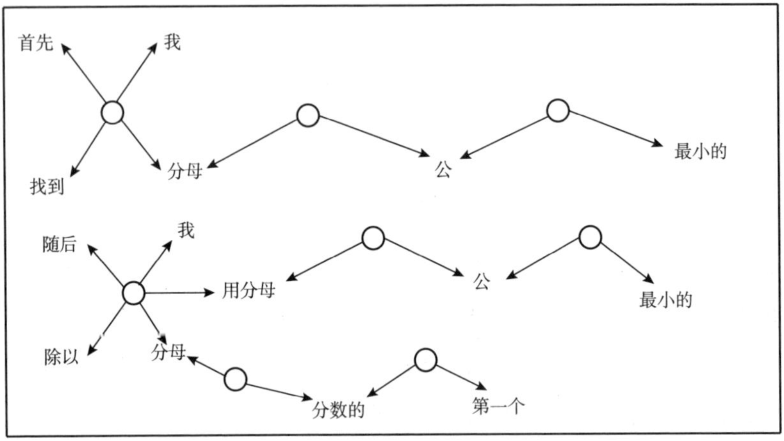

（引自 Gagné，E.，1993）

这一阶段的一个明显的特征是，学生说出或想到一步就执行一步，表现出对每一步骤有相当清醒的意识，这种清醒的意识使新手能在出错时及时纠正自己的执行步骤。如果最终得出正确的计算结果，目的是达到了，但达到这一目的是以付出大量的努力和对整个过程有意识的监控为代价的，这时的运算还远远称不上是一种熟练的技能。

阶段 2：联系阶段。在基本认知技能获得的第二阶段，学生的操作将从以陈述性知识来指导的一系列行动步骤，开始慢慢地转变为不再具有这种陈述性特征的行动。在这一阶段最初，要形成如表 20-2 所示的这类一连串的条件与行动的连贯步骤。但正如安德森所指出的，随着这一系列的步骤重复执行以及其中的出错逐渐被排除，这种指导行动的知识还将得到有效的“编辑”。安德森使用“编辑”这一术语旨在表示，在这一阶段将发生一种与计算机编程人员相类似的工作。正如计算机的编程人员需对输入计算机的程序预先作出编辑，才能使程序作出快速的运行一样，知识的编辑是建立使一系列的条件与行动能快速、流畅执行的一种程序性表征过程，其间将出现两个子过程：合成与程序化。

所谓合成是将一系列个别的产生式汇编成一个程序。在合成期间，一些个别的产生式将被依次组合起来，这样其中一个部分的产生式活动的激活为程序中下一个部分的产生式的激活创设了条件，而这一部分的产生式活动又为再下一个适当的行动创设了条件，由此形成一个前后连贯的程序。当成功地执行了这样一种行动序列之后，构成成功操作的各个产生式之间的联系也得以增强，而使整个技能逐渐具有程序化的特征。所谓程序化是指在执行这一程序时将逐渐摆脱对陈述性知识的提示依赖。一旦技能具有这种程序化的特征时，学生不再需要停顿下来考虑下一步该做什么。相反，对下一个执行步骤的有意识的搜索将被自动的匹配过程所取代。所有这些转化及各子成分之间的联系加强，最终使执行某种特殊的技能变得更迅速、更精确，而付出的有意识的努力则越来越少。以上述异分母相加为例，最终形成的产生式在其条件部分为：(1) 目的是要对分数做加法运算；(2) 现有一些要加的分数。而其行动部分就是表20-1上部所示的九个步骤。这种程序性知识表征可能最为有效，因为它不必对分数加法运算过程的每一步骤都作出命题性表征，而只需根据各个步骤的中间结果来执行下一步的行动。这种对大量信息作出的预先编辑的结果是，用一些大的组块来表征程序中的众多信息。由于用少量的组块来表征程序中的多数信息，因此在工作记忆中对不必要的记忆表征也就降至最低。

既然这种大的、经过预先编辑的程序可获得这样有效的结果，那么为什么新手不能在学习技能之初直接依据陈述性知识来形成这种产生式呢？对于这一问题，认知心理学家提出了三点理由予以解释。

表 20-2 对表 20-1 中所提到的分数加法中的前三步的程序性表征

P_1	如果	我的目的是要做分数的加法， 且现在有两个分数要加，
	那么	制订找到最小公分母的子目标。
P_2	如果	我的目的是要做分数的加法， 且现在有两个分数要加， 且最小公分母已知道，
	那么	将最小公分母除以第一个分数的分母，得到结果 1。
P_3	如果	我的目的是要做分数的加法， 且现在有两个分数要加， 且我已得到结果 1，
	那么	将结果 1 乘以分数的分子。

（引自 Gagné，E.，1993）

第一，人的工作记忆容量有限。他们指出，产生式是在人的工作记忆中构造起来的，当依照命题来构造产生式时，在工作记忆中一方面充斥着构成这一产生式的大量命题或陈述性知识，另一方面又必须将这些陈述性表征转换为程序性表征。由于学习之初工作记忆不可能提供这么多的空间来形成大的产生式，因此只能形成一些小的产生式。只是在随后的合成与程序化阶段才有可能使这些小的产生式合成一个较大的产生式，从而使各个部分的产生式之间的联系得以增强，并逐渐摆脱对陈述性知识的提示依赖。第二，人对编辑程序有一逐步适应的过程。安德森曾指出，人是在减少对技能的陈述性表征的有意识的提取之后，才使自己的操作达到驾轻就熟的水平的，也就是说只有在技能得以程序化之后人才能达到高水平的操作，才放弃对整个过程的有意识的控制。放弃对行为监控的前提是这一程序在多种情境中试用，否则人可能会使许多错误的产生式程序化，而一旦我们不再清醒地意识到执行行为的每一步骤，那么也就很难对它作出更改。第三，在学习新技能之初，人还缺乏必要的前提知识。认知心理学家指出，几乎所有的程序都以另一些程序为前提，都要得到这些子程序的支持才能发生作用。这同计算机的程序必须得到其程序库中另一些子程序的支持才能运行的情况似乎是一样的，如果没有这些子程序，新的复杂的程序是不可能运行的。关于这一点，我们可考察表 20-2 第一个产生式。在这一产生式中，其行动是制订找到最小公分母这一子目标，这一行动的执行必须以相关的子程序为前提。表 20-3 是找到最小公分母的子程序，其行动是：（1）将所有的分母相乘；（2）确定各个分母与乘积的公因数；（3）将乘积除以公因数。如果学生对这一子程序还不了解，就不可能执行表 20-2 的第一个程序；若不能执行这一子程序，也就不能使表 20-2 的第二个程序启动，因为这个程序的条件尚未满足。因此，缺乏必要的程序性知识也是构成在学习之初不能完成编辑一个新程序的另一障碍。

表 20-3　算出最小公分母的产生式

如果	目的是要找到最小公分母
	且有超过一个以上的分数
那么	将所有的分母相乘得一积
	确定各分母与乘积之间的公因数
	用公因数除乘积

（引自 Gagné，E.，1993）

阶段 3：自动化阶段。在认知心理学家看来，在获得技能的第二阶段向第三阶段过渡的过程中，似乎没有一个明显的转折点，自动化阶段是联系阶段的延伸，在第二阶段得以程序化的特定领域的程序，在第三阶段只是获得了进一步的精致和协调。随着技能的精通，对行为的有意识的控制会变得越来越少，人可以使某种技能达到娴熟的境地。不过这种境地的达到依然是一种“交易”，当人不再需要对自己的行动作缜密的思考时，常常也随之丧失了能够清楚地解释自己为什么会作出这般举动的能力，当新手、学徒向自己的师傅请教时，这些专家时常反而道不明其间的缘由。

在认知心理学家看来，第三阶段趋于精深的过程实际上会变成一种辨别过程。也就是说，当某一领域里的专家在练就自己的基本技能并使其趋于自动化的程度时，会变得越来越善于识别各种条件以及它们之间的细微差别，从而使执行的一系列行动变得越发适宜和精确。认知心理学家指出，在自动化阶段，技能之所以能越发适当和精致，是因为在这种程序中，将条件句中有关条件的图式或模式与行动句中的适当反应或建立一定的子目标联系起来了。也就是说，在阶段 2，是将前一阶段条件句中具体阐明的陈述性知识同某些特定的行为建立联系并使之程序化，而在第三阶段则是使有关的条件图式与一系列的适当反应趋于自动化，人只要识别一定的条件模式，便能执行相应的行为。但建立这种程序化的危险是可能使人的反应变得刻板，一旦某种程序在某些误解的基础上得以自动化，这种危险也就越大，因而保持对某些程序的有意识的控制依然十分重要，关于这一点我们将在随后提及。

（二）促进自动化基本技能获得的教学措施

人要使自己成为任何领域里的专家，必须使自己在这一领域里的大量的基本技能程序化和自动化，从而达到行动准确，思维敏捷。我们已知道，要使专门的技能达到这样的水平需付出大量的时间和努力。现在需要进一步了解的是，教育工作者怎样才能使这一过程在学生身上更容易、更迅速、更可能发生，即教育工作者在帮助学生实现这些基本认知技能的程序化与自动化方面可以有何作为？在认知心理学家看来，教师可从如下三个方面作出自己的贡献：（1）帮助学生实现子技能或前提技能的自动化；（2）帮助学生将一些小的程序合并成一些大的程序；（3）帮助学生将这些技能程序化，使学生可以对程序本身无须多作考虑，就能使用程序的目标与子目标结构。

1. 掌握子技能或前提技能

当人准备执行一项复杂的认知技能，但对其中的部分技能还未把握或达到自动化的程度时，要成功地并顺利地执行整个技能显然是不可能的。事实上，无论是在加涅的学习层级论，还是在适应个别差异的掌握学习法中都渗透了这一思想。安德森曾指出："加涅从需传授的技能中分解出它的子技能，从这些子技能中又再次分解出它们的子技能。例如，可以将代数看作微积分的子技能，而算术又是代数的子技能，基本的计算技能又是算术的子技能。在加涅看来，成功的教学设计的关键是确定这类子技能的层级，教学课程便是旨在分别传授这种层级中的各子技能。"① 同样，适应个别差异的掌握教学法，是让学生按各自的学习速度前进，并对学生在各个教学目标上的掌握情况提供测验。如果在教学之后尚未达到目标，便需要提供另外的教学时间，直到该目标被掌握为止。这种教学也是旨在保证让每个学生学会必要的前提知识，以及为掌握新的复杂的技能提供所需的子技能。如果教学人员能对掌握的目标和测验作出适当的设计，那么这类教学实际上就是促使子技能达到自动化的教学程序。

2. 促进组合

教师帮助学生实现基本技能自动化的第二种方式是，给学生提供将一些小的程序合成大程序的机会。诚如前述，在认知心理学家看来，在实现技能程序化的第二阶段，最初形成的仅是一些小的产

---

① Anderson，J. R.，*Cognitive Psychology and Its Implications*，p. 266，1990.

生式，因为工作记忆尚不能为以陈述性知识来直接形成大的产生式提供足够的空间。但是，一旦形成了一些小的产生式，它们之间的组合将有可能出现。为了促进这种组合的产生，认知心理学家指出，必须使两个小的产生式能够在工作记忆中连续处于激活状态，这样人的信息加工系统有可能注意到，前一产生式的行动为后一产生式的启动创设了条件，由此获得的一个新的产生式既含有前一产生式的条件，又含有前后两个产生式的行动，而对后一个产生式的条件则作为多余的信息予以删除。

在帮助学生将基本技能合成的过程中，练习和反馈是两个极重要的因素，因为每一次练习和尝试均为两个潜在有关联的产生式在工作记忆中同时激活提供机会，因而也给它们的合成提供了机会。不过在许多有关间隔练习与集中练习的研究中发现，间隔练习在促进技能的学习中似优于集中练习。安德森等人也曾指出："长时间的大量练习，其结果只是浪费大量的时间和精力。"① 在练习中应提供多少反馈以及何时提供反馈似乎是一个颇有争议的问题。一方面有研究揭示，及时反馈相当重要，因为它可以使学生及时纠正错误，避免使错误成为业已编辑的基本技能中的一个自动化的成分。但另一方面也有研究指出，及时反馈或过多的反馈可能是有害的。在这种情况下，学生可能会变得过分依赖反馈，而反馈时常会干扰对任务的学习。布卢姆曾对个别导师制与正规课堂授课制作过比较，他发现，配备个别导师的一般学生要优于正规课堂里的优秀生，究其原因是，个别导师的指导似可完全根据学生的需要来提供适时的反馈。不过个别导师制毕竟代价高，因而不可能为每一个学生配备一名专职的指导教师，在这方面，计算机辅助教学似乎是一

---

① Anderson, J. R., *Cognitive Psychology and Its Implications*, p. 265, 1990.

种希望，它可以根据学生的需要来提供反馈。当然要提供这类反馈需要有足够的理解力。使计算机赋有这种足够的判断和理解能力曾一度是一个主要的障碍，但近年来已有这方面的成功报道。

3. 促进程序化

一旦学生在一些小的产生式上达到了自动化的程度，并开始将这些小的产生式组合成大的产生式时，教师为促进学生实现整个技能自动化所需做的工作是，保证让学生练习整个程序中所含的一系列产生式步骤，而不再是单独练习部分的产生式。随着这种动作序列的成功执行，整个程序中各个步骤的联系将会以前后步骤的匹配来替代有意识的思考或搜索过程。当某一技能越是趋于程序化，学生越是对下一步骤的执行充满自信的同时，他们也将渐渐丧失用语言来清楚表达自己知道该做些什么的能力。

实现程序化的障碍之一是，学生可能会对要做这么多的练习感到厌倦。施奈德（Schneider，W.，1985）曾建议使用达标式的反馈给完成一组练习提供外部强化，这不失为一条可供借鉴的意见。在实现程序化中遇到的另一类更大的麻烦是，学生往往学习了各种不同的部分技能的合成，但对这些技能的关系以及何时适当地使用它们并不了解。例如，在经过一定的练习后，当教师明确要求学生做加、减、乘、除的运算时，学生可以算得既快又准确，但一旦遇到某种特定的应用情境时，却不知道该用何种运算，或不知道可以用加法对减法作检验。看来，在实现某一组合技能的程序化的同时，教师还需考虑的另一个问题是，怎样使学生学会识别与特定的行动相联系的条件图式，了解各子技能的关系及合成的技能与总目标的关系。事实上，教师在教学中既要提供在无关特征方面有所变化的实例，又要提供正例及相匹配的反例，这样才有可能使学生在不同条件下练习合成的技能，而不是仅孤立地练习这些合成的技能。一般的教师往往在教加法时布置加法的练习，在教减法时布置减法的练习，在教乘法时布置乘法的练习，在教除法时布置除法的练习。实际上他们最后要做的关键一步是，给学生提供含有混合运算的实际应用情境，以帮助学生认识到在使用这些计算方法时，应确认与这些方法相适宜的条件。混合练习的情境有助于学生了解应当把某种计算方法同获得某种特定的目标联系起来，如果在练习中不把计算方法同目标联系起来，学生可能只是学会了正确地执行某种计算程序，但并没有学会如何适当地使用它们，因为他们还不了解特定的程序只适用于特定的情境。

在谈到促进基本技能获得的第一条教学措施时，我们曾提到，在获得一种复合的程序性知识前，保证其子技能的获得与自动化是一个必不可缺的前提。但如果认为有效的课程规划仅是确定子技能的正确层级，并按照这种次序来传授子技能，则似乎有点言过其实。近年来，尽管人们一直在强调学习目标和看重课程计划中的基本胜任力，但包括安德森在内的一些认知心理学家则认为，尽管这种方式已产生了一些有益的学习结果，但如果就此期望学生能将子技能整合为复合的程序似乎并不充分。为了使学生充分地理解在何时使用这些子技能（而不仅仅知道怎样执行这些子技能），学生还必须在一定的情境中练习这些子技能，才能对子技能的关系有更为明确的了解。只有对含有组合子技能的程序作出广泛的练习，才能使学生将一些小的产生式组合成一些大的产生式集合，并了解和探查到产生式集合的内在关系。①

二、特殊领域的策略性知识的获得

在认知心理学家看来，同获得特殊领域的基本技能恰恰相反，

---

① Anderson，J. R.，*Cognitive Psychology and Its Implications*，p. 266，1990.

获得特殊领域的策略性知识并不经历从有意识过渡到自动化这样三个阶段的过程，因为根据定义，在策略性知识的条件句中始终存在着变化。由于使用策略的条件在变，这样个体需对决定使用何种对策始终作出有意识的监控，因此从本质上来说，这种能力绝不可能达到完全的自动化。以驾车为例，将离合器同换挡予以协调的技能完全可以做到自动化，因为每次换挡的条件相似，但在驾车时，道路上的其他车辆和交通信号则始终在变，这就意味着要求驾驶员必须始终注意道路上的种种变化，并根据这些变化采取相应的对策以保持安全行驶。

对于特殊领域的基本技能与特殊领域的认知策略之间的关系，我们似可作这样的比喻：基本技能好比是解决整个问题的种种手段或工具，而认知策略则是对何时在何处使用这些手段或工具的通盘规划与组织。从这一前提出发，策略的学习实际上涉及学生如何策划对整个问题的解决。由于问题提出的要求各不相同，因此适宜于解决问题的对策也将随之多变。就某一领域的专家的策略行为而言，往往取决于能够识别问题情境的根本特征（即便问题的表面特征在不断变更），随后则是选择并采取适当的行动。此外，善于决策者甚至还能在问题表征（即规定问题情境的材料）尚不齐全时也能解决问题。看来，在解决问题的情境中，清醒地认识问题是什么，清楚地意识到解决问题的方法可能是相当重要的。我们经常可以看到，在需要作出决策的情境中，学生常犯的错误是对问题的误断，然后是匆匆地作出如何来解决的结论。此时学生执行的用于解题的基本技能没有错误，他们在不能解决的问题或解错了的问题上所犯的错误主要是决策上的错误。使用不适当的方法，对某种情境过于夸大或过于缩小，都会导致不适当的策略行为。

由此看来，基本技能获得的第一阶段，即认知阶段，可能适用于策略的学习，第二阶段即合成这一成分，也可能有助于策略学习，因为在解决问题时，我们通常要将许多局部的对策行为组合成一个能够反映问题情境的整个关系与组织的这种通盘的总体规划，而我们需要避免的则是对策略行为予以程序化和自动化，即在策略行为中排除陈述性知识的提示或有意识的监控。认知心理学家强调，对策略行为予以程序化和自动化是有害的，其结果只会产生一种“定势效应”(set effect)。定势效应是指当某一行为的程序得以编辑后并被自动激活时，不会再考虑它是否适合当前新的问题情境。早在20世纪40年代，卢钦斯（Luchins，A. S.）就揭示了这种效应，1978年，刘易斯又在大学生解决字母替换的实验中进一步证实了这种效应。

刘易斯提出的这种字母替换样例见表20-4所示。他向被试提出的最终目标是要形成一含有字母G的字母串，给被试提供的字母替换的三条规则是：（1）如果出现字母L，可用字母D替换；（2）如果出现字母D和M，可用字母L和O替换；（3）如果出现两个O字母，可用字母G和C替换。这样，假定现在给被试的字母串为QMXLM，那么被试的操作依次为：使用规则1，形成QMXDM这一字母串；使用规则2，形成QMXLO这一字母串；使用规则1，形成QMXDO这一字母串；使用规则2，形成QLXOO这一字母串；使用规则3，形成含有字母G的字母串，即QLXGC。

表20-4　字母替换问题及两种解法

替换规则
1. 如果出现字母L，用字母D替换。
2. 如果出现字母D和M，用字母L和O替换。
3. 如果出现两个O字母，用G和C替换。

续表

替换规则	
开始：	Q M X L M
步骤 1：	Q M X D M
步骤 2：	Q M X L O
步骤 3：	Q M X D O
步骤 4：	Q L X O O
步骤 5：	Q L X G C
增加的替换规则	
4. 如果出现字母 M 和 O，用字母 G 和 V 替换。	
开始：	Q M X L M
步骤 1：	Q M X D M
步骤 2：	Q M X L O
步骤 3：	Q V X L G

（引自 Lewis，C. H.，1978）

最初学生可能会形成像表 20-5 上半部所示的这样一些个别的产生式，但在经过对含有 L 和 M 的各种字母串（如 LMXQM、TMLQM 及 MQLXM）的广泛练习后，可能会形成表 20-5 下半部所示的这样一种编辑了的产生式。如果在对上述这些规则的使用进行了广泛的练习后，再引进一条能够减少原来解题步骤的新规则：若在字母串中出现 M 和 O，可用字母 G 和 V 替换，那么情况又会怎样呢？实验人员设想，如果学生对规则 1 至规则 3 没有进行过广泛的练习，可以预期他们会首先对 QMXLM 这样的字母串使用规则 1，得到 QMXDM，随后再使用规则 2，得到 QMXLO，此时他们可以直接使用新规则 4，得到含有字母 G 的字母串：QVXLG。这种解法仅含有三步（见表 20-4），但原先逐步使用规则 1 至规则 3 时则需要五步。反之，如果学生对规则 1 至规则 3 已经练习，且已形成了像表 20-5 下半部所示的这一编辑了的程序，那么可以使用规则 4 的条件是绝不会出现的。

表 20-5　对表 20-4 所示的这些字母替换规则程序化后得到一些个别的产生式

个别的产生式	
如果	字母串含有 L 字母，
那么	用字母 D 替换字母 L。
如果	字母串含有 D 字母，
	且字母串还含有字母 M，
那么	用字母 L 和 O 替换字母 D 和 M。
如果	字母串含有两个 O 字母，
那么	用字母 G 和 C 替换这两个 O 字母。
编辑后的产生式	
如果	字母串含有 L、M 和 M，
那么	用字母 G 和 C 替换 M 和 M。

（引自 Gagné，E.，1993）

刘易斯在实验中设置了三种情形来验证上述的设想：第一，对规则 1 至规则 3 尚无练习时即引进规则 4；第二，对含有 L、M、M 的这类字母串练习了 20 次之后引进规则 4；第三，在练习了 50 次之后再引进规则 4。实验的结果发现，对这类字母串问题不使用规则 4 的学生人数为练习量的函数，即在没有练习过规则 1 至规则 3 的学生中仅有 5％的学生不使用新规则，经过 20 次练习的学生中有 63％的人不使用新规则，而经过 50 次练习的学生中则有 78％的人不使用新规则。预期得到了证实。

刘易斯的实验无非证明了这一观点：当在指导人的行为的程序性知识中剔除了陈述性知识的提示这种有意识的知觉，即程序化之后，会使人的行为变得相当刻板。也就是说，如果个体总是习惯以一种方式处置某种问题情境，那么他们处置情境的程序会得到充分的编辑，即既被组合起来又得以程序化。一旦出现这种程序化，人会很难对它作出有意识的审查和评价，这样人也很少甚至绝不会想到再启用另一些更可取的程序，即便这些程序已存在于人的头脑之中。由此看来，对于知识的编辑作用和自动化应谨慎对待。认知心理学家指出，对于确定哪些程序应当编辑似有两条准绳：(1) 程序适用的情境不可能有变化；(2) 程序经常使用后因编辑作用而赢得的行动加速是有益的。当程序适用的情境在不同场合下含有多变性，那么编辑作用只会使人恪守无效或不适宜的处事方式。

关于如何帮助学生变得善于使用特定领域里的策略，认知心理学家提出了两条值得推崇的建议：(1) 给学生提供的问题应在呈现的条件方面有更多的变化；(2) 在学习一开始就应给学生提供练习使用策略行为的机会。

前一建议基于这一基本的设想：一个优秀的策略家应对适用于不同情境的策略能够作出判断和规划，因此在不同的实际情境中的练习是必要的。例如，如果要促进学生发展良好的阅读策略，应当给他们提供在不同的阅读情境中试用自己阅读策略的机会，比如像读小说、读报纸、去图书馆查阅文献这样一些不同的阅读机会，使学生能够接触到不同的书面文字材料。如果教师准备让学生在这些不同的情境中来调整自己的理解（一种阅读策略），那么学生便有大量的机会来了解，随着文章特点的变化，自己的理解策略也应当随之变化。因为有些文章需要精读、反复读，并做大量的笔记，而有些文章只需浏览一下，这样学生就需要学会根据不同的目标来监控和调整自己的理解策略。

关于在学习的起步阶段就应当练习使用策略的建议来自这一设想：策略的学习涉及我们应当了解自己选用的对策对达到整个目标的作用，即我们是否已对解决问题作出了一种良好的决策。正如在本章的开头就已谈到的，某一领域里的专家不仅知道怎样完成一件工作，而且还知道要达到一个总体目标应在何时、何地使用某种方法。这种经验应当在学习策略的一开始就让学生有所体验，这类体验有可能使学生在学习之初就学会识别特定技能适用的情境，从一开始就了解并体验到各种技能的相互关系及相互依存的这种动态性质，而这种早期经验还可能调动学生回过头来进一步练习各部分技能及组合这些部分技能的动机。

三、一般领域的策略性知识的获得

如前所述，特殊领域的策略性知识是一种在其条件句中含有不断变化的一组产生式集合，它们要求学生或新手随某一领域的不断变化的条件对采取相应的基本技能不断地作出决策，并执行这些决定了的特定行动。同特殊领域的策略性知识一样，一般领域的策略性知识也是一种在其条件句中含有不断变化的产生式集合，但不同的是，由于这类知识涉及各个不同的领域，因此它们更具有广泛的适用性。

在认知心理学家看来，一般领域的策略性知识构成了我们在不同领域中的学习能力，如批判性思维的能力，以及从事有效推理的能力，有时又称之为弱方法。前面我们曾谈到，新手往往通过用弱方法来对陈述性知识作出解释，以建立起一些强而有力的特殊领域的程序性知识，因此一般领域的程序性知识是发展特殊领域里的一些专门知识的工具。

尽管一般领域的程序性知识具有如此重要的作用，但对它们是怎样获得的，现在还了解甚少，甚至对它们是否能学习，还存在着相当大的争议。大多数教育工作者认为，弱方法同其他知识一样可以容易学习，但与此相反的观念也在与日俱增。目前日见明显的事实是：一般思维技能的获得和改进似乎极为艰难。这一事实不仅表现在试图传授批判性思维的课程这一方面，而且表现在调查学生怎样才能获得和利用一般性策略的研究之中。20 世纪 80 年代初，曾开发了许多旨在传授一般思维技能的课程，其中只有一些课程是遵循详尽的认知学习理论提出的，而且课程改革的内容也五花八门。由于其中绝大多数的课程还没有得到正规的或总结性评定，因此对于各自的效果也众说纷纭。旨在了解一般领域的程序性知识如何获得的研究，也并不比课程改革取得更令人满意的结果。其中大多数研究是调查一般的策略性行为是否可以教会，最终得出的结论是，尽管人可以学习策略性行为，但不能自动地将学习的策略用于新的情境或领域。换句话说，即使研究人员试图教给被试“一般领域的策略”，但被试依然只是获得针对“特殊情境”或“特定领域”的这类策略形式。

为什么弱方法如此难以获得和改进？对于这一困难，现在一些理论家认为，可能同它们的表征特征以及同要学会这些特征的推广或延伸有关。在本章的一开始我们就已提到这类产生式的一个实例：

如果　　目标是要达到 X 状态
　　　　且 M 是达到 X 状态的方法
那么　　制订使用 M 方法的子目标

从这种一般领域的程序性知识的表征特征来看，在它的条件句与行动句中所含的是一些变量或一些一般的概念，它们可以同使用这一产生式的任何特定领域发生关系，但又不特指哪个领域。由此引出了一个令人感兴趣的问题：这种产生式是怎样建立起来的？亚当斯（Adams，M. J.，1989）曾对此作出如下解释：人们必须形成一种一般的思维过程图式，这可能要求人在各种不同的领域里练习这种要学习的程序，然后从表面特征各异的情境中抽取出它们结构上的相似性。问题是，要人认识两种完全不同的刺激事件有着相同的功能是一件相当困难的事情。例如，前已提及的“事先计划”这种弱方法，既适用于像更换厨房里的水槽这种任务，又适用于像外出度假这种事件。但我们可以发现，要教会人避免水槽漏水与节省开支有着相通之处不是件容易的事情。

20 世纪 80 年代初，委内瑞拉人力智源开发部曾创导了一项旨在发展中学生一般思维技能的课程计划。这一计划的参与者包括亚当斯及其在哈佛大学的同道。这个称为“奥德赛”的课程计划所涉及的内容及课序如表 20-6 所示。其中第一系列为“推理基础”，内含观察、分类、排序、类推这样一些过程，并在随后的一系列课程中重复引进和加深这些过程。例如，在课程序列Ⅱ“理解语言”的单元 2 中，学生在根据词义的多种属性对词作出排序时，便使自己在课程序列Ⅰ中学到的排序技能得到了运用，或在课程序列Ⅳ“问题解决”的单元 2 中，当要求学生对于要解决的各种应用题以表格的形式表示时，排序的技能再次得到运用。此外，在课程序列Ⅰ中，使用比较抽象的、无意义的材料来介绍这些基本过程，而在以后的课程中，则用解决问题、作出决策这些更有意义的情境来重复介绍这些过程。亚当斯认为，开始使用无意义的材料有助于学生对过程本身形成一般的表征，而不至于将过程同特定的情境纠缠在一起。

表 20-6　奥德赛课程

课程序列、单元的标题及描述	课时数
课程序列Ⅰ：推理基础	21
单元 1：观察与分类	(6)
从不同的维度及特征出发来分析和组织相似性及差异性，找到分类和检验假设的根据。	

续表

课程序列、单元的标题及描述	课时数
单元2：排序	(5)
认识和推断不同的次序类型，发现一些有序维度的具体特征。	
单元3：分层分类	(3)
探讨分层分类的结构及用途。	
单元4：类推：发现关系	(4)
分析简单及复杂类推的维度结构。	
单元5：空间推理与策略	(3)
在七巧板上提出解决资源分配问题的办法。	
课程序列Ⅱ：理解语言	16
单元1：词的关系	(6)
评价词义的多重性质。	
单元2：语言结构	(5)
发现修辞惯例的逻辑和用途。	
单元3：信息和解释	(5)
分析课文，得出明确的信息、隐含的信息及观点。	
课程序列Ⅲ：言语推理	20
单元1：断言	(10)
探讨简单命题的结构和解释。	
单元2：论点	(10)
分析逻辑论点，评价和形成复杂的论点。	
课程序列Ⅳ：问题解决	18
单元1：线性表征	(5)
形成线性排序来解释含有 n 项的分列问题。	
单元2：列表表征	(4)
采用列表的形式来表征需解决的含有多义性的词的问题。	

续表

课程序列、单元的标题及描述	课时数
单元 3：模拟与显示表征	(4)
以模拟显示的形式来表征和解释动态的问题空间。	
单元 4：系统的尝试与错误	(2)
提出系统的方法以列出所有可能的解决办法， 提出有效的选择这些解决办法的方法。	
单元 5：思考含义	(3)
考察已知条件的限制，对已知条件与解决办法的限制作出考虑，以找到解决问题的线索。	
课程序列Ⅴ：决策	10
单元 1：决策初步	(3)
对不同解决办法的确定和表征，在对这些解决办法的选择中轮番提出各种结果的理想性和可能性。	
单元 2：收集和评价信息以减少不定性	(5)
了解全面收集信息的重要性，评价资料的一致性、可靠性及相关性。	
单元 3：分析复杂的决策情境	(2)
从各个不同的维度来评价复杂的可选择性，并对其中每一个维度特征的相对理想性作出评价。	
课程序列Ⅵ：创造性思维	15
单元 1：设计	(9)
从功能的维度分析一般对象的设计，从功能的维度出发进行设计。	
单元 2：设计的程序	(6)
从设计中的每一步骤在功能上的重要性出发来分析和发现设计的步骤。	
总课程预计	100

（引自 Adams，M. J.，1989）

总之，隐含在奥德赛课程计划中的一个基本的教学策略是，想给学生提供更多的练习这些一般思维技能的机会。正如亚当斯所说：“这一课程计划旨在将这些基本的思维过程用于各种问题领域，使其中含有的基本过程本身在一系列不同的问题形式和情境中得到加强。通过这种方法，我们试图使学生能够在遇到超越这一课程范围的任何一种要求应战的问题的时候，能够回忆和使用它们。这是我们企图提高一般迁移的重要机制。”①

奥德赛课程计划曾于 1982—1983 年这一学年中，在委内瑞拉 450 名七年级学生中予以实施。实验班与控制班的学生在起始能力及社会经济地位方面均得以匹配，并在实验前后都做了学业能力测验和八种学业成绩测验。从学年始至学年末，两类学生在这些测验上都取得了明显的进步，但实验班取得的进步更大，按百分数计算，实验班在上述两类测验上的进步分别高出控制班 46％和 68％。

一些心理学家指出，这些差异也许要归因于霍桑效应，因为实验班接受了新材料，并受到了特别的关注，这种感觉本身可能会调动更高的学习动机，从而取得更好的成绩。但是就获取的结果而言，这些材料教给学生适用于其他许多课程的可迁移的思维技能，使他们在各门学业测验上有更大的进步。不管怎样，对于这一结果现在就作出任何肯定或否定的说法，似乎还为时过早，可能还需要深入进行更多的这类课程研究，或开拓其他一些能体现应用认知学习理论的课程。

---

① Adams，M. J.，Thinking Skills Curricula：Their Promise and Progress. *Educational Psychologist*，24，pp. 25-77，1989.

主要参考文献

一、中文

1. ［美］J. R. 安德森著，杨清、张述祖等译：《认知心理学》，吉林教育出版社 1989 年版。
2. ［美］鲍尔、［美］希尔加德著，邵瑞珍、皮连生、吴庆麟等译：《学习论——学习活动的规律探索》，上海教育出版社 1987 年版。
3. 教育大辞典编纂委员会编：《教育大辞典·教育心理学》，上海教育出版社 1990 年版。
4. 邵瑞珍主编：《学与教的心理学》，华东师范大学出版社 1990 年版。

二、外文

1. Anderson，J. R. *Language，Memory and Thought*，1976.
2. Anderson，J. R. *Cognitive Psychology and Its Implications*，1990.
3. Angiolillo-Bent，J. S. & Rips，L. J. Order information in multiple element comparison. *Journal of Experimental Psychology：Human Perception and Performance*，1982.
4. Bartlett，F. C. *Remembering*，1932.
5. Bower，G. H.，Black，J. B. & Turner，T. J. Scripts in memory for text. *Cognitive Psychology*，11，1979.
6. Brown，A. L. Knowing when，where，and how to remember：A problem of metacognition. In R. Glaser（ed.），*Advances in Instructional Psychology*，1978.

7. Collins, A. & Lofftus, E. A spreading-activation theory of semantic processing. *Psychology Review*, 82, 1975.

8. Collins, A. M. & Quillian, M. R. Retrieval time from semantic memory processing. *Journal of Verbal Learning and Verbal Behavior*, 1969.

9. Cooper, L. A. & Shepard, A. N. Chronometric studies rotation of mental images. In W. G. Chase (ed.), *Visual Information Processing*, 1973.

10. Flavell, J. H. Metacognitive aspects of problem solving. In L. B. Resnick (ed.), *The Nature of Intelligence*, 1976.

11. Gagné, E. *The Cognitive Psychology of School Learning*, 1993.

12. Gagné, R. *The Conditions of Learning*, 1965.

13. Gagné, R. *The Conditions of Learning and Theory of Instruction*, 1985.

14. Gagné, R., Briggs, L. & Wager, W. W. *Principles of Instructional Design*, 1992.

15. Gagné, R. & Glaser, R. Foundations in learning research. In R. Gagne (ed.), *Instructional Technology Foundation*, 1987.

16. Glaser, R. *Advances in Instructional Psychology*, 1, 1978.

17. Glaser, R. *Advances in Instructional Psychology*, 3, 1987.

18. Harris, W. T. Herbart and Pestalozzi compared. *Educational Review*, 5, 1893.

19. Hilgard, E. R. History of educational psychology. In D. C. Berliner & R. C. Calfee (ed.), *Handbook of Educational Psychology*, 1996.

20. Husen, T. & Postlethwalte, T. N. *The International Encyclopedia of Education: Research and Studies (supplementary)*, 1, 1989.

21. Johnson-Laid, P. N. *Mental Models: Toward a Cognitive Science of Language, Inference, and Consciousness*, 1983.

22. Klahr, D., Chase, W. G. & Lovelace, E. A. Structure and process in

alphabetic retrieval. *Journal of Experimental Psychology: Learning, Memory, and Cognition*, 9, 1983.

23. Koestler, J. R. *The Act of Creation*, 1964.

24. Newell, A. One final word. In D. T. Tuma & F. Reif (ed.), *Problem Solving and Education*, 1980.

25. Resnick, L. B. Instructional Psychology. *Annual Review of Psychology*, 32, 1981.

26. Rosch, E., Mervis, C. B., Gray, W. D., Johnson, D. M. & Boyes-Braem, P. Basic objects in natural categories. *Cognitive Psychology*, 8, 1976.

27. Rowntree, D. *A Dictionary of Education*, 1981.

28. Simon, D. P. & Simon, H. A. Individual differences in solving problems. In R. S. Siegler (ed.), *Children's Thinking: What Develops?* 1978.

29. Snow, R. E. Aptitude process. In R. E. Snow, P. A. Federico & W. E. Montague (ed.), *Aptitude, Learning, and Instruction*, 1, 1980.

30. Sternberg, S. Memory scanning: Mental process revealed by reaction time experiment. *American Scientist*, 57, 1969.

31. Thorndyke, P. W. Cognitive structures in comprehension and memory of narrative discourse. *Cognitive Psychology*, 9, 1977.

32. Wittrock, M. C. & Lumsdain, A. A. Instructional psychology. *Annual Review of Psychology*, 28, 1977.

33. Woocher, F. D., Glass, A. L. & Holyoak, K. J. Positional discriminability in linear orderings. *Memory & Cognition*, 6, 1978.